景印香港
新亞研究所

新亞學報

第三七冊・第二十六卷

第一至三十卷

總策畫　林慶彰　劉楚華
主　編　瞿志成

景印香港新亞研究所《新亞學報》（第一至三十卷）

景印本・編輯小組

總 策 畫

林慶彰　劉楚華

主 編

翟志成

編輯委員

卜永堅　李金強　李學銘　吳　明　何冠環

何廣棪　張宏生　張　健　黃敏浩　劉楚華

鄭宗義　譚景輝

編輯顧問

王汎森　白先勇　杜維明　李明輝　何漢威

柯嘉豪（John H. Kieschnick）科大衛（David Faure）

信廣來　洪長泰　梁元生　張玉法　張洪年

陳永發　陳　來　陳祖武　黃一農　黃進興

廖伯源　羅志田　饒宗頤

執 行 編 輯

李啟文　張晏瑞

（以上依姓名筆劃排序）

頁 編 - 1

景印香港新亞研究所《新亞學報》（第一至三十卷）

景印香港新亞研究所《新亞學報》第三七冊

第二十六卷　目次

明清學者補《元史藝文志》考	何廣棪	頁 37-9
蜀漢將軍的班位及其散職化傾向	洪武雄	頁 37-45
——兼論監軍、護軍、典軍及軍師、領軍		
《楚辭》研究的「內學」和「外學」	李學銘	頁 37-109
文化激進主義 VS. 文化保守主義：	翟志成	頁 37-133
胡適與港臺新儒家		
評黑格爾對康德自由學說的批評	盧雪崑	頁 37-205
論屈大均對明代主要詩論之繼承與修正	董就雄	頁 37-267
清人李調元有關朝鮮人著述二題	鄺健行	頁 37-319
蘇軾詩對陳寅恪先生詩作與晚年心境之影響	劉衛林	頁 37-355
新詩人舊體詩的文學價值與研究價值	朱少璋	頁 37-377
王筠《說文解字句讀》的字形研究	馬顯慈	頁 37-425

景印香港新亞研究所《新亞學報》（第一至三十卷）

頁 目次 - 2

景印本・第二十六卷

第二十六卷

新亞學報

新亞研究所

景印香港新亞研究所《新亞學報》（第一至三十卷）

景印本・第二十六卷

第二十六卷

新亞學報

新亞研究所

景印香港新亞研究所《新亞學報》（第一至三十卷）

《新亞學報》學術顧問

王爾敏　宋　晞　李潤生　李豐楙　吳宏一　陳永明
陳祖武　張玉法　湯一介　單周堯　廖伯源　趙令揚
劉昌元　錢　遜　饒宗頤

（按姓氏筆畫為序）

《新亞學報》編輯委員會

鄺健行　（主席）
李學銘
莫廣銓

NEW ASIA JOURNAL EDITORIAL BOARD

KWONG Kin-hung　(Chairman)
LEE Hok-ming
MOK Kwong-chuen

景印香港新亞研究所《新亞學報》（第一至三十卷）

新亞學報第二十六卷

目　錄

一	何廣棪	明清學者補《元史藝文志》考 ……………………………………	1
二	洪武雄	蜀漢將軍的班位及其散職化傾向	
		── 兼論監軍、護軍、典軍及軍師、領軍 …………	37
三	李學銘	《楚辭》研究的「內學」和「外學」 ……………………………	101
四	翟志成	文化激進主義 VS.文化保守主義：胡適與港臺新儒家 …………	125
五	盧雪崑	評黑格爾對康德自由學說的批評 ………………………………	197
六	董就雄	論屈大均對明代主要詩論之繼承與修正 ……………………	259
七	鄺健行	清人李調元有關朝鮮人著述二題 ……………………………	311
八	劉衛林	蘇軾詩對陳寅恪先生詩作與晚年心境之影響 ………………	347
九	朱少璋	新詩人舊體詩的文學價值與研究價值 ………………………	369
十	馬顯慈	王筠《說文解字句讀》的字形研究 …………………………	417

景印香港新亞研究所《新亞學報》（第一至三十卷）

明清學者補《元史藝文志》考

何廣棪*

提要

明初儒臣宋濂、王禕等於太祖洪武二、三年間（一三六九—一三七〇）嘗兩度奉敕開局纂修《元史》，前後費時三百三十一日而書成，古今史成之速，未有若《元史》者也。是故文辭陋劣，紕漏殊多。至其所修諸志，雖撰有〈天文〉、〈五行〉、〈曆〉、〈地理〉等凡十三種，而獨闕〈藝文〉。清紀昀《四庫全書總目》「《元史》二百十卷」條評及此書，謂其「刪除〈藝文〉一志，收入〈列傳〉之中，遂使無傳之人，所著皆不可考，尤為乖迕」。紀氏「乖迕」之評，似非苛論。

明神宗時，有王圻者，依南宋馬端臨《文獻通考》之例，捃拾補綴，以為《續文獻通考》，編成於萬曆十四年（一五八六），而刻於萬曆三十一年（一六〇三）。書凡二百五十四卷，其中卷一百七十三至一百八十三為〈經籍志〉。分四部、三十五類以著錄明人著述。惟每類之後均增入宋、遼、金、元人載籍，斯乃補《元史藝文志》之權輿。惟王氏之書，體例糅雜，顛舛叢生，遂使數典之書，變為兔園之策，紀氏《四庫全書總目》「《續文獻通考》二百五十四卷」條，與「《欽定續文獻通考》二百五十二卷」條於此事均引以為咎。

萬曆二十二年（一五九四），又有焦竑據南宋鄭樵《通志·藝文略》及相關書目編纂《國史經籍志》，其書各部中亦增入宋、金、元人著述。焦氏之意，殆與王圻補《元史》未修〈藝文〉之用心不謀而合。然焦書所著錄之書，僅據舊目叢鈔，未加考核，其率爾濫載，固不足依

---

*華梵大學東方人文思想研究所教授。

憑。是以紀氏於《四庫全書總目》「《國史經籍志》六卷」條中，亦以「譸詞炫世，貽誤後生」譴責之。

至清，康、雍、乾、嘉之際，有繼軌王、焦二氏而補《元史藝文志》者。黃虞稷所撰《千頃堂書目》與《明史藝文志稿》，即為是類著作。黃氏此二書雖以著錄明人作品為主，惟於每類之末各附宋、遼、金、元人書籍，是則虞稷步趨王、焦二氏，其跡甚明。黃氏之後，又有宋定國、謝浦泰合撰《國史經籍志補》，金門詔撰《補三史藝文志》，盧文弨訂正《補遼金元藝文志》，吳騫撰《四朝經籍志補》，張錦雲撰《元史藝文志補》；乾隆朝館臣亦有《欽定續文獻通考‧經籍考》之編纂。另如倪燦為黃書撰序，杭世駿校補黃書，諸氏次第參與《元史藝文志》補訂及校讎之役，各盡心力，咸多貢獻。至嘉定錢大昕，早歲留心《元史》志、表補輯之業，終於嘉慶五年（一八〇〇）編就《元史藝文志》四卷，內容既贍富，編理具條貫，其書殆集諸家之大成，允推魁首矣。

本文撰作目的，固為考述明清學者補《元史藝文志》之具體情狀，及探究諸氏間互動之關係，從而理出端緒，並據以對各人之貢獻作出客觀評論。至今人何佑森教授曾就錢《志》經、史兩部以撰《元史藝文志補注》，及雒竹筠先生理董《元史藝文志輯本》，均具勞績。茲欲窮源竟委以究悉補《元志》始末，故於文末亦附論及之。

關鍵詞：明清學者　補《元史藝文志》　考證

壹、緒言

清錢大昕《十駕齋養新錄》卷第九〈元史〉云：

《元史》纂修，始於明洪武二年，以二月丙寅開局，八月癸酉告成，計一百八十八日。其後續修順帝一朝，於洪武三年二月乙丑再開局，七月丁未書成，計一百四十三日。綜前後僅三百三十一日，古今史成之速，未有如《元史》者；而文之陋劣，亦無如

《元史》者。蓋史為傳信之書，時日促迫，則考訂必不審，有草創而無討論，雖班、馬難以見長；況宋、王詞華之士，徵辟諸子皆起自草澤，迂腐而不諳掌故者乎？【1】

據是，則錢氏不惟頗致慊於《元史》成書之速，謂其書考訂不審，文辭陋劣；而對宋濂、王禕等詞華之士之「迂腐」，及徵辟諸子之「不諳掌故」，亦深致慨焉。

考《元史》凡二百一十卷，其書卷四十八至卷一百五，依次撰作〈天文〉、〈五行〉、〈曆〉、〈地理〉、〈河渠〉、〈禮樂〉、〈祭祀〉、〈輿服〉、〈選舉〉、〈百官〉、〈食貨〉、〈兵〉、〈刑法〉等十三志，而獨闕〈藝文〉。是故清紀昀《四庫全書總目》卷四十六〈史部〉二〈正史類〉二「《元史》二百十卷」條乃嚴譴之，紀氏曰：

《元史》二百十卷，內府刊本。明宋濂等奉敕撰。……為〈紀〉四十七卷、〈志〉五十三卷、〈表〉六卷、〈列傳〉九十七卷。書始頒行，紛紛然已多竊議。迨後遞相考證，紕漏彌彰。……而刪除〈藝文〉一志，收入〈列傳〉之中，遂使無傳之人，所著皆不可考，尤為乖迕。【2】

紀氏「尤為乖迕」之評，殊允論也。

明神宗萬曆十四年（一五八六），有王圻者，依南宋馬端臨《文獻通考》之例，捃拾補綴以成《續文獻通考》。編成於萬曆十四年（一五八六），刻於萬曆三十一年（一六〇三），凡二百五十四卷。其書卷一百七十三至一百八十三乃〈經籍志〉。共分四部、三十五類，以著錄明人著述，惟每類之後均增入宋、遼、金、元人著述，而元人載籍尤多，斯蓋補《元史藝文志》權輿也。

萬曆二十二年（一五九四），焦竑於王圻之後纂修《國史經籍志》，固亦擬補《元史》未具〈藝文〉之闕略，用心與王氏不謀而合。考其書

【1】錢大昕：《十駕齋養新錄》（上海：商務印書館，1957年），頁195。

【2】紀昀：《四庫全書總目》上冊（北京：中華書局，1965年），頁414~415。

卷五〈集類・別集〉之部，增入元人別集一百二十六家、一千八百零九卷，焦氏蓋欲針對《元史》闕藝文以為補苴。其後清世學者紹述補斯業者，固應視王《考》、焦《志》為濫觴矣。

入清，康、雍、乾、嘉之際，繼軌王、焦二氏以補《元史》者大不乏人。黃虞稷啟其端，[3] 金門詔踵其後；[4] 宋定國、謝浦泰增補焦《志》，[5] 乾隆館臣編纂《欽定續文獻通考・經籍考》，盧文弨訂正《明史藝文志稿》；[6] 倪燦、杭世駿、吳騫、張錦雲諸子亦趨於斯役，或撰作書序，或從事補訂，[7] 各盡心力，各建功勳。至嘉慶五年（一八○○），錢大昕終而纂成《補元史藝文志》四卷，其書殆集諸家之大成，出類拔萃，允稱魁首矣。

民國以還，又有何佑森教授撰《元史藝文志補注》與雒竹筠先生《元史藝文志輯本》，二氏踵武前修，均具勞績。本文雖著重考論明清兩代學者補《元志》之情狀與貢獻，而於何、雒二氏之書，亦欲附論及之，蓋此事於窮源竟委以究斯學之始終，或不無小補焉。

貳、本論

（一）王圻《續文獻通考・經籍考》乃補《元史藝文志》之權輿

王圻，字元翰，號玄洲，上海人。[8]〈明史〉卷二百八十六〈列傳〉

---

[3] 黃氏初撰《千頃堂書目》，繼又就《書目》而改作《明史藝文志稿》。

[4] 金撰《補三史藝文志》。

[5] 宋、謝合撰《國史經籍志補》。

[6] 盧氏《補遼金元藝文志》，乃訂正《明史藝文志稿》而成。

[7] 倪撰〈明史藝文志稿序〉，杭校補黃《書目》並為撰〈序〉，吳撰《四朝經籍志補》，張撰《元史藝文志補》。

[8] 參見清周中孚：《鄭堂讀書記》卷二十九〈史部〉十五〈政事類・儀制〉「《諡法通考》十八卷」條，頁143。（北京：中華書局，1993年）。

第一百七十四〈文苑〉二附〈陸深〉傳,其傳曰:

> 同邑有王圻者,字元翰。嘉靖四十四年進士。……歷官陝西布政
> 參議,乞養歸。……以著書為事,年踰耄耋,猶篝燈帳中,丙夜
> 不輟。所撰《續文獻通考》諸書行世。【9】

是圻實撰有《續文獻通考》。此書清周中孚《鄭堂讀書記》卷六十二〈子
部〉十一之下〈類書類〉三著錄:

> 《續文獻通考》二百五十四卷,明萬曆癸卯刊本。明王圻撰。【10】

是此書有萬曆癸卯刊本,癸卯為明神宗萬曆三十一年(一六○三)。今
人沈津《美國哈佛大學哈佛燕京圖書館中文善本書志·史部》「○四三
七 明萬曆曹時聘、許維新等刻本《續文獻通考》」條著錄,曰:

> 《續文獻通考》二百五十四卷,明王圻撰。明萬曆三十一年(一六
> ○三)曹時聘、許維新等刻本。八十冊。半頁十一行,行二十二
> 字,左右雙邊,白口,單魚尾,書口下有刻工及字數。框高二十
> 厘米,寬一四·一厘米。題「皇明進士雲間王圻纂輯」。前有萬
> 曆三十一年溫純序、曹時聘序,萬曆三十年周家棟序,萬曆三十
> 一年許維新序,王圻引,刻《續文獻通考》文移。凡例十六則。
> 此為《文獻通考》之續編,編成於萬曆十四年,作者兼采《通志》
> 之長,體例上較《文獻通考》多出〈節義〉、〈謚法〉、〈六書〉、
> 〈道統〉、〈氏族〉等六門。……計三十門。【11】

【9】 張廷玉等:《明史》第十冊(臺北:鼎文書局,民83年),頁7358。

【10】 周中孚:《鄭堂讀書記》,頁307。

【11】 沈津:《美國哈佛大學哈佛燕京圖書館中文善本書志》(上海:上海辭書出版
社,1999年),頁248。案:沈文此處所記,謂王書體例上較《文獻通考》多
出六門,所記僅五門,應有脫略。考王圻〈引〉云:「余既輯遼、金、元暨國朝
典故以續其後,而又增〈節義〉、〈書院〉、〈氏族〉、〈六書〉、〈謚法〉、
〈道統〉、〈方外〉諸考,以補其遺。」是王氏所補者凡七門,非六門,沈氏又
誤。

據沈文，則此書編成於萬曆十四年（一五八六），而刊於萬曆三十一年（一六〇三），凡二百五十四卷，三十門。王書卷一百七十三至卷一百八十三為〈經籍考〉。其經部分〈易〉、〈書〉、〈詩〉、〈春秋〉、〈禮〉、〈論語〉、〈學庸〉、〈孟子〉、〈樂律〉、〈小學〉、〈儀注〉十一類，史部分〈正史〉、〈史評〉、〈史抄〉、〈故事〉、〈傳記〉、〈職守〉、〈法律〉、〈地理〉、〈譜牒〉九類，子部分〈儒家〉、〈雜家〉、〈農家〉、〈天文〉、〈曆家〉、〈五行〉、〈兵書〉、〈醫家〉、〈道家〉、〈佛家〉、〈藝術〉十一類，集部分〈集〉、〈章表〉、〈類書〉、〈詩集〉四類。每類均於明人著作之後，增入宋、遼、金、元人載籍甚多，僅據其書卷一百八十一〈集〉中所增入元人別集計算，自「鄭東起《自然機籍》」，至「孫庚《雪磯集》」，凡一百七十九家、二百零一種，每種之下且附撰人姓名、字號或小傳，材料繁富，殆亦補《元史藝文志》權輿也。然紀昀對王書則一再譏評。《四庫全書總目》卷八十一〈史部〉三十七〈政書類〉一著錄：

> 《欽定續文獻通考》二百五十二卷，乾隆十二年奉敕撰。馬端臨《文獻通考》斷自宋寧宗嘉定以前，採摭宏富，體例詳賅，元以來無能繼作。明王圻始捃拾補綴，為《續文獻通考》二百五十四卷，體例糅雜，顛舛叢生，遂使數典之書，變為兔園之策，論者病焉。【12】

同書卷一百三十八〈子部〉四十八〈類書類存目〉二又著錄：

> 《續文獻通考》二百五十四卷，通行本。明王圻撰。……是編續馬端臨之書，而稍更其門目。大旨欲於《通考》之外兼擅《通志》之長，遂致牽於多歧，轉成踳駁。……〈經籍考〉內所載南宋諸人文集，尚不及《文淵閣書目》之半。金人文集載於《中州集》小傳者百有餘家，所載僅十之一二；而《琵琶記》、《水滸傳》乃

【12】同註【2】，頁698。

俱著錄，宜為後來論者之所譏。【13】

是則王圻此書仍多有未盡如人意處，故不免紀氏批評矣。

（二）焦竑《國史經籍志》亦為補《元史藝文志》之濫觴

焦竑，字弱侯，江寧人。《明史》卷二百八十八〈列傳〉第一百七十六〈文苑〉四有傳。其傳載：

> 萬曆十七年，始以殿試第一人官翰林修撰，益討習國朝典章。二十二年，大學士陳于陛建議修國史，欲竑專領其事，竑遜謝，乃先撰《經籍志》，其他率無所撰，館亦竟罷。【14】

此乃焦竑於萬曆二十二年（一五九四）修撰《國史經籍志》之記載，雖較王圻編《續文獻通考·經籍考》之萬曆十四年稍後數年，然彼此乃屬不謀而合，焦實未見王《考》也。焦氏之書，計卷一〈制書類〉，卷二〈經籍〉，卷三〈史類〉，卷四上〈子類〉，卷四下〈子類〉，卷五〈集類〉。另附錄〈糾繆〉。其〈集類·別集〉，於楚、漢以降分朝代著錄別集，唐、宋以下另著錄金、元二代之書。惟所收金人別集，僅有「元好問《遺山集》五十二卷，又《詩集》二十卷」，「移剌楚材《湛然集》三十五卷」二家，合一百零七卷；而元人別集，則自「姚燧《牧庵集》三十卷」，至「僧克新《雪廬稿》一卷」，凡一百二十六家、一千八百零九卷，卷帙已至繁富。由是觀之，清代學人補《元史藝文志》者，如稱王《考》為權輿，則亦應視焦《志》為濫觴矣。至焦書頗多瑕纇，《四庫全書總目》卷八十七〈史部〉四十三〈目錄類存目〉載：

> 《國史經籍志》六卷，兩江總督採進本。明焦竑撰。……顧其書叢鈔書目，無所考核，不論存亡，率爾濫載，古來目錄惟是書最不足憑。以竑負博物之名，莫之敢詰，往往貽誤後生，其譎詞炫

【13】同註【2】，下冊，頁1169。

【14】同註【9】，頁7392。

世，又甚於楊慎之《丹鉛錄》矣。【15】

是焦書著錄元人別集雖甚贍富，然其書「率爾濫載」，「最不足憑」，紀昀以「譸詞炫世」、「貽誤後生」之語抨擊之，非無因也。

（三）黃虞稷之撰《千頃堂書目》及《明史藝文志稿》

黃虞稷，字俞邰，上元人，原籍福建晉江。《清史列傳》卷七十一〈文苑傳〉二、《清史稿》卷四百八十四〈列傳〉二百七十一〈文苑〉一附〈姜宸英〉均有傳。《清史列傳》載：

> 黃虞稷，字俞邰，……康熙十八年舉博學鴻儒，遭母喪不與試。既左都御史徐元文薦修《明史》，召入史館，食七品俸，分纂〈列傳〉及〈藝文志〉。……著《千頃堂書目》三十二卷。【16】

《清史稿》亦載：

> 黃虞稷，字俞邰，……左都御史徐元文薦修《明史》。……家富藏書，著《千頃堂書目》，為《明史藝文志》所本。【17】

據是，則虞稷既著《千頃堂書目》，又預修《明史》，負責分纂〈列傳〉及〈藝文志〉也。

考《千頃堂書目》一書，初未付梓，僅藉鈔本流傳。民國二年癸丑（一九一三），始由烏程張鈞衡刻入《適園叢書》；民國九年庚申（一九二〇），張氏又據吳騫手校本增訂。二〇〇一年七月，上海古籍出版社曾印行今人瞿鳳起、潘景鄭二氏據《適園叢書》本及張氏增訂本整理之點校本，最為精善。《適園叢書》本有張氏跋語，云：

> 右《千頃堂書目》三十二卷，黃虞稷撰。……此《目》所錄，皆

【15】同註【2】，頁 744。

【16】《清史列傳》，第九冊，卷七十一，頁十一上、下。（臺北：臺灣中華書局，民72 年）。

【17】趙爾巽等：《清史稿》，第四十四冊（北京：中華書局，1994 年），頁13360。

有明一代之書。經部十二門，為〈易〉，為〈書〉，為〈詩〉，為〈三禮〉，為〈禮樂〉，為〈春秋〉，為〈孝經〉，為〈論語〉，為〈孟子〉，為〈經解〉，為〈四書〉，為〈小學〉；史部十八門，為〈國史〉，為〈正史〉，為〈通史〉，為〈編年〉，為〈別史〉，為〈霸史〉，為〈史學〉，為〈史鈔〉，為〈地理〉，為〈職官〉，為〈典故〉，為〈時令〉，為〈食貨〉，為〈儀注〉，為〈政刑〉，為〈傳記〉，為〈譜系〉，為〈簿錄〉；子部十二門，為〈儒家〉，為〈雜家〉，為〈小說家〉，為〈兵家〉，為〈天文家〉，為〈曆數家〉，為〈五行家〉，為〈醫家〉，為〈藝術家〉，為〈類書〉，為〈釋家〉，為〈道家〉；集部八門，為〈別集〉，為〈制誥〉，為〈表奏〉，為〈騷賦〉，為〈詞曲〉，為〈制舉〉，為〈總集〉，為〈文史〉也。意欲成明一代〈藝文志〉，……後本朝修《明史》，〈藝文〉一志，以此書作根柢而潤色之，則其賅贍可知矣。每類之末，各附以宋、金、元人之書。俞邰以〈宋志〉漏略，《元史》又無〈藝文〉，意援〈宋〉、〈隋志〉例補錄遺逸。【18】

觀是，則知《千頃堂書目》，凡分四部、五十門類。每類除著錄明人著作為主外，於類末且各附以宋（度宗咸淳以後）、及金、元人之書。虞稷採用如斯之體例，其步趨王、焦二家之意甚明。余嘗統計其〈易〉類所附元人著作，自「郝經《周易外傳》八十卷」，以迄「陳櫟《東阜老人百一易略》一卷」，共著錄九十二家、一百二十四種、七百四十七卷。而其他各類之後，附錄元人著述亦至顆頤。

　　惟虞稷採用上述體例以著錄宋、金、元人書，紀昀大不以為然。《四庫全書總目》卷八十五〈史部〉四十一〈目錄類〉一謂：

【18】張鈞衡：《千頃堂書目跋》，瞿鳳起、潘景鄭整理《千頃堂書目》（上海：上海古籍出版社，2001 年），頁 793。

《千頃堂書目》三十二卷，浙江巡撫採進本。國朝黃虞稷撰。……
所錄皆明一代之書。……每類之末各附以宋、金、元人之書，既
不賅備，又不及五代以前，其體例特異，亦不可解。【19】

其實紀氏苛於評騭。紀氏對《千頃堂書目》所附元人書籍有「既不賅備」
之批評，猶可說也；至謂其體例特異為「不可解」，則前此之杭世駿，
及後此張鈞衡輩，均瞭然虞稷之用心。試觀杭世駿《道古堂文集》卷六
〈黃氏書錄序〉，云：

江寧黃俞邰氏蒐輯有明一代作者，詳述其爵里，門分類聚，比於
〈唐〉、〈宋藝文志〉之例。……史家自宋志〈藝文〉之後，遼、
金、元以來公私著述，皆渙散而無統。……遼、元二代見於王沂
《續通考》、焦竑《經籍志》者，又雜亂少體例。觀俞邰所排比，
自南宋以迄元末，皆已燦然大備。蓋其志直以《中經新簿》之責
為己任，為有明二百七十載王、阮。【20】

而張鈞衡〈千頃堂書目跋〉亦云：

每類之末各附以宋、金、元人之書，俞邰以〈宋志〉漏略，《元
史》又無〈藝文〉，意援〈宋〉、〈隋志〉例補錄遺逸，《提要》
以為不賅備，又不及於五代以前，殊不可解詆之，殆未窺俞邰之
意耶！【21】

觀杭、張二人之闡釋，皆深明虞稷撰作之用心，而紀氏對黃書竟作「不
可解」之詆諆，誠如鈞衡所言，紀氏「殆未窺俞邰之意」耳。

《千頃堂書目》第十卷〈簿錄類〉，著錄虞稷尊翁黃居中《千頃齋藏
書目錄》六卷，吳騫因是以為《千頃堂書目》即據居中之書增廣而成；

【19】 同註【2】，頁732。

【20】杭世駿：〈黃氏書錄序〉，瞿鳳起、潘景鄭整理《千頃堂書目》(附錄)，頁797。
　　序末所言之王、阮，所指乃劉宋王儉，撰《七志》；及蕭梁阮孝緒，撰《七錄》。

【21】 同註【18】。

其後虞稷入史館，又擴充以為《明史藝文志稿》。吳氏《愚谷文存》卷四〈重校千頃堂書目跋〉云：

> 《千頃堂書目》三十有二卷，晉江黃俞邰先生所輯也。先生家多藏書，博聞洽記。嘗以諸生預修《明史》，食七品俸。先是，其父明立監丞有《千頃齋書目》六卷，俞邰稍增廣之。及入史館，乃益加裒集，詳為注釋，故又有《明史藝文志》之目。蓋以前之名，紹承先志；而後此云者，欲自盡其職志也。【22】

吳氏之說應可信。今人王重民先生撰〈《千頃堂書目》考〉一文，【23】亦據吳氏所述以為言。

惟亦有謂《千頃堂書目》乃參取朱廷佐《古今書目》而成者，丁丙《善本書室藏書志》卷十四〈史部〉十四著錄：

> 《千頃堂書目》三十二卷，舊鈔本。泉州黃虞稷俞邰所錄，皆有明一代之書。……《金陵朱氏家集》云：「南仲公朱廷佐入吳郡庠，與周忠介友善，南渡後面折馬、阮，不求仕進。手寫《古今書目》，為黃俞邰、龔蘅圃所得，以備史料。《千頃堂書目》蓋即參取南仲公《書目》而成，公之原書，不可得見。特附記之。」【24】

考廷佐之孫朱圻撰《夏雲堂稿》，中有〈記南仲公遺書〉一文，云：

> 南仲公手寫《古今書目》及《博古考》在鹿岡家。鹿岡念祖集可珍，遺書難得，扃鐍甚固。鹿岡歿，小奚胠篋出之，竟為賣舊人以百餘錢買去，後浙友龔蘅圃不惜出重價，購為笥中收藏寶蹟。

【22】吳騫：〈重校千頃堂書目跋〉，瞿鳳起、潘景鄭整理《千頃堂書目》（附錄），頁799。

【23】王文撰成於一九四九年七月廿四日，後收入所著《中國目錄學史論叢》（北京：中華書局，1984年），頁185~212。

【24】丁丙：《善本書室藏書志》（北京：中華書局，1990年），頁556~557。

庚申歲，圻復見之黃俞邰所。蓋俞邰被薦博學宏詞，與修《明史》，雖丁艱有服，借鈔其書內所記事實，用作將來史館底料也。圻校對之際，不勝痛恨。因亟懇求蕘圃，承其允還。今蕘圃已權關粵東，秩滿當代，尚不知其於朋友金石之信若何？惟仰天默禱，求其早伸夙約，庶幾不負圻數年來淚眼向人，勤勤惻惻之苦衷。俟之！俟之！【25】

此文中之「庚申歲」，為康熙十九年（一六八〇）。讀朱圻之文，則知丁丙《善本書室藏書志》所記確有所本；此事莫伯驥《五十萬卷樓藏書目錄初稿》亦言之，【26】王重民先生另有考。【27】

虞稷撰《明史藝文志稿》成，嘗乞摯友倪燦為之序。燦，《清史稿》卷四百八十四〈列傳〉二百七十一〈文苑〉一附〈潘耒〉，云：

當時詞科以史才稱者，朱彝尊、汪琬、吳任臣及耒為最善。又有倪燦，字闇公，上元人。以舉人授檢討，撰〈藝文志序〉，與姜宸英〈刑法志序〉並推傑構。書法、詩格秀出一時，有《雁園集》。【28】

據是，燦實有為黃書撰序事。萬斯同《明史稿》卷一百三十三至一百三十七〈藝文志〉前亦載倪序，凡二千餘言，拙文未能盡引。今僅節引其

【25】 朱圻《夏雲堂稿》，收入道光間朱緒曾輯刻《金陵朱氏家集》中。〈記南仲公遺書〉一篇，刊頁四上。

【26】 莫伯驥《五十萬卷樓藏書目錄初稿》卷八著錄：「《千頃堂書目》三十二卷，舊鈔本，有校筆，明黃虞稷撰。……《金陵朱氏家集》云：『南仲公朱廷佐入吳郡庠，與周忠介友善，南渡後面折馬、阮，不求仕進。手寫《古今書目》，為黃俞邰、龔蕘圃所得，以備史料。《千頃堂書目》蓋即參取南仲公《書目》而成，公之原書，不可得見。』是此《目》或即以朱氏本重編，亦未可定，然別無他證也。《五十萬卷樓藏書目錄初編四》（臺北：廣文書局，民56年），頁990~992。

【27】 王重民所考，見〈《千頃堂書目》考〉，《中國目錄學史論叢》，頁191~193。

【28】 同註【17】，頁13344。

序中語云：

> 歷代史之志〈藝文〉也尚矣，以之經緯天地，則足以宏建樹而致
> 治功；以之淑善身心，則足以端秉彝而貞末俗。昔人所云大業，
> 崇之則成欽明之德；匹夫克念，則有王公之重，良非虛也。……
> 惜明初修《元史》者不為特志，殊足憾也。【29】

又云：

> 前代史志皆錄古今之書，以其為中秘所藏，著一代之所有。今
> 《文淵》之目既不可憑，且其書僅及元季，三百年作者缺焉，此亦
> 未足稱紀載也。故特更其例，去前代之陳編，紀一朝之著述。
> 《元史》既無〈藝文〉，《宋史》咸淳以後多缺，今並取二季以補
> 其後，而附以遼、金之僅存者，萃為一編，列之四部，用傳來
> 茲。……史官倪燦譔。【30】

觀所引燦序，其前者固在彰顯〈藝文〉之成效，而深惜《元史》獨闕是
篇；其後者更揭示虞稷為《元史》補闕之用心，一力推崇，允可達致代
人撰序之目的。

倪燦為黃書撰序，於序末署「史官倪燦譔」，盧文弨失察，誤以書
乃燦著，盧氏《抱經堂文集》卷七〈題辭〉有〈題《明史藝文志稿》〉，
文題下標「癸巳」，殆乾隆三十八年（一七七三）作也。其文略曰：

> 此《志稿》傳是溫陵黃虞稷俞邰氏所纂輯。……《志稿》自南宋
> 及遼、金、元之書，俱搜輯殆徧，此即晉、隋史志兼備五代之遺
> 則。……此《志稿》乃康熙時史官倪燦闇公所著，非黃氏也。【31】

【29】 倪燦：〈明史藝文志序〉，引自《明史藝文志廣編》第一冊（臺北：世界書局，
民65年），頁1~2。

【30】 前引書，頁5。

【31】 盧文弨：〈題《明史藝文志稿》〉，《抱經堂文集》第二冊，頁十四下~十五上，
《四部叢刊》集部，上海涵芬樓借閩縣李氏觀槿齋原刊本景印。

盧氏此誤，王重民先生已力斥為非。王著〈《千頃堂書目》考〉「附論倪燦撰〈藝文志序〉」條云：

倪燦死於康熙二十六年（一六八七），喬萊作的〈倪檢討墓志銘〉（《碑傳集》卷四十五），說他二十四年回館以後，續成了吳任臣未編完的〈五行志〉，又幫助喬萊等輯《崇禎長編》，沒有說他曾分纂〈藝文志〉。可是乾隆間盧文弨借到了一部《明史藝文志稿》，幾經考索，他終於認為是倪燦所作的。我在此要附帶把那件事情辨明一下。

我要辨的是倪燦僅作過一篇〈明史藝文志序〉，並沒有分纂或正式參加纂修〈藝文志〉。盧文弨借到的《明史藝文志稿》，序文下題著倪燦的名字是對的，因而誤以全部〈藝文志〉是倪燦作的就錯了！現行倪燦的《宋史藝文志補》就是這樣「錯中錯」錯出來的，說詳後。

《清史稿·文苑傳》云：「（倪燦）撰〈藝文志序〉，與姜宸英〈刑法志序〉并稱傑構。」（卷四百八十九）

又《耆獻類徵》卷一百十七引《國史》本傳云：「（燦）與修《明史》，所為〈藝文志序〉，窮流溯源，與姜宸英〈刑法志序〉并稱傑作。」

又《鶴徵錄》卷一云：「所著〈明史藝文志序〉，窮流溯源，不下數千百言，可與姜湛園〈刑法志序〉并稱傑作。」

這都說倪燦撰的僅是明〈藝文志〉的序文，《鶴徵錄》還說明「不下數千百言」，那正是現在《宋史藝文志補》開端所附「史官倪燦撰」的〈明史藝文志序〉，那篇長序實有二千一百八十九個字。【32】

王氏文中排比眾證，分析文弨致訛因由，所說自可成立。是則《明史藝

【32】同註【27】，頁195。

何廣棪　明清學者補《元史藝文志》考　　15

文志稿》，其序倪燦撰，書乃虞稷撰，斯說可成定讞，無庸置疑。惟盧
氏所訂正之《宋史藝文志補》仍以倪燦為撰人，確有更正之必要。【33】

（四）宋定國、謝浦泰合撰之《國史經籍志補》

　　宋定國、謝浦泰二氏，《清史稿》、《清史列傳》、《碑傳集》各
編，及錢仲聯《廣清碑傳集》均無其資料。今人王紹曾《清史稿藝文志
拾遺・史部・目錄類》則著錄：

　　　《國史經籍志補》不分卷，宋賓王、謝浦泰撰，稿本。商務印書館
　　　《十史藝文經籍志》本。《善目》。【34】

又今人楊廷福、楊同甫合編《清人室名別稱字號索引》（增補本）載
宋、謝二人籍貫、字號曰：

　　　宋定國　　婁縣　　賓王　　蔚如

　　　謝浦泰　　太倉　　心傳　　心纏　　星纏　　尚論堂【35】

據上引二書資料，可知宋定國乃婁縣（今江蘇省崑山縣）人，字賓王，
號蔚如。謝浦泰乃太倉（今江蘇省太倉縣）人，字心傳，又字心纏、星
纏，室號尚論堂。而《國史經籍志補》乃不分卷，稿本尚存。此書又有
商務印書館《十史藝文經籍志》本，而《中國古籍善本書目》予以著錄。

　　宋、謝合撰之書，書首有序，云：

【33】上海商務印書館一九五七年十二月初版《宋史藝文志・補・附編》，其中《宋
　　史藝文志補》，署「黃虞稷、倪燦撰、盧文弨訂正」。又書首〈出版說明〉（頁
　　3~4）引盧文弨〈宋史藝文志補序〉，云：「《宋史》本有〈藝文志〉，咸淳以來
　　尚多闕略。至遼、金、元三史，則並不志〈藝文〉。本朝康熙年間議修《明
　　史》，時史官有欲仿《隋書》兼〈五代史志〉之例而為之補者，余得其底稿，乃
　　上元倪燦闇公所纂輯也。」則文弨仍以倪燦為撰人，顯誤。

【34】王紹曾：《清史稿藝文志拾遺》上冊（北京：中華書局，2000 年），頁 949。

【35】楊廷福、楊同甫合編：《清人室名別稱字號索引》（增補本）下冊（上海：上海
　　古籍出版社，2001 年），頁 202、941。

雍正元年夏，從金星軺借鈔焦先生《國史經籍志》訖。適錢子柱
西見遺《萊竹堂》、《絳雲樓書目》兩種，檢閱之頃，多焦《志》
所無，因啟增補之思。翻案頭諸家藏目，以玉峰健庵先生傳是樓
本為首，取焦《志》之所無者而增廣之，互相校勘，訂正卷冊。
其次補諸家目，雖互有焦氏所無，然同於徐本者則不再錄。此蓋
補焦氏所未逮，非會粹諸藏書目云爾。【36】

雍正元年，歲次癸卯（一七二三），則知書補成於此年。此書主要乃據
《傳是樓書目》，並參考其他書目，以補焦《志》。序中所言金星軺即金
門詔，玉峰健庵乃徐乾學，惟錢柱西則不知何許人也。

考宋、謝之書，乃依經、史、子、集四部以補焦《志》，每部均增
入宋、金、元人載籍，而以集部為最多。其集部中有〈補元人文集〉一
項，計所增自「金李俊民《莊靖遺稿》」，以迄「至元處士張庸《全歸惟
中詩集》」，凡三十二家、三十二種。李俊民，號鶴鳴老人，金承安進
士，應奉翰林，元世祖曾賜諡莊靜，〈補元人文集〉或因是而收其書。
另有〈吳郡顧俠君選元人目〉，其目所著錄自「金元好問（裕之）《遺山
先生集》」，以迄「陳基（敬初）《夷白齋集》」，凡七十四家、七十四種。
其中元好問乃金興定三年進士，金亡不仕，是金、元間人，或亦因其人
由金入元而被選入也。以上兩項，所著錄元人書名之下，均記撰人生平
宦歷，甚具參考價值。

據上所述，則宋、謝之書，增入元人書籍亦至贍富，堪可達致補焦
《志》之目的。

（五）金門詔之《補三史藝文志》

金門詔，《清史稿》無傳，亦無墓誌流傳，故《耆獻類徵》、《碑
集傳》各編、《廣清碑傳集》等書均不著其姓名。王重民先生嘗據光緒

【36】宋定國、謝浦泰：〈國史經籍志序〉，《明史藝文志廣編》第四冊，頁1195。

《江都縣續志‧孝友傳》及《金東山全集》所載相關資料，補撰〈金門詔別傳〉，〈別傳〉略云：

> 金門詔，字東山，江蘇江都縣人。……康熙五十六年中式北闈，受知於鄂文端、張文和，有國士之目。雍正九年入史館，與修《明史》。……乾隆十七年，八十卒。……為文奇肆，造班、范之室。尤精史學，自少時遍觀《廿一史》，〈紀〉、〈傳〉而外，獨愛〈經籍〉諸志。〈七略〉四部，凡簿錄之書，無不目覽心究，而得其源流異同之辨。……世宗（雍正）時，在明史館，又因焦竑舊志，增其未備，加以參考，更訂敘錄，為《明史經籍志》。時晉江黃虞稷、上元倪燦、長洲尤侗，各抱宏願，奮筆其間，然以〈宋志〉咸淳以後缺略未備，而遼、金、元三史不志〈藝文〉，欲仿〈隋志〉兼志五代之例，自咸淳以後補之於《明史》。唯尤氏專斷自有明，獨為史館所取重，乃參以黃、倪兩家，就侗稿重加編定。……晚歸林下，建二酉山房，整理藏書，敘而錄之。【37】

據是，則門詔亦參與補志之役。所撰《補三史藝文志》一卷，其序云：

> 近者焦太史竑，竊取鄭樵《通志》之例，仍依《隋書》，名以〈經籍〉。上下數千年繁蕪充棟，類聚群分，燦然明備，厥功偉矣！獨惜其於遼、金、元三朝之書，缺略為多。統覽今古，於茲未備，不無遺憾焉。……竊不自揆，乃取三史所載，并旁搜博採，合為一志，以當於拾遺補闕之一助云。【38】

是金氏撰此書，殆欲補焦竑《國史經籍志》所未備，其用心與虞稷之撰

【37】王撰〈金門詔別傳〉，原載民國二十一年三月《圖書館學季刊》第六卷第一期，頁111~112。後收入王著《冷廬文藪》上冊（上海：上海古籍出版社，1992年），頁216~218。

【38】金門詔：〈補三史藝文志序〉，《二十五史補編》第六冊（北京：中華書局，1986年），頁8521。

《書目》、《史稿》二書無異。

金書元代部分仍分四部以著錄群書，收書之富雖遠遜其後錢大昕氏，惟其集部特設〈詩選〉、〈策論〉二類以收相關書籍，則為同類目錄書籍所無。金氏匠心獨運以增設門類，允稱精當。

（六）杭世駿之校補《千頃堂書目》

杭世駿，《清史稿》無傳。清人汪兆鏞纂輯《碑傳集三編》，其書卷三十六據國史館《文苑傳稿》輯有〈杭世駿傳〉，略云：

> 杭世駿，字大宗，浙江仁和人。家貧力學，假書於人，窮晝夜讀之。……雍正二年舉人。乾隆二年召試博學鴻辭，授翰林院編修，校勘《武英殿十三經》、《二十四史》，纂修《三禮義疏》。……三十八年卒，年七十六。所著《續禮記集說》一百卷、《石經考異》二卷、《史記考證》、《三國志補註》、《補晉書傳贊》、《北齊書疏證》、《續方言》、《經史質疑》、《續經籍考》、《兩浙經籍志》、《詞科掌錄》、《詞科餘話》、《兩漢書蒙拾》、《文選課虛》、《道古堂集》、《鴻詞所業》、《榕城詩話》、《充宗錄》。晚年欲補《金史》，特構補史亭，成書百餘卷。【39】

據是，則世駿學術通博，尤精於史，於目錄之學，所涉亦深。杭氏治《千頃堂書目》校讎之業，始於雍正九年辛亥（一七三一），所撰〈千頃堂書目跋〉云：

> 右《千頃堂書目》，金陵黃俞邰所輯。俞邰徵修《明史》，為此書以備〈藝文志〉採用。橫雲山人刪去宋、遼、金、元四朝，取其中十之六、七為史志。史館重修，仍而不改，失俞邰志矣。元

【39】 汪兆鏞：〈杭世駿傳〉，《碑傳集三編》，《清朝碑傳全集》第五冊（臺北：大化書局，民 73 年），頁 4400。

修三史，獨闕〈藝文〉，全在《明史》罔羅，如後漢、晉、五代不列此志，《隋書》特補其闕，不必定在一朝也。歲在辛亥，從曝書亭朱氏購得此本，亟錄出以箴史官之失，說者得無笑其迂乎！戊辰六月一日，舊史杭世駿。【40】

杭氏此跋雖撰於乾隆十三年戊辰（一七四一）。唯文中有「歲在辛亥」一句，乃指雍正九年；此乃杭氏校讀黃書伊始也。至跋中「曝書亭朱氏」，蓋指朱彝尊家；而「橫雲山人」，即王鴻緒。杭氏於鴻緒刪去宋、遼、金、元載籍，深表不滿，觀跋中「錄出以箴史官之失」一語，其憤慨之情，溢於辭表矣。

前引杭氏《道古堂文集》卷六〈黃氏書錄序〉一篇，又云：

辛酉春，不佞修《浙志·經籍》，需此書甚亟，當湖陸陸堂檢討嘗攜二冊來，有經史而無子集。暨居京師，句甬全孝廉復攜五冊見示，皆從史館錄出，祇有明人而缺南宋以後諸公，蓋為《明史》起見，固未知俞邰網羅四代之苦心矣。第神宗時，張萱、吳大山等重編內閣之目，他書多訛闕不可信，獨〈地理〉一類詳核不支。俞邰親見此書，乃獨不之采用，所挂漏者夥頤，為不可解，因取所見聞者稍足成之。一則以備史職之考信，一則以完此書之闕遺，且慰俞邰九原也。秦亭老民杭世駿。【41】

辛酉，乾隆六年（一七四一）。此年之後，世駿因修《浙志·經籍》需要，亦讎校《千頃堂書目》，而補其書〈地理類〉闕略。杭氏校補之黃書，其後為吳騫所得。吳氏《愚谷文存》卷四〈重校千頃堂書目跋〉，略云：

俞邰既沒，遺書散佚。此稿又未經授梓，是以流傳絕少。予屬鮑

【40】杭世駿：〈千頃堂書目跋〉，瞿鳳起、潘景鄭整理《千頃堂書目》（附錄），頁797。

【41】同註【20】。

君以文物色之數年，始從苕估購得，審視則董浦先生道古堂藏本
也。有其手跋，它日而質之，先生亦不自知其所以然。蓋董浦晚
歲，雙足恒不良於行，侍史往往竊架上書以賣，不意此本展轉流
傳，仍為我輩所得，信昔人所謂有翰墨緣者矣。然董浦本尚多漏
略，疑為俞邰初稿，後借錢塘盧抱經先生金陵新校本勘補，書既
加詳，且多序目，似是史局增修之本。未幾讀《道古堂遺文》，
又得〈黃氏書錄序〉一篇，遂亟錄之，顧〈序〉中言〈地理〉一
門，黃氏尚多掛漏，己因取《內閣書目》為之增補；而予還閱此
書，又不如所云，其理殊不可解，豈此外別有一本耶！竊不自
揆，間取諸家書目續為增訂，拾遺補闕，愧非其才，聊以備四庫
之實錄耳。……乾隆乙未重陽日，兔床吳騫題於拜經樓。【42】

乾隆乙未為四十年（一七七五），時世駿已卒。吳氏跋文中之「董浦先
生」，即世駿別字也。吳氏既得道古堂藏本《千頃堂書目》，又據盧氏
校本及諸家書目以作勘補增訂，用力至勤。若杭氏、吳氏者，真虞稷功
臣也。

（七）《欽定續文獻通考・經籍考》之著錄元人載籍

清高宗乾隆十二年（一七四七），設三通館以編纂《續三通》，迄
乾隆四十九年（一七八四）始克編定。書皆欽定，故《續文獻通考》亦
稱《欽定續文獻通考》。

《欽定續文獻通考》，凡二百五十卷。其〈經籍考〉五十八卷，收入
卷一百四十一至一百九十八。卷首有引言，曰：

臣等謹案：馬端臨以經、史、子、集分部彙目，為〈經籍考〉，
其所采錄悉本歷代史志，以及王堯臣《崇文總目》；而評論則以
晁公武《讀書志》、陳振孫《書錄解題》為宗，又復旁參眾說，

【42】同註【22】。

折以己見。凡著作之本末、流傳之真贋，文理之純駁，約略皆有考焉。……今臣等奉命續纂《通考》，〈經籍〉一門，謹從端臨之例，經、史、子、集，各就見存以求編次。伏維我 皇上右文稽古，近敕儒臣采輯並訪求遺佚，編為《四庫全書》。凡《總目》所載宋代遺編，多有端臨未及著錄者，今皆一一補入。而遼、金、元、明四代之書，亦悉據《四庫全書》按次編錄。……其間議論，自宋、元、明諸儒外，近世則采自顧炎武、王士正、朱彝尊諸人為多；其他論說之有當者，亦俱載之。至若書之見解或有異同，人之出處不無謬舛，謹加案語辨證於後。【43】

據是，則《欽定續文獻通考‧經籍考》之編纂方法固步趨馬氏。而其著錄元人書籍，則「悉據《四庫全書》」也。〈經籍考〉凡分四部、四十四類，其類例因仍馬氏，而無所發明。然每書之下或加案語以辨章學術，則有可采者。如卷一百四十三〈經易〉「胡一桂《周易本義附錄纂疏》十五卷、《易啟蒙翼傳》四卷」條載：

臣等謹案：一桂〈自序〉及黃虞稷《藝文志》，謂取朱子《文集》、《語錄》之及於《易》者，附《本義》之下，謂之「附錄」；取諸儒《易》說之發明《本義》者纂之，謂之「纂疏」。其《翼傳》一書，則「附錄」、「纂疏」之後，重加增訂而成四篇，以翼《本義》者也。【44】

此條案語，闡釋「附錄」、「纂疏」二詞，不惟言簡意賅，且甚允恰，有助於對書名之理解。書中如斯之案語，咸具參考價值。是則《欽定續文獻通考‧經籍考》，亦不宜以其為官書之故而輕率貶抑之。

【43】《欽定續文獻通考》第二冊，頁4055。《十通》第八種，第十四冊（臺北：臺灣商務印書館，民76年）。

【44】前引書，頁4067。

（八）盧文弨之《補遼金元藝文志》

盧文弨，字召弓，餘姚人。《清史稿》卷四百八十一〈列傳〉二百六十八〈儒林〉二有傳。其傳曰：

> 文弨，乾隆十七年一甲進士，授翰林院編修，上書房行走。歷官左春坊左中允、翰林院侍讀學士。……好校書，所校《逸周書》、《孟子音義》、《荀子》、《呂氏春秋》、賈誼《新書》、《韓詩外傳》、《春秋繁露》、《方言》、《白虎通》、《獨斷》、《經典釋文》諸善本，鏤板惠學者。又苦鏤板難多，則合經、史、子、集三十八種，而名之曰《群書拾補》。【45】

案：盧氏《補遼金元藝文志》，收入清傳春官編《國朝金陵叢書》中，斯即吳騫〈重校千頃堂書目跋〉所稱之「金陵新校本」。然此書實黃虞稷取《千頃堂書目》及《明史藝文志稿》中有關遼、金、元人著作補訂而成，盧氏誤黃書為倪燦撰，王重民先生已撰文詳辨之，說見前。然檢清人吳壽暘《拜經樓藏書題跋記》卷三「《千頃堂書目》」條，條末記及壽暘父吳騫別紙迻錄盧氏與弟書，壽暘記云：

> 又別紙錄抱經學士與弟書云：「黃俞邰有《明史經籍志》，原稿體例較好，今《千頃堂書目》乃從此出，雖增添甚多，而雜亂無序，是賈客之帳簿而已。我已先鈔得《書目》，今難于改易，只得將黃《志》細細校補，所添小注甚多，并《書目》之所漏者亦間有之，俱補全矣。」【46】

盧氏此函明顯之錯誤有二：一、黃書原名《明史藝文志稿》，而錯作《明史經籍志》；二、《千頃堂書目》成書在前，《明史藝文志稿》成書在後，此函卻誤謂「今《千頃堂書目》乃從此（指《志稿》）出」。惟觀此

【45】同註【28】，第四十三冊，頁13191。

【46】吳壽暘：《拜經樓藏書題跋記》，瞿鳳起、潘景鄭整理《千頃堂書目》（附錄），頁799~800。

函仍稱「黃俞邰有《明史經籍志》」，而未視其書為倪燦撰，是乃此函撰成之時日稍早，而未幾盧氏則誤此書為燦作矣。

再檢盧氏《抱經堂文集》卷七〈題辭·題《明史藝文志稿》〉，其文載：

> 此《志稿》傳是溫陵黃虞稷俞邰氏所纂輯。……《志稿》自南宋及遼、金、元之書，俱搜輯殆遍，此即晉、隋史志兼備五代之遺則。而今以斷代為限，亦俱削之已，安得有力者將此四代書目別梓之以傳，亦學者之幸也。外間傳有《千頃堂書目》，與此《志》大致相同，而亦間有移易。堂名千頃，固黃氏所以志也。然今之書，直是書賈所為，郡縣志幾於無所不載，別集各就科第之年以為先後，取便於檢尋耳。宗藩與宗室離而為二，俱失體裁。而小注又為鈔胥任意刪減，益失黃《志》之舊。但此《志稿·別集類》，於羽流、外國亦俱缺如，篇第亦間或顛倒，恐此尚有脫簡。余先鈔得《書目》，後從朱君文游借得此本，力不能重寫，但取以校《書目》，改正不少。既畢校，遂書其前以還之。【47】

觀是，則盧氏雖誤判黃書為倪燦撰，然其對虞稷之書仍有校補之辛勞，且其後又將《補遼金元藝文志》訂正，別梓以傳，則其功勳亦至不可沒。

（九）吳騫之撰《四朝經籍志補》

吳騫《千頃堂書目》手校本，民國九年（一九二〇）張鈞衡撰〈千頃堂書目補遺〉時猶及見之。張文云：

> 黃俞邰《千頃堂書目》向無刻本，余既據十萬卷樓、漢唐齋兩鈔本互補刻之，以廣其傳。今又得吳兔床先生手校本，硃墨纍纍，視各傳鈔本特詳。以之勘對前刻，增多五百四十餘條，集錄成

【47】同註【31】。

卷，梓附編末，既便省覽，亦以見各家遺逸尚多耳。蓋吳所據者
杭董浦先生道古堂藏本也，復借盧抱經先生金陵新校本勘補，書
既加詳，間又取諸家書目續為增添，拾遺補缺，期以復還舊觀，
拜經真俞邰之知己矣！校輯既竟，因書卷末，以志墨緣。時庚申
三月上巳修禊辰也。【48】

庚申，即民國九年。吳氏手校本，曾藏北平圖書館，王重民先生一九四
九年七月撰〈《千頃堂書目》考〉時猶道及其藏所。抗日戰爭爆發，北平
圖書館善本書籍於一九四一年運往美國寄存，一九六五年運回臺灣，現
藏臺北國家圖書館中。

吳騫字槎客，浙江海寧人，《清史稿》無傳。《清史列傳》卷七十
二〈文苑傳〉三附〈汪憲〉，其傳載：

生負異稟，過目成誦，篤嗜典籍，遇善本傾囊購之。校勘精審，
所得不下五萬卷，築拜經樓藏之。……著有《國山碑考》一卷、
《桃溪客語》五卷、《小桐溪吳氏家乘》八卷、《蘇祠從祀議》一
卷、《拜經樓詩話》四卷、《論印絕句》二卷，又有《愚谷文存》、
《拜經樓詩集》。嘉慶十八年卒，年八十一。【49】

是騫好藏書，又擅校讎目錄之學也。其所撰《四朝經籍志補》，凡二
冊，附《千頃堂書目》手校本後，題作「海昌吳騫輯」，有題記，云：

溫陵黃俞邰先生嘗輯《千頃堂書目》，于有明一代之書後，復載
宋、遼、金、元，其意蓋欲補此四代史家所遺漏之書也。予間從
《千頃堂書目》中單采宋、遼、金、元之書，為《四朝經籍志
補》。厥後餘姚盧弓父學士及嘉定錢曉徵宮詹均有是輯，故予此
書亦藏之家塾。然其間有俞邰所未及者，附以鄙說，頗為學士所

【48】張鈞衡：〈千頃堂書目補遺〉，瞿鳳起、潘景鄭整理《千頃堂書目》（附錄），
頁800。

【49】同註【16】，卷七十二，頁七下。

采，故其自序中亦備著余姓氏，示不掠美也。嘉慶丙寅。【50】

丙寅為嘉慶十一年（一八〇六），據吳氏題記，則謂一己所撰《四朝經籍志補》猶成書於盧、錢之前。吳氏此書從未單行，上海商務印書館一九五八年十一月印行《遼金元藝文志》，將吳書所補之遼、金、元人書籍，按朝代附列《千頃堂書目》後，其〈出版說明〉云：

> 在上面目錄中有清人吳騫之《四朝經籍志補》一書，是補宋、遼、金、元四朝的書目，分朝編排，基本上以黃氏《千頃堂書目》為藍本，補所未備，搜集考訂，尚稱詳確。但因係遺稿未刊，原本已不在國內，北京圖書館善本書庫亦僅存有膠捲片，所以我們並未把此書照原樣排出，而只在它凡不同於《千頃堂書目》及其他書目者，於書名上加一★號為記別，各目所缺者，全部彙補於書末，以供參考。【51】

上海商務印書館作如上處理，雖可保存吳書梗概，所惜當時書仍寄存美國，未能照原稿排出，否則讀者研究此書，應更覺清晰與方便。

（十）張錦雲之撰《元史藝文志補》

張錦雲，字繼才，浙江海寧人。《清史稿》無傳，《碑傳集》各編及《廣清碑傳集》亦無其資料。所幸吳騫《愚谷文存》卷三有〈張繼才《補元史藝文志》序〉，頗載其生平。吳〈序〉略云：

> 同邑張茂才繼才，為碩儒待軒先生七世孫。少孤，從舅氏周松靄大令受學，松靄愛其才，更以甥館處焉。由是業日益進，於書靡所不窺，嘗有志補輯《元史藝文志》，予亦間發藏書以佽其探索。繼才體素羸，旋得咯血疾，顧猶晨夕研討，兼事吟詠不輟，

【50】吳騫：〈四朝經籍志補題〉，引自雒竹筠、李新乾：《元史藝文志輯本》（附錄二）（北京：北京燕山出版社，1999 年），頁 552。

【51】《遼金元藝文志》（上海：商務印書館，1956 年），頁 4~5。

未幾遂歿，蓋此《志》甫脫稿云。嗟乎！使天假之年，則其所造詣又可量耶！松靄為收集遺書，將俟其子長而付之。予偶從借讀，深歎其罔羅之富，又惜其《志》之不得見於世也，爰為錄其副而藏諸篋衍。往者，武林厲樊榭徵君嘗輯《遼史拾遺》，杭董浦先生作《金史補闕》，於兩朝〈藝文〉均有著錄；今繼才之書，實堪與相鼎跱。設有好事合而梓之，不特補三史之闕遺，而作者之苦心，亦庶其少慰於九泉也。乾隆四十九年春二月。【52】

吳文中之繼才即錦雲，錦雲乃待軒先生七世孫，又周松靄之婿。待軒諱次仲，字元岵，《清史稿》無傳，清黃宗羲《南雷詩文集》上〈碑誌類〉有〈張元岵先生墓誌銘〉，頗記其事蹟。【53】松靄諱春，亦海寧人，《清史列傳》卷六十八〈儒林傳〉下一附〈丁杰〉傳。【54】錦雲補《元史藝文志》，其成書應在吳撰〈序〉之乾隆四十九年（一七八四）春二月前，騫「錄其副而藏諸篋衍」，故盧文弨《補遼金元藝文志》曾采及張書，應借自槎客也。檢盧《補遼金元藝文志》末有〈題記〉，云：

> 海寧諸生張錦雲，字繼才，有《元史藝文志補》，此書采之。杭東里盧文弨記。【55】

日人長澤規矩也《中國版本目錄學書籍解題》一〈史志〉亦云：

> 《補遼金元藝文志》，清倪燦編，盧文弨補。無序跋。將倪氏稿本中之〈宋志補〉分出，以張錦雲（字繼才，海寧諸生）之《元史藝文志補》補入而成者。分為四部，注明籍貫。【56】

【52】 同註【50】，頁553~554。

【53】 黃宗羲：〈張元岵先生墓誌銘〉，《黃宗羲全集》，第十冊（杭州：浙江古籍出版社，1992年），頁389~392。

【54】 同註【16】，第九冊，卷六十八，頁七十三上至七十四上。

【55】 盧文弨：〈補遼金元藝文志題記〉，《二十五史補編》第六冊，頁8519。

【56】 長澤規矩也：《中國版本目錄學書籍解題》（北京：書目文獻出版社，1990年），頁23。

是長澤規矩也亦記盧采張書事，惟其誤以《補遼金元藝文志》為倪燦編，斯則過信文弨有以致之。

（十一）錢大昕之編撰《補元史藝文志》

錢大昕，字曉徵，嘉定人。《清史稿》卷四百八十一〈列傳〉二百六十八〈儒林〉二有傳，其傳載：

> 乾隆十六年召試舉人，授內閣中書。十九年進士，選翰林院庶吉士，散館授編修。……入直上書房，遷詹事府少詹事。……四十年丁父艱，服闋；又丁母艱，病不復出。嘉慶九年卒，年七十七。……大昕在館時，常與修《音韻述微》、《續文獻通考》、《續通考》、《一統志》、《天球圖》諸書。所著有《唐石經考異》一卷、《經典文字考異》一卷、《聲類》四卷、《廿二史考異》一百卷、《唐書史臣表》一卷、《唐五代學士年表》二卷、《宋學士年表》一卷、《元史氏族表》三卷、《元史藝文志》四卷、《三史拾遺》五卷、《諸史拾遺》五卷、《通鑑注辨證》三卷、《四史朔閏考》四卷、《吳興舊德錄》四卷、《先德錄》四卷、洪文惠、洪文敏、王伯厚、王弇州四家《年譜》各一卷、《疑年錄》三卷、《潛研堂文集》五十卷、《詩集》二十卷、《潛研堂金石文跋尾》二十五卷、《養新錄》二十三卷、《恒言錄》六卷、《竹汀日記鈔》三卷。【57】

觀是，錢氏學問之博通，著作之淵瞻可知。惟錢氏《補元史藝文志》，究編成於何年？錢有〈元史藝文志自記〉一篇，言及此事，曰：

> 國朝晉江黃氏、上元倪氏，因承修《明史》，并搜訪宋、元載籍，欲裨前代之闕，終格於限斷，不得附正史以行。大昕向在館閣，留心舊典，以洪武所葺《元史》冗雜漏落，潦草尤甚，擬仿

【57】同註【28】，頁13193~13195。

范蔚宗、歐陽永叔之例，別為編次，更定目錄，或刪或補，次第屬草，未及就緒。歸田以後，此事遂廢。唯《世系表》、《藝文志》二稿尚留篋中。吳門黃君蕘圃家多藏書，每有善本，輒共賞析。見此《志》而善之，并為糾其蹖駮，證其同異，且將刻以問世。……嘉慶庚申十二月，錢大昕記。【58】

據是，則《補元史藝文志》乃錢「在館閣」時次第屬草，「歸田」未及就緒，而稿留篋中，至嘉慶五年庚申（一八○○）十二月始竣工也。然大昕弟子黃鐘有〈元史氏族表跋〉一篇，其跋云：

《元史氏族表》三卷，我師錢竹汀先生所作也。明初諸臣修纂《元史》，開局未及匝歲，草率蕆事，其中紕謬頗多，……為後來讀史者所譏。先生嘗欲別為編次，以成一代信史，稿已數易，而尚未卒業。其《藝文志》及此《表》，皆舊史所未備，先生特枌補之。……先生屬稿始於乾隆癸酉七月，成於庚子五月，幾及三十年，其用力可謂勤已。【59】

據黃〈跋〉，則錢〈元史氏族表〉與《藝文志》之撰作年月實始於乾隆十八年癸酉（一七五三），而成於乾隆四十五年庚子（一七八○）。是大昕於書成之後，以迄嘉慶五年庚申（一八○○），猶不斷與友儕如黃蕘圃輩互為「糾其蹖駮，證其同異」。則大昕編撰此書，其態度矜慎可知。

錢《補元史藝文志》書首有序，云：

明初修史又不列〈藝文〉之科，遂使石渠、東觀所儲，漫無稽考。茲但取當時文士撰述，錄其都目，以補前史之闕，而遼、金作者亦附見焉。【60】

【58】同註【50】，頁546。

【59】黃鐘：〈元史氏族表跋〉，〈二十五史補編〉第六冊，頁8392。

【60】錢大昕：《補元史藝文志》，《二十五史補編》第六冊，頁8393。

是錢撰《藝文志》，蓋欲補《元史》之闕為主，而《志》中附見遼、金〈藝文〉，斯仍傳承王、焦以來諸人撰著之例也。

錢《補元史藝文志》經、史、子、集各為一卷。經部十二類，即〈易〉、〈書〉、〈詩〉、〈禮〉、〈樂〉、〈春秋〉、〈孝經〉、〈論語〉、〈孟子〉、〈經解〉、〈小學〉、〈譯語〉也。史部十四類，即〈正史〉、〈實錄〉、〈編年〉、〈雜史〉、〈古史〉、〈史鈔〉、〈故事〉、〈職官〉、〈儀注〉、〈刑法〉、〈傳記〉、〈譜牒〉、〈簿錄〉、〈地理〉也。子部十四類，即〈儒家〉、〈道家〉、〈經濟〉、〈農家〉、〈雜家〉、〈小說家〉、〈類事〉、〈天文〉、〈算術〉、〈五行〉、〈兵家〉、〈醫方〉、〈雜藝〉、〈釋道〉也。集部八類，即〈別集〉、〈總集〉、〈騷賦〉、〈制誥〉、〈科舉〉、〈文史〉、〈評註〉、〈詞曲〉也。所收書籍共三千二百三十一部、二萬八千一百三十七卷又二千四百三十八篇，殊為繁富。經部〈譯語〉類，著錄契丹語譯書四種、女真語譯書十八種、蒙古語譯書十四種；子部〈經濟〉類，著錄《興亡金鑑錄》、《經濟錄》、《治世龜鑑》、《中興濟治策》、《經邦軌轍》等書，均具特色。至其類目如〈譯語〉、〈經濟〉、〈科舉〉之設立，皆同類目錄著作所闕如，亦富創意。

錢氏撰《補元史藝文志》，博徵前人相關書目，然於其踳謬不可據者，則每指瑕索斑，予以糾正。錢氏《十駕齋養新錄》第十四〈元藝文志〉條云：

> 予補撰元《藝文志》，所見元明諸家文集、志乘、小說，無慮數百種，而於焦氏《經籍志》、黃氏《千頃堂書目》、倪氏《補遼金元藝文志》、陸氏《續經籍考》、朱氏《經義考》，采獲頗多。其中亦多誤踳不可據者，略舉數事，以例其餘。非敢指前人之瑕疵，或者別裁苦心，偶有一得耳。[61]

【61】同註【1】，頁 346。

錢氏此條除列舉上列書目有譌踳處外，尚糾正王圻《續文獻通考》、及《蘇州府志‧藝文門》、《江南通志》、錢遵王《讀書敏求記》、尤侗《明史藝文志稿》等書之譌誤；有所訂正，皆持之有故，言之成理。茲以錢氏《養新錄》卷十四「〈元藝文志〉」條見在，其駁正諸書之文字，無煩備引矣。【62】

今人來新夏《清代目錄提要》書中〈錢大昕《補元史藝文志》〉條稱：

> 竹汀一代通儒，又系近世治《元史》先驅，其書價值之高自不待言。魏源著《新元史》，〈藝文〉一志全錄錢書。盧（文弨）、金（門詔）、錢三《志》，日人皆收入《八史經籍志》。三《志》中，錢氏收書最多，金氏最少，然互有詳略，可以相互參稽。【63】

據是，則錢氏所詣，實遠邁盧、金，後來居上，其書殆集諸家之大成，堪推魁首。然錢《志》亦不能無誤，斯則有俟後人拾遺補闕矣。

參、附論

（一）何佑森之《元史藝文志補注》

何佑森，臺灣大學中文系退休教授。一九五四年，時何氏臺大中文系畢業，曾赴香港，投考新亞研究所攻讀碩士學位。《元史藝文志補注》一文，分刊於民國四十五年（一九五六）《新亞學報》第二卷第二期與民國四十七年（一九五八）第三卷第二期，所補注者乃錢大昕〈補元史藝文志〉經、史兩部。文前有〈序言〉，曰：

> 一九五五年底春天，錢師賓四囑我讀元儒的傳記和元明人的集子。是年夏，當我開始撰寫〈元代學術之地理分布〉和〈元代學術年表〉的時候，看出錢大昕的《補元史藝文志》（以下簡稱錢

【62】同註【1】，請參該書頁346~350。

【63】來新夏：《清代目錄提要》（濟南：齊魯書社，1997年），頁78。

《志》）和元人文集上的記載有若干出入的地方。後來我在《潛研堂全集》中讀到：「予補撰《藝文志》，所見元明諸家文集、志乘、小說，無慮數百種；而於焦氏《經籍志》、黃氏《千頃堂書目》、倪氏《補遼金元藝文志》、陸氏《續經籍考》、朱氏《經義考》，采獲甚多。」錢大昕《十駕齋養新錄》卷十四。於是我循著錢氏所依據的這些目錄書，逐一地先作一番校勘的工作，試探一下錢《志》是否有值得補訂的價值。到一九五六年春，初步的校勘完了之後，我看出：

一、錢《志》的經部抄撮朱氏《經義考》而成，有時卻忽略了某些著者的字號，時代和地名。

二、倪氏顯然從黃氏《千頃堂書目》中摘出《宋史藝文志補》，寫成《補遼金元藝文志》一書，其中舛誤屢見，錢氏不察，竟依據了這第二手的材料。

三、我從《疑年錄》中看出：元代的學術以宋末元初和元末明初最為重要，而錢氏遺漏了不少這兩個時期中大儒們的著作。如梁寅的《周易參義》，據《通志堂經解》所引〈自序〉在至元六年，梁寅雖然是元末明初時人，但據這部書的著成時代，和錢氏錄元末明初人著作的體例，應列入《元史·藝文》才是。

四、有時同一人的著作也搜集得不夠完備。錢《志》著錄了劉因的《易繫辭說》，而不著錄《太極圖後記》等是；又只收史部而不收經部的，如吳師道的《敬鄉前後錄》見於史部，經部獨闕《讀易雜記》。

五、錢《志》和其他目錄書，彼此間的記載有全然不吻合的，是否已經過錢氏的訂正；或者竟是錢《志》的譌誤，孰是孰非，使後人難下斷語。如錢《志·易類》蕭漢中《讀易考原》一卷，《經義考》作三卷，《千頃堂書目》和《補遼金元藝

文志》均作四卷等是。

六、鍾嗣成《錄鬼簿》中收錄了很多元曲的作品，而錢氏一律割棄，對元代《藝文志》來說，這不能不說是一個很大的缺陷。【64】

據何氏〈序言〉，則錢大昕《補元史藝文志》譌誤頗多，其中有撮《經義考》而成，惟忽略著者字號、時代、地名者；有誤據盧《補遼金元藝文志》者；有漏載宋末元初、元末明初大儒著作者；有同一人著作搜集不完備者；有與其他目錄書全不吻合而未知孰是孰非者；又於《錄鬼簿》所收元曲一律割棄者。針對錢《志》上述諸譌誤，何氏作以下補注，其〈序言〉云：

於是我決心為錢《志》做一番補注工作，對於有元一代的學術來講，這是值得的。我的體例著重在：

一、補注著者的字號、時代、地名和成書的年月。

二、注出錢書的根源。

三、儘可能地約略注出某些書籍的著書體例。

四、注出錢《志》和其他目錄書相互間的闕佚和譌踳。

五、注出錢《志》和諸家目錄分類的差異。

六、元曲作品附錄本書之後。

七、補列宋末元初和元末明初時的著作。

八、讀者或者可以從補注中看出新、舊《元史》的不同，和柯氏新列元儒傳記的依據。

九、所引用的材料，一律用小字註明出處。

十、篇末附有〈元史藝文志人名書名索引〉，以便讀者檢查。【65】

據上所引，則何氏補注錢《志》，除第八條非屬補注工作外，其餘則牽

【64】何佑森：〈元史藝文志補注〉，《新亞學報》第二卷第二期，民45年，頁115~116。

【65】前引書，頁116~117。

涉面廣，達致殊非容易。惟觀其所撰之文，用功深而收穫大，實堪作錢氏諍臣。因篇幅所囿，何氏所舉之例無法備引。又惜其子、集二部補注未見續成，〈元史藝文志人名書名索引〉亦未編就，斯則有待他日戮力為之。

（二）雒竹筠之《元史藝文志輯本》

雒氏此書乃李新乾先生據其遺稿編補而成，一九九九年十月北京燕山出版社出版。書首有新乾先生〈弁言〉，讀之可曉悉雒氏生平，及其蒐輯此書之背景。〈弁言〉云：

> 《輯本》原撰者雒竹筠先生，名炳冬，以字行，河北省束鹿縣人。一九九〇年逝世，終年八十有二。……先生十二歲時，赴瀋陽叔父所開設的古香齋古舊書店作學徒。叔父歿，遂與叔伯弟炳蔚繼承經營，字號改為萃文齋書店。自後生意益隆，又在北京琉璃廠設支店，與叔伯弟炳蔚一直經營到合營。萃文齋撤銷後，參加中國書店工作。先生為人憨厚，與瀋陽、北京許多學者交往有素，由於自己努力學習，嫻熟版本目錄之學，經常推薦善本書於學者，故得學者信賴，多有好評。……《輯本》之作，原為金（毓黻）先生所倡議，只因金先生無暇及此，即囑託竹筠師為之。……竹筠師輯此稿亦耗盡許多心血，經營書店期間即積卷滿篋，待退休後不應高薪返聘，一心整理二部《輯本》稿，稿未卒而辭世，令人悲感不已。【66】

據是，則《輯本》乃因金毓黻教授倡議及囑託而進行，惟迄雒氏辭世，稿猶未能卒業也。

至此《輯本》特色，〈弁言〉亦道及之，云：

> 元代人的著述非常豐富，但多已散佚不聞，幾至無法得知全貌。

【66】雒竹筠、李新乾：《元史藝文志輯本》，頁2~3。

雖然錢大昕、盧文弨、金門詔諸前輩撰成《元史》補志行世，而三氏之《志》均包括遼、金〈藝文志〉在內，並非蒙元一代之專志，此不能不令人遺憾，迄今還沒有一本《元史藝文志》梓行於世。中國傳統史志書錄，輕視通俗文學，將民間戲曲、小說視為不登大雅之堂之作。……竹筠先生搜尋元〈藝文志〉的宗旨，突破舊〈藝文志〉的條條框框，凡屬元人著述，不棄細流，有則盡錄，巨細咸備，此也可算是《輯本》的一大特色。【67】

據〈弁言〉所道，則雒書乃蒙元一代書志，有異於錢《志》等括遼、金〈藝文志〉而成編，此為本書特色之一。又雒書輯及元代小說、戲曲。其書卷第十八〈集部〉八〈小說類〉，卷第十九〈集部〉九〈曲類〉，所著錄小說、戲曲書籍至夥，與何佑森氏不謀而合，足補錢、金諸《志》所未備，此為本書特色之二。

據新乾先生〈弁言〉所記，雒氏《輯本》曾獲向達、王重民、朱士嘉諸學者讚許，認為乃屬一部有裨學界之著作。向氏等人所作佳評，洵符事實。

肆、結語

綜上所述，明修《元史》闕〈藝文志〉，《四庫全書總目》評為「乖迕」，殊非苛論。補《元史藝文志》，先導者乃明神宗萬曆年間之王圻與焦竑。王氏《續文獻通考・經籍考》與焦氏《國史經籍志》，均增入元人著述。王、焦二氏之書，允屬斯學權輿與濫觴作品。

入清後，學者參與補《志》之役者漸多。黃虞稷繼軌王、焦，為清代補《元史藝文志》第一人。宋定國、謝浦泰、金門詔、乾隆館臣、盧文弨、吳騫、張錦雲咸具勳績。而倪燦撰序，杭世駿校補，其功亦自不

【67】前引書，頁3。

可沒。至錢大昕乃集諸家之大成，後來居上，尤稱巨擘矣。

民國以降，何佑森教授撰著《元史藝文志補注》，作錢氏之諍友；雒竹筠先生理董《元史藝文志輯本》，乃《元史》之功臣，二氏備極辛勤，理宜表述，茲於文末附論及之，其於窮源竟委以究補《元志》之學，或不無裨益焉。

二〇〇七年三月十六日，何廣棪撰於華梵大學東方人文思想研究所。

參考文獻（以引用先後為序）

1. 錢大昕：《十駕齋養新錄》（上海：商務印書館，1957 年）
2. 紀昀：《四庫全書總目》（北京：中華書局，1965 年）
3. 周中孚：《鄭堂讀書記》（北京：中華書局，1993 年，《清人書目題跋叢刊》八）
4. 張廷玉等：《明史》（臺北：鼎文書局，民國 83 年）
5. 沈津：《美國哈佛大學哈佛燕京圖書館中文善本書志》（上海：上海辭書出版社，1999 年）
6. 《清史列傳》（臺北：臺北中華書局，民國 72 年）
7. 趙爾巽等：《清史稿》（北京：中華書局，1994 年）
8. 瞿鳳起、潘景鄭整理：《千頃堂書目》（上海：上海古籍出版社，2001 年）
9. 丁丙：《善本書室藏書志》（北京：中華書局，1990 年，《清人書目題跋叢刊》二）
10. 王重民：《中國目錄學史論叢》（北京：中華書局，1990 年）
11. 朱圻：《夏雲堂稿》（收入道光間朱緒曾輯刊《金陵朱氏家集》）
12. 楊家駱主編：《明史藝文志廣編》（臺北：世界書局，民國 65 年，《中國學術名著》第六輯、《中國目錄學名著》第三集）

13. 盧文弨：《抱經堂文集》（《四部叢刊》集部，上海涵芬樓借閩縣李氏觀槿齋原刊本景印）

14. 《宋史藝文志・補・附編》（上海：商務印書館，1957 年）

15. 王紹曾：《清史稿藝文志拾遺》（北京：中華書局，2000 年）

16. 楊廷福、楊同甫：《清人室名別稱字號索引》（上海：上海古籍出版社，2001 年）

17. 《圖書館學學刊》第六卷、第一期（北平：中華圖書館協會，民國21 年3 月）

18. 王重民《冷盧文藪》（上海：上海古籍出版社，1992 年）

19. 《二十五史補編》（北京：中華書局，1986 年）

20. 汪兆鏞：《碑傳集三編》（臺北：大化書局，民國73 年，《清朝碑傳全集》第五冊）

21. 《欽定續文獻通考》（臺北：臺灣商務印書館，民國76 年，《十通》第八種）

22. 雒竹筠、李新朝：《元史藝文志輯本》（北京：北京燕山出版社，1999 年）

23. 《遼金元藝文志》（上海：商務印書館，1956 年）

24. 黃宗羲：《黃宗羲全集》（杭州：浙江古籍出版社，1992 年）

25. 長澤規矩也《中國版本目錄學書籍解題》（北京：書目文獻出版社，1990 年）

26. 來新夏：《清代目錄提要》（濟南：齊魯書社，1997 年）

27. 《新亞學報》第二卷、第二期（香港：新亞研究所，民國45 年；第三卷、第二期，民47 年）

蜀漢將軍的班位及其散職化傾向
——兼論監軍、護軍、典軍及軍師、領軍

洪武雄*

提要

三國鼎立，長期混戰，原本「隨事任命」、「事訖即罷」的將軍，變成普遍性、長期性的授予。隨著將軍名號的大量成長，一方面，不同的將軍名號構成不同的班列，成為井然有序的遷轉模式。另一方面，將軍逐漸喪失其「掌征伐背叛」的實質意義，出現散職化的傾向。

當將軍未必擁有軍事指揮權，軍事任務的進行有賴另一套體系運作。後主時期，監軍、護軍、典軍與軍師、領軍等職銜大量出現、演化成型，成為蜀漢軍事任務的實際行使者。

歷來研究三國官制者，常以曹魏為主軸。但不論是將軍的班列，或是監軍、護軍、軍師的隸屬，或是領軍的性質等，蜀漢制度頗多異於曹魏制度者，難以完全比附。

一、前言

《漢書·百官公卿表》：「前後左右將軍，……。漢不常置，或有前後，或有左右，皆掌兵及四夷。」[1]《後漢書·續百官志》：「將軍不常置。本注曰：掌征伐背叛。」[2]將軍本為征伐而設，承平之日，任

---

*中國醫藥大學通識教育中心講師。

[1]《漢書》，卷19上，〈百官公卿表〉，頁726。

[2]《後漢書》，志卷24，〈續百官志〉，頁3563。

將軍者少。偶遇背叛，乃命將討伐，「有事委任，事畢即罷」。故將軍不常置。東漢末年，天下分崩，羣雄並起，一者將軍本為征伐而設，二者將軍地位崇高，又非政府組織中定額常設的官職，不論是寵異親幸或拉攏異己，將軍成為最具彈性的名器，因此獻帝一朝，不論是新出的將軍名號或全部的將軍名號，都比長期承平的東漢中期倍數增加[3]。

當軍事任務短期而明確時，單一將軍即能遂行任務，「隨事任命，或因襲舊名，或因事建號」。將軍名號僅是配合軍事目的、顯示武威的美稱，不同名號的將軍未必構成高低上下的統屬關係。但是當戰爭規模擴大，將軍名號大增，為有效統合各路兵馬，遂有一將統數將的情形，將軍名號開始有了不同的位階。依其地位高低，遂有「重號將軍」與「雜號將軍」之分[4]。

三國鼎立，長期混戰，將軍的名號大量成長，曹魏的將軍名號超過百個[5]。將軍從不常設變成普遍性的授予，將軍不再物以稀為貴。將軍的授與本因事訖即罷，不易形成穩定的尊卑次序，但當將軍名號普授，而且成為長期性的任命後，同時存在的眾多將軍開始有了截然不同的班位[6]。不論就官制規模或魏晉以後的發展，歷來研究三國官制者，常以曹魏為主軸，此勢之必然。但三國對峙，在承續兩漢以來的

[3] 參廖伯源，〈東漢將軍制度之演變〉，收入《歷史與制度——漢代政治制度試釋》（香港：香港教育圖書公司，1997年），頁 206-207。

[4] 安作璋、熊鐵基，《秦漢官制史稿》上冊（濟南：齊魯書社，1984年），頁 244-245。

[5] 閻步克依《三國職官表》統計，其計算方式為四征、四鎮、前後左右將軍皆分開計算（即征東為一號、征西為一號之類），其加「大」者再單獨計算。參見氏著《品位與職位——秦漢魏晉南北朝官階制度研究》（北京：中華書局，2002年），頁 416。

[6] 閻步克，《品位與職位——秦漢魏晉南北朝官階制度研究》，頁 425。

制度外，各國仍有各自不同的特色，洪飴孫即稱：「曹氏官制，名與漢同而實變之……。是則紛更升降與漢大殊。……吳、蜀名因漢制亦有異同，蜀猶略祖東京，吳則大形增省。」[7]蜀漢將軍的名號與班位即多異於曹魏者，以魏晉以降之將軍班列視之，不免有穿鑿謬誤之處。

自建安十九年得益州計，蕞爾小國，立國不過五十年的蜀漢，確有其人居之的有號將軍有六十二個之多[8]，遠多於西漢的四十七個，直逼東漢的七十五個[9]。本文擬先釐清蜀漢眾多將軍名號的班位高低，及其與中央職官間的相互等次。其次，原本「隨事任命」、「因事建號」的將軍在長期性、普遍性的授與後，逐漸喪失其「掌征伐背叛」的實質意義，部分將軍即令身處前線、隨軍行動，也未必擁有軍事指揮權，將軍出現散職化的傾向。當將軍名銜與軍事任使逐漸分離，軍事任務的遂行有賴另一套體系運作。監軍、護軍、典軍與軍師、領軍等職銜大量出現、演化成型，成為蜀漢軍事任務的實際行使者。

二、蜀漢將軍的名號與班位

建安三年曹操表劉備為左將軍，帳下部屬見諸史冊者僅從事中郎數人。赤壁戰後，劉備定江南，乃封拜元勳。建安十五年，「以（關）羽為襄陽太守、盪寇將軍」，「以（張）飛為宜都太守、征虜將軍」，以

【7】 清‧洪飴孫，《三國職官表》，收入《二十五史補編之三國志補編》（北京：北京圖書館出版社，2005 年），頁 1 序文。

【8】 不計偏、裨、牙門及但稱將軍或將者。驃騎、右驃騎各計一個，未見左驃騎之實例則不計；四方征鎮安平只計確有人居之者，如四平只見平南，則只計一個；雜號將軍與加「大」者皆分計。參表一〈蜀漢將軍年表〉。

【9】 兩漢的將軍數目，參見前引廖伯源，〈東漢將軍制度之演變〉，頁 206-207。

趙雲「為偏將軍，領桂陽太守」【10】。此為劉備部屬首見領將軍名號者。其時，劉備方代劉琦為荊州牧，關、張、趙各以將軍、太守鎮守方面。建安十九年劉備得益州，復大封羣臣。軍師中郎將諸葛亮進為軍師將軍、偏將軍（牙門將軍）趙雲進為翊軍將軍、左將軍府從事中郎麋竺、簡雍、孫乾分別拜為安漢將軍、昭德將軍、秉忠將軍；馬超平西將軍、許靖鎮軍將軍、鄧方安遠將軍、法正揚武將軍、黃忠討虜將軍、吳壹討逆將軍、李嚴興業將軍。領將軍名號者大量增加，眾將軍皆為劉備部屬，彼此未必有上下統轄的關係。但將軍既多，在某些場合中，不同的名號逐漸有了班位上的次序，如麋竺「拜為安漢將軍，班在軍師將軍之右。」【11】

建安二十四年，先主自立為漢中王。王府比照西漢初年，自置公卿、將軍諸官屬。其時，關羽以盪寇將軍董督荊州事：

> 遣（費）詩拜關羽為前將軍，羽聞黃忠為後將軍，羽怒曰：「大
> 丈夫終不與老兵同列！」不肯受拜。詩謂羽曰：「夫立王業者，
> 所用非一。昔蕭、曹與高祖少小親舊，而陳、韓亡命後至，論其
> 班列，韓最居上，未聞蕭、曹以此為怨。⋯⋯愚為君侯，不宜計
> 官號之高下，爵祿之多少為意也。」【12】

前、後、左、右將軍位在九卿之上，為劉備稱帝前蜀漢地位最高的將軍（詳後）。「剛而自矜」的關羽不忿與黃忠同列，蓋將軍名號已與「官號之高下，爵祿之多少」息息相關。

建興元年，後主繼位。一朝天子一朝臣，權位的重新分配是必然的。建興三年諸葛亮上表廢廖立為民，表文中對後主初即位時的權位分派有所著墨。

【10】《三國志》，卷36，〈關羽傳〉、〈張飛傳〉、〈趙雲傳〉注引〈雲別傳〉，頁
940、943、949。

【11】《三國志》，卷38，〈麋竺傳〉，頁969。

【12】《三國志》，卷41，〈費詩傳〉，頁1015。

陛下即位之後，普增職號，（廖）立隨比為將軍，面語臣曰：「我
何宜在諸將軍中！不表我為卿，上當在五校。」臣答曰：「將軍
者，隨大比耳。至於卿者，正方亦未為卿也。且宜處五校。」[13]
先主時，李嚴（字正方）為輔漢將軍、尚書令、中都護，班位皆在卿
下，故諸葛亮稱「正方亦未為卿」。廖立在後主初即位時由侍中隨比
為將軍，史書未載其將軍名號，但其班位不僅不及九卿，甚且在五校
之下。這一等級的將軍數目可能不少，故廖立曰：「我何宜在諸將軍
中！」[14] 既有且定額的官制，難以安插太多人手，無員額限制的將軍
遂成「普增職號」時最具彈性的職位。各種將軍名號且與中央職官形成
不同的高低上下關係。

蜀漢自大將軍以下，確有其人居之的有號將軍有六十二個，曾任有
號將軍者多達七十人[15]。不同的將軍名號其班位高低關係為何？其與
中央職官的班位關係又為何？

（一）大將軍

〈續百官志〉論將軍的地位：「比公者四：第一大將軍，次驃騎將

---

[13]《三國志》，卷40，〈廖立傳〉注，頁998。

[14]《三國志》，卷40，〈廖立傳〉：「（建安）二十四年，先主為漢中王，徵立為
侍中。後主襲位，徙長水校尉。」頁997。本傳未載其曾任將軍，蓋因其僅為
後主初繼位時短時間的隨比。《三國志》，卷40，〈李嚴傳〉：「加輔漢將軍，
領郡如故。章武二年，……，拜尚書令。三年，……，以嚴為中都護，……。建
興元年，……，加光祿勳。」頁999。章武三年先主崩，未逾年改元，建興元
年後主襲位。廖立初隨比為諸將軍，其時李嚴猶未加光祿勳，故諸葛亮云「正
方亦未為卿也」。不旋踵，廖立由位在五校之下的諸將軍拜長水校尉，李嚴亦由
仍未為卿的輔漢將軍、尚書令、中都護等職加光祿勳，皆在廖立抱怨「我何宜
在諸將軍中」之後。

[15] 參表一〈蜀漢將軍年表〉。

軍，次車騎將軍，次衛將軍。」【16】東漢時大將軍的地位或比公，或在公下，或在公上，頗因人而異，至東漢末年，大將軍則位在公上【17】。

先主時，未置大將軍。後主建興十二年，諸葛亮卒後，蜀漢不再設丞相，時亦未見有任三公者【18】。十三年，蔣琬遷大將軍，「處臺僚之右」。延熙二年，大將軍蔣琬遷大司馬，六年，尚書令費禕遷大將軍，九年，大司馬蔣琬卒。延熙六年至九年間，大司馬蔣琬的班位高於大將軍費禕。蜀漢除先主曾以大司馬漢中王立國外，人臣拜大司馬者僅蔣琬一人。琬卒後，費禕復以大將軍當國，十六年，禕卒。十九年，姜維遷大將軍，郤正又稱其「處臺臣之右」【19】。

建興十二年後，蜀漢不復置丞相，除延熙二年至九年間曾另置大司馬，位在大將軍之上外，常以大將軍當國，時人及後人亦視大將軍如相【20】。

【16】《後漢書》，志卷24，〈續百官志〉，頁3563。

【17】參安作璋、熊鐵基，《秦漢官制史稿》上冊，頁239-240。

【18】先主時，許靖曾任太傅、司徒，章武二年，靖卒。參《三國志》，卷38，〈許靖傳〉，頁966-967。此後未見何人再任太傅、司徒。蜀亦有太尉，後主建興元年，諸葛亮上言：「臣請太尉告宗廟，布露天下。」參《三國志》，卷34，〈二主妃子傳〉，頁906。其時何人任太尉，史書無載。《新唐書》，卷73下，〈宰相世系〉載薛勝曾為「蜀太尉」，但未知確切年代，頁2943。劉琳校注，《華陽國志校注》（成都：巴蜀書社，1984年），卷7，〈劉後主志〉，延熙九年條：「蜀初闕三司之位，以待天下賢人。」頁576。此說難以包括蜀漢全期。但建興十三年蔣琬任大將軍時，史書未見蜀漢何人任三公者。

【19】參《三國志》，卷44，〈蔣琬傳〉、〈費禕傳〉、〈姜維傳〉，頁1058-1068。

【20】《三國志》，卷44，〈費禕傳〉：延熙十四年，大將軍費禕自漢中還成都，「成都望氣者云都邑無宰相位，故冬復北屯漢壽。」頁1062。《三國志》，卷44，〈蔣琬費禕姜維傳〉陳壽評，注引干寶曰：「姜維為蜀相。」裴松之亦稱「蔣、費為相」，頁1069。

（二）驃騎、車騎、衛將軍

　　章武元年先主稱帝，大封羣臣。《蜀書》特錄先主策書者惟諸葛亮、許靖、馬超、張飛四人。時諸葛亮為丞相、許靖為司徒，馬超、張飛分拜驃騎、車騎將軍。驃騎、車騎將軍的地位當位比三公。

　　景耀二年，分置左、右驃騎及左、右車騎將軍[21]。

　　後主世，姜維由鎮西大將軍遷衛將軍再遷大將軍、張翼由鎮南大將軍遷左車騎將軍、胡濟由鎮西大將軍遷右驃騎將軍[22]。就其升遷脈絡觀察，衛將軍與驃騎、車騎將軍當同班，而次於大將軍。

---

[21]《三國職官表》蜀漢驃騎將軍條：「景耀二年，復增置右驃騎將軍。」車騎將軍條：「景耀初，復分置左、右車騎將軍。」頁53、54。「景耀二年，復增置右驃騎將軍」，應是指胡濟而言，但史書未明載胡濟於景耀二年遷右驃騎將軍。洪飴孫當是由《華陽國志校注》，卷7，〈劉後主志〉：「（景耀）二年，……，以征西張翼為左車騎將軍，……。廣武督廖化為右車騎將軍，……。」推論而得，頁587-588。驃騎將軍應是如車騎將軍分置左、右，而非僅增置右驃騎，但未見左驃騎的實例。

[22]《三國志》，卷39，〈董和傳〉注：「亮卒，為中典軍，統諸軍，封成陽亭侯，遷中監軍前將軍，督漢中，假節領兗州刺史，至右驃騎將軍。」頁980。《華陽國志校注》，卷7，〈劉後主志〉：延熙十一年，王平卒，「以中監軍胡濟為驃騎將軍，假節，領兗州刺史，代平督漢中事。」頁581。二條資料有異，前者指延熙十一年，胡濟以中監軍前將軍代王平督漢中，後遷至右驃騎將軍。後者則直指其以驃騎將軍代王平督漢中。胡濟並非由前將軍直接遷右驃騎將軍。《三國志》，卷44，〈姜維傳〉：延熙十九年春，姜維「與鎮西大將軍胡濟期會上邽。」頁1064。卷33，〈後主傳〉稱「鎮西將軍」，頁899。《華陽國志校注》，卷7，〈劉後主志〉則稱「鎮西大將軍」，頁584。蜀制，前將軍在四征、四鎮之上，在諸大將軍之下，〈姜維傳〉、〈劉後主志〉作「鎮西大將軍」當是。景耀初，胡濟由鎮西大將軍遷右驃騎將軍。

（三）雜號大將軍

東漢初，始設雜號大將軍，地位高於一般將軍[23]。魏文帝黃初年間亦置雜號大將軍，地位亦高於一般將軍[24]。建興八年，鎮北將軍魏延西入羌中，大破曹魏後將軍費瑤、雍州刺史郭淮等，遷征西大將軍[25]。蜀漢將軍加「大」字，始見於此。

建興九年諸葛亮與前線將領合議，免驃騎將軍李平（本名嚴），重要將軍依序為車騎將軍劉琰、征西大將軍魏延、前將軍袁綝、左將軍吳壹、右將軍高翔、後將軍吳班[26]。征西大將軍居比公的車騎將軍之後，而在卿上的前、左、右、後將軍之前。

此後，雜號大將軍的位次即介於此間。建興年間，袁綝、高翔由前將軍、右將軍遷雜號大將軍[27]；延熙年間，胡濟由前將軍遷鎮西大將

---

[23] 參安作璋、熊鐵基，《秦漢官制史稿》上冊，頁246-248。

[24] 參《三國職官表》曹魏之中軍大將軍、上軍大將軍、鎮軍大將軍、撫軍大將軍、四征、四鎮將軍諸條，頁56-61。

[25] 《三國志》，卷40，〈魏延傳〉，頁1002。

[26] 《三國志》，卷40，〈李嚴傳〉注，頁1000。

[27] 《華陽國志校注》，卷7，〈劉後主志〉：「潁川袁綝、南郡高翔至大將軍，綝征西將軍。」劉琳校注「『高翔』後疑有脫文，『至』字上當有一『翔』字。」頁567。劉注有誤。蜀漢曾任大將軍者，僅蔣琬、費禕、姜維三人，高翔未曾任大將軍。此處之「大將軍」乃雜號大將軍之簡稱，如《三國志》，卷35，〈諸葛亮傳〉先稱董厥為輔國大將軍，後簡稱大將軍，頁932、933。建興九年免李平時，袁綝為前將軍、高翔為右將軍，資位相當，故相提並論。蜀制，前將軍在四征之上，在雜號大將軍之下。〈劉後主志〉其義應是袁綝與高翔分由前、後將軍俱遷雜號大將軍，綝為征西大將軍（〈劉後主志〉脫漏「大」字），之後又脫漏「翔某某大將軍」。

建興十二年，原征西大將軍魏延誅死、原揚武將軍鄧芝遷前將軍。袁綝由前將軍遷征西大將軍，當在此時。

軍、宗預由後將軍遷征西大將軍、閻宇由右將軍遷右大將軍，皆由前後左右將軍遷雜號大將軍者。延熙年間，姜維由鎮西大將軍遷衛將軍；景耀年間，胡濟由鎮西大將軍遷右驃騎將軍、張翼由鎮南大將軍遷左車騎將軍，此由雜號大將軍遷驃騎、車騎、衛將軍之例。景耀年間，廖化遷至右車騎將軍，「官位與（左車騎將軍）張翼齊，而在宗預之右」[28]。宗預官至鎮軍大將軍。後主時期始見的雜號大將軍，其班位介於比公的驃騎、車騎、衛將軍與上卿的前後左右將軍之間。

諸雜號大將軍間的位序，猶可梳理。

蜀制，前後左右將軍高於四鎮，四鎮高於鎮軍、四征（詳後）。諸雜號大將軍的位序大抵亦是如此，如張翼由征西大將軍「進位鎮南大將軍」、宗預先任征西大將軍後為鎮軍大將軍。蜀漢諸雜號大將軍的位序應是右大將軍、四鎮大將軍、鎮軍大將軍、四征大將軍。輔國大將軍只見董厥一例（輔國將軍亦僅董允一例），又無相關遷黜資料，較難論斷其位序。

（四）位在卿上的前後左右將軍及安漢、軍師將軍

《漢書・百官公卿表》：「前後左右將軍，皆周末官，秦因之，位上卿，金印紫綬。」[29]蜀制，前後左右四將軍亦在卿上，如李嚴由光祿勳遷前將軍、劉琰由衛尉遷後將軍、向朗由光祿勳遷左將軍，皆是。

建安二十六年〈黃龍甘露碑〉，安漢將軍位次司徒，在侍中、尚書、五官中郎將、諸大夫、議郎及鎮東、四平將軍之上[30]。同年，羣臣請漢中王劉備稱帝，「太傅許靖、安漢將軍糜竺、軍師將軍諸葛亮、

---

[28]《三國志》，卷45，〈宗預傳〉，頁1077。

[29]《漢書》，卷19上，〈百官公卿表〉，頁726。

[30]宋・洪适，《隸續》（台北：藝文印書館，1966年），卷16，〈黃龍甘露碑〉，頁1b。

太常賴恭、光祿勳黃柱、少府王謀等上言」【31】。安漢、軍師將軍位在
三公之下、九卿之上。

然者，前後左右將軍與安漢、軍師將軍，又以何者居先？建安十九
年，「益州既定，拜（麋竺）為安漢將軍，班在軍師將軍之右。竺雍容
敦雅，而幹翮非所長。是以待之以上賓之禮，未嘗有所統御。然賞賜優
寵，無與為比」【32】。時劉備為左將軍，由左將軍從事中郎遷安漢將軍
的麋竺，自不應居左將軍之上。但既為上賓，故地位相去不遠。延熙六
年，安漢將軍王平遷鎮北大將軍，其升遷幅度與前述前後左右將軍遷雜
號大將軍亦約略相同。

就文辭而言，前後左右將軍的說法較為順暢，但其確實的位序是
前、左、右、後。如建興九年免李平公文中有「前將軍都亭侯臣袁綝、
左將軍領荊州刺史高陽鄉侯臣吳壹、督前部右將軍玄鄉侯臣高翔、督後
部後將軍安樂亭侯臣吳班」【33】。其次序即是如此。建安二十四年，劉
備自立為漢中王，前後左右將軍地位最尊，其時前將軍關羽有不與後將
軍黃忠同列之忿，如左、右將軍猶在後將軍之後，只怕馬超、張飛亦當
有恨。

六個位在卿上的將軍，依序為前、左、右、後、安漢、軍師。

（五）位在卿下、五校之上的雜號將軍

前引建興三年諸葛亮廢廖立為民表，位在卿下的雜號將軍又可以五
校為基準，大分為上、下兩班。先論位在卿下、五校之上的雜號將軍。

魚豢曰：「四征，魏武帝置，秩二千石。黃初中，位次三公。漢舊
諸征與偏裨雜號同。」【34】曹魏除大將軍、驃騎、車騎、衛將軍及不常

【31】《三國志》，卷32，〈先主傳〉，頁888。

【32】《三國志》，卷38，〈麋竺傳〉，頁969。

【33】《三國志》，卷40，〈李嚴傳〉注，頁1000。

【34】《宋書》，卷39，〈百官志〉，頁1225。

設的中軍大將軍、上軍大將軍、鎮軍大將軍、南中大將軍、輔國大將軍、撫軍大將軍外。其最尊者為四征將軍，常為督鎮四方的大將，其資深者就遷四征大將軍，品位不變，位在四鎮、四安、四平、前後左右將軍之上【35】。蜀漢將軍的位次則大不同，四征依漢舊與偏裨雜號同，在前後左右將軍之後。征、鎮、安、平將軍的位序與曹魏大殊，亦無因資深就加大將軍之例，雜號大將軍的位次另成一等級，如前述。

1、四方征、鎮、安、平將軍的相對位次

建安二十六年〈黃龍甘露碑〉，除安漢將軍位次司徒外，諸將軍可辨識者，有「鎮東將軍臣劉琰、平西將軍臣劉□、平北將軍臣劉□」【36】，四鎮在四平之上。後主時，趙雲由征南將軍遷鎮東將軍，張翼由征西大將軍遷鎮南大將軍，四鎮亦在四征之上。建安二十四年先主稱漢中王前，馬超為平西將軍、黃忠為征西將軍。就兩人名望而言，平西馬超在征西黃忠之上，故先主稱王後，二人分拜左、後將軍，左將軍居前。四平、四征地位應約略相當，而以四平為先。四安將軍中，蜀漢僅見安南將軍，其位次可約略推之。馬忠由安南遷鎮南大將軍、張表遷後將軍、閻宇遷右將軍，如安南遷前後左右將軍為常態【37】，則與輔

【35】《三國職官表》，頁56-63。

【36】《隸續》，卷16，〈黃龍甘露碑〉，頁1b。

【37】延熙六年，尚書令費禕遷大將軍，重要將領連帶集體升遷。同年，督江州的前將軍鄧芝遷車騎將軍、督漢中的安漢將軍王平遷鎮北大將軍、大司馬司馬輔漢將軍姜維遷鎮西大將軍。庲降都督、安南將軍馬忠於五年由南中還朝，至漢中宣傳詔旨，再還成都，疑亦於六年遷鎮南大將軍。參見《三國志》，卷33，〈後主傳〉，頁898；卷43，〈馬忠傳〉，頁1049；卷43，〈王平傳〉，頁1050；卷44，〈費禕傳〉，頁1061；卷44，〈姜維傳〉，頁1064；卷45，〈鄧芝傳〉，頁1072。此次集體升遷顯然是因應費禕遷大將軍而起，將資歷較深的重要將領一併提升，以維持班位的平衡。就將軍的等級而言，除王平由位居卿上的安漢將

匡，「建興中，徙鎮南，為右將軍」【38】類似。如此，安南將軍的位次
與四鎮約略相當，較諸四征常需經四鎮再高遷前後左右將軍，四安地位
猶在四征之上。

大抵而言，蜀漢的征、鎮、安、平將軍，四鎮及安南地位較高、四
平次之、四征居末。建安二十六年，先主「厚親待之」的劉琰為鎮東將
軍，經先主稱帝，俟後主即位，乃累遷為衛尉、後將軍。四鎮地位猶在
卿下，更不及前後左右將軍，四征則在五校之上，詳後。蜀漢的征、
鎮、安、平將軍皆位在卿下、五校之上。

2、四征之上的其它雜號將軍

建興年間，趙雲由征南遷鎮東、姜維由征西遷輔漢；輔匡由鎮南遷
右將軍、李嚴由輔漢將軍經光祿勳至前將軍，輔漢與四鎮的班列約略相
當。先主時李嚴加輔漢將軍、尚書令，諸葛亮對廖立言「正方（李嚴）
亦未為卿」，輔漢亦位在卿下。建安二十四年先主稱王，法正由揚武遷
護軍將軍、尚書令【39】。如以章武二年李嚴遷輔漢將軍、後加尚書令
為基準，護軍約與輔漢相當。建興六年，張裔「加輔漢將軍，領長史
如故」【40】。八年，張裔卒。蔣琬「代裔為（留府）長史，加撫軍將
軍」【41】。楊儀亦於「八年，遷長史，加綏軍將軍」【42】。二長史一留成
都、一駐漢中，撫軍、綏軍地位相當，應亦與輔漢齊。大抵而言，輔

軍，循序漸進遷雜號大將軍外，鄧芝由前將軍越過雜號大將軍的等級，逕遷車騎
將軍。馬忠、姜維皆由位居卿下的雜號將軍越過前後左右將軍的等級，逕遷雜號
大將軍，皆有超遷的現象。

【38】《三國志》，卷45，〈季漢輔臣贊注〉，頁1084。

【39】《三國志》，卷37，〈法正傳〉，頁961。

【40】《三國志》，卷41，〈張裔傳〉，頁1012-1013。

【41】《三國志》，卷44，〈蔣琬傳〉，頁1057。

【42】《三國志》，卷40，〈楊儀傳〉，頁1004-1005。

漢、護軍、撫軍、綏軍地位相當，在四征之上，與四鎮在伯仲之間。

建興六年，鎮東將軍趙雲因箕谷之敗貶為鎮軍將軍[43]。景耀初，宗預由征西大將軍遷鎮軍大將軍。鎮軍位在四鎮、四征之間。

建安二十四年，羣下上先主為漢中王，除平西將軍馬超、鎮軍將軍許靖、左將軍劉備營司馬龐羲、議曹從事中郎軍議中郎將射援，本屬客卿欲定名分，領銜上書外[44]，劉備舊部諸將軍列序如下：

> 軍師將軍臣諸葛亮、盪寇將軍漢壽亭侯臣關羽、征虜將軍新亭侯臣張飛、征西將軍臣黃忠、鎮遠將軍臣賴恭、揚武將軍臣法正、興業將軍臣李嚴。[45]

盪寇、征虜在征西之上。同年，上庸太守申耽降，先主加耽征北將軍，以其弟儀為建信將軍。遷養子劉封為副軍將軍，孟達稱封「征則有偏任之威，居則有副軍之號」[46]。東三郡的軍事節制以副軍將軍劉封為首，當在四征之上。蜀漢曾任征虜、副軍將軍者，僅張飛與劉封各一人耳，任盪寇者，除關羽外，僅張嶷於延熙十七年由撫戎將軍遷盪寇將軍，同年陣亡。盪寇、征虜、副軍位在四征之上可確知，然資料所限，難以論斷與其它將軍的先後。又，建興年間吳壹由討逆遷至左將軍、王平由討寇遷安漢。討逆、討寇一遷而至位在卿上的重號將軍，地位應在四征之上。

---

[43]《資治通鑑》，卷71，〈魏紀三〉，胡三省曰：「據《晉書・職官志》：鎮軍將軍在四征、四鎮將軍之上。今趙雲自鎮東將軍貶鎮軍將軍，蓋蜀漢之制，以鎮東為專鎮方面，而以鎮軍為散號，故為貶也。」頁2242-2243。蜀制，四鎮非如曹魏之專鎮方面，與鎮軍同為散號，然位在鎮軍之上。

[44] 參田餘慶，〈蜀史四題——蜀國新舊糾葛的歷史追溯〉，收入《秦漢魏晉史探微（重訂本）》（北京：中華書局，2004年），頁216。

[45]《三國志》，卷32，〈先主傳〉，頁884。

[46]《三國志》，卷40，〈劉封傳〉，頁991-992。

3、四征之下、五校之上的雜號將軍

前引建安二十四年羣下上先主稱王文，鎮遠在征西之後。章武元年，魏延由鎮遠將軍遷鎮北將軍，較諸建興元年趙雲由征南遷鎮東，鎮遠蓋與四征相當而位次。揚武又在鎮遠之後。蜀制，侍中、尚書、五校約同班，常互遷[47]。先主時鄧芝已任尚書，後主建興五年方為揚武將軍，揚武應在五校之上。建興年間，李福先為揚威將軍，後遷尚書僕射[48]，揚威與揚武或相當。

〈續百官志〉稱虎賁、羽林、五官、左、右中郎將與五校皆秩比二千石[49]。蜀漢世，五校稍居前[50]。「後主踐阼，（來敏）為虎賁中郎將。丞相亮住漢中，請為軍祭酒、輔軍將軍」[51]。來敏由虎賁中郎

---

[47]《三國志》，卷39，〈董和傳〉：胡博「歷長水校尉、尚書。」頁980。卷41，〈向朗傳〉：向充「歷射聲校尉、尚書。」頁1011。二人先歷五校後為尚書。卷40，〈廖立傳〉：廖立先任侍中、後徙長水校尉，頁997。卷45，〈宗預傳〉：宗預「遷為侍中，徙尚書。延熙十年，為屯騎校尉。」頁1076。先歷侍中、尚書，後為五校。卷35，〈諸葛亮傳〉：諸葛瞻則先任射聲校尉、後任侍中，頁932。侍中、尚書、五校班位相當，常互遷。

[48]《三國志》，卷45，〈季漢輔臣贊注〉，頁1087。

[49]五校者，屯騎、越騎、步兵、長水、射聲。《漢書》，卷19上，〈百官公卿表〉：「秩皆二千石」，頁737-738。《後漢書·續百官志》：虎賁、羽林、五官、左、右中郎將與五校皆「比二千石」，志卷25，頁3574-3576；志卷27，頁3612-3613。但《宋書》，卷40，〈百官下〉又曰：「漢東京五校，典宿衞兵。……。五營校尉，秩二千石。」頁1278-1249。蜀制，五校究為二千石或比二千石？資料所限，頗難論斷。

[50]《三國志》，卷35，〈諸葛亮傳〉：諸葛瞻先任羽林中郎將後遷射聲校尉，頁932；卷38，〈秦宓傳〉：秦宓先拜左中郎將後遷長水校尉，頁976。蜀制，五校似在中郎將之上。

[51]《三國志》，卷42，〈來敏傳〉，頁1025。

將遷輔軍；董允先任侍中領虎賁中郎將，後加輔國將軍。輔軍、輔國或亦在五校之上。

後主後期馬忠由奮威遷安南、張嶷由撫戎遷盪寇、王嗣由安遠遷鎮軍。安南、盪寇、鎮軍位居五校之上的雜號將軍前段，奮威、撫戎、安遠等將軍之升遷，究竟是如四征遷四鎮，屬同為五校之上的雜號將軍間之升遷，或是由五校之下遷五校之上，較難判知。

（六）五校之下的雜號將軍

建安二十四年羣下上先主稱王文，興業將軍又在揚武之後。建興元年，蜀郡太守、興業將軍王連拜屯騎校尉、領丞相長史【52】。興業應在五校之下。同年，楊洪「復為蜀郡太守、忠節將軍，後為越騎校尉，領郡如故」【53】。忠節應與興業相當，亦在五校之下。

先主時黃忠由討虜遷征西，後主時趙雲由翊軍遷征南、姜維由奉義遷征西，四征位居五校之上的雜號將軍後段，討虜、翊軍、奉義經一次升遷後方至四征，其班位或皆在五校之下。

蜀漢尚有部分將軍名號，僅一人任之，又無前後遷黜可資推論，難以推定位次。如簡雍為昭德、孫乾為秉忠、伊籍為昭文、申儀為建信、費觀為振威、閻晏為建義、諸葛攀為翊武、蔣斌為綏武、來敏為執慎。

蜀漢曾任有號將軍者有七十人，曾歷兩個名號以上者達三十二人。如再加上可能因史書簡略，僅載其最高職位者【54】，比例當更高。不同

【52】《三國志》，卷41，〈王連傳〉，頁1009。

【53】《三國志》，卷41，〈楊洪傳〉，頁1013。

【54】如廖化因無本傳，史載簡略，但稱「稍遷至右車騎將軍，……，官位與張翼齊。」但廖化為久歷戰陣的宿將，章武年間，隨先主伐吳，建興年間，隨諸葛亮駐漢中，延熙年間，督廣武領陰平太守。左、右車騎將軍班位比公，非一蹴可及。張翼歷征西大、鎮南大方至左車騎將軍。廖化應亦歷多次不同將軍名號，乃「稍遷至右車騎將軍」。參見《三國志》，卷3，〈明帝紀〉注引《魏書》，頁

的將軍名號已構成不同的班列，並成為井然有序的遷轉模式。前文將蜀漢的將軍名號大分為六個等級，一、大將軍，二、驃騎、車騎、衛將軍，三、雜號大將軍，四、位在卿上的前、後、左、右及安漢、軍師將軍，五、位在卿下、五校之上的雜號將軍，六、五校之下的雜號將軍。然而，實際的升遷則更為複雜。建安二十四年，關羽、黃忠分拜前、後將軍，關羽怒曰：「大丈夫終不與老兵同列！」同列的將軍名號雖異，但不互為遷轉，如曾任後將軍者，未有再遷左、右、前將軍之例。驃騎、車騎、衛將軍這一等級亦未見有互為遷轉者；大將軍位極人臣，更是自成一個等級。

位在九卿之下、五校之上的雜號將軍則較為複雜，如趙雲由征南遷鎮東、再由鎮東貶鎮軍，魏延由鎮遠遷鎮北，姜維由征西遷輔漢。影響所及，雜號大將軍亦然，如宗預由征西大遷鎮軍大，張翼由征西大遷鎮南大。綜合趙雲及宗預的例子而言，九卿之下、五校之上的雜號將軍及雜號大將軍，至少可各再細分為四征（大）、鎮軍（大）、四鎮（大）三個班列。但蜀漢諸多將軍中，確知在在同一等級上浮沈三次者僅趙雲一人；其它，至多二遷；更甚者，當延熙中、景耀初，張翼由征西大歷鎮南大再至左車騎時，大約同時期，夏侯霸由征北大遷車騎[55]、胡濟由

112；卷26，〈郭淮傳〉，頁735；卷44，〈張翼傳〉，頁1073-1075；卷45，〈宗預傳〉，頁1077；卷58，〈陸遜傳〉，頁1346。

[55] 延熙十二年魏右將軍夏侯霸來降，《三國志》，卷9，〈諸夏侯曹傳〉注引《魏略》：後主「厚加爵寵」，頁273。《華陽國志校注》，卷7，〈劉後主志〉則逕稱：「拜車騎將軍」，頁581。但延熙十二年至十四年，鄧芝仍為車騎將軍，史書亦未載此期車騎將軍分左、右，事有可疑者？夏侯霸為車騎將軍的資料，尚可見如下：《三國志》，卷43，〈張嶷傳〉注引〈益部耆舊傳〉：延熙十七年，「時車騎將軍夏侯霸」，頁1054。卷44，〈姜維傳〉：延熙十八年，姜維「復與車騎將軍夏侯霸等俱出狄道。」頁1064。《華陽國志校注》，卷7，〈劉後主志〉亦載此事，姜維「率車騎將軍夏侯霸及（張）翼出狄道。」頁584。皆在

前將軍歷鎮西大至右驃騎，皆一躍而上。九卿之下、五校之上的雜號將軍及雜號大將軍究竟應各視為一個等級【56】，或應再加細分，猶可論說。

建興六年，丞相諸葛亮因街亭之敗，「請自貶三等」，後主「於是以亮為右將軍」。延熙十九年，大將軍姜維因段谷之敗，「謝過引負，求自貶削，為後將軍」【57】。閻步克以為諸葛亮由丞相貶為右將軍，如從祿秩而言，難有三等的差別。反而「從軍號方面較容易得出三等之階」【58】，其說甚有見地。大將軍為一等級，驃騎車騎衛將軍為一等

延熙十四年車騎將軍鄧芝卒後。

《隋書》，卷35，〈志第三十〉：「征北將軍夏侯霸集二卷。亡。」頁1060。魏制，四征在右將軍之上，但蜀制則反之。夏侯霸在魏時不曾為征北將軍，入蜀後，後主既「厚加爵寵」，亦不當由右將軍徙征北將軍，征北將軍或為征北大將軍之省稱。蜀制，前後左右將軍遷諸大將軍者甚多。

延熙十二年夏侯霸來降，疑先拜征北大將軍，十四年鄧芝卒後，再遷車騎將軍。故其以車騎將軍出征之紀錄皆在十四年之後。

【56】《三國志》，卷41，〈楊洪傳〉：「（楊）洪迎門下書佐何祗，……，數年為廣漢太守，時洪亦尚在蜀郡。」頁1014。注引〈益部耆舊傳雜記〉曰：「每朝會，祗次洪坐。」裴松之注：「以祗為汶山太守，民夷服信。遷廣漢。後夷反叛，辭【曰】『令得前何府君，乃能安我耳』！時難【復】屈祗，拔祗族人為【之】，汶山復得安。轉祗為犍為。」頁1014-1015。郡守同列，然蜀郡為益州諸郡之首，故廣漢次之。但廣漢亦屬三蜀之一的大郡，何祗如再回任汶山邊鄙小郡，頗有貶降的意味，故勢難復屈之。蜀漢有不少人曾歷多任郡守，參洪武雄，〈蜀漢郡守考〉，《（中國醫藥學院）通識教育年刊》，第1期，頁109-140。

【57】《三國志》，卷35，〈諸葛亮傳〉，頁922；卷44，〈姜維傳〉，頁1064-1065。

【58】閻步克以為「這自貶三等，看上去不像是以祿秩計算的，因為右將軍的祿秩至少也得二千石，從丞相經中二千石而二千石，仍達不到"三等"之多；而綜合魏晉官品二品、三品所載，大將軍為一班，驃騎車騎衛將軍為一班，諸征鎮安平將

級，雜號大將軍為一等級，前後左右及安漢、軍師將軍為一等級。如以丞相比大將軍，自貶三等適為前後左右將軍這一等級。姜維「求自貶削」，史書未明載其貶幾等，當係比照諸葛亮之例，貶三等後亦至前後左右將軍這一等級。如此，則九卿之下、五校之上的雜號將軍及雜號（大）將軍應只各視為一個等級。然因名號龐雜，任之者眾，故在同等級之中仍有班次的差別，並成為同等級中資深者之晉升管道。

三、蜀漢將軍散職化的傾向

　　兩漢以來，將軍名號，「隨事任命，或因襲舊名，或因事建號」。除代表地位的大將軍外，命名的原則，或代表佈署方位，如前後左右、四方征鎮；或以軍隊的特性，如車騎、樓船；或以任務，如游擊、破羌；或以征服地名，如貳師、因杆；而最常見者則是是表現威武的美稱，如揚威、振威、揚武、奮武等泛稱[59]。當然，在長期演變後，泛泛美稱固不論，諸如車騎、前後左右等重號將軍亦與其早先「因事建號」的特性無關。但四方征鎮安平則成為曹魏最具特色的將軍名號。一者，大幅提升其班位，魚豢曰：「四征，魏武帝置，秩二千石。黃初中，位次三公。漢舊諸征與偏裨雜號同。」[60]二者，與曹魏初期逐漸成型的

軍為一班，鎮軍撫軍前後左右將軍為一班，龍驤征虜輔國等將軍為一班。比如說，可以推測丞相原與大將軍同階，經驃騎班、四征班而至鎮軍班的右將軍，是為"三等"。不管怎麼個算法，從軍號方面較容易得出"三等"之階。」《品位與職位--秦漢魏晉南北朝官階制度研究》，頁422。閻步克以魏晉官品為基準論三等之說，然蜀漢將軍班等與曹魏有諸多差異，蜀制，右將軍位在卿上，至少也得中二千石。依蜀制，應是大將軍為一班，驃騎車騎衛將軍為一班，雜號大將軍為一班，前後左右及安漢、軍師將軍為一班。

[59] 參（日）大庭脩著、林劍鳴等譯《秦漢法制史研究》（上海：上海人民出版社，1991 年），頁 309-312。

[60]《宋書》，卷 39，〈百官志〉，頁 1225。

都督制，建構出密不可分的關聯性。原本將軍才是領兵之官，「都督」本是「將軍」的加銜；但隨著將軍名號常常升降變換，四方征鎮安平（大）將軍逐漸虛號化，只剩權威象徵。反倒使都督勢力強化，成為實質的軍政司令官[61]。然而，從另一角度而言，即令在將軍逐漸虛號化的過程中，曹魏的四方征鎮將軍仍有一定「因事建號」的意義。《三國職官表》：「荊州，魏統屬征南；揚州，魏統屬征東。」征東、征南負責對東吳之征戰。「都督雍涼一人，甘露二年分雍州為二都督，別置都督隴右一人。……後遂分置關中、隴右都督各一人。……以上皆征西將軍所部。」[62]征西負責對西蜀之征戰。其方位井然有序，並與其肩負的任務息息相關。曹魏的四方征鎮安平將軍除了位階上的權威象徵外，尚有一定的實質意義。

蜀漢確有人居之的有號將軍計六十二個，先主時（建安十九年至章武三年）有三十一號、後主時再加三十一號[63]。後主時期始見的將軍號，基本上是在先主時期的基礎下衍生，如驃騎、車騎分左右、雜號將軍加大，其餘新立號的將軍以泛泛美稱居多，如輔國（先主時有輔漢）、輔軍、揚威（先主時有揚武）、振威、奮威、討寇（先主時有盪寇、討虜）、建義（先主時有建信）、奉義、忠節（先主時有秉忠）、翊武（先主時有翊軍）、綏軍、綏武、撫軍、撫戎。另，始見於後主時期的大、衛、安南將軍則因襲兩漢以來之舊名，惟有執慎將軍乃為來敏量身訂做的特例。大抵而言，蜀漢將軍名號在先主時已立下規模。

章武元年，劉備稱帝，魏延進拜鎮北將軍、督漢中。同年，先主伐吳，「以（黃）權為鎮北將軍，督江北軍以防魏師」[64]。魏延督漢中北

【61】參閻步克，《品位與職位——秦漢魏晉南北朝官階制度研究》，頁421。

【62】《三國職官表》，頁79、80。

【63】參表一〈蜀漢將軍年表〉。

【64】《三國志》，卷32，〈先主傳〉，頁890；卷40，〈魏延傳〉，頁1002；卷43，〈黃權傳〉，頁1044。

面備魏、黃權督江北軍以防魏師,兩人同時拜鎮北將軍,其「因事建號」的特徵最為明顯[65]。建安二十四年,劉備稱王,封養子劉封為副軍將軍,孟達勸其降魏時,稱:「親非骨肉而據勢權,義非君臣而處上位,征則有偏任之威,居則有副軍之號。」[66]劉封擁副軍、專征東三郡,「因事建號」的意味亦頗明顯。其餘,如鄧方為庲降都督,「以少禦多,殊方保業。」安遠將軍的稱號頗有名實相符的期待;諸葛亮為軍師將軍,與其「建奇策」的功能似相吻合;馬超為平西,或因其信著北土、

---

[65]《三國志》,卷40,〈李嚴傳〉注引建興九年免李平公文,「行前監軍征南將軍臣劉巴、……、行護軍征南將軍當陽亭侯臣姜維。」頁1000。劉巴與姜維同為征南將軍。《三國志集解》,卷40,〈李嚴傳〉注引錢大昕的說法,以為姜維「征南當作征西。」頁14a。錢說當是。

卷44,〈姜維傳〉:建興六年,「亮辟維為倉曹掾,加奉義將軍,封當陽亭侯。……後遷中監軍征西將軍。十二年,亮卒,……,為右監軍輔漢將軍,統諸軍,進封平襄侯。」頁1063-1064。〈姜維傳〉未載及其曾為「行護軍征南將軍」,但中監軍地位在右監軍及諸護軍之上(參本文第四節),姜維不太可能先任中監軍再轉右監軍,且其時鄧芝猶任中監軍。卷40,〈魏延傳〉:建興十二年,「秋,亮病困,密與長史楊儀、司馬費禕、護軍姜維等作身殁之後退軍節度。」頁1003。建興十二年之前,姜維仍為護軍,故〈姜維傳〉之「中監軍征西將軍」應作「護軍征西將軍」。《華陽國志校注》,卷7,〈劉後主志〉:建興八年,姜維「遷護軍、征西將軍。」頁557。此說最為允當。

卷44,〈蔣琬傳〉:延熙六年時,「中監軍姜維等喻指」。頁1059。

自建興八年至十二年諸葛亮卒時,姜維皆為護軍征西將軍。亮卒後,維方為監軍、輔漢將軍。其究竟是先遷右監軍、後轉中監軍,或右監軍為中監軍之誤,則難以斷定。

除章武元年至二年,魏延與黃權同為鎮北將軍外,有號將軍基本上應是以一人為原則。

[66]《三國志》,卷40,〈劉封傳〉,頁992。

有得蜀望隴之志【67】。三人的將軍名號或與其任務相關，但已不甚明顯。先主時期，將軍名號更多的是泛泛美稱，關羽為盪寇、張飛為征虜、黃忠為討虜、趙雲為翊軍、法正為揚武、吳壹為討逆、李嚴為興業。寇、虜、逆或可曰針對曹賊，但比起曹魏有征蜀、殄吳將軍，東吳有盪魏、平魏將軍【68】，蜀漢的將軍名號針對性並不鮮明。

至於四方征鎮安平將軍，蜀漢亦未如曹魏有較明確、一致的實質意義。蜀漢有庲降都督鎮守南中、漢中督區北面備魏、東關——江州、永安東向防吳。歷任庲降都督領將軍號者，有安遠（鄧方）、安漢（李恢）、奮威、安南、鎮南大（馬忠）、安南、後（張表）、右（閻宇）、翊軍、安南（霍弋）。蜀漢的四平將軍僅見安南，所見三人皆加於鎮守南中的庲降都督。蜀漢的南中政策，不論是撫之以恩或臨之以威，庲降都督一職始終以安南為最高目標，安南將軍皆加於庲降都督應非偶然【69】。然而，其餘曾任鎮南（大）、征南將軍者（蜀漢未見平南將軍），只有鎮南大將軍馬忠曾任庲降都督。其餘諸人，除征南將軍趙雲或有可能於建興三年隨諸葛亮南征外【70】，鎮南大將軍張翼及鎮南輔匡、征南劉巴等人的事功皆與南中無涉。更甚者，建興九年，征南將軍劉巴隨諸葛亮北伐；延熙末年，鎮南大將軍張翼屢隨大將軍姜維伐魏。北伐大將卻稱鎮南大、征南，將軍名號的象徵性已蕩然無存。

歷任督漢中者，分別是鎮遠、鎮北（魏延）、車騎（吳壹）、安漢、

【67】參見《三國志》，卷45，〈季漢輔臣贊注〉，頁1081；卷35，〈諸葛亮傳〉，頁916、930；卷36，〈馬超傳〉，頁945-946。

【68】參見《三國職官表》，頁63、69。

【69】參洪武雄，〈蜀漢的都督〉，《（中國醫藥大學）通識教育學報》，第8期，頁28-30。

【70】《三國志》，卷36，〈趙雲傳〉：「建興元年，為中護軍、征南將軍，封永昌亭侯，遷鎮東將軍。五年，隨諸葛亮駐漢中。」頁949。趙雲未知何年遷鎮東？如於建興三年後，則有可能以征南將軍隨諸葛亮平南中。

鎮北大（王平）、前、鎮西大（胡濟）【71】。魏延、王平以鎮北（大）將軍督鎮漢中，名號、方位、功能，名實相符。然二人初督漢中時皆非鎮北（大），以魏延為例，建安二十四年初督漢中時為鎮遠，章武元年進拜鎮北，建興五年，諸葛亮駐漢中，魏延更為丞相司馬，仍號鎮北，八年，西入羌中，大破魏軍，乃遷征西大將軍。鎮北除因事建號的特徵外，亦存在班位升遷的意義。因此，歷任督漢中者，除車騎將軍吳壹任期較短、位階已高外，其餘三人皆歷兩個將軍名號。督漢中的事權如一，積資累功後，則以不同的將軍名號提升其班位。

東關—江州、永安督區東面防吳，歷任督江州者，分別為翊軍（趙雲）、振威（費觀）、前、驃騎（李嚴）、揚威（李福）、前、車騎（鄧芝）；督永安者，分別為前（李嚴）、征西（陳到）、後、征西大（宗預）、右大（閻宇）【72】。歷任督鎮大將無一拜鎮東者（蜀漢未見征東、安東、平東）。更可怪者，永安居國境之東，陳到與宗預卻拜征西（大）將軍，名實相乖，莫此為甚。

延熙末，征西大將軍張翼遷鎮南大將軍，督永安的後將軍宗預隨之遷征西大將軍。宗預之所以遷征西大將軍，大抵因其班位在後將軍之上，又適出缺，乃升遷以慰勞苦。當將軍名號逐漸與其「因事建號」的實質任務分離時，鎮守國境之東的宗預可以號征西大將軍，而鎮南大將軍張翼自可屢隨大將軍姜維北伐。將軍名號幾乎只剩軍階、軍銜的意義，不僅用於遷升，也用於貶降。如建興六年，趙雲因箕谷之敗由鎮東

【71】自建安二十四年劉備取得漢中後，此區始終是蜀魏兩國的攻防重心，當其以防禦為主時，與其它督區相似，以重將鎮守；但當其欲主動作為時，則諸葛亮、蔣琬、費禕皆曾以宰輔的身份坐鎮漢中。此處僅就將軍鎮守而言，不論宰輔出鎮。參洪武雄，〈蜀漢的都督〉，《（中國醫藥大學）通識教育學報》，第8期，頁31-36。

【72】參洪武雄，〈蜀漢的都督〉，《（中國醫藥大學）通識教育學報》，第8期，頁38-42。

將軍貶為鎮軍將軍，但「軍號的貶降和一般的降官是不能等量齊觀的，因為當事人職權如故，發生變動的只是軍銜」【73】。因此，建興六年諸葛亮貶為右將軍時，仍「行丞相事，所總統如前」；延熙十九年姜維貶為後將軍，亦「行大將軍事」【74】。正因軍階與軍職逐漸分離，因此，同一個將軍名號可以是截然不同的將軍類型。如賴恭與魏延先後任鎮遠將軍、吳壹與向朗先後任左將軍、劉琰與吳壹先後任車騎將軍、糜竺與王平皆曾任安漢將軍。魏延、吳壹、王平皆為督鎮漢中的征伐宿將；而賴恭、向朗、劉琰、糜竺則是不豫國政、優游無事的散職（詳後）。

將軍本為征伐而設，但自漢昭帝初立，霍光以大司馬大將軍領尚書事輔政，將軍的性質不再只是領兵作戰的「征伐將軍」。西漢後期的將軍更多的是雖掌京師衛戍部隊，但大多終身不與征戰，主要職責轉為在宮內參與政事的「中朝將軍」。東漢時，部分中朝將軍甚且可能不典兵馬【75】。將軍主征伐的本質逐漸淡化，在朝輔政的職權逐漸加重。當多人共同輔政時，將軍名號就成了位階與班列。如漢武帝「以（霍）光為大司馬大將軍，（金）日磾為車騎將軍，及太僕上官桀為左將軍，搜粟都尉桑弘羊為御史大夫，皆拜臥內床下，受遺詔輔少主」【76】。大將軍、車騎將軍、左將軍的名號構成了高低的排序，於是車騎將軍金日磾「遂為（大將軍霍）光副」【77】。從某個角度而言，不與征伐的將軍只不過是個代表班位的散職，錄尚書事或輔政的加官才是實際的職權。因

【73】參閻步克，《品位與職位 -- 秦漢魏晉南北朝官階制度研究》，頁 416-418。

【74】參《三國志》，卷 35，〈諸葛亮傳〉，頁 922；卷 44，〈姜維傳〉，頁 1065。

【75】參前引廖伯源，〈試論西漢諸將軍之制度及其政治地位〉及〈東漢將軍制度之演變〉，頁 162-167 及頁 249-256。

【76】《漢書》，卷 68，〈霍光傳〉，頁 2932。

【77】《漢書》，卷 68，〈金日磾傳〉，頁 2962。

此，東漢時出現「既無領兵征伐之職權，亦不在朝與政之（名譽）將軍。」【78】可說是時勢所趨。究其實，所謂的「名譽將軍」就是個位高無權的散職。最後，當隨軍出征或駐守屯區的將軍也未必擁有軍事指揮權時，將軍散職化的傾向就更為明顯了。

建安十五年，劉備代劉琦為荊州牧，陣腳初定，始封關、張、趙為將軍，並分領郡守，蓋以將軍屯守方面，總軍民事。建安十九年，劉備定益州，奠定開基立業的基礎，從龍之士終有高官厚祿可期。其時劉備為左將軍領荊、益二州牧，如依體制，其能封賞者，員額最多者當是益州的郡縣守令。然而，社稷之器，未必為百里之材，如此則宜充任左將軍府僚佐。然將軍幕府之員額有限，地位最高的長史，其秩不過千石，實不足以麕享天下英雄。其時羈留益州諸名士，最著者莫若許靖。劉備本因其臨難之際背叛劉璋而薄之，法正說曰：

> 天下有獲虛譽而無其實者，許靖是也。然今主公始創大業，天下之人不可戶說，靖之浮稱，播流四海，若其不禮，天下之人以是謂主公為賤賢也。宜加敬重，以眩遠近，追昔燕王之待郭隗。【79】

先主於是厚待許靖，以其為左將軍長史領鎮軍將軍【80】。然而「獲虛譽而無其實」的許靖顯然難以承擔重任，因此另以軍師將軍諸葛亮，署左

【78】 參前引廖伯源，〈東漢將軍制度之演變〉，頁205-206及245-249。

【79】《三國志》，卷37，〈法正傳〉，頁959-960。

【80】《三國志》，卷38，〈許靖傳〉：「（建安）十九年，先主克蜀，以靖為左將軍長史。先主為漢中王，靖為太傅。」頁966。《三國志集解》，卷32，〈先主傳〉：建安二十四年羣下上先主為漢中王，許靖為「左將軍領長史鎮軍將軍」，頁27a。李慈銘以為「當作左將軍長史領鎮軍將軍。時先主為左將軍，辟靖為長史，更領軍號也。」參《越縵堂讀史札記全篇》（北京：北京圖書館出版社，2003年），頁541-542。

將軍府事。負起鎮守成都、足食足兵的實際權責【81】。

　　不論如何，將軍的名銜成為建安二十四年劉備稱王前，用以尊禮天下豪傑的名器。此期間，除許靖、諸葛亮外，麋竺、簡雍、孫乾、賴恭、法正、馬超、黃忠、趙雲、吳壹、李嚴、鄧方等皆領將軍號。上述諸人，有不少人明顯非爪牙虎臣，如「許靖、麋竺、簡雍為賓友」【82】。麋竺拜安漢將軍，「雍容敦雅，而幹翮非所長。是以待之以上賓之禮，未嘗有所統御。」簡雍「為昭德將軍，優游風議」。本與麋竺、簡雍同為左將軍從事中郎的孫乾為秉忠將軍，「見禮次麋竺，與簡雍同等」【83】，概亦如是。又如鎮遠將軍賴恭，「先輩仁謹，不曉時事」【84】。亦非領兵征伐之材。以上諸人領將軍號蓋皆「雍容風議，見禮於世」【85】的散職。

　　正因將軍無員且無常事，其任使更具彈性。建安十九年，伊籍為左將軍從事中郎，「後遷昭文將軍，與諸葛亮、法正、劉巴、李嚴共造蜀科。」此事在建安二十五年之前，除劉巴外，其餘四人皆領將軍銜【86】。

【81】《三國志》，卷35，〈諸葛亮傳〉，頁916。另參許蓉生，〈蜀漢政權重要官員的地域構成及變化——兼論諸葛亮的"貴和"精神〉，《西南民族大學學報（人文社會版）》，26卷12期，頁325。

【82】《三國志》，卷32，〈先主傳〉，頁882。

【83】《三國志》，卷38，〈許麋孫簡伊秦傳〉，頁969、970、971。

【84】《三國志》，卷53，〈薛綜傳〉，頁1252。

【85】《三國志》，卷38，〈許麋孫簡伊秦傳〉陳壽評，頁977。

【86】《三國志》，卷38，〈伊籍傳〉，頁971。伊籍未知何年遷昭文將軍，《蜀書》與《華陽國志》亦未載明何年造蜀科？但法正卒於建安二十五年，故五人共造蜀科在此之前可知也。建安十九年，法正為蜀郡太守、揚武將軍，二十二年不復領蜀郡，二十四年先主稱王後為護軍將軍、尚書令；建安十九年至二十六年先主稱帝前，諸葛亮皆為軍師將軍，李嚴皆為犍為太守、興業將軍。劉巴先為左將軍府西曹掾，後為尚書。

造蜀科本非將軍所司,亦非長期性的工作,無常事的將軍正宜因事分派、任務編組。

後主即位,普增職號,無員的將軍仍是權位分配時最具彈性的名器。後主初即位時,廖立隨比為將軍,位在五校之下,對先主時已任太守、侍中的廖立而言,這個將軍實難稱為「名譽將軍」。「(廖)立本意,自謂才名宜為諸葛亮之貳,而更游散在李嚴等下,常懷怏怏。」[87]對於猶懷壯志思高飛的廖立而言,這個將軍不過是食之無味的游散之職。

但是,高度彈性的游散之職,正可以安置復起或告老的資深大臣。建興六年,本為丞相長史的向朗因馬謖案免官還成都。

> 數年,為光祿勳,亮卒後徙左將軍……自去長史,優游無事垂三十年,乃更潛心典籍,孜孜不倦。……開門接賓,誘納後進,但講論古義,不干時事,以是見稱。上自執政,下及童冠,皆敬重焉。延熙十年卒。[88]

向朗任左將軍凡十四年,「優游無事」的向朗實與先主時期「愛樂人物,誘納後進,清談不倦」之許靖無異[89]。

再如,來敏「前後數貶削,皆以語言不節,舉動違常也。……而敏荊楚名族,東宮舊臣,特加優待,是故廢而復起。後以敏為執慎將軍,欲令以官重自警戒也。年九十七,景耀中卒」[90]。來敏為執慎將軍當在延熙中後期,其時早逾八十高齡,這個將軍只是個「官重」卻不甚名譽的散職。

又如,延熙末督永安的征西大將軍宗預:

---

[87]《三國志》,卷40,〈廖立傳〉,頁997。

[88]《三國志》,卷41,〈向朗傳〉,頁1010。

[89]《三國志》,卷38,〈許靖傳〉,頁967。

[90]《三國志》,卷42,〈來敏傳〉,頁1025。

景耀元年，以疾徵還成都。後為鎮軍大將軍，領兗州刺史。時都
護諸葛瞻初統朝事，廖化過預，欲與預共詣瞻許。預曰：「吾等
年踰七十，所竊已過，但少一死耳，何求於年少輩而屑屑造門
邪？」遂不往。【91】

對於年事已高、不再汲營宦海發達的宗預而言，不論是鎮軍大將軍或遙
署兗州刺史，都是位高無權、正宜告老優游的散職。

當然，三國鼎立、鋒火遍地，大部分將軍仍以軍事任務為主。先主
稱王前，平西馬超、討虜黃忠、翊軍趙雲等皆參與攻取漢中的戰役，鄧
方則以安遠將軍、庲降都督屯守南中。但當將軍普授，即令是隨大軍在
外的將軍也未必皆領兵作戰。如劉琰：

先主在豫州，辟為從事，以其宗姓，有風流，善談論，厚親待
之，遂隨從周旋，常為賓客。……後主立，封都鄉侯，班位每亞
李嚴，為衛尉中軍師後將軍，遷車騎將軍。然不豫國政，但領兵
千餘，隨丞相亮諷議而已。

建興五年，劉琰隨丞相亮進駐漢中，十年，因「與前軍師魏延不和，言
語虛誕。……於是亮遣琰還成都，官位如故」【92】。觀其所為，不過以
中軍師的加官，「諷議而已」，其領兵千餘應是排場多於征戰。當其遣
返成都，官位如故，則車騎將軍不過班位散職而已。

正因將軍已近乎班位散職，即令是長期身在漢中前線的將軍，亦未
必人人皆有軍事指揮權。建興六年街亭大敗，然「（裨將軍王）平特見崇
顯，加拜參軍，統五部兼當營事，進位討寇將軍」【93】。王平由裨將軍
進討寇將軍是班「位」，參軍則為兼丞相府屬，「統五部兼當營事」則
明確界定其統兵事權。否則，如丞相長史楊儀自建興八年起即加綏軍將

【91】《三國志》，卷45，〈宗預傳〉，頁1076。

【92】《三國志》，卷40，〈劉琰傳〉，頁1001-1002。

【93】《三國志》，卷43，〈王平傳〉，頁1049-1050。

軍,「亮數出軍,儀常規畫分部,籌度糧穀,不稽思慮,斯須便了。軍戎節度,取辦於儀。」籌度糧穀、軍戎節度乃長史綜理籌畫的職務。楊儀雖加將軍,主要在於班位的提升,而非統兵作戰。故建興十二年費禕猶稱楊儀「長史文吏,稀更軍事」。不似「吾自當率諸軍擊賊」的魏延,乃衝鋒陷陣、克敵制勝的爪牙虎臣。故諸葛亮生前,「深惜(楊)儀之才幹,憑魏延之驍勇」[94]。一文一武難以偏廢,終於亮卒後釀成大禍。

將軍本為征伐而設,將軍名號本有因事建號的實質意義。但蜀漢大部分的將軍名號已與其實質權職無關,甚至悖離。逐漸散職化的將軍成為權位分配時最具彈性的名器,不論文武、老病皆可以為將軍。不同的將軍名號構成有不同的班列,部分將軍甚至已難稱得上是名譽頭銜,不過就是個與中央職官隨比的游散之職。魏晉時期,將軍制度正處於軍階與軍職分化的一個演變過程[95]。將軍未必主征伐,軍事任務的遂行有待另一套職官體系來執行。

四、加官的運用——兼論監、護、典軍及軍師、領軍

建興九年諸葛亮圍祁山,因糧運不繼退軍。後發覺鎮守漢中、負責供應糧草的李平(本名嚴,字正方)另有奸情[96]。因李平與諸葛亮同為先主遺命之輔政大臣,故諸葛亮慎重其事,先與漢中重要將領合議,乃公文上尚書免李平:

> 輒與行中軍師車騎將軍都鄉侯臣劉琰,使持節前軍師征西大將軍

---

[94] 《三國志》,卷40,〈魏延傳〉、〈楊儀傳〉,頁1003、1005。《華陽國志校注》,卷7,〈劉後主志〉:「亮既恃(魏)延勇猛,又惜(楊)儀籌畫。」頁563。

[95] 參閻步克,《品位與職位 -- 秦漢魏晉南北朝官階制度研究》,頁418。

[96] 參前引田餘慶,〈李嚴興廢與諸葛用人〉,頁200-201。

洪武雄　蜀漢將軍的班位及其散職化傾向
　　── 兼論監軍、護軍、典軍及軍師、領軍

65

領涼州刺史南鄭侯臣魏延、前將軍都亭侯臣袁綝、左將軍領荊州刺史高陽鄉侯臣吳壹、督前部右將軍玄鄉侯臣高翔、督後部後將軍安樂亭侯臣吳班、領長史綏軍將軍臣楊儀、督左部行中監軍揚武將軍臣鄧芝、行前監軍征南將軍臣劉巴、行中護軍偏將軍臣費禕、行前護軍偏將軍漢成亭侯臣許允、行左護軍篤信中郎將臣丁咸、行右護軍偏將軍臣劉敏、行護軍征南將軍當陽亭侯臣姜維、行中典軍討虜將軍臣上官雝、行中參軍昭武中郎將臣胡濟、行參軍建義將軍臣閻晏、行參軍偏將軍臣爨習、行參軍裨將軍臣杜義、行參軍武略中郎將臣杜祺、行參軍綏戎都尉臣盛勃、領從事中郎武略中郎將臣樊岐等議。【97】

與諸葛亮合議者，自劉琰以下共二十二人，其中十七人為將軍、四人為中郎將、一人為都尉。除前將軍袁綝與遙領荊州刺史的左將軍吳壹外，其它皆另有職銜。督前、後、右部當是行軍布陣時的方面督帥，其餘諸人或為軍師、長史、監軍、護軍、典軍、參軍、從事中郎。

　　楊儀之前的排序與將軍的班位相符，即依序為車騎將軍、征西大將軍、前、左、右、後將軍，皆為位比公卿的重號將軍。楊儀之後的排序則與將軍班位有諸多扞格者，如揚武本在四征之後、偏裨將軍應在有號將軍之後、中郎將又當在偏裨之後。其排序明顯以長史、監軍、護軍、典軍、參軍、從事中郎為基準【98】，雜號將軍的班位反而退居從屬的地位。

　　兩漢制，丞相府屬本無參軍，後主建興二年諸葛亮開府治事後，始設參軍為僚佐【99】。長史、參軍、從事中郎皆為丞相府屬，夾在中間的

【97】《三國志》，卷40，〈李嚴傳〉注，頁1000。

【98】監軍、護軍、典軍大抵又可分為中、前、左、右、後。蜀漢未見左、後監軍及後護軍之例，典軍則僅見中典軍、後典軍。

【99】參洪武雄，〈後漢三國間的參軍〉，《東吳歷史學報》，第9期，頁56。

監、護、典軍是否亦於此時為丞相府屬之一？監軍、典軍的例子與資料較少，作為丞相府屬的可能性亦無往例可循，暫置不論。

王莽末、東漢初，行河西五郡大將軍事竇融以王隆為左護軍【100】。東漢和帝時，大將軍竇憲以班固為中護軍【101】。獻帝建安二年，袁紹為大將軍，有護軍逢紀【102】。如以丞相比大將軍，則護軍為三公府屬蓋有淵源。建興五年，「亮北住漢中，請（費）禕為參軍。……。建興八年，轉為中護軍，後又為司馬」【103】。建興五年至十二年亮長駐漢中，費禕為主要僚佐之一。就費禕的經歷而言，中護軍不無可能與參軍、司馬同為丞相府屬。又如建興十二年秋，「亮病困，密與長史楊儀、司馬費禕、護軍姜維等作身歿之後退軍節度」【104】。長史、司馬皆丞相府屬，本為丞相倉曹掾、後遷護軍的姜維似亦可能同為丞相府屬。然相對於史書明載王連、向朗、張裔領「丞相長史」，魏延領「丞相司馬」【105】，廖化、文恭、李邈等為「丞相參軍」【106】。史書卻無任何直書丞相監、護、典軍的例子。蜀漢的監、護、典軍是否為丞相府屬，猶待商榷【107】。

【100】 參《後漢書》，卷23，〈竇融傳〉，頁797；《後漢書》，卷80上，〈文苑傳〉：「王莽時，（王隆）以父任為郎，後避難河西，為竇融左護軍。」頁2609。

【101】 參《後漢書》，卷23，〈竇融傳〉：「憲上遣大將軍中護軍班固行中郎將，與司馬梁諷迎之。」頁818。

【102】 參《後漢書》，卷9，〈獻帝紀〉，頁381；卷74上，〈袁紹傳〉，頁2403。

【103】《三國志》，卷44，〈費禕傳〉，頁1061。

【104】《三國志》，卷40，〈魏延傳〉，頁1003。

【105】 參見《三國志》，卷40，〈魏延傳〉，頁1002；卷41，〈王連傳〉、〈向朗傳〉、〈張裔傳〉，頁1009、1010、1012。

【106】 參洪武雄，〈後漢三國間的參軍〉，《東吳歷史學報》，第9期，頁54-60及73-76。

【107】張金龍以為費禕、姜維皆為諸葛亮軍府之職，其制正是漢代大將軍出征，軍府中護軍之制的沿襲。前護軍許允、左護軍丁咸、右護軍劉敏亦皆軍府之職，而

洪武雄　蜀漢將軍的班位及其散職化傾向
—— 兼論監軍、護軍、典軍及軍師、領軍

67

　　相反地，監、護、典軍非丞相府屬的例證倒是很多。一者，諸葛亮卒後，蜀漢不復置丞相，但監、護、典軍的例子俯拾皆是。再者，即令是建興元年至十二年諸葛亮為丞相時，也有與丞相府屬明顯無關的監軍、護軍。如建興初，李嚴督永安，「都護李嚴性自矜高，護軍輔匡等年位與嚴相次，不與親褻」【108】。建興四年，李嚴由永安移屯江州，「留護軍陳到駐永安，皆統屬嚴」【109】。護軍輔匡與陳到皆統屬督鎮東關的李嚴，與丞相府無關。輔匡與李嚴年位相次，蓋指建興四年時李嚴與輔匡分別為前、右將軍，班列相同而位次，如此，護軍與都護的地位應亦相差無幾，輔匡較似副手而非李嚴前將軍府屬【110】。又如，建興十一年，馬忠為庲降都督，「平南土，加忠監軍奮威將軍」【111】。馬忠遠在南中，為一方統帥，亦非丞相府屬。建興十二年，諸葛亮卒後，姜維旋由護軍遷監軍，此時，蔣琬猶為尚書令，仍未遷大將軍【112】，監軍非大將軍府屬可知也。延熙元年，「大將軍蔣琬出征漢中，（李）福以前監軍領司馬，卒」【113】。二年，「琬既遷大司馬，以（姜）維為司

　　　非朝廷禁衛之職。參張金龍，《魏晉南北朝禁衛武官制度研究》（北京：中華書局，2004年），頁154-155。蜀漢的護軍非朝廷禁衛之職，是也；至於是否為軍府之職則猶待商榷，詳後。

【108】《三國志》，卷45，〈季漢輔臣贊注〉，頁1082。

【109】《三國志》，卷40，〈李嚴傳〉，頁999。

【110】護軍陳到為劉備豫州舊部，領劉備帳下精兵駐守永安，雖統屬都護李嚴，卻是蜀漢新人與舊人間相互牽制的重要力量，絕非李嚴自辟的府屬。參前引田餘慶，〈李嚴興廢與諸葛用人〉、〈諸葛亮《與兄瑾論白帝兵書》辨誤〉，頁195、211。

【111】《三國志》，卷43，〈馬忠傳〉，頁1048-1049。

【112】參《三國志》，卷33，〈後主傳〉：建興十二年底，「以丞相留府長史蔣琬為尚書令」，十三年，「夏四月，進蔣琬位為大將軍。」頁897；卷44，〈姜維傳〉，頁1064。

【113】《三國志》，卷45，〈季漢輔臣贊注〉，頁1087。

31

頁　37 － 75

馬」【114】。時維為中監軍輔漢將軍。司馬為大將軍、大司馬的府屬，但監軍則非。因此，當延熙初，蔣琬欲由漢、沔水路襲擊魏興、上庸，而眾論以為不宜時，後主遣「尚書令費禕、中監軍姜維等喻指」【115】，其時姜維猶領大司馬司馬，但當其議論軍國大事並奉旨喻指時，則是以中監軍的身份。監軍與尚書令皆為蜀漢朝廷之軍政大臣，而非大將軍或大司馬的府屬。

蜀漢的監、護、典軍非丞相、三公、軍府府屬，則當係加官。

建安十九年，「先主定益州，以（吳）壹為護軍討逆將軍」【116】。劉備陣營始見護軍。建安二十年曹操征漢中，張魯走巴西，「於是先主以（偏將軍黃）權為護軍，率諸將迎魯。魯已還南鄭，北降曹公」【117】。此為先主時僅見的兩個護軍【118】。黃權為護軍，率諸將迎張魯，與秦及西漢初護軍監護諸將的權責頗為相似【119】。建安二十五年羣臣上先主稱帝表，其時黃權但稱「偏將軍」【120】，護軍的加銜與權責蓋事訖即罷。

【114】《三國志》，卷44，〈姜維傳〉，頁1064。

【115】《三國志》，卷44，〈蔣琬傳〉，頁1059。

【116】《三國志》，卷45，〈季漢輔臣贊注〉，頁1083。

【117】《三國志》，卷43，〈黃權傳〉，頁1043。

【118】章武元年至二年，先主征吳，大敗。《三國志》，卷55，〈潘璋傳〉：「斬（劉）備護軍馮習等」，頁1300。卷45，〈季漢輔臣贊注〉則稱「習為領軍」，頁1088。〈季漢輔臣贊注〉亦載吳班隨先主伐吳，「為領軍。」頁1084。《華陽國志校注》，卷6，〈劉先主志〉，更清楚指出：「左右領軍南郡馮習、陳留吳班。」頁537。《三國志》，卷58，〈陸遜傳〉又稱劉備：「使將軍馮習為大督，張南為前部，輔匡、趙融、廖淳、傅肜等各為別督，先遣吳班將數千人於平地立營，欲以挑戰。」頁1346。蜀吳交戰，兩國史書各有所載。領軍當是蜀漢之官稱，大督、別督與護軍則為吳人之慣用，故不計《吳書》稱：「護軍馮習」之例。

【119】參前引廖伯源，〈漢代監軍制度試釋〉，頁40-42。

【120】《三國志》，卷32，〈先主傳〉，頁887。

洪武雄　蜀漢將軍的班位及其散職化傾向
—— 兼論監軍、護軍、典軍及軍師、領軍

先主世，未見加監軍、典軍之例。

　　後主建興元年至十二年，丞相諸葛亮執政時期，監、護、典軍大量出現。加監軍者有鄧芝、劉巴、靳詳、劉邕、馬忠等人；加護軍者有趙雲、費禕、許允、丁咸、劉敏、陳式、姜維、輔匡、陳到等人；加典軍者有上官雝一人【121】。先主時黃權為護軍，事訖即罷，後主前期的監、護、典軍則已是長期性的加銜。如建興五年以鄧芝為「中監軍、揚武將軍」，至九年時鄧芝仍為「督左部行中監軍揚武將軍」；又，建興八年時為姜維為護軍征西將軍，十二年時仍為護軍。監、護、典軍逐漸從先主時期的臨時任派演變成後主前期的長期性加官，而且已是上下有序。但此一職官體系仍屬演化初期，此期眾多的監、護、典軍，仍無人曾經歷其中二職者。後主後期，監、護、典軍方演變成一完整的升遷體系。建興十二年諸葛亮卒後，討寇將軍王平：

> 遷後典軍、安漢將軍，副車騎將軍吳壹住漢中，又領漢中太守。十五年，進封安漢侯，代壹督漢中。延熙元年，大將軍蔣琬住沔陽，平更為前護軍，署琬府事。六年，琬還住涪，拜平前監軍、鎮北大將軍，統漢中。【122】

「生長戎旅」的王平，除在將軍班位上迭有升遷，由討寇將軍遷安漢將軍、再拜鎮北大將軍外，亦由典軍、護軍、監軍一路升遷。類此的升遷例子甚多，如建興十二年亮卒後，姜維由護軍、征西將軍遷中（或右）監軍、輔漢將軍；建興、延熙年間，胡濟先任中典軍後遷至中監軍前將軍【123】；延熙末，楊戲「拜護軍、監軍」【124】；延熙末、景耀年間，霍弋先拜護軍、後遷監軍翊軍將軍【125】。

【121】參表二〈蜀漢監軍、護軍、典軍及軍師、領軍表〉。

【122】《三國志》，卷43，〈王平傳〉，頁1050。

【123】《三國志》，卷39，〈董和傳〉注，頁980。

【124】《三國志》，卷45，〈楊戲傳〉，頁1077。

【125】《三國志》，卷41，〈霍峻傳〉，頁1007-1008。

新亞學報第二十六卷

後主後期，在將軍班位之外，監、護、典軍另成一升遷體系，在官制上應有其相似性。就文義推敲，監、護、典軍當與軍事任務相關，故蜀漢之監、護、典軍除可能因史載簡略、單獨出現外，其另有官銜者，除丁咸為篤信中郎將外，其餘皆為將軍【126】。隨著將軍逐漸班位化、散職化，後主時期大量出現的監、護、典軍的職權可能更為實際，故史書屢見略其將軍號而但稱監、護、典軍者。如建興四年，「留護軍陳到駐永安」，陳到時拜征西將軍【127】；建興七年，「丞相亮遣護軍陳式收武都、陰平。」章武元年陳式已為將軍，此時應具將軍銜【128】。建興十二年秋，「（諸葛）亮病困，密與長史楊儀、司馬費禕、護軍姜維等作身歿之後退軍節度」【129】。其時姜維為征西將軍；延熙七年，曹爽進犯漢中，都督王平稱：「今宜先遣劉護軍……。」劉敏時為左護軍、揚威將軍；景耀元年至六年，「監軍王含守樂城，護軍蔣斌守漢城」【130】。蔣斌為綏武將軍略而不載。

當監、護、典軍大量出現，且逐漸發展成一有別於將軍制度的體系時，卻屢屢與將軍班位相互扞格。除前引建興九年廢李平公文的諸多例證外，建興十二年亮卒後，王平為後典軍、安漢將軍；姜維為中監軍、輔漢將軍；馬忠仍為監軍、奮威將軍。就將軍班位而言，安漢位在卿上，輔漢在卿下、五校之上，奮威又在輔漢之下、甚至可能在五校之下。王平班位最高、姜維次之、馬忠又次之。但以監、護、典軍的系統而言，則後典軍反居最後，王平於延熙元年方遷護軍、六年乃拜監軍。

【126】 參表二〈蜀漢監軍、護軍、典軍及軍師、領軍表〉。

【127】 參《三國志》，卷40，〈李嚴傳〉，頁999；卷45，〈季漢輔臣贊注〉，頁1084。

【128】 《華陽國志校注》，卷7，〈劉後主志〉，頁556；另參卷2，〈漢中志〉，頁157；及《三國志》，卷32，〈先主傳〉，頁890。

【129】 《三國志》，卷40，〈魏延傳〉，頁1003。

【130】 《三國志》，卷44，〈姜維傳〉，頁1065；卷28，〈鍾會傳〉，頁787-788。

洪武雄　蜀漢將軍的班位及其散職化傾向
—— 兼論監軍、護軍、典軍及軍師、領軍

史書所見，監軍曾加於：鎮北大將軍（王平）、前將軍（胡濟）、後將軍（劉邕）、輔漢（姜維）、安南（霍弋）、征南（劉巴）、揚武（鄧芝）、奮威（馬忠）、翊軍（霍弋）。護軍曾加於：安漢（王平）、鎮軍（陳祗）、征南（趙雲）、征西（陳到、姜維）、討逆（吳壹）、揚威（劉敏）、綏武（蔣斌）、翊武（諸葛攀）、偏將軍（黃權、費禕、許允、劉敏）、篤信中郎將（丁咸）。典軍曾加於：安漢（王平）、討虜（上官雝）。不論監、護、典軍，這些將軍皆有位在卿上的重號將軍，也有五校之下的雜號將軍。這種相互扞格的現象，或許正反映了在軍階與軍職逐漸分離時，兩套系統猶待整合的特殊背景。

蜀漢的監、護、典軍所司為何？

秦及西漢初年，護軍常監護諸將，司監察之職。武帝之後，反多為君主或主帥之參謀與護衛，又因其為親隨精銳，隨戰況之需，往往擔任方面，獨為前鋒。當護軍的監察職權漸失，東漢時乃以使者監軍，其實際職責或監察軍事、或率領軍隊。建安年間，曹操為漢相，置護軍，後改為中護軍，曹魏建國仍之。中護軍與中領軍同典禁兵、任護衛、主武選，內參謀議、外監諸將[131]。大抵，兩漢以來監、護軍的角色，或監護諸將、統籌戰事；或為偏將、任一方軍事；或為主帥護衛兼司參謀。秦漢未見典軍。

先主時，偏將軍黃權為護軍，監護諸將，事訖即罷，頗有使者監軍的性質。東漢之監軍使者常以低階監察高階，但以後主前期諸葛亮執政時，行君事、攝一國之政的權柄而言[132]，監護的對象絕非丞相。或者，其監護的對象為前線諸將？建興四年，李嚴移防江州，留護軍陳到駐守永安，兩地懸隔、勢難監護。再以建興九年諸葛亮於漢中前線的分

---

[131] 參前引廖伯源，〈漢代監軍制度試釋〉，頁41-56；邢義田，〈略論漢代護軍的性質〉，《大陸雜誌》，82卷3期，頁16-17。

[132] 《三國志》，卷35，〈諸葛亮傳〉注引袁子曰，頁934。

派而言，其時有「督前部右將軍玄鄉侯臣高翔、督後部後將軍安樂亭侯臣吳班……督左部行中監軍揚武將軍臣鄧芝」，鄧芝監護、督率方面軍務的職權應來自「督左部」而非「中監軍」。否則，未加監、護軍的高翔、吳班將以何身份督前、後部。蜀漢監、護軍的權責重心應不在監護諸將。

建興六年，「亮出軍，揚聲由斜谷道，曹真遣大眾當之。亮令（趙）雲與鄧芝往拒，而身攻祁山」[133]。其時，雲為中護軍、鎮東將軍，芝為中監軍、揚武將軍[134]。建興七年，「丞相亮遣護軍陳式收武都、陰平」。期間，「魏雍州刺史郭淮率眾欲擊式，亮自出至建威，淮退還，遂平二郡」[135]。此二役皆由諸葛亮統大眾為主力，監、護軍則統偏軍為前鋒、疑軍。除漢中前線外，東防線上的情況亦然。都護李嚴移屯江州，「留護軍陳到駐永安，皆統屬嚴。」東防線上，少兵在前，重兵在後[136]，陳到亦以護軍統偏軍。建興十二年，諸葛亮卒，姜維「為右監軍輔漢將軍，統諸軍」[137]。胡濟「為中典軍，統諸軍」[138]。延熙五年，「監軍姜維督偏軍，自漢中還屯涪縣」[139]。監、護、典軍皆分統

---

[133] 《三國志》，卷36，〈趙雲傳〉，頁949。

[134] 建興元年，趙雲為中護軍、征南將軍，後遷鎮東將軍，建興年間，監、護軍常為長期性的任命，趙雲此時應仍為中護軍。建興五年，以鄧芝為中監軍、揚武將軍，至九年時依然。參《三國志》，卷36，〈趙雲傳〉，頁949；卷40，〈李嚴傳〉注，頁1000；卷44，〈鄧芝傳〉，頁1072。

[135] 《華陽國志校注》，卷7，〈劉後主志〉，頁556；及《三國志》，卷35，〈諸葛亮傳〉，頁924；另參《華陽國志校注》，卷2，〈漢中志〉，頁157。

[136] 參前引田餘慶，〈諸葛亮《與兄瑾論白帝兵書》辨誤〉，頁211；洪武雄，〈蜀漢的都督〉，《（中國醫藥大學）通識教育學報》，第8期，頁42-43。

[137] 《三國志》，卷44，〈姜維傳〉，頁1064。

[138] 《三國志》，卷39，〈董和傳〉注，頁980。

[139] 《三國志》，卷33，〈後主傳〉，頁897。

部分軍旅。

監、護、典軍除統偏軍外，亦參謀議。建興八年，費禕「轉為中護軍，後又為司馬。值軍師魏延與長史楊儀相憎惡，每至並坐爭論。延或舉刀擬儀，儀泣涕橫集。禕常入其坐間，諫喻分別」【140】。護軍費禕「並坐爭論」，職參謀議。十二年秋，「亮病困，密與長史楊儀、司馬費禕、護軍姜維等作身歿之後退軍節度。令（魏）延斷後，姜維次之；若延或不從命，軍便自發」【141】。護軍姜維參與重要謀議，並領偏軍作為大軍後撤時斷後的一部。延熙七年，魏大將軍曹爽伐蜀，漢中都督王平召集前線諸將會商對策，「惟護軍劉敏與平意同」，劉敏「遂帥所領與平據興勢」【142】。

後主時期的監、護、典軍因分統軍旅，為實際領兵作戰的指揮要職，故常參與重大軍事謀議。

除了延續兩漢以來統偏軍、參謀議的角色外，蜀漢的監、護、典軍也有新的發展。建興十一年，庲降都督馬忠，「平南土，加忠監軍奮威將軍」【143】。都督又加監軍、典軍的例子甚多，建興十五年至延熙元年及延熙六年至十一年，王平先後以後典軍、安漢將軍及前監軍、鎮北大將軍督漢中；延熙末、景耀初，胡濟以中監軍前將軍、鎮西大將軍先後督漢中。延熙二十年至景耀六年霍弋為庲降都督，亦加監軍【144】。都督已是軍區最高統帥，加監軍、典軍的目的顯然不在統偏軍、參謀議或監護諸將。如非以小監大，應與上對下的權限相關，否則都督又加監、典軍的意義何在？

【140】《三國志》，卷44，〈費禕傳〉，頁1061。

【141】《三國志》，卷40，〈魏延傳〉，頁1003。

【142】《三國志》，卷43，〈王平傳〉，頁1050；卷44，〈蔣琬傳〉，頁1060。

【143】《三國志》，卷43，〈馬忠傳〉，頁1048-1049。

【144】參洪武雄，〈蜀漢的都督〉，《（中國醫藥大學）通識教育學報》，第8期，頁30及33-35。

《宋書‧百官志》：

> 晉世都督諸軍為上，監諸軍次之，督諸軍為下。使持節為上，持
> 節次之，假節為下。使持節得殺二千石以下，持節殺無官位人，
> 若軍事得與使持節同，假節唯軍事得殺犯軍令者。[145]

晉時方面統帥的都督、監、督軍事，因使持節、持節、假節的差別而有
不同的權限。其制源於曹魏[146]，蜀漢諸都督中，李恢「為庲降都督，
使持節領交州刺史。」車騎將軍吳壹假節督漢中，前將軍、鎮西大將軍
胡濟假節督漢中[147]。都督又加監、典軍者，是否如曹魏因使持節、假
節的差別而有不同的權限？書闕有間，只能試作推測，難以詳細論說。

除監、護、典軍外，蜀漢猶有軍師、領軍等與軍事任務相關的官
職，茲略述之。

新莽末、東漢初，羣雄並起，各陣營始設軍師一職。隗囂聘方望
為軍師，其部將高峻亦有軍師皇甫文，光武部將鄧禹則以韓歆為軍師
[148]。建安年間，曹操為漢相，府中有中軍師、前軍師、左軍師、右軍
師及軍師等。曹魏立國後，軍府普設軍師，洪飴孫稱曹魏「軍師之名偏
列諸署」[149]。

---

[145]《宋書》，卷39，〈百官上〉，頁1225。

[146] 曹魏時，有「假節」、「使持節」，「持節」甚少，或竟無。「都督諸軍事」為
多，亦有「監諸軍事」，而「督諸軍事」則少見。參嚴耕望，《中國地方行政制
度史乙部——魏晉南北朝地方行政制度》(台北：中央研究院歷史語言研究所專
刊之四十五，1990年)，頁90-91。

[147]《三國志》，卷43，〈李恢傳〉，頁1045；卷45〈季漢輔臣贊注〉，頁1083；
卷39，〈董和傳〉裴注，頁980。

[148]《後漢書》，卷13，〈隗囂傳〉，頁514；卷16，〈寇恂傳〉，頁625；卷16，
〈鄧禹傳〉，頁601。

[149]《三國職官表》，頁1，序文；及頁2-3，丞相府屬。另參黃文榮，〈曹操的軍事
幕僚研究——以軍師、參軍與軍掾為例〉，《輔仁歷史學報》，第16期，頁63。

蜀漢的軍師始於後主時期，可見五人。

後主建興年間，劉琰「班位每亞李嚴，為衛尉中軍師後將軍，遷車騎將軍。」以劉琰與李嚴的仕宦經歷相比，章武三年，先主「以（李）嚴為中都護……建興元年……加光祿勳。四年，轉為前將軍。……八年，遷驃騎將軍」【150】。劉琰班位每亞李嚴，蓋即衛尉次光祿勳、後將軍次前將軍、車騎次驃騎。劉琰加中軍師應在建興元年為衛尉或四年為後將軍時。建興八年，鎮北將軍領丞相司馬魏延西入羌中，大破魏師，「遷為前軍師征西大將軍」。建興十二年諸葛亮卒後，丞相長史楊儀為中軍師、丞相司馬費禕為後軍師、中監軍鄧芝為前軍師前將軍【151】。此後，未再見有任軍師者。

建安年間曹操為漢相，丞相府中置軍師，洪飴孫以為「蜀所置同」，置軍師於丞相府屬【152】。此說有誤，蜀制，軍師非丞相府屬。建興十二年諸葛亮卒，魏延曰：「丞相雖亡，吾自見在。府親官屬便可將喪還葬，吾自當率諸軍擊賊。」【153】其時，魏延為前軍師征西大將軍，前軍師並非丞相「府親官屬」【154】。再者，諸葛亮卒後，蜀漢未再設丞相一職，但楊儀、鄧芝、費禕分任中、前、後軍師。既無丞相，何來丞相府屬的軍師？其時，蔣琬猶未拜大將軍，軍師亦非執政的大將軍府屬。蜀制，軍師應為加官。軍師或加於九卿、或加於位在卿上的重號將軍，地位猶在監軍之上。自建興初劉琰加中軍師，此職銜即為長期性的

【150】《三國志》，卷40，〈李嚴傳〉，頁999；卷40，〈劉琰傳〉，頁1001。

【151】《三國志》，卷40，〈魏延傳〉，頁1002；卷40，〈楊儀傳〉，頁1005；卷44，〈費禕傳〉，頁1061；卷45，〈鄧芝傳〉，頁1072。

【152】《三國職官表》，頁2-3。

【153】《三國志》，卷40，〈魏延傳〉，頁1003。

【154】《資治通鑑》，卷72，〈魏紀四〉胡三省注曰：「府親官屬，謂長史以下也。」頁2297。

任命，建興九年廢李平時，劉琰仍加中軍師，十年，自漢中還成都，「官位如故」，十二年棄市。建興八年，魏延加前軍師，九年廢李平時仍加此官，十二年夷三族。建興十二年，楊儀為中軍師，十三年廢為民，不久，自殺。建興十二年，鄧芝、費禕為前、後軍師，十三年，鄧芝督江州、費禕為尚書令後是否仍加軍師，史書無載。

《三國會要》引《華陽國志》：「軍師、監軍，典軍政。」楊晨所論，應本於《劉後主志》：建興十二年諸葛亮卒後，「於是以（蔣）琬為尚書令，總統國事，以（楊）儀為中軍師，司馬費禕為後軍師，征西姜維為右監軍、輔漢將軍，鄧芝前軍師、領兗州刺史，張翼前領軍，并典軍政」【155】。楊晨所論，有待商榷。建興十二年丞相諸葛亮方卒時，二長史爭權，留府長史蔣琬遷尚書令，威望猶不足以當國。對於由漢中領大軍回成都的軍政要員不得不加禮重，故楊儀、鄧芝、費禕分拜中、前、後軍師。然軍師一職，位高而無權。建興初劉琰加中軍師，隨諸葛亮駐漢中，「不豫國政，但領兵千餘，隨丞相亮諷議而已」。建興十二年丞相諸葛亮卒前，前軍師征西大將軍魏延為前線諸將領中班列最高者，未能參與大軍後撤之重要決策。諸葛亮卒後，楊儀為中軍師，「無所統領，從容而已」。故自以為勞苦功高，年宦、才能皆優於蔣琬的楊儀，「怨憤形于聲色，歎咤之音發於五內」，終落得廢徙為民，自我了斷的命運【156】。

曹魏的軍師有掌軍國選舉及刑獄、執行軍法、參謀軍計及監視主帥

【155】清·楊晨，《三國會要》（北京：中華書局，1956年），卷9，〈職官上〉，頁133；《華陽國志校注》，卷7，〈劉後主志〉，頁564。參陶新華，〈魏晉南朝的軍師、軍司、軍副——軍府職官辨析〉，《杭州師範學院學報》，2000年第4期，頁17。

【156】《三國志》，卷40，〈劉琰傳〉，頁1001；〈魏延傳〉，頁1003；〈楊儀傳〉，頁1005。

等職責【157】。蜀漢軍師除從容諷議外，書闕有間，難以比附、論說。

蜀漢又有領軍。

先主章武元年，先主伐吳，將軍馮習、吳班分任「左右領軍」，蜀漢始設領軍。後主建興五年，將軍向寵遷中領軍【158】。十二年亮卒，張翼拜前領軍【159】。景耀元年至六年，右大將軍閻宇都督巴東、為領軍【160】。景耀中，龔衡為領軍【161】。此外，爨習官至領軍【162】、趙統「官至虎賁中郎，督行領軍」【163】。皆在後主世。自章武元年先主稱帝，至景耀六年蜀亡，蜀漢可見中領軍、前領軍、左領軍、右領軍、領軍。

曹操為漢相，置領軍，掌禁兵，後更為中領軍。曹魏建國後，資重者為領軍將軍。中領軍、領軍將軍為曹魏時期最高禁衛長官【164】。蜀漢未見領軍將軍，（中）領軍是否為禁衛武官猶待商榷。

章武元年，先主伐吳。命鎮北將軍黃權「督江北軍」，以防魏師。主力在江南，先主御駕親征。將軍馮習、吳班分任「左右領軍」。右領

【157】參陶新華，《魏晉南朝中央對地方軍政官的管理制度研究》（成都：巴蜀書社，2003年），頁210。

【158】《三國志》，卷41，〈向朗傳〉，頁1011。

【159】《三國志》，卷45，〈張翼傳〉，頁1073。

【160】《三國志》，卷41，〈霍峻傳〉注引《襄陽記》：「時右大將軍閻宇都督巴東，為領軍。」頁1008。

【161】《三國志》，卷45，〈季漢輔臣贊注〉：**龔衡**，「景耀中為領軍」，頁1088。

【162】《華陽國志校注》，卷4，〈南中志〉：建興三年，諸葛亮平南中後，收其俊傑，「（爨）習官至領軍」，頁357；卷12，〈益梁寧三州先漢以來士女目錄〉：「領軍爨習」，頁951。

【163】《三國志》，卷36，〈趙雲傳〉，頁951。「督行領軍」一句頗難理解，張金龍以為似應斷句為「官至虎賁中郎督，行領軍。」略似李球為「羽林右部督」。參張金龍，《魏晉南北朝禁衛武官制度研究》，頁151-152。

【164】參張金龍，《魏晉南北朝禁衛武官制度研究》，頁99-112、147-149。

軍吳班所領為水軍,「將軍吳班、陳戒等水軍屯夷陵」【165】。左領軍馮習所領應以步卒為主。蜀吳交戰主要在陸戰,故《吳書》對「統諸軍」的左領軍馮習多所著墨,〈陸遜傳〉:「使將軍馮習為大督,張南為前部,輔匡、趙融、廖淳、傅肜等各為別督。」【166】蜀軍於陸戰大敗,「將軍馮習、張南等皆沒」【167】。傅肜斷後拒戰,亦戰死【168】。右領軍吳班所領的水軍損失較小,吳班與陳戒於建興年間猶隨諸葛亮進駐漢中,為當時蜀漢的重要將領【169】。左、右領軍為夷陵大戰時蜀漢水、陸二師的統帥,非是掌禁軍的武衛官。建興十二年,「亮出武功,以翼為前軍都督,領扶風太守。亮卒,拜前領軍」【170】。亮出武功,分兵屯田,翼為前軍都督。亮卒後退軍,翼為前領軍。不論前軍都督或前領軍蓋皆方面督帥,較似建興九年時高翔、吳班、鄧芝等之督前、後、左部,實難比擬曹魏掌禁兵之領軍。延熙二十年,宗預為永安都督,蜀吳關係有變,但宗預老病,難以應付可能的變故,乃由庲降都督右將軍閻宇將兵支

【165】《華陽國志校注》,卷6,〈劉先主志〉:「左右領軍南郡馮習、陳留吳班」,頁537、538。《三國志》,卷45,〈季漢輔臣贊注〉但稱吳班、馮習「為領軍」,頁1084、1088。

【166】《三國志》,卷58,〈陸遜傳〉,頁1346。將軍、領軍當是蜀漢之稱謂,大督、別督則近似吳人之慣用。

【167】《三國志》,卷32,〈先主傳〉,頁890。

【168】《三國志》,卷45,〈季漢輔臣贊注〉,頁1088-1089。

【169】《華陽國志校注》,卷2,〈漢中志〉:「建興七年,丞相諸葛亮遣護軍陳戒伐之,遂平武都、陰平二郡。」頁157。卷7,〈劉後主志〉:「七年春,丞相亮遣護軍陳式攻武都、陰平。」頁556。《三國志》,卷35,〈諸葛亮傳〉:建興七年,「丞相亮遣護軍陳式收武都、陰平。」頁924。或作陳式,或作陳戒。《三國志》,卷40,〈李嚴傳〉注引建興九年免李平公文,吳班為「督後部後將軍」。頁1000。

【170】《三國志》,卷45,〈張翼傳〉,頁1073。

援。景耀元年，宗預以疾徵還成都，閻宇遂代其督永安，並就遷為右大將軍、領軍。景耀六年，魏伐蜀，閻宇率領駐永安的大部分兵士回救成都[171]。其所統領為督區士卒，亦非禁軍。

蜀漢猶有中領軍向寵。

> 建興元年封都亭侯，後為中部督，典宿衛兵。諸葛亮當北行，表與後主曰：「將軍向寵，性行淑均，曉暢軍事，試用於昔，先帝稱之曰能，是以眾論舉寵為督。愚以為營中之事，悉以咨之，必能使行陳和睦，優劣得所也。」遷中領軍。延熙三年，征漢嘉蠻夷，遇害。[172]

諸葛亮對向寵的贊詞，出自建興五年出駐漢中前的出師表。

> 侍中、侍郎郭攸之、費禕、董允等，此皆良實……愚以為宮中之事，事無大小，悉以咨之，然後施行，必能裨補闕漏，有所廣益。將軍向寵，性行淑均，曉暢軍事，試用於昔日，先帝稱之曰能，是以眾論舉寵為督。愚以為營中之事，悉以咨之，必能使行陳和睦，優劣得所。[173]

此時，郭攸之、費禕為侍中、董允為黃門侍郎，向寵仍為典宿衛兵的中部督。但就在大軍臨發之際，諸葛亮的人事安排又有異動。「亮尋請禕為參軍，允遷為侍中，領虎賁中郎將，統宿衛親兵」[174]。向寵應亦於此時由中部督遷中領軍。向寵為「中部督，典宿衛兵」，蓋無疑問。但當其遷中領軍，此職是否與中部督同一性質，有如曹魏之資輕者為中領軍、資重者為領軍將軍，皆典宿衛兵；或者，虎賁中郎將雖「統宿衛親

---

[171] 參洪武雄，〈蜀漢的都督〉，《（中國醫藥大學）通識教育學報》，第8期，頁41-42。

[172] 《三國志》，卷41，〈向朗傳〉，頁1011。

[173] 《三國志》，卷35，〈諸葛亮傳〉，頁919-920。

[174] 《三國志》，卷41，〈董允傳〉，頁985-986。

兵」，但隸屬最高禁軍長官的中領軍，皆待商榷【175】。

　　蜀漢曾任中領軍者僅向寵一例，其所統領是否為禁軍，史未明載。如以前領軍張翼、左領軍馮習、右領軍吳班、領軍閻宇等所領皆非禁軍做對比，在沒有直接史料可以資證下，實難將蜀漢的中領軍類比曹魏領禁軍之中領軍。延熙三年，向寵如仍以中領軍的身分「征漢嘉蠻夷」，則更難相信其所領為典宮中宿衛的禁兵【176】。再者，建興五年諸葛亮出駐漢中後，「獻納之任，（董）允皆專之矣。」其時，蜀人甚至將未曾當國的董允與諸葛亮、蔣琬、費禕並列為「四相」或「四英」【177】。將「內侍歷年，翼贊王室」、「後主益嚴憚之」的侍中虎賁中郎將董允隸屬於中領軍向寵，只怕與諸葛亮出駐漢中前對成都的權位佈署不符。

　　蜀漢的領軍統領部分軍旅，應可確知，但其所領是否為禁軍，則無資料佐證。

　　先主時，偏將軍黃權為護軍，監護諸將，事訖即罷，頗有使者監軍的性質。後主前期，丞相諸葛亮執政時期，監、護、典軍大量出現，逐漸成為上下有序的長期性加官。後主後期，在將軍班位之外，監、護、典軍演變成另一完整的升遷體系。隨著將軍逐漸班位化、散職化，監、護、典軍因分統軍旅，為實際領兵作戰的指揮要職，故常參與重大軍事決策。蜀漢猶有軍師、領軍等與軍事任務相關的官職。軍師位高而無權，僅止於從容諷議。領軍統領部分軍旅，但其所領應非禁軍。

【175】張金龍將諸葛亮對「典宿衛兵」的中部督向寵的贊詞，直接轉移為對中領軍向寵的職掌認知，並以曹魏中領軍掌禁兵為基準，認為「向寵所任之中領軍即蜀漢禁衛長官」。所以，蜀漢的「領軍、中領軍統虎賁中郎將、虎賁中郎督等禁衛武官」。參氏著，《魏晉南北朝禁衛武官制度研究》，頁151-152、166。

【176】建興十二年諸葛亮卒後，蜀漢人事多所異動。延熙三年，向寵是否仍任中領軍，因史載簡略，難以確定。

【177】《三國志》，卷39，〈董允傳〉及注引《華陽國志》，頁986-987。

五、結論

三國鼎立，長期混戰，將軍的名號大量成長。原本「因事建號」、「事訖即罷」的將軍，變成普遍性、長期性的授予，不同的將軍名號逐漸形成截然不同的班位。

蜀漢確有人居之的有號將軍計六十二個，大致可分為六個等級：一、大將軍，二、驃騎、車騎、衛將軍，三、雜號大將軍，四、位在卿上的前、後、左、右及安漢、軍師將軍，五、位在卿下、五校之上的雜號將軍，六、五校之下的雜號將軍。曾任有號將軍者達七十人，大部分曾經歷兩個以上不同的將軍名號。將軍名號已構成不同的班列，成為井然有序的遷轉模式。

將軍主征伐，將軍名號本有因事建號的實質意義，但蜀漢大部分的將軍名號已與其實際職掌無關，甚且悖離。後主即位後，無員且散職化的將軍成為普增職號時最具彈性的名器。軍階與軍職分化，將軍未必主征伐。後主時期，在將軍班位之外，監、護、典軍演變成另一完整的升遷體系。當將軍逐漸班位化、散職化，監、護、典軍因分統軍旅，成為實際領兵作戰的指揮要職，故常參與重大軍事謀議。領軍亦然。

不論是將軍的班列，或是監軍、護軍、軍師的隸屬，或是領軍的性質等，蜀制頗有異於魏制者，難以完全比附。

表一：〈蜀漢將軍年表〉

（建安十九年至建興十五年）

將軍號＼年代	建安十九年 214	二十年 215	二十一年 216	二十二年 217	二十三年 218	二十四年 219	二十五年 220	章武元年 221	二年 222	建興元年 223	二年 224	三年 225	四年 226	五年 227	六年 228	七年 229	八年 230	九年 231	十年 232	十一年 233	十二年 234	十三年 235	十四年 236	十五年 237
大																						蔣琬	—	—
驃騎								馬超	—								李嚴	—						
右驃騎																								
車騎								張飛									劉琰	—	—	—	—			
車騎																					吳壹	—	—	—
左車騎																								
右車騎																								
衛																								
右大																								
輔國大																								
鎮南大																								
鎮西大																								
鎮北大																								
鎮軍大																								
征西大																	魏延	—	—	—	—	袁綝（建興末，張翼之前。）		
征北大																								
前						關羽				李嚴	—	—	—	—	—	—		袁琳	—	—	鄧芝	—	—	—

洪武雄　蜀漢將軍的班位及其散職化傾向
—— 兼論監軍、護軍、典軍及軍師、領軍

將軍號＼年代	建安十九年 214	二十年 215	二十一年 216	二十二年 217	二十三年 218	二十四年 219	二十五年 220	章武元年 221	二年 222	建興元年 223	二年 224	三年 225	四年 226	五年 227	六年 228	七年 229	八年 230	九年 231	十年 232	十一年 233	十二年 234	十三年 235	十四年 236	十五年 237
左	劉備	—	—	—	—	—																		
						馬超	—	—																
																吳壹	—	—	—				
																				向朗	—	—	—
右						張飛	—	—																
												輔匡	?	?									
														諸葛亮	—								
																高翔	—	—					
後						黃忠	—																	
									劉邕（「建興中」為後將軍，未知在劉琰之前，或吳班之後。）														
										劉琰		—											
																	吳班	—	—	—			
																				劉邕（「建興中」為後將軍，未知在劉琰之前，或吳班之後。）			
安漢	麋竺	—	—	—	—	—	—																	
														李恢	—	—	—	—					
																	李邈（在李恢之後，12年誅死。）						
																				王平	—	—	—
軍師	諸葛亮	—	—	—	—	—	—																	
鎮東								劉琰																
									趙雲	—	—	—											

將軍號＼年代	建安十九年 214	二十年 215	二十一年 216	二十二年 217	二十三年 218	二十四年 219	二十五年 220	章武元年 221	二年 222	建興元年 223	二年 224	三年 225	四年 226	五年 227	六年 228	七年 229	八年 230	九年 231	十年 232	十一年 233	十二年 234	十三年 235	十四年 236	十五年 237
鎮南										輔匡（建興初遷，四年遷右將軍。）														
鎮北								黃權魏延	—	—	—	—	—	—	—	—	—							
安南																								
輔漢								李嚴	—						張裔	—	—				姜維	—	—	—
護軍						法正	—																	
撫軍																	蔣琬	—	—	—	—			
綏軍																	楊儀	—	—	—				
平西	馬超	—	—	—	—	—		劉某																
平北								劉某												馬岱				
鎮軍	許靖	—	—	—	—	—								趙雲	—									
盪寇	關羽	—	—	—	—	—																		
征虜	張飛	—	—	—	—	—																		
副軍							劉封	—																
討逆	吳壹																							

洪武雄　蜀漢將軍的班位及其散職化傾向
—— 兼論監軍、護軍、典軍及軍師、領軍

將軍號＼年代	建安十九年 214	二十年 215	二十一年 216	二十二年 217	二十三年 218	二十四年 219	二十五年 220	章武元年 221	二年 222	建興元年 223	二年 224	三年 225	四年 226	五年 227	六年 228	七年 229	八年 230	九年 231	十年 232	十一年 233	十二年 234	十三年 235	十四年 236	十五年 237
討寇															王平	—	—	—	—	—	—			
征南										趙雲（建興初遷鎮東）								劉巴						
征西					黃忠					陳到（建興初遷，應於八年前卒官。）				姜維	—	—	—	—						
征北					申耽																			
鎮遠	賴恭（建安末遷，二十四年遷太常。）					魏延	—	—																
揚武	法正	—	—	—	—	—								鄧芝	—	—	—	—	—	—	—			
揚威																				李福（九年遷，十二年之前已遷尚書僕射。）				
輔軍														來敏										
輔國																								
奮威																				馬忠	—	—	—	—
撫戎																								
安遠	鄧方（建安十九遷，章武元年或二年卒。）																							
興業	李嚴	—	—	—	—	—	—	—		王連	—	—												

將軍號	建安十九年 214	二十年 215	二十一年 216	二十二年 217	二十三年 218	二十四年 219	二十五年 220	章武元年 221	二年 222	建興元年 223	二年 224	三年 225	四年 226	五年 227	六年 228	七年 229	八年 230	九年 231	十年 232	十一年 233	十二年 234	十三年 235	十四年 236	十五年 237
忠節										楊洪（建興元年遷，五年之前已遷越騎校尉。）														
討虜	黃忠	—	—	—	—	—												上官雝						
翊軍	趙雲	—	—	—	—	—	—	—																
奉義																		姜維	—	—				
昭德	簡雍																							
秉忠	孫乾																							
昭文					伊籍（建安末遷）																			
建信					申儀	—																		
振威								費觀																
建義																		閻晏						
翊武																	諸葛攀							
執慎																								
綏武																								

50

將軍號＼年代	建安十九年	二十年	二十一年	二十二年	二十三年	二十四年	二十五年	章武元年	二年	建興元年	二年	三年	四年	五年	六年	七年	八年	九年	十年	十一年	十二年	十三年	十四年	十五年
	214	215	216	217	218	219	220	221	222	223	224	225	226	227	228	229	230	231	232	233	234	235	236	237
牙門將軍	趙雲 魏延	—	—	—	—																			
牙門將	王平（建安末）王士（建安末）龔祿（先主世或建興初）							向寵（章武年間）		王沖（建興初，三年之前。）				張嶷（建興中至延熙三年）										
偏將軍	趙雲（建安十九年遷祤軍軍）黃權（建安十九年）張裔（建安末）							吳壹										費禕 許允 爨習 劉敏	—	—	—			
裨將軍	李嚴（建安十九年遷興業將軍）費觀 黃忠（建安十九年遷討虜將軍）霍峻（建安二十二至二十五年）							王平（章武年間或建興初至建興六年）	—	—	—	—	—					杜義						

年代 / 將軍號	建安 十九年 214	二十年 215	二十一年 216	二十二年 217	二十三年 218	二十四年 219	二十五年 220	章武 元年 221	二年 222	建興 元年 223	二年 224	三年 225	四年 226	五年 227	六年 228	七年 229	八年 230	九年 231	十年 232	十一年 233	十二年 234	十三年 235	十四年 236	十五年 237
將軍					吳蘭 雷銅	士仁		吳班馮習陳式張南輔匡趙融廖淳傅肜 一一一		廖立陳習鄭綽					張休李盛黃襲馬謖								張尉	
將					任夔	張著		詹晏陳鳳文布鄧凱 杜路劉寧		姚靜鄭他 一一														

表二：〈蜀漢將軍年表〉

（延熙元年至景耀六年）

將軍號	延熙元年238	二年239	三年240	四年241	五年242	六年243	七年244	八年245	九年246	十年247	十一年248	十二年249	十三年250	十四年251	十五年252	十六年253	十七年254	十八年255	十九年256	二十年257	景耀元年258	二年259	三年260	四年261	五年262	六年263
大		蔣琬				費禕	—	—	—	—	—	—	—	—	—	—	—	—	—	姜維	姜維	—	—	—	—	—
驃騎	吳班（延熙年間）																									
右驃騎																					胡濟					
車騎					鄧芝	—	—	—						夏侯霸	—	—	—	—	—	—	—					
左車騎																					張翼	—	—	—		
右車騎																					廖化	—	—	—		
衛											姜維													諸葛瞻	—	—
右大																					閻宇（景耀初至六年）					
輔國大																								董厥	—	—
鎮南大					馬忠	—	—	—	—	—	—	—								張翼	—	—	—	—		
鎮西大						姜維	—	—	—	—											胡濟（延熙末遷，19年時在鎮西大將軍位，景耀二年遷右驃騎）					
鎮北大						王平	—	—	—	—	—															

年代＼將軍號	延熙元年 238	二年 239	三年 240	四年 241	五年 242	六年 243	七年 244	八年 245	九年 246	十年 247	十一年 248	十二年 249	十三年 250	十四年 251	十五年 252	十六年 253	十七年 254	十八年 255	十九年 256	二十年 257	景耀元年 258	二年 259	三年 260	四年 261	五年 262	六年 263
鎮軍大																					宗預	－	－	－	－	－
征西大									張翼（延熙中遷，十八年遷鎮南大）									－		宗預	－	－	－			
征北大												夏侯霸	－	－												
前	鄧芝	－	－	－	－	胡濟（延熙中遷，延熙末遷鎮西大）																				
左	向朗	－	－	－	－	－	－	－	句扶		？	？	郭修（13或14年遷）	－	－											
右															閻宇（延熙末遷，景耀二年遷右大）											
後														宗預	－	－	張表	姜維	－	－						
安漢	王平	－	－	－	－																					
軍師																					諸葛瞻（景耀初至四年）					
鎮東																										
鎮南																										
鎮北																										
安南		馬忠	－	－	－							張表	－	－	－	－	－	－								霍弋
輔漢	姜維	－	－	－	－																孟琰（後主世，未知確切年代？）					

將軍號＼年代	延熙元年 238	二年 239	三年 240	四年 241	五年 242	六年 243	七年 244	八年 245	九年 246	十年 247	十一年 248	十二年 249	十三年 250	十四年 251	十五年 252	十六年 253	十七年 254	十八年 255	十九年 256	二十年 257	景耀元年 258	二年 259	三年 260	四年 261	五年 262	六年 263
護軍																										
撫軍																										
綏軍																										
平西																										
平北																										
鎮軍	龔皦（後主世，未知確切年代？）													陳祇	—	—	—	—	—	—	？	王嗣（在陳祇之後，景耀年間卒。）				
盪寇															張嶷											
征虜																										
副軍																										
討逆																										
討寇																										
征南																										
征西																										
征北																										
鎮遠																										
揚武																										
揚威							劉敏	—																		
輔軍																										
輔國							董允	—	—	—																
奮威	馬忠	—	—																							
撫戎			張嶷	—	—	—	—	—	—	—	—	—	—	—	—	—	—	—	—	—						
安遠														王嗣（延熙末、景耀初）												
興業																										
忠節																										
討虜																										

將軍號＼年代	延熙元年238	二年239	三年240	四年241	五年242	六年243	七年244	八年245	九年246	十年247	十一年248	十二年249	十三年250	十四年251	十五年252	十六年253	十七年254	十八年255	十九年256	二十年257	景耀元年258	二年259	三年260	四年261	五年262	六年263
翊軍																					霍弋	—	—	—	—	—
奉義																										
昭德																										
秉忠																										
昭文																										
建信																										
振威																										
建義																										
翊武									諸葛攀（延熙中）																	
執慎																來敏（延熙末、景耀初）										
綏武																					蔣斌	—	—	—	—	—
牙門將軍																										
牙門將	張嶷	—	—									句安 李韶									趙廣（景耀年間） 劉林（景耀年間）					
偏將軍																										
裨將軍																										
將軍												句安 李韶														傅僉
將							王林																			馬邈

洪武雄　蜀漢將軍的班位及其散職化傾向
　　—— 兼論監軍、護軍、典軍及軍師、領軍

表三：〈蜀漢監軍、護軍、典軍及軍師、領軍表〉

名稱	人名	時間	另領職官	資料來源
中監軍	鄧芝	建興五年至十二年	揚武將軍	45/1072[178]
中監軍	姜維	建興十二年？至延熙六年	輔漢將軍	參附注 65
中監軍	關興	建興末、延熙初？		36/942
中監軍	胡濟	延熙十一年	前將軍 鎮西大將軍	39/980
前監軍	劉巴	建興九年	征南將軍	40/1000
前監軍	李福	延熙元年	大將軍司馬	45/1087、華7/568
前監軍	王平	延熙六年至十一年	鎮北大將軍	43/1050-1051
右監軍	姜維	建興十二年	輔漢將軍	參附注 65
監軍	劉邕	建興中	後將軍	45/1084
監軍	靳詳	建興六年		3/95、《元和郡縣圖志》（北京：中華書局，1983 年），頁 42-43
監軍	馬忠	建興十一年至延熙十二年卒？	奮威將軍 安南將軍？ 鎮南大將軍？	43/1048-1049
監軍	杜祺	延熙末？		39/988
監軍	楊戲	延熙末		45/1077
監軍	張嶷	延熙、景耀年間？		41/1013
監軍	王含	景耀元年至六年		45/1065、28/787-788、華7/585-586
監軍	霍弋	延熙二十年至景耀六年	翊軍將軍 安南將軍	41/1007-1008、華4/360
中護軍	趙雲	建興元年至七年	征南將軍 鎮東將軍	36/949
中護軍	費褘	建興八年	偏將軍	40/1000、44/1061、華7/560

【178】資料來自《三國志》（新校標點本）者，僅以（卷/頁）表示；晉・常璩撰、劉琳校注，《華陽國志校注》則作（華 卷/頁），其他版本另作說明；其他史書，則完整標示書名，再加（卷/頁）。

中護軍	陳祗[179]	延熙末、景耀初	侍中守尚書令，加鎮軍將軍	顧廣圻校，《華陽國志》（台北：台灣商務印書館，1976年），7/99
前護軍	許允	建興九年	偏將軍	40/1000
前護軍	王平	延熙元年至六年	安漢將軍	43/1050
左護軍	丁咸	建興九年	篤信中郎將	40/1000
左護軍	劉敏	延熙七年	揚威將軍	43/1050、44/1060
右護軍	劉敏	建興九年	偏將軍	40/1000
護軍	吳壹	建安十九年	討逆將軍	45/1083
護軍	黃權	建安二十年	偏將軍	43/1043、華6/526
護軍	輔匡	建興初	鎮南將軍 右將軍	45/1082、45/1084
護軍	陳到	建興四年	征西將軍	40/999、45/1084
護軍	陳式	建興七年		33/896、35/924、華2/157、7/556
護軍	姜維	建興八年至十二年	征西將軍	參附注65
護軍	霍弋	延熙末		41/1007-1008
護軍	楊戲	延熙末		45/1077
護軍	諸葛攀	延熙、景耀年間	翊武將軍	35/931-932
護軍	蔣斌	景耀元年至六年	綏武將軍	28/788、44/1059、44/1065、華7/585-586
中典軍	上官雝	建興九年	討虜將軍	40/1000
中典軍	胡濟	建興十二年		39/980
後典軍	王平	建興十二年至延熙元年	安漢將軍	43/1049-1050
中軍師	劉琰	建興元年或四年至十二年	衛尉？ 後將軍 車騎將軍	40/1000-1001、華7/545

【179】顧廣圻校，《華陽國志》，卷7，〈劉後主志〉：景耀二年，「領中護軍陳祗卒。」頁99。劉琳據《蜀志·陳祗傳》以為「領中護軍為鎮軍將軍之誤。又《蜀志》言祗死於景耀元年，與此異。」（華7/588）〈董允傳〉：延熙十四年陳祗「以侍中守尚書令，加鎮軍將軍。……景耀元年卒。」（39/987）未載其曾加中護軍。

中軍師	楊儀	建興十二年至十三年		33/897、40/1005
前軍師	魏延	建興八年至十二年	征西大將軍	40/1000-1003
前軍師	鄧芝	建興十二年至十三年？	前將軍	45/1072
後軍師	費禕	建興十二年至十三年？		44/1061
中領軍	向寵	建興五年至延熙三年？		41/1011
前領軍	張翼	建興十二年至延熙元年		45/1073
左領軍	馮習	章武元年至二年	**將軍**	華 6/537、32/890、45/1088
右領軍	吳班	章武元年至二年	將軍	華 6/537-538、32/890、45/1084
領軍	龔衡	景耀中		45/1088
領軍	閻宇	景耀元年至六年	右大將軍	41/1008
領軍	爨習	後主世		華 4/357、華 12/951
行領軍	趙統	後主世	虎賁中郎	36/951

表四：〈蜀漢監軍、護軍、典軍及軍師、領軍年表〉

（建安十九年至建興十五年）

職稱	建安十九年 214	二十年 215	二十一年 216	二十二年 217	二十三年 218	二十四年 219	二十五年 220	章武元年 221	二年 222	建興元年 223	二年 224	三年 225	四年 226	五年 227	六年 228	七年 229	八年 230	九年 231	十年 232	十一年 233	十二年 234	十三年 235	十四年 236	十五年 237
中監軍														鄧芝	—	—	—	—	—	—	—	關興（建興末延熙初？）		
前監軍																		劉巴						
右監軍																					姜維	?	?	?
監軍														靳詳／劉邕（建興中）						馬忠	?	?	?	?
中護軍								趙雲	—	—	—	—	—	—	—	—	—	費禕						
前護軍																		許允						
左護軍																		丁咸						
右護軍																		劉敏						
護軍	吳壹	黃權								輔匡（建興初）	陳到						陳式	姜維	—	—	—			
中典軍																		上官雝			胡濟			
後典軍																					王平	—	—	—

年代\職稱	建安十九年 214	二十年 215	二十一年 216	二十二年 217	二十三年 218	二十四年 219	二十五年 220	章武元年 221	二年 222	建興元年 223	二年 224	三年 225	四年 226	五年 227	六年 228	七年 229	八年 230	九年 231	十年 232	十一年 233	十二年 234	十三年 235	十四年 236	十五年 237
中軍師										劉琰	?	?	劉琰	—	—	—	—	—	—	—	楊儀	—		
前軍師																	魏延	—	—	—	鄧芝	?		
後軍師																					費禕	?		
中領軍														向寵	—	—	—	—	—	—	—	?	?	?
前領軍																					張翼	—	—	—
左領軍								馮習	—															
右領軍								吳班	—															
領軍										爨習（後主世，未確知何年代？）														

表五：〈蜀漢監軍、護軍、典軍及軍師、領軍年表〉

（延熙元年至景耀六年）

職稱＼年代	延熙元年 238	二年 239	三年 240	四年 241	五年 242	六年 243	七年 244	八年 245	九年 246	十年 247	十一年 248	十二年 249	十三年 250	十四年 251	十五年 252	十六年 253	十七年 254	十八年 255	十九年 256	二十年 257	景耀元年 258	二年 259	三年 260	四年 261	五年 262	六年 263
中監軍						姜維					胡濟															
前監軍	李福					王平	一	一	一	一	一															
右監軍	姜維		？	？	？																					
監軍	馬忠		？	？	？	？	？	？	？	？	？	？								霍弋	一	一	一	一	一	一
監軍（續）																					王含	一	一	一	一	一
監軍（附記）																楊戲（延熙末）杜祺（延熙末？）					張嶷（延熙、景耀年間？）					
中護軍																陳祗（延熙末至景耀元年或二年）										
前護軍	王平	一	一	一	一	一																				
左護軍						劉敏																				
右護軍																										
護軍																楊戲（延熙末）霍弋（延熙末）					蔣斌	一	一	一	一	一
護軍（附記）																諸葛攀（延熙、景耀年間）										
中典軍																										
後典軍	王平																									
中軍師																										
前軍師																										

年代 / 職稱 表

職稱 \ 年代	延熙元年 238	二年 239	三年 240	四年 241	五年 242	六年 243	七年 244	八年 245	九年 246	十年 247	十一年 248	十二年 249	十三年 250	十四年 251	十五年 252	十六年 253	十七年 254	十八年 255	十九年 256	二十年 257	景耀元年 258	二年 259	三年 260	四年 261	五年 262	六年 263
後軍師																										
中領軍	向寵	?	?																							
前領軍	張翼																									
左領軍																										
右領軍																										
領軍	趙統（行領軍。後主世，未確知何年代？）																				閻宇 — — — — — 龔衡（景耀中）					

景印香港新亞研究所《新亞學報》（第一至三十卷）

《楚辭》研究的「內學」和「外學」

李學銘*

提要

本文借用「內學」和「外學」兩詞，來討論《楚辭》研究的取向問題。既云「借用」，在概念上當然不同於佛學或圖讖之學。本文作者認為，《楚辭》作品本身的內部探究，即文學作品本身的理解、欣賞和表達技巧的認識，是最重要的，但也不能忽略作品上下四方有關參考資料的整理或辨析，同時也該留意那些借古論今、隱含諷諭的延伸闡發。文中舉了幾個例子，說明「內」、「外」兩類研究取向的分別，並從語文學習、語文應用和文學創作的角度，說明現代人如果能虛心汲取，懂得轉化，研讀《楚辭》是有多方面可供借鑑、仿效的。

一、「內學」和「外學」

「內學」和「外學」是相對的詞語，有「內」自然有「外」。《後漢書・方術列傳序》云：

> 光武尤信讖言，士之赴趣時宜者，皆騁馳穿鑿，爭談之也。故王梁、孫咸名應圖籙，越登槐鼎之任……自是習為內學，尚奇文，貴異數，不乏於時矣。[1]

關於「內學」一詞，李賢（653?-684）等注云：

---

*本所教授/香港公開大學榮譽教授。

[1] 見《後漢書》卷八十二上《方術列傳》，1973年8月中華書局校點本，頁2705。

內學，謂圖讖之書也，其事祕密，故稱內。【2】

換句話說，圖讖以外的書，都是「外學」。佛家則以佛學為「內學」，而研習他教典籍及世間法的，則稱為「外學」。《陳書·傳縡列傳》云：

《三論》之興，為日久矣，龍樹創其源，除內學之偏見；提婆揚其旨，蕩外道之邪執。【3】

可見談「內學」的人，都從自己立場出發，凡自己所信服的，就是「內」，否則，就是「外」。研究佛學的人是這樣，講論圖讖之學的人也是這樣。在這些人的心目中，「內」是主，「外」是次，「內」是最重要的。

我在這裏用了「內學」和「外學」來談論《楚辭》的研究，在概念上並不同於佛學或圖讖之學，因為我認為「內學」指的是《楚辭》作品本身的內部探究，而「外學」指的是《楚辭》作品上下四方有關參考資料的整理或辨析，甚至包括那些借古論今、隱含諷諭的延伸闡發。也就是說，無論是「內學」或「外學」，都是《楚辭》研究的一部分，都有本身的價值，雖然「內學」的價值應該較大，因此跟「外學」比較起來，就顯得較為重要。但缺乏「外學」的《楚辭》研究，就不會出現多姿多采的局面，而「內學」的一些研究課題，也不可能有深入的考察、體會或啟發。不過，深入探索《楚辭》每篇作品的精意深旨和藝術技巧，特別看重作品本身的價值，這種態度，還是近於研究佛學和講論圖讖之學的人。

二、　《楚辭》研究「內學」舉隅

研究《楚辭》各篇的比興手法和其他表達技巧，應屬「內學」的範

【2】見同上。

【3】見《陳書》卷三十《傳縡列傳》，1974 年 2 月中華書局校點本，頁 401 。

圍。下面試舉例說明：

1. 比興手法的運用

談論古代詩歌的人，都喜歡根據《周禮‧大師》和《毛詩正義‧毛詩序》，提出「六詩」、「六義」的說法。所謂「六詩」、「六義」，就是風、賦、比、興、雅、頌。一般人都同意，風、雅、頌，指的是詩歌的類別；賦、比、興，指的是表達手法。關於賦、比、興的意義，以朱熹（1130-1200）《詩集傳》卷一的解說最易明白：

> 興者，先言他物以引起所詠之詞也。……賦者，敷陳其事而直言之者也。……比者，以彼物比此物也。【4】

《詩經》多用比、興的手法，這是大家都知道的，《國風》各篇，尤其是多這方面的例子。《楚辭》也是多用比、興手法的詩歌專集，王逸（東漢時人）《楚辭章句》的《離騷經序》說得很清楚：

> 《離騷》之文，依詩取興，引類譬諭，故善鳥香草，以配忠貞；惡禽臭物，以比讒佞；靈修美人，以媲於君；宓妃佚女，以譬賢臣；虬龍鸞鳳，以託君子；飄風雲霓，以為小人。【5】

王逸之說，本來專指《離騷》，但涉及比、興的手法，其實也適用於《楚辭》各篇，只是《離騷》中的例子更多就是了。現試舉《九歌‧湘夫人》的語句為例：

> 沅有芷兮澧有蘭，思公子兮未敢言。荒忽兮遠望，觀流水兮潺湲。【6】

朱熹在《楚辭集注》中的解說是：

【4】 見朱熹《詩集傳》卷一，1976 年 2 月中華書局香港分局重印本，頁 1-4。「興」的說明見《關雎》（頁 1）；「賦」的說明見《葛覃》（頁 3）；「比」的說明見《螽斯》（頁 4）。

【5】 見洪興祖《楚辭補注》卷一，1963 年 8 月中華書局香港分局重印本，頁 8-9。

【6】 見朱熹《楚辭集注》卷二，1987 年 10 月上海古籍出版社，頁 36。

此章興也。……所謂興者，蓋曰沅則有芷矣，澧則有蘭矣，何我
之思公子，而獨未敢言耶？思之之切，至於荒忽而起望，則又但
見流水之潺湲而已。其起興之例，正猶越人之歌，所謂「山有木
兮木有枝，心悅君兮君不知」。[7]

「沅有芷」、「澧有蘭」，是正常的情況，也是天地事物順理的事情，因
此「思公子」而「敢言」，才符合天地事理的大順。可是現在卻是「思
公子」而「未敢言」，這就逆乎常理。我們在日常生活中如遭遇了逆理
的事情，就會惆悵無奈，鬱結難宣，於是不免會有下文所謂「荒忽兮遠
望，觀流水兮潺湲」的迷惘表現。越人歌的「山有木」、「木有枝」，
也是天地事物的大順，而「心悅君」，「君」竟然「不知」，也就逆乎
常理，因此越人歌者的處境和心情，與「思公子」者的處境和心情，是
同樣受到逆理的衝擊而惆悵、抑鬱。這種「先言他物以引起所詠之
詞」，就是《楚辭》起興的表達手法。

關於起興的表達手法，歸納起來，約有幾種不同方式，現試圖表如
下：

（一）　他物　——————→　所詠之詞
（二）　他物　－－－－－→　所詠之詞
（三）　他物　‥‥‥‥→　所詠之詞
（四）　他物　——×——→　所詠之詞

第一種方式，「他物」與「所詠之詞」的關係非常明顯、密切，而
且符合事理之順。例如《詩經》的《關雎》，先言「關關雎鳩，在河之
洲」作為起興，然後順接「窈窕淑女，君子好逑」，而其中又有關雎之
鳥與君子、淑女相比之意。例如《九歌・少司命》的「秋蘭兮青青，綠
葉兮紫莖；滿堂兮美人，忽獨與余兮目成」。這是以上兩句作起興，即

[7] 見同上。

景生情，引出下面兩句，其中又以茂盛的秋蘭與滿堂美人相比，兩者的關係比較明顯、密切。

第二種方式，「他物」與「所詠之詞」的關係，表面看來不大明顯、密切，但仔細考慮，兩者是有關連的。至於「他物」與「所詠之詞」，有順接的，也有不順接的。上面以「沅有芷兮澧有蘭」起興，是屬於這一方式而不順接的例子。其中「沅芷」、「澧蘭」並不只是用來起興，也是用來比喻人。又例如《九歌・湘君》的「采薜荔兮水中，搴芙蓉兮木末；心不同兮媒勞，恩不甚兮輕絕」。朱熹認為是「比而又比」【8】，當然不錯，但其實也是以上兩句起興，然後引出下面兩句。採薜荔不從木末，搴芙蓉不從水中，採、搴非其地，則用力雖勤，仍會徒勞無功。「譬彼昏媾，兩情若異，則媒雖勞而皆不成；又如交友，兩情未洽，則雖成而易絕」【9】。可見「他物」與「所詠之詞」是有關連的，只是意思不免稍有轉折，不能讓人一下就看出來。

第三種方式，「他物」與「所詠之詞」之間，可說並無意義上的關係，但因「他物」而觸景生情，因情而產生「所詠之詞」，也可說是無意義的聯繫而有情感或氣氛關連。例如《九歌・湘君》的「石瀨兮淺淺，飛龍兮翩翩；交不忠兮怨長，期不信兮告余以不閒」。這是見水流的疾速和船隻的飛馳，因而生感，於是以石瀨上的流水和仿若飛龍的船起興，而接著發表自己的意見。「他物」的描述，或可顯示人物內心的焦急，而「所詠之詞」，則是在焦急心情下所生發的。

第四種方式，「他物」與「所詠之詞」之間，在意義或情感上完全沒有關係，在詩歌中可能為了起韻，在表達上可能只為了要打開下面的話題，從《楚辭》和古代詩歌中，可找到不少這樣的例子。只是第四種方式和第三種方式之間，有時難以明確區分，三或四，往往決定於讀者

【8】語見同上，頁34。

【9】語見姜亮夫《屈原賦校注》，1972年3月中華書局香港分局，頁217。

對詩句作怎樣的理解或推求。

2. 《湘君》和《還鄉》的表達技巧

《湘君》是《楚辭·九歌》中的一篇，成於先秦時代，《還鄉》是卞之琳的作品，作於三十年代。兩者時代相距極遠，內容、面貌、情味又絕不相同，本來是風馬牛不相及的兩篇作品，為甚麼會拉在一起來討論？一般而論，兩篇作品的確有許多不同的地方，但全詩的表達方式，卻出現非常近似的技巧。這就是主觀語句與客觀語句在作品中交替運用的手法。為了易於理解，我把兩詩的語句表列、對比如下：

	《湘君》	客觀／主觀	《還鄉》
1	君不行兮夷猶， 蹇誰留兮中洲？ 美要眇兮宜修，	想像／追憶	「大狗叫，小狗跳，」 阿西他們的聲音也許在搖 窗外的楊柳。
2	沛吾乘兮桂舟。 令沅湘兮無波， 使江水兮安流。	描述	什麼！前頭是奔牛站嗎？ 還有多少站？一站兩站…… 眼底下綠帶子不斷的抽過去， 電桿木量日子一段段溜過去。
3	望夫君兮未來， 吹參差兮誰思？	抒情／追憶	總喜歡向窗外發獃， 小時候我在教室裏 常常把白雲當作我的書頁。
4	駕飛龍兮北征， 邅吾道兮洞庭。 薜荔柏兮蕙綢， 蓀橈兮蘭旌。 望涔陽兮極浦， 橫大江兮揚靈。 揚靈兮未極，	描述	眼底下綠帶子不斷的抽過去。 真的，火車頭常使我 想起瓦特的開水壺。

5	女嬃之嬋媛兮為余太息！ 橫流涕兮潺湲， 隱思君兮陫側。	想像	「你瞧，壺蓋動了，瓦特哥哥， 我知道你肚子裏有鬼計， 別儘裝瞌睡哪！」 奈端伯伯的瞌睡 被一隻蘋果打斷了！ 「漂在海上的不是樹枝嗎， 哥倫布，哥倫布？」
6	桂櫂兮蘭枻， 斲冰兮積雪。	描述	眼底下綠帶子不斷的抽過去。
7	採薜荔兮水中， 搴芙蓉兮木末。 心不同兮媒勞， 恩不甚兮輕絕。	議論／追憶	可不是，孩子們窗口的天邊 總是那麼遙遠呵。
8	石瀨兮淺淺， 飛龍兮翩翩。	描述	眼底下綠帶子不斷的抽過去， 電桿木量日子一段段溜過去。
9	交不忠兮怨長， 期不信兮告余 以不閒。	議論／想像／ 追憶	那時候老祖父最疼我。 老年人的身體是一隻風雨錶； 你瞧他眉一皺天就陰了。
10	鼂騁騖兮江皋， 夕弭節兮北渚。 鳥次兮屋上， 水周兮堂下。 捐余玦兮江中， 遺余佩兮醴浦。 採芳洲兮杜若， 將以遺兮下女。	描述	又到了什麼站了？
11	時不可兮再得， 聊逍遙兮容與！	抒情／追憶	我還記得：「好孩子， 抱你的小貓來， 讓我瞧瞧他的眼睛吧—— 是什麼時候了？」

7

根據上表對比資料，我們或可提出幾點來談談：

（一）《湘君》和《還鄉》同樣採取主觀和客觀交替出現的寫法，在表達技巧上有驚人的雷同。我們根據主觀和客觀的文字加以畫分，兩篇剛好都可分成十一個段落，其中主觀佔六段，客觀佔五段，而且同樣地以主觀表達來作鬥開頭和結尾。主觀和客觀的交替，是非常有規律的：

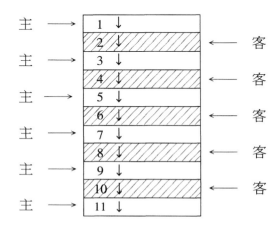

（二）《湘君》和《還鄉》都重複用實物（先言他物）帶出客觀的描述（以引起所詠之詞），《湘君》的實物是船，《還鄉》的實物是火車。在客觀描述中，顯示了兩篇詩歌的作者都很強調動感。例如：

《湘君》：沛吾乘兮桂舟
　　　　　駕飛龍兮北征
　　　　　橫大江兮揚靈
　　　　　踰冰兮積雪
　　　　　石瀨兮淺淺
　　　　　飛龍兮翩翩

《還鄉》：眼底下綠帶子不斷的抽過去（出現四次）
　　　　　電桿木量日子一段段溜過去（出現兩次）

兩者的分別是，《湘君》直接寫船的急駛，《還鄉》則重複用「綠帶子」

的「抽過去」和「電桿木」的「溜過去」來寫火車的向前奔馳。不過無論是「急駛」或「奔馳」，都給人以時光迅速流逝的感覺。

（三）兩篇五次客觀描述的切入，基本上都立刻打斷作者主觀的想像、抒情或追憶，而第四段是例外。《湘君》的第四段由「揚靈兮未極」的客觀描述，而過渡到主觀的想像——「女嬋媛兮為余太息」……；《還鄉》的第四段，則直接寫出「想起瓦特的開水壺」，然後主觀地想起有關小學教材內容中的人和事——瓦特、奈端的發明和哥倫布的發現。這是兩篇作品在相類的段落中，顯示了主觀和客觀之間的聯繫紐帶。

根據上面的分析，我們或許會聯想起十九世紀末開始發展、二十世紀三四十年代逐漸興起而流行於英、法、美等國的西方現代文學流派——意識流文學。「意識流」這個名稱，源自西方心理學，在創作上，以直接表現人物的各種意識過程（特別是潛意識過程）為其主要特徵，而打破由作家出面介紹人物、安排情節、評論人物心理活動的傳統文學手法。例如意識流文學名著詹姆斯・喬伊斯（James Joyce, 1882 - 1941）《尤利西斯》（Ulysses）筆下的意識流，就是「捕捉人物頭腦中那毫不連貫，變幻無常，東一鱗西一爪的思緒。它凌亂蕪雜，漫無邊際」，「好像把一張寫就的文稿故意撕得粉碎，拋撒出去讓讀者一一拾起來，自行拼湊」。其最典型的表達手法，是全書最後一章（第18章）。全章共38頁（原文）1608行，分八大段。只在第四大段和第八大段末尾各加了個句號。此外，既無標點，句與句之間也無空白；而且除了一聲火車汽笛聲，沒有任何外在景物的描寫，開頭和結尾各有個「yes」，全章都是一個女人的胡思亂想，思緒像瀑布在亂石間那樣飛濺奔流【10】。因為意識流文學作品只是記錄人物意識流動的軌道，因此多採用自由聯想、內心獨白、象徵暗示、時序顛倒、事實與虛幻相互穿插等表現手法，而帶較

【10】參閱蕭乾、文潔若譯《尤利西斯》（Ulysses）的《前言》，1995年3月時報文化出版企業有限公司，頁24-29。

大的主觀隨意性、跳躍性和散漫性【11】。

顯而易見，《湘君》和《還鄉》的主要表達技巧，與意識流文學作品的寫作手法有很近似的地方。但《湘君》是先秦時代的作品，當然不會受西方現代文學流派的影響；《還鄉》的作者卞之琳畢業於北京大學英文系，長期從事外國文學及新詩理論的研究，當然會受到西方現代文學流派的影響，只是《還鄉》成於1933年7月2日【12】，並不晚於意識流文學在西方興起的年代，因此卞之琳在當時是否對意識流文學手法已有認識，我們不能確知，但可以肯定的是，他當時在《還鄉》中所採用的表達技巧，即使在西方現代文學流派中，仍然算得是有開創精神的前衛者。

三、《楚辭》研究「外學」舉隅

《楚辭》研究的「外學」很多，限於篇幅，難以大量介紹，下面姑舉兩例：

1. 《九歌》的篇數

《九歌》共十一篇，王逸《楚辭章句》的排列順序是：《東皇太一》、《雲中君》、《湘君》、《湘夫人》、《大司命》、《少司命》、《東君》、《河伯》、《山鬼》、《國殤》、《禮魂》，後來有不少學者各以己意重作排列，並提出支持的論據，但大多數學者還是接受王逸的次序。

我們一般都會留意到，《九歌》明明有十一篇，為甚麼篇名卻稱為

【11】 參閱董興泉、任惜時等主編《中國文學藝術社團流派辭典》「當代部分」，1992年11月吉林人民出版社，頁466-467。

【12】 參閱張曼儀編《卞之琳》（《中國現代作家選集》叢書之一），1990年6月三聯書店（香港）有限公司，頁16-17及258-260。

《九歌》？王逸《楚辭章句》和洪興祖（1090-1155）《楚辭補注》不作解說，朱熹在《楚辭辯證》中則說：

> 篇名《九歌》，而實十有一章，蓋不可曉。舊以九為陽數者，尤為衍說。或疑猶有虞夏《九歌》之遺聲，亦不可考。今姑闕之，以俟知者，然非義之所急也。【13】

朱熹坦白承認不知道《九歌》有十一篇的理由，態度是矜慎的，但於「解惑」無補。

不少學者認為，《九歌》就是九篇詩歌。為甚麼「九」會變為「十一」？就有不同的解說【14】。例如：

（一）姚寬（1105-1162）認為：《山鬼》和《國殤》不計在內。

（二）黃文煥（1595-1664）、林雲銘（1628-1697）認為：《山鬼》、《國殤》、《禮魂》應合為一篇。

（三）蔣驥（1714-？）、青木正兒認為：《湘君》和《湘夫人》、《大司命》和《少司命》各成一組，兩組在春秋祭祀時各用其一，因此四篇其實是兩篇。

（四）聞一多、姜亮夫認為：《東皇太一》是迎神的序曲，《禮魂》是送神的終曲，因此這兩篇不應在九篇之數。

也有學者認為，《九歌》只是一種歌舞形式的名稱，並不是確指「九篇」，各種合併篇數之說，並不足信【15】。因此，「九」可能泛指多數，不是實數，可能是沿用了夏樂的舊名，也可能還有記數以外的含義。如郭沫若則疑「九」是「糾」字，有纏綿宛轉的含義【16】。

【13】 見朱熹《楚辭集注》，1997年10月上海古籍出版社校點本，頁185。

【14】 參閱胡念貽《楚辭選註及考證》，1984年11月岳麓出版社，頁323-324；林河《〈九歌〉與沅湘民俗》，1990年7月三聯書店上海分店，頁64-65。

【15】 參閱金開誠、董洪利、高路明《屈原集校註》上冊，1996年8月中華書局，頁186。

【16】 參閱林河《〈九歌〉與沅湘民俗》，1990年7月三聯書店上海分店，頁64。

林河獨闢蹊徑，走田野考察之路，長期深入《九歌》的發源地——南郢沅湘之間，「向沅湘間民歌的命名規律求教」。他指出沅湘間的民歌中，以語助詞或有特色的和聲充當歌名的例子極多，例如《九呀九哩》、《九呀九》、《九九呀九九》，而侗族互稱情人為「九」，稱情人的父母為「父九」、「母九」。因此，「九」有親愛的意思，《九歌》就是情歌。在侗族的《九歌》中，幾乎充滿了一片「九呀九呀」的隨和之聲。根據沅湘間各族民歌命名的規律，侗族的《九歌》，就是因為歌中有大量「九」的和聲而得名。「九」字在侗語中有親愛的含意，同時本義也有鬼、祖、酋（首領）的意思，因此「九」往往也是對人的尊稱，而區別於小鬼的大鬼，也就稱為「九」；換句話說，「九」是「大鬼」，不是「小鬼」。《九歌》中雖有「神靈雨」等詩句，但《九歌》中諸神，可沒有一個稱為神。《九歌》中的山鬼，實即山神，但只稱鬼不稱神，這似乎說明了當時還習慣於把神稱為鬼。簡單地說，《九歌》即《鬼歌》，也就是「大鬼之歌」或《神歌》[17]。

「九」和「鬼」通假，在我國古籍中可以找到根據。如《禮記‧明堂位》載：

　　昔殷紂亂天下，脯鬼侯以饗諸侯。[18]

《禮記正義》云：

---

[17] 參閱同上，頁64-65。關於「鬼」字的原始意義，沈兼士在《「鬼」字原始意義之試探》一文中利用古文獻及古文字資料作細心的探討。根據他考證所得的結論是：（一）鬼與禺同為類人異獸之稱；（二）由類人之獸引申為異族人稱之名；（三）由具體的鬼，引申為抽象的畏，及其他奇偉譎怪諸形容詞；（四）由實物之名借以形容人死後所想像之靈魂。（參閱《沈兼士學術論文集》，1986年12月中華書局，頁199。）

[18] 見孔穎達等《禮記正義》卷三十一，《十三經注疏》下冊，1970年5月文化圖書公司影印阮刻本，頁1488。

> 脯鬼侯者，《周本紀》作九侯 …… 九與鬼聲相近，故有不同
> 也。【19】

朱起鳳（1874-1948）《辭通》云：

> 鬼，古讀如九，故通九。例如車軌之軌，奸究之究，字並從九，
> 而音則讀為鬼。鬼侯作九侯，亦如此例矣。【20】

可見把《九歌》稱為「大鬼之歌」，在古籍和侗族所唱的歌中都可找到
例證，並非憑空虛擬。

上面對《九歌》篇數的種種解說，無疑有助我們對《九歌》內容、
組織的了解，但並不是理解、欣賞《九歌》各篇深旨、藝術技巧的關
鍵。而且，究竟哪種解說是事實的本真，誰也不敢作百分百的肯定。我
們一般的做法是，選取一種言之成理、理據充足的說法，或乾脆存疑不
作任何選擇。

類似上述的辨析或討論，無疑饒有趣味，對《楚辭》研究有啟發或
參考的作用，但應該並不屬於「內學」的範圍。

2. 背國不如捨生

「離騷」一詞，歷來有多種不同的解說，例如班固（32-92）解為「遭
憂」，王逸、洪興祖解為「因別生愁」，等等【21】。錢鍾書在《管錐
編‧楚辭洪興祖補注》力排眾說，認為「離騷」的意思應該是「欲『離』
棄己之『騷』愁」，即「與『愁』告『別』」。其實，把「離騷」解作「與
愁告別」或「因別生愁」，都未嘗不可，錢氏也自承自己的看法，是「單
文孤證」，「郢書燕說」，不過，他仍然引述不少前人的語句，來支持

【19】見同上。

【20】見朱起鳳《辭通》上冊「鬼侯」條，1993年8月警官教育出版社重印本，頁1048。

【21】參閱王逸《楚辭章句‧離騷經序》，洪興祖《楚辭補注》卷一，1983年3月中
華書局（北京）點校本，頁2。

13

自己看法【22】。他這樣做，與其說是引論據以破人家之說，倒不如是自述與「愁」告「別」的急迫。為了「離」棄自己的「騷」愁，遷地遠引是一種解決方式。錢氏在《管錐編‧楚辭洪興祖補注》中說：

> 《遠遊》開宗明義曰：「悲時俗之迫阨兮，願輕舉而遠遊」……正是斯旨。憂思難解而以為遷地可逃者，世人心理之大順，亦詞章抒情之常事，而屈子此作，其巍然首出者也。逃避苦悶，而浪跡遠逝，乃西方浪漫詩歌中一大題材，足資參印。【23】

話雖如此，但屈原（約前340-前278）不是個輕於離棄祖國的人，這就使內心產生了極大的矛盾與掙扎。錢氏從《離騷》裏摘錄了不少語句來說明這方面的情況：

> 「不難夫離別」，乃全篇所三致意者，故《亂》「總撮其要」曰：「又何懷乎故鄉」！……「何離心之可同兮，吾將遠逝以自疏」；「懷朕情而不發兮，余焉能忍與此終古」；「騷」而欲「離」也。「回朕車以復路兮，及行迷之未遠」；「僕夫悲余馬懷兮，蜷局顧而不行」；「騷」而欲「離」不能也。棄置而復依戀，無可忍而又不忍，欲去還留，難留而亦不易去。即身離故都而去矣，一息尚存，此心安放？江湖魏闕，哀郢懷沙，「騷」終未「離」而愁將焉避！【24】

逃避苦悶，「騷」而欲「離」，是人之常情；欲「離」而不能，並非真不能，而是不忍，而是對故國有依戀，這樣，自然達不到與「愁」告「別」的目的，結果可能以死亡為歸宿。因此，錢氏進一步闡釋屈原的心境：

> 寧流亡而猶流連，其唯以死亡為逃亡乎！故「從彭咸之所居」為

【22】 參閱錢鍾書《管錐編》第二冊，1979年8月中華書局，頁581-583。

【23】 見同上，頁583。

【24】 見同上，頁584。

歸宿焉。思緒曲折，文瀾往復……語意稠疊錯落，如既曰：「余
固知謇謇之為患兮，忍而不能舍也」，又曰：「寧溘死以流亡
兮，余不忍為此態也」，復曰：「阽余身而危死兮，覽余初其猶
未悔」；……諸若此類，讀之如覿其鬱結蹇產，念念不忘，重言
曾歎，危涕墜心。曠百世而相感，誠哉其為「哀怨起騷人」（李
白《古風》第一首）也。【25】

錢氏自述讀《離騷》「如覿其鬱結蹇產」，「曠百世而相感」，可見
他對屈原「騷」欲「離」而不能的苦悶，有感同身受的同情，由同情而
轉悲痛，則因為屈原不是「遠逝」，而是「長逝」。錢氏說：

去父母之邦，既為物論之所容，又屬事勢之可行。而始則「情懷
不發」；……及果「遠逝」矣，乃「臨睨舊鄉」，終「顧而不
行」。……安料其為「吾將從彭咸之所居」，非「遠逝」而為「長
逝」哉！令人爽然若失，復黯然以悲。【26】

於是錢氏總結屈原的心意是：

蓋屈子心中，「故鄉」之外，雖有世界，非其世界，背國不如捨
生。眷戀宗邦，生死以之，與為逋客，寧作纍臣。【27】

沈冰在一篇訪談錄中，記錄了許景淵的意見：

錢先生最偉大的著作《管錐編》就寫於「文化大革命」中最黑暗
的期間，也是他最困苦、最寂寞的時候。……他在牛棚裏面受苦
的時候，也毫不後悔當初沒有去國外講學的選擇。【28】

而楊絳在《幹校六記·誤傳記妄》的記述，就更為具體、真切：

我想到解放前夕，許多人惶惶然往國外跑，我們倆為甚麼有好幾

【25】 見同上，頁584-585。

【26】 見同上，頁597。

【27】 見同上。

【28】 見沈冰《瑣憶錢鍾書先生——許景淵（勞隴）先生訪談錄》，沈冰主編《不一
樣的記錄——與錢鍾書在一起》，1999年8月當代世界出版社，頁6。

條路都不肯走呢？思想進步嗎？覺悟高嗎？默存常引柳永的詞：「衣帶漸寬終不悔，為伊消得人憔悴。」我們只是捨不得祖國，撇不下「伊」——也就是「咱們」或「我們」。儘管億萬「咱們」或「我們」中素不相識，終歸同屬一體，痛癢相關，息息相連，都是甩不開的自己的一部分。【29】

楊氏更記下了自己和錢氏（默存）的對話，並把自己和錢氏比較：

我問：「你悔不悔當初留下不走？」

他說：「時光倒流，我還是照老樣。」

默存向來抉擇很爽快，好像未經思考的；但事後從不游移反覆。我不免思前想後，可是我們的抉擇總相同。既然是自己的選擇，

【29】 見《楊絳作品集》第2冊，1995年3月中國社會科學出版社，頁46-47。楊絳提到柳永詞的語句，王國維在《人間詞話》及《靜庵文集續編‧文學小言》中引述時，則明指是歐陽修的《蝶戀花》。楊氏所據，大抵是《彊村叢書》本《樂章集》，王氏在《人間詞話》原稿自註及《文學小言》的根據，則是宋本《歐陽文忠公近體樂府》。劉若愚在《北宋六大詞家》中特別指出：「在《全宋詞》裏，這首詞既見於歐陽修詞中，又見於柳永詞中。就風格而言較近於前者，詞的第二第三行所用意象甚似歐陽修另一首詞《踏莎行》。」（見王貴苓譯本，出版年月不詳，幼獅文化事業公司，頁39。）劉逸生《宋詞小札》錄柳永《蝶戀花》，但在附註中指出這首詞又收入《歐陽文忠公近體樂府》（1996年2月香港中華書局再版，頁53），這不失為學者的矜慎態度。有人在報刊上竟然說這首詞「絕對是」柳永的作品，但又提不出任何論據，真是淺人論學的本色！其實有關作品著作權的爭論，古今不乏其例，除非深入考證，提出論據，否則就不宜認定誰人之說為必誤，更不必因不同意王國維之說就進而貶抑他的學問。我無意介入這場爭論的公案，但想指出的是：我們在引述楊絳的話語時，固然不能因個人看法，而把柳永逕改為歐陽修，同樣的理由，在引述王國維《人間詞話》的話語時，也不宜把歐陽修逕改為柳永而不作任何交代；這是徵引他人言論時應有的態度。我在這裏稍作說明，省得別有用心的人趁機「說三道四」。

而且不是盲目的選擇，到此也死心塌地，不再生妄想。【30】

錢氏的抉擇，何等堅決！何等爽快！楊氏雖有「思前想後」，但抉擇並無分別。不過，如果我們說，錢氏夫婦在飽受磨折、凌辱之餘，完全不會想到「去父母之邦，既為物論所容，又屬事勢之可行」，恐怕並非事實，否則，又怎會拿來作為談論的話題？但他們「眷戀宗邦，生死以之」的心意，卻從未動搖，這是可以肯定的。錢氏認為，在屈原心中，「故鄉」之外，雖有世界，非其世界；他表面上是抉發屈原的心意，其實正正是他們夫婦的潛台詞。

不過，錢氏在最困難的時候，固然沒有選擇「遠逝」，但也沒有仿效屈原的「長逝」——自毀生命。為甚麼呢？林湄在《一代學者錢鍾書》中這樣記述：

> 我想起了《圍城》中主人公讀叔本華著作的情節，於是又問：「錢老，您對哲學有精深研究，您認為叔本華的悲觀論可取麼？」大概他對這個問題感到興趣，從座椅上起身，微笑中又帶幾分嚴肅地說：「人既然活著，就本能地要活得更好，更有意義。從這點說，悲觀也不完全可取。但是，懂得悲觀的人，至少可以說他是對生活有感受，發生疑問的人。有人渾渾沌沌，嘻嘻哈哈，也許還不意識到人生有可悲的方面呢。」錢先生本身就不是個悲觀主義者，他的幽默就包含着他的樂觀。【31】

錢氏向來對生活有感受和疑問，無疑是個懂得悲觀的人，所以有很強烈的憂患意識，但他不是個悲觀主義者。他幽默而有癡氣【32】，他要活

【30】見《楊絳作品集》第2冊，同上，頁47。

【31】見沈冰主編《不一樣的記憶——與錢鍾書在一起》，1999年8月當代世界出版社，頁194。

【32】楊絳《記錢鍾書與〈圍城〉》說：「眾兄弟間，他（錢氏）比較稚鈍，孜孜讀書的時候，對甚麼都沒個計較，放下書本，又全沒正經，好像有大量多餘的興致沒處寄放，專愛胡說亂道。錢家人愛說他吃了癡姆媽的奶，有『癡氣』。我們

着，而且要活得更好、更有意義。

錢氏的《管錐編》撰作於中國內地文化大革命後期，他對「離騷」一詞的解釋，其實是「借古論今」，述說自己當時的想法和情懷【33】，這只能歸入「外學」的一類。

四、現代人研讀《楚辭》的意義

1. 較多人認同的說法

現代社會發展迅速，科技資訊日新月異，語文應用愈來愈講求實用和效率，在這種情況下，我們有沒有研究古典文學作品例如《楚辭》的需要？認為有研讀需要的人，大抵會提供一些較多人認同的說法，這些說法包括：繼承古代文化遺產；提高理解、欣賞文學作品的能力；發展思考和想像能力；多識山川、草木、鳥獸、名物之名；等等。不同意上述理由的人，則往往從現代社會語文應用的角度，質疑研讀《楚辭》以至其他古代文學作品的實用性，並強調研讀古代文學作品甚至研讀當代以前的白話文學作品，完全無補於現代語文的學習和應用。我基本上接受上述較多人認同的說法，而對質疑者的意見，則不願意苟同。但為了避免本文內容枝蔓旁出，我在這裏試從現代語文學習和應用的角度，談

無錫人所謂『癡』，包括很多意義：瘋、傻、憨、稚氣、駿氣、淘氣等等。」（見《楊絳作品集》第2冊，1995年3月中國社會科學出版社，頁139。）又，陳子謙《〈圍城〉與它的作者之謎》說：「錢鍾書的『癡氣』有各種表現，即使在他的學術巨著《管錐編》裏，我們也看得出來，那些連珠妙語和獨特發現正是他『癡氣』的寫照。」（見田蕙蘭、馬光裕、陳軻玉編《錢鍾書楊絳資料集》，1997年1月華中師範大學，頁714。）

【33】拙文《錢鍾書先生的〈離騷〉辨析與憂患意識》有較詳細論述。（參閱《南大語言文化學報》第五卷第一期，2002年上半年南洋理工大學中華語言文化中心，頁243-266。）

談研讀《楚辭》的意義。而且為了節省篇幅，我只就詞匯、語句和寫作技巧方面談談。

2. 詞匯、語句有助現代語文應用

　　《楚辭》是先秦時代的文學作品，無論思想、內容或詞匯、語句，都與現代、當代的文學作品大不相同，跟現代文的內涵、外貌比較起來，更是大異其趣。不過，我們如果仔細審察《楚辭》的篇章，就會發覺其中有不少詞匯、語句，在今時今日看來，仍有鮮活的氣息，不少現代人在日常生活的語文應用中，仍會自覺或不自覺地仿效或採用，使表達較為簡括、含蓄。隨便舉些例子：

　　　　— 恐年歲之不吾與（《離騷》）

　　　　— 忍而不能舍也（《離騷》）

　　　　— 哀眾芳之蕪穢（《離騷》）

　　　　— 嫋嫋兮秋風（《九歌·湘夫人》）

　　　　— 悲莫悲兮生別離，樂莫樂兮新相知（《九歌·少司命》）

　　　　— 吾不能變心以從俗兮（《九章·涉江》）

　　　　— 聊以舒吾憂心（《九章·哀郢》）

　　　　— 黃鐘毀棄，瓦釜雷鳴（《卜居》）

　　　　— 讒人高張，賢士無名（《卜居》）

　　　　— 舉世皆濁我獨清，眾人皆醉我獨醒（《漁父》）

這些語句，文字並不艱深，在現代社會中，仍有很強的概括表達力，不少人會原文引述或稍作調整，在現代生活人與人間的溝通中應用。再舉一些例子：

　　　　— 日月忽其不淹兮，春與秋其代序（《離騷》）

　　　　— 惟草木之零落兮，恐美人之遲暮（《離騷》）

　　　　— 老冉冉其將至兮，恐脩名之不立（《離騷》）

　　　　— 長太息以掩涕兮，哀民生之多艱（《離騷》）

— 亦余心之所善兮，雖九死其猶未悔（《離騷》）

— 心不同兮媒勞，恩不甚兮輕絕（《九歌·湘君》）

— 交不忠兮怨長，期不信兮告余以不閒（《九歌·湘君》）

— 故眾口其鑠金兮（《九章·惜誦》）

— 九折臂而成醫兮（《九章·惜誦》）

— 心不怡之長久兮，憂與愁其相接（《九章·哀郢》）

上述語句，在現代語文應用時，有時會刪去「兮」字，有時會稍作縮略或截取其半，成為現代生活語文的一部分。例如：「日月不淹，春秋代序」；「草木零落，美人遲暮」；「老冉冉其將至，恐脩名之不立」；「長太息以掩涕，哀民生之多艱」；「余心所善，九死未悔」；「心不同媒勞」；「恩不甚輕絕」；「交不忠怨長」；「眾口鑠金」；「九折臂而成醫」；「心不怡之長久，憂與愁其相接」等等。

除了語句，《楚辭》中有不少詞匯，也已打破時代、文白的界限，融入現代社會生活的語文中，不斷為現代人所應用。從《楚辭》各篇中，可找到不少這類仍有現代語文生命力的詞匯，也不必舉述了。

此外，《楚辭》的一些特殊語法安排，也可供現代人創作詩歌的參考【34】。例如：

— 紛吾既有此內美兮（《離騷》）

— 汩余將不及兮（《離騷》）

— 沛吾乘兮桂舟（《九歌·湘君》）

這是狀語「紛」、「汩」、「沛」倒置在主語前，表示對下文的強調。又例如：

— 芳菲菲其彌章（《離騷》）

— 紛總總其離合兮（《離騷》）

— 斑陸離其上下（《離騷》）

【34】參閱姜亮夫《論屈子文學》，《楚辭學論文集》，1984年12月上海古籍出版社，頁 226-227。

這是三字狀語「芳菲菲」、「紛總總」、「斑陸離」放在主詞之前，加強形容主體的效果。又例如：

　— 覽相觀於四極兮（《離騷》）

　— 聞省想而不可得（《九章・悲回風》）

「覽相觀」和「聞省想」都是三個動詞性質的字，三字連用，目的就是為了要做到細緻而深邃的描述，增加詩句的表達力。

3. 寫作技巧可供借鑑

《楚辭》的出現，既是對《詩經》的繼承，又有令人矚目的新開創、新發展。單在寫在技巧方面，就有幾點值得我們借鑑。

（一）比興的運用：比興的手法，在《詩經》中已廣泛應用，到了《楚辭》則有更大的發展，其中既有豐富的形象性，也含有深刻的思想意義。《楚辭》的比興運用，比《詩經》更豐富複雜，多姿多采，而且互相聯繫，因而更有藝術表現力，能夠生動地表現事物之間的複雜聯繫及其變化和發展[35]。特別是「比」的運用，《楚辭》用得最多，歸納起來，大致有正比、反比、側比、雙重比、遞進比等等[36]。我們在今天從事文學的創作，特別是詩歌創作，甚至包括日常生活的語文應用，《楚辭》的比興手法，仍然值得揣摩、學習。上文舉述的例子，只是略作管窺而已。

（二）結構的組織：我們從事創作，無論是詩歌、散文或小說，都會留意篇章結構的組織。結構是篇章的主要框架，同時也可顯示表達層次的技巧。醉心西方文學作品的人，都會殫思竭智，從西方著名作家的

【35】 參閱金開誠、董洪利、高路明《屈原集校註》上冊的《前言》，1996年8月中華書局，頁24-25。

【36】 參閱姜亮夫《論屈子文學》，《楚辭學論文集》，1984年12月上海古籍出版社，頁227-228。

作品中取經。其實，我國古代文學作品，有不少篇章結構的安排，都值得從事創作的現代人學習。例如上文提到《九歌·湘君》的結構和表達層次，即主要的表達手法，就與三、四十年代在歐美興起的意識流文學表達手法，有近似的地方，而且又與三十年代才發表的《還鄉》，在結構、層次上若合符節。我們在向外借鑑西方文學作品藝術技巧的同時，何妨也回過頭來發掘我國古典文學作品中的藝術手法，藉以改進自己的創作技巧？

（三）節奏的安排：《詩經》、唐絕句、宋詞，本來都是入樂的文學作品。入樂作品的特色是，節奏感特強。後來不懂樂曲的人，仍可參照前人作品的規律，心追手摹，作詩填詞，達到具有節奏的要求。《楚辭》的《九歌》是入樂的篇章，現時雖脫離了音樂，但讀起來仍然有很強的節奏感。其他如《離騷》、《九章》、《漁父》、《卜居》、《遠遊》、《天問》等篇，則是「不歌而誦」的作品。為了入樂和誦——上口，就不能不留意語句的頓、音尺或音組，不能不講究詞句的勻稱和音節、聲韻的和諧，這就使各篇具有音樂感的節奏。根據我們誦讀《楚辭》的所得，有些篇章的節奏是屬於陰柔之美的，如《九歌·湘夫人》，有些篇章的節奏是屬於陽剛之美的，如《九歌·國殤》。而對偶句的錘煉和大量運用，加上華美和質樸詞句的恰當交織，更是《楚辭》各篇具有很強節奏感的重要元素[37]。現代人從事文學創作，除非有意仿古，否則倒不必對《楚辭》的表達方式亦步亦趨，也不必有嚴格的格律要求，但講求文字的錘煉和節奏，則由詩歌以至散文的寫作，我以為仍是不可不留意的。

---

[37] 參閱金開誠、董洪利、高路明《屈原集校註》上冊的《前言》，1996 年 8 月中華書局，頁 25-26。

五、結語

我們研究《楚辭》或相類的古典文學作品，往往採取許多不同的切入點。歸納這些切入點，或可分為兩個大類，就是「內學」和「外學」。這兩大類的研究取向，顯然各有不同，但關係是密切的，甚至有重疊的部分，有如下圖：

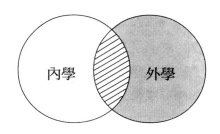

我認為，「外學」是重要的，而好的「外學」成果，更大大有助於「內學」的深入和發展。不過，把「外學」和「內學」互相比較，就不能否認一個事實——「內學」更重要。我這樣說，表示我特別重視文學作品本身的理解和欣賞，即讀懂作品是首要條件，同時也不忽略上下四方與作品有關的種種認識或延伸，雖然這方面的認識，有些可能會誤導我們對作品的理解和欣賞，甚至會使我們迷失在大量無關的資料和無根的想像中，忘其所以。因此，對於「外學」的成果，我們不妨抱持「博覽約取」的態度。例如我們研究《楚辭》不能不關注作品、作者、時代、社會之間的關係，而這方面的論述和資料是很多的，如果我們對這些論述和資料兼容並包，毫無別擇，但仍然讀不懂《離騷》、《九歌》、《九章》……，那只能算是《楚辭》之「外」而並不在其「內」。我們以此來衡量任何時代文學的研究，大抵也相當適合。

還有，研究《楚辭》以至其他古典文學作品的現代人，如果僅以繼承、理解、欣賞為滿足，那就容易給有意貶抑古典文學價值的人以攻擊

的口實。其實古典文學內內外外的東西，也未嘗不可在現代文學創作和現代語文應用中「致用」。例如《楚辭》中各種比興的運用，現代詩歌創作固然應該效法，因為委婉、模糊、朦朧、含蓄的表達，往往是詩的語言，可說無分古今中外，而現代日常生活的語文應用，何嘗不需要運用模糊語以達到委婉、模糊、朦朧、含蓄的目的！只是特別需要留意對象（人）、場合（地）、時間（時）而已。又例如對文學作品的疏證、表微，本來是注釋家的工作，是「內學」；但有時注釋家會通過對前人作品的解說，來抒發自己對現世人或事的所思、所感、所評，於是「表」注釋家所寄託的「微意」，就成了「外學」。發掘微意，表而出之，是心（思考）、眼（目力）敏銳的磨練，同時也是我們寫作時措意用字精微的好示例，值得仔細觀摩、學習。只是表微過了頭，妄逞臆說，就會流於「穿鑿附會」，這倒不可不心存戒意。

最後要強調的是，《楚辭》研究的「內學」和「外學」，專從當代詩歌創作來說，我們只要能虛心汲取，懂得轉化，其實有多方面是可供借鑑、仿效的。

文化激進主義 VS.文化保守主義：
胡適與港臺新儒家

翟志成*

提要

中國近代史上反傳統的文化激進主義，與維護傳統的文化保守主義，是一對老冤家。正當文化激進主義在五四運動發展到最高峰的時候，文化保守主義亦得以應運而生。作為文化激進主義的對立面，文化保守主義從一開始，就牢牢鎖定文化激進主義的幾個反傳統的主要議題，作為其批判和攻擊的目標。至於文化激進主義的主要領袖胡適與第一代新儒家的代表人物熊十力和馮友蘭等人的主要分歧，以及他們在中共立國之前的筆墨官司，我在關於胡適與熊十力，胡適與馮友蘭的多篇文章中都提過了。但關於胡適逃離大陸之後，與港臺新儒家的分歧及其筆墨官司，上述的文章都還來不及處理。為了填補此一空白，本文擬大量引用港臺新儒家的未刊信件，輔以各種已刊的文章、書信、日記及其他相關資料，重建港臺新儒家批判胡適的歷史場景。

> 滾滾長江東逝水，
> 　浪花淘盡英雄。
> 是非成敗轉頭空，
> 　青山依舊在，
> 　幾度夕陽紅。
> ──《三國演義》序曲

---

*中央研究院近代史研究所副研究員。

引言

中國近代史上反傳統的文化激進主義，與維護傳統的文化保守主義，是一對老冤家。正當文化激進主義在五四運動發展到最高峰的時候，文化保守主義亦得以應運而生。作為文化激進主義的對立面，文化保守主義從一開始，就牢牢鎖定文化激進主義的幾個反傳統的主要議題，作為其批判和攻擊的目標。至於文化激進主義的主要領袖胡適與第一代新儒家的代表人物熊十力和馮友蘭等人的主要分歧，以及他們在中共立國之前的筆墨官司，我在關於胡適與熊十力、[1] 胡適與馮友蘭的多篇文章中都提過了。[2] 但關於胡適逃離大陸之後，與港臺新儒家的分歧及其筆墨官司，上述的文章都還來不及處理。為了填補此一空白，本文擬大量引用港臺新儒家的未刊信件，輔以各種已刊的文章、書信、日記及其他相關資料，重建港臺新儒家批判胡適的歷史場景。

一、胡適的懺悔與反省

一九四八年十二月十五日，胡適攜帶著其父胡鐵花的遺稿、年譜，以及自己的部分手稿、日記，再加上幾本近年校勘得最多的《水經注》、一部甲戌本《脂硯齋重評石頭記》和其它幾本書籍，在當日下午

---

[1] 詳見翟志成，〈儒學資源的現代轉化——熊十力與胡適的分歧〉，收入張偉保編，《傳統儒學、現代儒學與中國現代化》（香港：新亞研究所暨香港聯教中心出版，2002），頁159-196。

[2] 詳見翟志成，〈中國現代學術典範的建立：救亡思潮和胡適的《中國哲學史大綱》〉，《新亞學報》，卷22（2003年10月），頁135-200；與翟志成，〈師不必賢於弟子——論胡適與馮友蘭的兩本中國哲學史〉，《新史學》，卷15期3（2004年9月），頁101-145；以及翟志成，〈被弟子超越之後——胡適的馮友蘭情結〉，《中國文哲研究集刊》，期25（2004年9月），頁219-257。

翟志成　文化激進主義 VS.文化保守主義：胡適與港臺新儒家　127

四時以後，爬上蔣中正派來接他的專機，狼狽不堪地逃離了業已陷入共軍重重圍困的北平故都。同機的尚有陳寅恪夫婦和他們的二個女兒，[3] 以及北大和清華的教授毛子水、劉崇鋐、錢思亮、英千里、張佛泉、袁同禮等人及其眷屬。[4] 胡適的夫人江冬秀當然也隨其夫一道出亡，但胡適的次子胡思杜，因思想左傾之故，卻拒絕與父母同行，寧願留在北平，靜待中共的「解放」。[5]

　　為個人的安全、名譽、尊嚴、自由和前途計，胡適之選擇逃離北平，究其實是正確和聰明無比。因為，脫離了中共的掌控，他大可不必像他的老對頭馮友蘭或其他選擇留在大陸的大知識分子那樣，在中共立國後一波未平一波又起的思想改造運動中，受盡了人所難堪的精神凌遲和肉體摧殘。這種永無休止的靈魂和身體的雙重凌虐，是任何顧圓趾方的血肉之軀，都無法負荷和無法忍受的。[6] 對於胡適這條「漏網之魚」，中共即令在立國之初，曾傾盡全黨全國之力，開動一切宣傳機器，對其發動了長達一年多的批判、謾罵、污蔑乃至人身攻訐，但事實上卻無法撼動他的一根汗毛。煌煌八大鉅冊的《胡適思想批判》，缺席

---

[3] 一九四八年十二月十四日胡適的日記，曹伯言整理，《胡適日記全編》（合肥：安徽教育出版社，2001，以下簡稱《胡適日記全編》），冊7，頁726-727。

[4] 胡明，《胡適傳論》（北京：人民文學出版社，1996），卷下，頁933。

[5] 一九四八年十二月十五日胡適在日記寫道：「昨晚十一點多鐘，傅宜生將軍自己打電話來，說總統有電話，要我南飛，飛機今早八點可到。我在電話中告訴他不能同他留守北平的歉意，他頗能諒解。今天上午八點鐘到勤政殿，但總部勸我們等待消息，直到下午兩點多才起程，三點多到南苑機場，有兩機，分載二十五人。我們的飛機直飛南京，晚六點半到，有許多朋友來接。兒子思杜留在北平，沒有同行。」引自曹伯言整理，《胡適日記全編》，冊7，頁727。

[6] 詳見翟志成，〈馮友蘭的抉擇及其轉變〉，《中國文哲研究集刊》，期20（2002年3月），頁479-505。

宣判的「戰犯」頭銜，連同毛澤東親自欽點的「洋奴」、「文賊」，【7】都不僅不能使遠在美國或台灣隔岸觀火的胡適身敗名裂斯文掃地，而只會大大提昇了他在蔣氏父子心目中的分量，以及他在臺灣的聲名、地位和身價。【8】

　　不過，此一對個人而言是聰明和正確無比的抉擇，卻給胡適帶來了說不盡的羞慚和愧疚。因為，當時的胡適之，其身分不是別的，而恰好正是北京大學的校長；他把整個北京大學的師生都丟棄在危城裏而自己卻隻身逃出，這和輪船遇險時船長不顧其乘客的安危而自己率先逃上救生艇，其實又有什麼兩樣？圍城中許多原先崇拜胡適的北大師生，知悉

【7】一九五八年十月十三日，毛澤東以中共國防部長彭德懷的名義發表〈再告同胞書〉，把孫立人和胡適同醜詆為美國走狗，稱孫為「武賊」，胡為「文賊」，並向臺灣高層極盡挑撥離間之能事：「你們靠美國人吃飯，靠得住嗎？肯定靠不住，遲早他們要把你們拋到東洋大海去的。下毒手要一下子置你們領導人於死地的，不是美國人嗎？那個美國走狗孫立人將軍，不是被你們處置了嗎？他是你們的一個武賊。洋奴胡適組成派別，以自由、民主為名，專門拆國民黨的臺。你們不是大張撻伐，拼命抵抗過一陣子嗎？他算是一個文賊，仗美反華，餘威猶在，我看你們還難安枕吧。你們看，美國人有一絲一毫一忽所謂仁義道德嗎？……」毛澤東，《建國以來毛澤東文稿》（北京：中國文獻出版社，1992），冊7，頁458。

【8】馮友蘭的女兒，中國著名的女作家宗璞（馮鍾璞），在比較中共對乃父及胡適的批判時，曾寫下一段發人深省的話：「二十世紀的學者中，受到見諸文字的批判最多的便是馮先生。甚至在課堂上，學生們也先有一個指導思想，學習與批判相結合，把課堂討論變成批鬥會。批判胡適先生的文字也很多，但他遠在海外，大陸這邊越批得緊，對他可反而是一種榮耀。對於馮先生來說，就是坐在鐵板上了。在當時的哲學工作者，除了極少數例外，幾乎無人不在鐵板下加一把火……」宗璞，〈向歷史訴說〉，收入宗璞，《宗璞散文選》（天津：百花文藝出版社，1993），頁11。

翟志成　文化激進主義 VS.文化保守主義：胡適與港臺新儒家　129

胡適已然棄他們逃去後，一時間斥罵之聲四起。學生自治會向逃往南京
的胡適發出電報，「促其即刻籌款歸來主持校務」，好些教授們也主張
給胡適寫一封長信，「問他走了還要不要照顧學校」？歷史系教授向達
深悔「上了胡校長的一個當」；東語系教授季羨林更憤怒地表示：「胡
適臨陣脫逃，應該明正典刑」；而北大秘書長鄭天挺則面對著前來挽留
的學生代表大發雷霆，因為他決不棄校逃走，更從來未考慮過棄校逃
走，而同學們謠傳他將效法胡校長南飛「對他簡直是一種侮辱」。【9】

　　也許是內愧神明，外慚清議的緣故吧，胡適逃到南京後，一連好幾
天在蔣中正給他安排的赤峰路招待所內深自愧疚。即使蔣中正夫婦在總
統府特別為胡適置酒暖壽，【10】也無法讓胡適稍稍高興起來。他對特地
前來探訪的胡頌平說：「我現在住在這裏，這座房子，這些煤，都要花
國家錢的。像我這樣的人，也要國家花錢招待嗎？」【11】在胡適看來，
像他這種棄校潛逃的人，根本不配享受國家供給的房子甚至生火取暖的
煤炭。十二月十七日，南京的北大同學會假中央研究院禮堂慶祝北大五
十周年校慶，胡適因「不能與多災多難之學校同度艱危」，在致辭中一
再表示：「我是一個棄職的逃兵」、「我是一個不名譽的逃兵」、「實
在沒有面子再在這裏說話」……說著說著便不禁痛哭失聲。胡適在校慶
日的痛哭，經陳雪屏的電報和《申報》的報導為圍城中的北大師生所
悉，【12】更是罵聲不斷。當時的北大學生羅榮渠便在日記中寫道：

　　今天報上說，胡適在南京舉行的北大校慶會上哭了起來。真是不
　　害臊，是獨效包胥之哭呢？還是貓哭老鼠呢？又聽說他以擅離職

【9】 均見羅榮渠，《北大歲月》（北京：商務印書館，2006），頁 424-429。

【10】 胡頌平編著，《胡適之先生年譜長編初稿》（臺北：聯經出版事業公司，1984），
　　 冊 6，頁 2063-2064。

【11】 胡頌平編著，《胡適之先生年譜長編初稿》，冊 6，頁 2065。

【12】 見〈胡適自認是逃兵〉，《申報》，1948 年 12 月 18 日。

守故向教育部自請處分，果真如此的話，那真虧他做得出來了。

大人物們多是沐猴而冠，善於演戲也。【13】

可能是因心境太壞，胡適逃到南京後，一連十六天沒有寫日記。他再寫日記時已是次年的元月一日。該天的日記劈頭第一句便是：「南京作『逃兵』，作『難民』，已十七日了。」【14】次日的日記則全抄了陶潛的〈擬古〉詩第九首：「種桑長江邊，三年望當採。枝條始欲茂，忽值山河改。柯葉自摧折，根株浮滄海。春蠶既無食，寒衣欲誰待。本不植高原，今日復何悔。」【15】據胡頌平的記載，胡適與傅斯年當時同在南京度歲，相對淒然，一邊喝酒，一邊共誦陶潛的這首〈擬古〉詩，兩人都泣不成聲。胡頌平認為胡、傅二人新亭對泣的時間，「似是陽曆除夕」。【16】但從胡適的日記看來，把胡、傅揮淚的時間訂在一月二日似更為合理。亡國亡校亡家的大悲大痛，當然要找出宣洩的渠道，胡適和傅斯年只不過是借陶淵明的酒杯，澆淋胸中鬱結的壘塊。胡明曾嘗試詮釋胡、傅共誦陶詩的心境：

北大復員，傅斯年、胡適接辦正好「三年」，「三年望當採」，正期望北大有所建樹，有所收獲，有所成就時。「忽值山河改」，現實的河山變色，「事業」付諸東流。「枝條」、「柯葉」、「根株」經此大「摧折」，種桑的人恐怕只能「浮滄海」——「乘桴浮於海了」。「本不植高原」，「种桑」選錯了地理，忠惘所寄，生命所托，到今日還有什麼可以後悔的？【17】

胡明的詮釋，似乎有些沾滯拘謹。所謂「詩言志」，中國的古詩，

【13】 羅榮渠，《北大歲月》，頁422。

【14】 曹伯言整理，《胡適日記全編》，冊7，頁731。

【15】 曹伯言整理，《胡適日記全編》，冊7，頁731。

【16】 胡頌平編著，《胡適之先生年譜長編初稿》，冊6，頁2065。

【17】 胡明，《胡適傳論》，卷下，頁936。

最忌解釋得太過實在，太過死板，其意涵也不宜說得太過淺露和狹窄。竊以為胡、傅誦詩的涵意還可另作解釋：「種桑」不僅指胡、傅接長北大，還可指他們在整個思想文化教育「革命」中的努力和功業；「三年」其實是指「多年」，並非一、二、三的三年，[18]蓋在中國古代語法中，「三」往往是言其多，如《論語》中的「三月不違仁」、「三年無改父母之道」，皆是其中的顯例；「柯葉自摧折，根株浮滄海」，浮海的明明是「根株」，並無「種桑人恐怕只能『浮滄海』」之義，其所指的應是胡、傅多年的努力和心血功敗垂成；「本不植高原，今日復何悔」，正由於把桑種在「長江邊」，沒有種在「高原」，山河變色江水泛濫一切便不免盡付流水，如今再多的愧恨，也於事無補了。

如果上述的疏解不誤，胡適心目中的「本」，指的是他原來應當從事的本業，「高原」則指政治思想文化的制高點。「本不植高原」，意即放棄對政治思想文化陣地的佔據。以上的判斷，絕非信口開河穿鑿附會，而是從研讀胡適當時的懺悔和反思材料所得出來的結論。一九四八年十一月九日胡適在日記中寫道：「我治《水經注》五整年了。」[19]十二月四日胡適在日記中又寫道：「我過了十二月十七日（〔北大〕五十周年紀念日），我想到政府所在地去做點有用的工作，不想再做校長了。不做校長時，我也決不做《哲學史》或《水經注》。」[20]十二月十七日，胡適對前來訪談的新聞記者王洪鈞說，他這幾天正在反思自己「三十年來所走的非政治的文化思想的救國路線是走對了，還是走錯了。」[21]他甚至曾老淚縱橫地向美國駐華大使司徒雷登坦承：他不該

---

[18] 北大在一九四六年五月四月始正式開始復員，要一直等到一九四九年五月四日纔能說是「正好三年」。

[19] 曹伯言整理，《胡適日記全編》，冊7，頁724。

[20] 曹伯言整理，《胡適日記全編》，冊7，頁726。

[21] 胡頌平編著，《胡適之先生年譜長編初稿》，冊6，頁2065。

在抗戰勝利後，只知鑽到自己有興趣的學術活動，而未曾在思想戰場上努力，以致共產主義在中國橫行。他還向司徒大使表示：如果還有任何事他能作而能挽救中國，他一定去做。【22】

胡適身負天下重望，是繼梁啟超之後，在近代中國最有影響力的大知識分子。所謂「春秋責備賢者」，中國歷史文化一向對大知識分子的期望極高，因之對其責備亦極為嚴苛；而大知識分子也一向以國家民族的興衰存亡為自己分內的責任。如果說，何晏的清談尚且要背負亡國的責罵，胡適的考據又如何能夠自外？蓋國共兩大黨的逐鹿中原，不僅在槍桿子的戰場上殺得昏天黑地，而在筆桿子的思想戰線上同樣也殺得黑地昏天；胡適考據了「五整年」的《水經注》，試問對瓦解中共的文宣攻勢，遏止共產主義思想在社會和校園的傳播，曾起過一絲一毫一分一厘的作用嗎？胡適當時已把共產政權視為極權政體，把共產主義視作自由民主思想的死敵，但他身為當時中國自由民主思想的最大領袖，卻一頭鑽進故紙堆，在與世道人心毫不相幹的領域，去弄那些與國計民生完全無關的小考據，而任由赤色的洪流行將吞沒整個中國，難道這還不算是捨本逐末？還不是玩物喪志？亡國亡校亡家的大悲大痛，為胡適帶來了大懺悔和大反省。胡適背誦陶詩時的眼淚，以及他在司徒雷登前的自白，都是大懺悔和大反省的應有之舉。

二、港臺新儒家的集結

當然，對國破家亡進行深切反思的並不只限於胡適。因避秦而流亡到香港和臺灣兩地的新儒家唐君毅、牟宗三和徐復觀諸人，在痛定思痛之中，也對中共何以能赤化整個大陸，有系統地開始進行反省。如果

【22】胡適與司徒雷登的談話，原載於美國國務院的外交檔案，轉見於邵玉銘，〈二十世紀中國知識分子對國家功勞的檢討〉，《聯合報》，1981 年 7 月 22 日。

說，胡適在反省中，認為自己對國民政府在大陸的覆亡，負有不可推卸的責任；那麼，唐、牟、徐等新儒家們則認為，中共之入主大陸，對一切反共的知識分子而言，不僅是「亡國」而已，而且還是「亡天下」；他們還斷言，胡適不僅應負「亡國」，而且還應負上「亡天下」的罪責。

然則，什麼是「亡國」，什麼是又「亡天下」呢？港臺的新儒家常喜引用顧炎武的話加以分疏。顧氏的原話是：

> 有亡國，有亡天下。亡國與亡天下奚辨？曰：易姓改號謂之亡國；仁義充塞，而至於率獸食人，人將相食，謂之亡天下。魏晉人之清談，何以亡天下？是孟子所謂楊、墨之言，至於使天下無父無君，而入於禽獸者也。昔者嵇紹之父康被殺於晉文王，至武帝革命之時，而山濤薦之入仕。紹時屏居私門，欲辭不就。濤謂之曰：『為君思之久矣，天地四時猶有消息，而況於人乎。』一時傳誦，以為名言，而不知其傷義敗教，至於率天下而無父者也……自正始以來，而大義之不明遍於天下。如山濤者，既為邪說之魁，遂使嵇紹之賢且犯天下之不韙而不顧。夫邪正之說不容兩立，使謂紹為忠，則必謂王裒為不忠而後可也，何怪其相率臣於劉聰、石勒，觀其故主青衣行酒，而不以動其心者乎？是故知保天下，而後知保其國。保國者，其君其臣，肉食者謀之；保天下者，匹夫之賤有責焉耳矣。【23】

新儒家把顧炎武的話再加以引申發揮，把「天下」定義為中國的歷史文化，以及由此一歷史文化所規定的道德、思想和社會制度。五四運動既以全盤性地摧破中國的歷史文化及其道德、思想和社會制度為其目標，而胡適身為五四運動最主要的領袖之一，自然應歸入楊、墨、山濤及魏晉清談家一類，難逃其使國人「大義不明」和「仁義充塞」之「亡天下」的罪責。既然「亡天下」必造成「亡國」，港臺新儒家都不約而

【23】黃汝成（編）《日知錄集釋》（長沙：岳麓書社重印，1994），卷13，頁471。

同地把中共看成是「五四」的直接繼承者，把中共極權政體在大陸的建立，視為「五四」的邏輯發展。【24】既然「保天下」而後能「保國」，而「保天下」又是每個中國人所應肩負的神聖責任，故港臺新儒家都自覺地把對「五四」的反駁和批判，作為他們「救國」和「救天下」的重要工作。而身在海外的胡適，理所當然地成為他們集矢的鵠的。

當代新儒學的大師梁漱溟、馬一浮與馮友蘭，在中共易幟前夕，和當時絕大多數的大知識分子一樣，選擇留在大陸；【25】而熊十力則在廣州徘徊了一年半之後，最後還是決意回到北京。【26】由於第一代的代表人物都沒有出來，港臺的新儒家，便以熊十力的逃亡到海外三大傳燈弟子唐君毅、牟宗三和徐復觀為首，形成了新儒學在海外的新的中心。三人當中，只有牟宗三在北大時直接修過胡適的課，而牟宗三即使當著胡適的面，也拒絕承認自己是胡適的學生。【27】唐君毅最初負笈北大時，並沒有修過胡適的課，後來他因不滿北大的學風轉到了當時尚在南京的

【24】這種看法，可以徐復觀為代表。他說：「但百十年來，浮薄文人，仗西方某些勢力的聲威，以反孔反中國文化，作嘩眾取寵的資具，此乃五四運動後，中國文化活動中的主流。毛生長於此一主流之中，耳濡目染數十年。他今日蓋亦乘此主流之勢，故悍然無所忌憚。換言之，毛今日之所作所為，乃百十年來文化發展潮流之應有結果。」引自徐復觀，〈由兩封信所引起的一點感想〉，收入《徐復觀雜文——記所思》（臺北：時報文化出版事業有限公司，1980），頁389。

【25】關於大知識分子在中共易幟前夕「去」與「留」的心路歷程，請參看翟志成，〈馮友蘭的抉擇及其轉變〉，頁447-478

【26】關於熊十力在廣州期間為「去」與「留」計度思量、舉棋不定的心路歷程，請參看翟志成，〈熊十力在廣州，1948-1950〉，《中央研究院近代史研究所集刊》，期21（1992年6月），頁555-597。

【27】一九五八年十二月八日胡適到東海大學演講，在吳德耀的招待茶會上說，他曾教過牟宗三，故牟應是他的學生，而牟宗三卻答以「我不是你的學生」。弄得場面非常尷尬難堪。此事筆者親聞於曾在東海大學任教的劉述先先生。

翟志成　文化激進主義 vs. 文化保守主義：胡適與港臺新儒家　135

中央大學，如此一來他當著胡適的面，不承認自己是胡的學生時，可以不必像牟宗三那樣傷感情。【28】徐復觀由於畢業於師範學校，故無論在實際上還是在名義上，都與「胡適的學生」無緣。

　　胡適曾對唐君毅說，牟宗三是他的學生，並有日記為證。查胡適一九三一年八月二十八日的日記，載有胡適的「中國古代思想史」的考試成績表，牟宗三確曾名列其中，所得到分數為八十分。而胡適這門課，在堂上聽講者約四百人，註冊者有二百人，參加考試並取得學分者為七十六人。【29】七十六人當中，因互相抄襲零分者四人，六十至六十五分者二十人，七十分者十四人，七十五分者七人，八十分者十四人，八十五分者九人，九十分者六人，九十五分者二人。【30】成績低於牟宗三者為四十五人，佔了全部修課者的百分之五十九點二；與牟宗三同分者十四人，佔百分之十八點四；成績優於牟宗三者為十七人，佔百分之二十二點四。胡適在成績表之前之按語記云：

　　　這七十五人中，凡九十分以上者皆有希望可以成才。八十五分者尚有幾分希望。八十分為中人之資。七十分以下皆絕無希望的。此雖只是一科的成績，然大致可卜其人的終身。【31】

【28】一九五七年六月七日唐君毅在紐約曾至胡適寓所探訪，〔唐君毅，《日記》，收入《唐君毅全集》（臺北：學生書局，1991），卷27，頁284。〕據其在一九五八年十二月十四日致徐復觀函云：「惠示談胡適先生所說者已拜讀，……弟在美時聞其病後仍一往訪，……見面即說我不及當其學生，他旋即說宗三兄他教過，日記上記有云云。他很會適應人與時代之若干方面。……」唐君毅，〈致徐復觀〉之第四十二，收入唐君毅，《書簡》，《唐君毅全集》，卷26，頁123。唯編者把日期錯繫於十一月。

【29】胡適在日記中誤作「七十五人」。見曹伯言整理，《胡適日記全編》，冊6，頁150。

【30】曹伯言整理，《胡適日記全編》，冊6，頁151。

【31】曹伯言整理，《胡適日記全編》，冊6，頁150。

胡適的按語，未免失諸武斷。以「一科之成績」，又怎能「大致可卜其人的終身」呢？這種專斷的心態，和他一貫宣傳的「勤、謹、和、緩」的四字訣，不啻相差了十萬八千里。以胡適的按語的內在理路推斷，凡得八十分者，雖不致於成才「絕無希望」，但也達不到「尚有幾分希望」的標準；而治哲學和思想史又需處理較為抽象的義理，至少須有中人以上的資質方能勝任，故八十分者能成才的希望，可謂微乎其微。

在十四個獲得八十分的同學中，唯有牟宗三一人得到胡適在其名下評點的「殊榮」。胡適的評語全文是：「頗能想過一番，但甚迂。」【32】牟宗三顯然是以其「能想」與「甚迂」特別引起了胡適的注意。「能想」本來是學習哲學者最可寶貴的潛質，但一心以為天下的學問都盡在考據的胡適，【33】當時正高唱著「哲學關門論」，認為哲學不過是「壞科學」，見到哲學家就力勸其「改行」，否則將會「沒有飯吃」云云，【34】他大概也不會認為像牟宗三那種學哲學的美材值得格外珍惜。北大的文化保守主義者熊十力、林宰平、蒙文通、錢穆等人，在反傳統的刺骨寒風中，常團聚在一起互相取暖；牟宗三平日從諸先生遊，思想上自然會受到影響；而胡適則是一聽到中國歷史文化有正面價值則火冒三丈的人，【35】他如果不認為牟宗三「甚迂」，纔真是咄咄怪事！胡適本是絕頂聰明，而其人亦素以聰明自負，但再聰明的人亦難免被偏見所遮蔽，反哲學兼反傳統的偏見，使胡適過分低估了牟宗三，把牟宗三畫歸入幾乎沒有成才希望的類別。然而，牟宗三卻是在全班所有的學生中，唯一

【32】 曹伯言整理，《胡適日記全編》，冊6，頁151。

【33】 詳見翟志成，〈被弟子超越之後──胡適的馮友蘭情結〉，《中國文哲研究集刊》，期25（2004年9月），頁248-255。

【34】 詳見賀麟，〈兩點批判，一點反省〉，收入三聯書店編，《胡適思想批判》（北京：三聯書店，1955），輯2，頁90。

【35】 詳見翟志成，〈被弟子超越之後──胡適的馮友蘭情結〉，頁235-240。

能以其不世出的哲學天才，在中國哲學史上留下其豐功偉業的人。天才大都是敏感的，而敏感的自尊心更容易受到傷害，敏感的自尊心一旦受到傷害之後，尤其是受到不公平和不公正的傷害之後，其創傷便永難愈合。我們目前還未能找到直接的證據，證明胡適的不公平且不公正地把牟宗三歸入平庸一類，已在這哲學天才的心靈中，割下了多長和多深的傷口。但牟宗三一直到了晚年，還把自己在北大畢業後長時期的求職不順與顛沛流離——有一段時期甚至還須依靠朋友的救濟——認定是受到胡適及胡黨的不斷阻撓和打壓的結果。牟宗三對胡適的入骨憎惡，既形諸筆墨，更流於口舌，【36】即今在特別憎惡胡適的當代新儒家中，也一樣無人能及。

和牟宗三一樣，唐君毅也認為胡適是「亡國」與「亡天下」的罪人；和牟宗三一樣，唐君毅也認為胡適的學問簡直是全盤皆錯；和牟宗三一樣，唐君毅也相當的不喜歡胡適。但和牟宗三不一樣的是，唐君毅是被所有老師捧在手掌心的明星學生。許多師長都爭著把他羅致在自己的門牆之下，據說就連目空一切的佛學大師歐陽漸（竟無），為了要把自己的所學傾囊相授，曾不惜降尊紆貴，竟然與唐君毅對拜。【37】唐君毅畢業之後，更是一帆風順，不僅所任教的都是名校，其「少作」《道德自我的建立》，更差點榮獲了教育部的評選的抗戰以來最佳學術著作獎的一等獎——如果他不是為了禮讓他的老師湯用彤而自願降為二等的話。【38】少壯年的春風得意，使得唐君毅欠缺被打壓和被迫害的情結。

【36】我負笈香港中文大學新亞研究所時，曾旁聽過牟先生的課，並聽過牟先生的多次演講。牟先生總是在開場白中先痛批胡適的種種「謬誤」之後，纔轉入正題，如果有一天居然不罵胡適，同學們便會莫名驚詫，大大出乎意料之外了。

【37】見唐端正編撰，《唐君毅先生年譜》，收入《唐君毅全集》卷29，頁40-41。

【38】《年譜》云：「至於《道德自我之建立》一書出版後，當時學術委員會對之評價甚高，決定給予第一等獎，並擬將第二等獎給予《漢魏兩晉南北朝佛教史》作

正因如此，他能夠用較為平易、寬容、不為已甚的態度待人接物，較能設身處地替人設想，包括對待自己在思想與文化上的論敵。【39】一九五七年六月唐君毅訪美時路過紐約，在該月七日還特別到胡寓探訪，和正在寂寞與病中的胡適，一談就是兩個多小時。【40】次日，他又在旅館中修書，再向胡適「補充昨日所談未盡之意」。【41】由於胡適在一九五七年的六月份，只在二十日那天記有日記，而胡亦未有答唐的回函，故胡適對唐君毅的來訪的態度，以及彼此談話之是否投機，似不得而知。但唐君毅六月八日的日記中，極簡略寫下了他向胡適進言的內容：「……與胡適之一函，補充昨日所談未盡之意，我謂講自由民主不當反中國文化，亦不當忽略國家民族，並望其勸《自由中國》之朋友勿只說反面的話，同時彼亦當對蔣先生盡忠告勿以黨與領袖置國家之上。」【42】而他

者湯用彤先生。但因湯先生為其老師，故先生稍加考慮，表示如此安排，不能接受，只有將第一等獎與第二等獎之名次對調，才便於接受。結果學術委員會尊重先生意見，將二書之得獎名次互調。」唐君毅，《唐君毅全集》卷29，頁58-59。

【39】 這種心態，常表現於唐君毅致友人的信函中，例如他在一九五七年六月二十八月致牟宗三、徐復觀函就說過：「今吾人所為能者只有由人性與中國人性之呼喚，以便中共去其黨性與馬列主義，中國乃有出路。故學術上正當方向之樹立確最為亟需，意氣只有平下，以從事真正之說服。……吾人必須跳出一切圈子之外，乃能影響圈子中人。吾人亦當本與人為善之心，不拋棄任何人。前在紐約，亦去看了胡適之先生一次。……弟近感人與人直接交談，亦為吾人之責任，不管有效無效，總是自盡其誠。今日之中國之問題蓋當為自有人類以來世界中從無一國如此複雜者。此中之種種矛盾方面，皆須一一分別設身處地去想，先使自己苦惱，乃能進而激出大家共同之悲願，否則終將同歸於盡。」引自唐君毅，〈致牟宗三〉之第十二，收入唐君毅，《書簡》，頁175。

【40】 見一九五七年六月七日唐君毅的日記，收入唐君毅，《日記》，頁284。

【41】 見一九五七年六月八日唐君毅的日記，收入唐君毅，《日記》，頁284。

【42】 一九五七年六月八日唐君毅日記，收入唐君毅，《日記》，頁284。

翟志成　文化激進主義 VS.文化保守主義：胡適與港臺新儒家　　139

在後來致徐復觀的信中，則把他之所以謁胡的來龍去脈，以及他對胡適的真實看法和盤托出：

> 惠示談胡適先生所說者已拜讀，並轉錢先生與潤蓀兄看了。彼是把學術文化當成私人事了。實則由五四至今，中國人之思想已翻進了許多層次，彼仍欲以其三十歲前之思想領導人，如何可以？彼實仍賴中國文化中之包涵一敬老之成分乃有今日。三十年彼無成績乃一事實，如在西方早已被打倒了。弟在美時聞其病後仍一往訪，當時亦只想國家多難，彼仍為一老人。弟亦在北大讀過書，但未上其課，……他很會適應人與時代之若干方面。弟後曾與之一信要其勸勸《自由中國》社之人不要反對中國文化與國家，彼亦未回信。在美國教書一、二十年者說：美國師生及前輩後輩之間絕無情義。中國人畢竟於此還是厚道許多，日本人亦有。如兄信及弟信稱其為胡先生即無形中皆中國文化之表現。然受此中國文化之惠者反罵中國文化即不可恕也。唯彼未正式寫文章，則亦不必管他，亦胡說而已。【43】

原來唐君毅之所以仍要稱自己所憎惡的胡適為「先生」，仍要去拜訪這個「三十年無成績」，「如在西方早已被打倒了」的胡適，不為別的，完全是因為胡適的年紀比自己大，服膺儒家之教的唐君毅不能不「敬老」；而胡適之所以在港臺尚未被「打倒」，實全是依賴「中國文化中之包涵一敬老之成分乃有今日」；僅僅憑這一點，身「受中國文化之惠」的胡適，居然還不知感恩地「反罵中國文化」，在唐君毅眼中，簡直是罪「不可恕」。然則，胡適一貫視中國歷史文化為救亡圖存的最大障礙，【44】一貫把提倡中國歷史文化者，與「愚蠢」、「反動」、「保

【43】唐君毅，〈致徐復觀〉之第四十二，收入唐君毅，《書簡》，頁123。

【44】詳見翟志成，〈中國現代學術典範的建立：救亡思潮和胡適的《中國哲學史大綱》〉，《新亞學報》，卷22（2003年10月），頁156-164。

守」、「擁護集權」畫上等號【45】，他對念茲在茲、開口閉口都是中國文化的唐君毅的來訪，以及唐氏「與人為善」的規勸信函，從他連信都不回的「無禮」的舉措，其態度如何究其實已是不卜可知了。但是，囿於「敬老」的信條，唐君毅即使明知胡適繼續在罵中國文化，甚至辱及自己，【46】但仍對胡適保存表面的尊重和禮數。例如他在一九五九年七月初赴夏威夷參加東西哲學會議時，便曾和與會的中國學者一道，親赴機場迎接胡適的到來，【47】後來又與胡適同臺報告，【48】並出席了日後胡適的演講會。【49】唐君毅諸如此類「與人為善」和「不為已甚」的做法，在「正邪不容兩立」的牟宗三眼中，有時簡直是「鄉愿」與「和稀泥」。【50】

【45】胡適在一九四三年十月十二日的日記中，對提倡傳統歷史文化的《思想與時代》月刊的編者和主要撰稿者張其昀、錢穆、馮友蘭、賀麟、張蔭麟等人大加批判：「張其昀與錢穆二君均為從未出國門的苦學者，馮友蘭雖曾出國，而實無所見。他們的見解多帶反動意味，保守的趨勢甚明，而擁護集權的態度亦頗明顯。」（曹伯言整理，《胡適日記全編》，冊7，頁540。）並參看翟志成，〈被弟子超越之後——胡適的馮友蘭情結〉，頁235-238。

【46】一九五八年十二月八日胡適分別到臺中農學院和東海大學演講，當場痛批中國歷史文化，並公開點了徐復觀、牟宗三、張君勱、錢穆和唐君毅之名，詆為「不懂中國文化」，要學生不要聽信他們的話。此事徐復觀曾飛函向唐君毅報告。見一九五八年十二月九日徐復觀致唐君毅函（未刊）。

【47】一九五九年七月四日唐君毅日記：「下午會中中國同人至機場接胡適之，彼即住我對門。」收入唐君毅，《日記》，頁354。

【48】一九五九年七月六日唐君毅日記：「晚開會由胡適之及我與日人Kishimoto報告論文。」收入唐君毅，《日記》，頁345。

【49】一九五九年七月四日唐君毅日記：「晚參加胡適之演講會。」收入唐君毅，《日記》，頁355。

【50】諸如此類的不滿之辭，我曾多次親聞於牟先生。

翟志成　文化激進主義 VS.文化保守主義：胡適與港臺新儒家　141

　　三人之中，唯有徐復觀一貫地承認，胡適在倡導自由和民主的思想方面，確有不可磨滅的功勛；三人之中，唯有徐復觀一貫地希望，港臺新儒家與胡適所領導的自由派人士，能把彼此的分歧，尤其是在如何對待中國歷史文化上的分歧，暫時擱在一邊，好讓雙方締結成互助合作的同盟軍，從而在爭取自由民主的運動裏共同打拼。不過，徐復觀良好的願望，在現實的運作中並沒有多少可以落實的可能性。因為，新儒家最主要的工作，究其實離不開從歷史文化的視角，對「亡國」與「亡天下」進行反省，因而也無法迴避或無法停止對胡適，以及對胡適所領導的全盤性反傳統的五四運動，進行直接的或間接的批判。而自由派也把中國的傳統政治和歷史文化，視作蔣氏父子和國府箝制自由民主的各種心態與行為的根源，及其直接的伸延。並且，為了避免政府的鎮壓與取締，他們往往採用借古諷今取絃而歌的論述策略，藉著批判中國的傳統政治和歷史文化之名，行攻擊蔣氏父子和國府反自由反民主之實。如此一來，新儒家與自由派的分歧不僅無法暫時擱置，而且還隨著彼此論述的逐步開展而互相碰撞，由激烈碰撞發展為直接論戰，再由全面論戰變質為彼此的人身攻擊。徐復觀戎馬半生，長期的軍旅生活所養成的豪邁麤率，兼之性如烈火且沉不住氣，【51】偏偏其手中之筆，又鋒利如干將莫邪，【52】

【51】對自己的火爆與衝動，徐復觀甚有自知之明，例如他在給陳伯莊公開信中就承認：「惟弟平日性情偏急，數度幾以此殺身。……弟素無涵養，性易衝動，以此在朋友處負咎良多。然好善服義之心，亦未敢後人。……」（徐復觀，〈由兩封信所引起的一點感想〉，《徐復觀雜文——記所思》，頁395。）但反省歸反省，卻總是改不了，此所謂「知及之，而仁不能守之，雖得之，必失之」也。

【52】徐復觀在〈對殷海光先生的懷念〉中，對自己和殷海光的性格，曾寫過一段十分傳神的話：「我和海光的情形，要便是彼此一想到就湧起一股厭惡的情緒，要便是彼此大談大笑，談笑得恣肆猖狂。假定我們精神中也藏有干將莫邪的光芒，只有在我們的對談中，纔真能顯現出來，使一般人不可逼視。」《徐復觀雜文——憶往事》（臺北：時報文化出版事業有限公司，1980），頁169。

一出鞘就得見血傷人。這個曾多次被錢穆稱許的「聖門子路」，[53] 在論爭中殺得性起，反而搖身一變，由原來兩派的調人反成了胡適及自由派最主要最恣肆猖狂和最可怕的敵手。由徐復觀的參戰所造成新儒家與自由派的裂痕，反而比以往任何時候都要來得更大和更深。有關這一點，下文還要詳加討論。

除了唐、牟、徐三人之外，港臺新儒家的主要人物，還須加上一個錢穆，纔算完整。關於錢穆是否應畫入新儒家營壘，時下學界尚有爭議。錢穆的親傳弟子余英時就堅決不承認錢穆是新儒家，[54] 而新儒家第三代的代表人物劉述先則堅持錢穆就是新儒家。[55] 竊以為錢穆是否新儒家，須看新儒家如何定義。如果從狹義的角度說，只有由熊十力系統直接開出的哲學流派，纔有資格被稱為港臺新儒家的話，錢穆當然不是。因為錢穆不僅與熊十力同輩，錢穆究其實是歷史家而非哲學家，而錢穆對儒家義理的某些重要看法，例如他在《四書釋義‧論語要略》中，以人情之「好惡」來詮釋孔門的「仁」，便與熊十力一系有著嚴重的分歧。[56] 但如果從廣義的角度說，凡是從正面承認和肯定中國歷史

---

[53] 一九五四年二月十九日錢穆致徐復觀函云：「舊作〈神會與壇經〉已於今晨付郵，若須留案頭則儘留下；若不須留，盼仍付回，因底稿已爛，不能復存也。足下謂神會乃一壞和尚，不期慧眼一語說破。拙文只詳事狀，不置臧否，雖是渾厚，然讀者未必能自此窺入。弟常謂足下乃聖門子路，弟則僅堪儕游夏，姑相稱道，以博一粲。」（未刊）

[54] 余英時，〈錢穆與新儒家〉，《猶記風吹水上鱗》（臺北：三民書局，1991），頁31-98。

[55] 劉述先，〈對於當代新儒學的超越內省〉，《中國文哲研究通訊》，卷5期3（1995年9月），頁1-46。

[56] 徐復觀在《民主評論》六卷十二期（1955年6月），發表〈儒家在修己與治人上的區別及其意義〉一文，對錢穆以「好惡」釋「仁」痛加駁斥，認為立足於好惡，「便只有主觀上的個人衝動，而根本否定了向客觀真理的努力」，因為，

文化，尤其是儒家文化之永久價值，並對胡適及胡適所領導的五四反傳統運動進行嚴厲的判者，均為新儒家的話，錢穆不僅是新儒家，而且還在二十世紀五十年代前期和中期，一直被港臺新儒家擁戴的盟主。

港臺新儒家的文化教學活動，在上一世紀的五十、六十年代，主要集中在兩個基地，一是在港臺兩地發行《民主評論》雜誌，一是香港的新亞書院；而錢穆既是《民主評論》的發行人、編委和主要撰稿者，又是新亞書院的創校校長。錢穆和胡適初無過節。他能從一個中學教員，先後得以在燕京和北大任教，主要還是得力於胡門大弟子顧頡剛的大力推薦。【57】錢穆的成名作是〈劉向歆父子年譜〉，最初本以考據起家，但他到北大之後，始因孔老孰先孰後的問題與胡適唱反調，後來教授中國通史，又大講治中國歷史者須對中國之歷史文化有「溫情與敬意」，遂和胡適派漸行漸遠。他曾為其《先秦諸子繫年》修書求胡適作序並介紹出版，其函曰：「拙著《諸子繫年》，於諸子生卒出處，及晚周先秦史事，自謂頗有董理。有清一代，考《史記》、訂《紀年》、辨諸子不下數十百家，自謂此書頗堪以判群紛而定一是。」「先生終賜卒讀，並世治諸子，精考核，非先生無以定吾書。倘蒙賜以一序，並為介紹北平

「天理可表現而為好惡，人欲也可以表現而為好惡。好惡只是一般，而所以好惡者則是兩樣，所以功夫不在好惡上而在好惡後面的根據是天理或是人欲。若只就好惡立論，則根本用不上存天理去人欲的功夫。取消了這一段功夫，則孔孟程朱陸王的精神便會一齊垮掉。」〔徐復觀，〈儒家在修己與治人上的區別及其意義〉，《民主評論》，卷6期12（1955年6月），頁315-320。〕而錢穆也在同期的《民主評論》，撰寫了〈心與性情與好惡〉加以自辯。詳見該期《民主評論》，頁310-314、320。在徐、錢的爭論中，唐君毅和牟宗三在私底下都全站在徐復觀那一邊。

【57】 錢穆，《八十憶雙親・師友雜憶合刊》（臺北：東大圖書股份有限公司，1986年再版），頁128-141。

學術機關為之刊印，當不僅為穆一人之私幸也。」【58】信寫得相當得體，在推崇胡適之時，亦不曾妄自菲薄，但胡適竟然置之不理。胡適還不顧錢穆的堅決反對，以某些學生聽不懂四川話為藉口，執意解聘了他早就視為眼中釘的經史學大師，錢穆的老友蒙文通，更使錢氏憤恨難消。【59】錢穆喜談中西文化之比較，胡黨姚從吾嗤之以鼻，勸錢穆不妨去聽聽萊茵河畔教堂的鐘聲，而此鐘聲即有西方文化之真精神云云，明明是以自己曾留學德國的資格，訕笑錢穆這個「從未出國門的苦學者」在土法煉鋼。錢穆的《國史大綱·引論》在報章刊登後，陳寅恪即極力推許，以為是今日「必讀」的「一篇大文章」；【60】但胡黨毛子水則「憤慨不已」，揚言將作一文痛加批駁；【61】而胡適的另一大弟子傅斯年也同樣地嗤之以鼻，訕笑錢穆關於「西方歐美」的「知識」「盡從東方雜誌得來」，並聲明自己「向不讀錢某書文一字」。【62】諸如此類的種種不愉快和不友好的環境和氣氛，使得錢穆終於在抗戰中期撰擇離開了聯大；【63】在抗戰勝利後聯大復員，傅斯年代胡適暫長北大，曾召集星散

【58】轉引自白吉庵，《胡適傳》（北京：人民出版社，1993），頁309。

【59】詳參錢穆，《八十憶雙親·師友雜憶合刊》，頁147。

【60】錢穆，《八十憶雙親·師友雜憶合刊》，頁201。

【61】錢穆《八十憶雙親·師友雜憶合刊》云：「國史大綱稿既成，寫一引論載之報端，一時議者鬨然。聞毛子水將作一文批駁。子水北大同事，為適之密友，在北平時，常在適之之家陪適之夫人出街購物，或留家打麻將。及見余文，憤慨不已，但迄今未見其一字。或傳者之訛，抑亦事久而後定耶。」錢穆，《八十憶雙親·師友雜憶合刊》頁201。

【62】錢穆《八十憶雙親·師友雜憶合刊》云：「越有年，史綱出版，曉峯一日又告余，彼在重慶晤傅孟真，詢以對此書之意見。孟真言，向不讀錢某書文一字。彼亦屢言及西方歐美，其知識盡從東方雜誌得來。……」錢穆，《八十憶雙親·師友雜憶合刊》，頁202。

【63】錢穆，《八十憶雙親·師友雜憶合刊》，頁204-228。

翟志成　文化激進主義 VS.文化保守主義：胡適與港臺新儒家　　145

在各地的教師返回北京，但其名單中亦無錢穆之名，[64]而錢穆此後亦
不再回到北大任教。

所謂「英雄慣見亦常人」。由於長期與胡適共事的近距離觀察，使
得錢穆不僅鄙薄胡適的為人，[65]兼之也十分瞧不起胡適的學問。[66]他
不僅曾在《東方雜誌》發表〈神會與壇經〉一文，痛駁胡適關於禪學考
據的種種「謬誤」，甚至在日後還「合理」地懷疑胡適曾剽襲過他在《中
國思想史》中的學術觀點。他在致徐復觀的一封書函中寫道：

> 胡君治學，途轍不正，少得盛名，更增其病，其心坎隱隱處中病
> 甚深，恐難洗滌。將來蓋棺論定，將遠不如章太炎、梁任公。若
> 彼誠意要求西化，更該於西方文化政教精微處用心，觀其在臺北
> 國聯同志會講演，僅舉美國最近數十年生產財政數字，此乃粗
> 跡，亦是常識，如何能憑此主持一代風氣？當知學問總須在正面
> 講，南北朝高僧大德潛心佛乘，何嘗要大聲斥孔孟？而胡君一生
> 不講西方精微處，專意呵斥本國粗淺處，影響之壞，貽害匪淺。
> 又觀其在蔡孑民紀念會，講禪宗乃佛教中之革命；赴日本講中國
> 最近幾世紀儒者，都在為孔佛文化造謠說謊。弟竊疑彼此兩番講

---

[64] 錢穆《八十憶雙親・師友雜憶合刊》云：「抗戰勝利後，昆明盛呼北大復校，
聘胡適之為校長，時適之尚留美，由傅斯年暫代，舊北大同仁不在昆明者，皆函
邀赴北平，但余並未得到來函邀請。……」錢穆，《八十憶雙親・師友雜憶合
刊》，頁229。

[65] 錢穆在其回憶錄《八十憶雙親（師友雜憶合刊》中，常以極巧妙的曲筆，描畫
了胡適的許多矯揉造作和裝腔作勢，稍通文章義法者讀之常忍俊不禁。

[66] 一九五四年二月二十日錢穆致徐復觀函云：「拙稿〈神會與壇經〉，茲錄出寄
上。……舊稿紙已破爛，此稿盼保存，個乃以寄回至囑至囑。……如此複雜問
題，胡氏輕輕以『自由捏造』四字判為定案，真所謂既妄且庸，而居然為一時
代之鉅子。若使歸熙甫復生，恐當嘆其庸妄更勝於彼前所嘆也。並世無英雄，遂
使豎子成名。此亦一時學術界之羞恥事矣。」（未刊）

演，似是在臺涉獵過拙著《中國思想史》。彼對禪宗實無深造，弟已在重慶出版之《東方雜誌》中為文駁斥。彼向來未講到禪宗乃宗教革命，何以此刻遽然提出此觀點？（彼僅言神會對北禪之革命，而不悟慧能對從來佛學之革命，正由其讀書一枝一節，不肯細細從頭到尾深切體會耳。）至宋明學與孔孟相異處，彼更從未提過。彼一向乃誤認宋儒與孔孟乃一鼻竇出氣也（彼對此只知有顏元與戴震，並未在兩學案用過功）。弟在《近三百年學術史》中雖略有論及宋明、先秦異同，而具體指出則在《思想史》，彼所謂造謠說謊，弟疑證據即如弟所舉耳（弟之所舉則出顏戴之外）。然弟講禪宗，並未輕視臺賢，亦不輕視南北朝空、有兩宗。弟分辨宋明、先秦之異，亦未輕薄宋明儒。如弟《國史大綱》論王安石、司馬光新舊黨爭，亦從未出主入奴、門戶黨伐之見，此非有心迴護或故作調解。學術異同是非，總該平心而論，不該以偏鋒肆其輕訶。戴東原本有貢獻，其病亦在太走偏鋒耳。從來斷無有輕肆詆訶、專尚偏鋒而能影響一代風氣者。如有影響，則決然是壞影響。【67】

錢穆一貫不贊成打筆戰，並曾多次修書勸誡徐復觀勿作無謂的筆墨之爭，【68】但對待胡適則是例外的例外。曾經有一個叫宋允的作者投了

【67】 引自一九五四年一月二十日（或以後）錢穆致徐復觀函（未刊）。另錢穆在一九五四年二月二十五致徐復觀的信中亦提到：「來字提及胡氏禪宗各篇，猶憶十年前，在成都病榻，偶繙其論六祖壇經並唐人文字，原意亦誤解了。因絡續於病中草一文駁之，其時也參考了許多書，只有一種在《續藏》中未檢出。那時病情較今年嚴重得多，猶能於病中撰文（即《政學私言》亦病中作）。今年病並不重，然十年以來，精力大非昔比，思之慨然。」（未刊）

【68】 錢穆勸徐復觀不要注費時間打筆黑官司的書函，實多得不勝枚舉。此處僅舉二函為例：一函寫於一九五五年六月二日，其函云：「兄駁斥海光一函，尚未見到。弟意最好省去此等閒爭論，只求在自己一面更深入、更廣大，別人的暫置不

翟志成　文化激進主義 VS.文化保守主義：胡適與港臺新儒家　147

兩篇文章給《民主評論》，其中一篇是批評胡適的。當時徐復觀可能正考慮新儒家與胡適領導的自由派修好休兵，故不贊成發表。而錢穆知道後不僅堅持要刊登宋允的批胡文，還對徐復觀加以教訓：「四月十九日來示拜悉，宋允君兩文亦過目。第一篇所論較是小節，宋君自己認為可不發表，則以不發表為是。第二篇評胡先生論學，關係實不小，態度亦無浮薄、尖刻、俏皮、刁酸種種之時代病。弟意提倡批評風氣，此事甚不易，因為大家都講空話，實際上則並無可批評。惟宋君既有此兩篇，似不應瞻前顧後，全擱棄了。至於人之不諒，牽連說閒話，則更非所當慮。兄於政論肆所欲言，而學術討論似太持重。弟意《民評》刊載宋君文，亦可一測時人之氣度與風向也，因此仍將原稿交去了。」【69】同樣是打筆戰，為什麼徐復觀的駁殷函不應刊出而宋允的批胡文則必須發表呢？為什麼對付殷海光便「最好省去此等閒爭論」，而對付胡適則須「提倡批評風氣」和「不應瞻前顧後」呢？這不是雙重標準又是什麼？然而，錢穆卻絲毫並不認為自己所持的是雙重標準。所謂「豺狼當道，安問狐狸」，「照妖鏡不能比日月光輝，亦須照大妖」也。對付像殷海光

理，靜待第三者來批判。我們必信及社會自有公論一真理，然後纔能安身立命。共果信得及此一真理，則真可以百世以俟而不惑，又何必急待爭論乎？」（未刊）另一函則寫於一九五五年六月二十五日，其函云：「關於殷海光一函，已由《民評》金君送來匆匆閱過，弟意此等文字，以不發刊為是。若為討論學術，爭辯是非，亦須選擇對象，殷某殊不值往復，所論亦非學術大體，將來關於此等，鄙意只以不理為佳。拈大題目，發大議論，久久自有大影響，只恐我們自己力量不夠。外界是非如殷某之輩，無世無之，想來以前人也等閒看過，不以形之口舌筆墨，故後世遂不知耳。君子隱惡而揚善，青天白日之下，魑魅自爾匿跡。照妖鏡不能比日月光輝，亦須照大妖。豺狼當道，安問狐狸？此非故作鄉愿之意，以上馴競下駟，亦非衛道良策也。」（未刊）前函是連徐的駁殷信尚未看到，便表示反對刊登，後函是看過了駁殷信後，仍然不贊成刊登。

【69】引自一九五三年四月二十九日錢穆致徐復觀函。（未刊）

這樣的「狐狸」和「小妖」，當然犯不著請出「照妖鏡」，相信「社會自有公論」就對了。但對付像胡適這樣的「豺狼」和「大妖」，則必須用「照妖鏡」照出其原形。因為對胡適的批評，正可「一測時人之氣度與風向也」。【70】

三、結盟的失敗

《民主評論》的經費，是徐復觀向蔣中正討來的，一如雷震的《自由中國》，其經費也是向蔣氏要來的。稍稍不同的是，《民主評論》的撥錢單位是侍從室，而《自由中國》則是教育部。【71】誰籌到錢誰就當老大，無論在商界、政界或是文化學術界，都鮮有例外。故《民主評論》的真正老闆是徐復觀，《自由中國》則是雷震──儘管前者的發行人是錢穆，後者的發行人是胡適。

蔣中正既出錢辦了兩個雜誌，當然不是希望《民主評論》向國府爭「民主」，《自由中國》向自己爭「自由」。所謂「民主」與「自由」，原來只是針對中共「鐵幕」下的不民主和不自由而提出來的口號，其鬥爭的矛頭是純粹向外的──起碼在蔣中正的心中認為是應該如此。但是，這兩個本來是為了專門向中共宣傳和鬥爭而創建的刊物，在創刊不久後，其主導方針便發生了重大的變化。《民主評論》的主要筆陣錢穆、唐君毅和牟宗三，一面批判五四，一面發揚中國傳統文化；而徐復觀則在批判五四維護中國傳統文化的同時，也十分強調民主自由。如此一來，《民主評論》便被徐復觀辦成了有點像是新儒家的機關報。【72】

【70】參看注釋【68】。

【71】見徐復觀，〈「死而後已」的民主鬥士──敬悼雷儆寰（震）先生〉，《徐復觀雜文──憶往事》，頁214。

【72】徐復觀，〈「死而後已」的民主鬥士──敬悼雷儆寰（震）先生〉，頁214。

翟志成　文化激進主義 VS. 文化保守主義：胡適與港臺新儒家　　149

與此同時，以胡適為精神領袖的《自由中國》，卻把鬥爭的矛頭，逐漸由外轉內，由原先的專門鎖定中共，變成了主要在針對國府。《自由中國》經雷震之手，轉型為最早的黨外雜誌。

在錢、唐、牟、徐四人當中，錢穆對民主政治並無多大的興趣，而唐君毅和牟宗三對民主政治的興趣，只限於書齋中作純學理的分疏。唐君毅鄙薄民主人士的人品，【73】而牟宗三則與反中國文化的民主人士「道不同不相為謀」，兩人都不曾也不願參與現實中的民主運動。只有徐復觀一人，對民主政治的學理分疏和對民主運動的實際參與，一直保持著極大的興趣和熱忱。徐復觀始終堅信，「中國不論走那一條路，必然要通過民主這一關，否則都是死路。而現有的人民，將來的史學家，在評斷政治人物的是非功罪時，必然以這些人對民主的態度為最基本的準的；玩弄假民主的，其罪惡必然與公開反民主的人相等。」【74】在維護傳統文化和爭取民主自由之間，有時他甚至還會認為後者比前者更為重要，更為根本。他說：「作為中國的一個知識分子，把自由民主的問題放在一旁，甘心不聞不問，而只以與世無爭的態度來講自己的學問，這

【73】一九五五年三月三十日唐君毅致徐復觀函云：「《自由中國》刊上兄之文亦見到，……此刊中兄文自有極真切之見，其他文字亦不壞。但弟自臺歸來後，平心反省在臺所見之著重向政府爭民主自由之人及此間此類人，仍不能發見其可敬之處。這些人亦只是口頭講講，仍無真性情，底子上仍是要政權，故只能批評破壞，並不能真建立民主。在人品上說與國民黨差不多。在臺時，兄曾說可與《自由中國》多取相近之態度之話，弟記不清楚，但此中仍須有一界限，在接觸時仍當勸他們多作些正心誠意之工夫，並不要亂反對中國文化。此類型之人在此間者皆對兄常提到，對弟亦並不壞，但弟總覺其不可敬。本與人為善之意，連殷海光弟亦略盡忠告，對其他此類人亦如此。但弟內心界限仍分明。對只有理智與功利心之人，弟總是不喜歡，亦無可奈何也。」，唐君毅，〈致徐復觀〉之第三十一，收入《書簡》，頁108-109。

【74】引自徐復觀，〈「死而後已」的民主鬥士——敬悼雷儆寰（震）先生〉，頁220。

種知識分子，他缺少了起碼的理性良心；他所講的學，只能稱之為偽學，或者是一錢不值之學。」【75】

正由於「自由民主的問題」在他心目中是如此的重要，而中國的歷史對他來說又是至可寶貴，【76】徐復觀最大的願望及其全部的努力，同他自己的話來說，就是「漸漸形成要以中國文化的『道德人文精神』，作為民主政治的內涵，改變中西文化衝突的關係成為相助相即的關係。」【77】出於與自由派人士結盟的願望，徐復觀在《民主評論》最初的筆陣中，把殷海光、戴杜衡、張佛泉、毛子水等自由派大部羅致在內，甚至因而引起了牟宗三的強烈不滿。【78】為了率先表示對胡適的善

【75】 引自徐復觀，〈一個偉大書生的悲劇——哀悼胡適之先生〉，《徐復觀雜文——憶往事》，頁141。

【76】 和當代許多文化保守主義者一樣，徐復觀對中國文化的態度，曾經歷過 「正」——「反」——「合」三個階段。他在一篇紀念友人的文章中，談到自己思想的轉變過程：「我在二十歲以前，讀了些線裝書。中間二十年，視線裝書如仇。不過，因為我是中國人，不願以罵中國文化的方法來騙聲名，地位。後來在重慶遇見熊十力師，始回復了我對中國文化的感情。不過，只要有時間讀書時，還是讀日人所譯的西方有關思想方面的著作，很少翻閱線裝書；這一直到民國四十四年，還是如此。來臺灣後，因經過大陸的慘痛教訓，對各種問題，自然會引起我的重新思考。在重新思考中，常片斷地接觸到中國文化，尤其是儒家思想，而發現它有許多地方，對時代依然有其啟發性；於是便常常在文章中提到，或在口頭提到。……我到大學裏教中文，纔把自己的主要精力，放在線裝書上。」引自徐復觀，〈一個偉大地中國地臺灣人之死——悼念莊垂勝先生〉，《徐復觀雜文——憶往事》，頁145。

【77】 徐復觀，〈「死而後已」的民主鬥士——敬悼雷儆寰（震）先生〉，頁214。

【78】 牟宗三不願與民主人士往來，連徐復觀找殷海光人等人替《民主評論》寫稿，也引起他的極為不滿。他在一九四九年十二月十九日致唐君毅函云：「胡適最近要組自由黨，此間大部知識分子（亦所謂自由分子）可參加進去，以較接近

意，他在五十年代初期，曾經企圖運用自己的影響力，力圖使《民主評論》在胡適歸國時，暫不刊登批評胡適的文章。【79】當唐君毅表示胡適等民主派不值得尊敬時，徐復觀還苦口婆心地修函相勸：「兄謂今日向政府爭民主自由之人士，多無可敬之處，此點弟深知之。唯每一統治集團腐爛以後，一切流於虛偽，一切陷於自私。既無自拔之理，決無起生之望。此時唯希望能由社會方面發生制衡作用，為國家稍留周旋之餘地。否則，結果將一如大陸，依然會和根拔盡也。」【80】徐復觀常強調，自由民主可以超越學術上的是非；他無論在公開的文章還是個人的私函，都多次主張代表新儒家的《民主評論》與代表民主派的《自由中國》，不應因學術上的爭論，影響到自由民主的團結。據徐復觀說：「我曾很天真地試圖說服胡先生，今日臺灣，不必在學術的異同上計錙銖，計恩怨；應當從民主自由上來一個團結運動。」【81】為了團結，徐復觀曾多次抑制著自己一激就跳的猛張飛火氣，好幾次忍不住拿起筆後來又放下，極力避免與胡適發生文化上的爭論。【82】對於別人的批胡文章，徐復觀曾試圖壓下，【83】實在壓不下也主張從嚴審查，力求「在理論水準（或材料）上站得住腳」。【84】

也。吾人之宗旨很少能接近者，即有，亦幾無一能積極肯定者。一個反思想、反理想的時代，很難提醒他們的眼目。為《民主評論》寫文的那些人，如殷海光、戴杜衡輩，皆相隔如萬重山。兆熊兄當能言之，弟對此事亦無所謂。此本由佛觀所聯絡絡發起。他可以肯定這幾個觀念，但他所聯終的人又大都相隔太遠者。他糾合在一起，直是一團吵雜。……」（未刊）

【79】徐復觀，〈一個偉大書生的悲劇——哀悼胡適之先生〉，頁141。

【80】引自一九五六年十二月八日（或以後），徐復觀致唐君毅函。（未刊）

【81】徐復觀，〈一個偉大書生的悲劇——哀悼胡適之先生〉，頁141-142。

【82】徐復觀，〈一個偉大書生的悲劇——哀悼胡適之先生〉，頁141-142。

【83】一九五四年一月二十日（或以後），錢穆致徐復觀函。（未刊）

【84】一九五三年四月十九日徐復觀致唐君毅函云：「胡適之先生曾向我說，老子繼

此外，徐復觀聽到胡適說其連夜校對亡父遺稿，不禁「深為感動，於此見其性情之厚」。【85】他也曾在一段時間之內，以「每一月三分之一的收入買新印《胡適文存》」，並自稱「對胡先生之尊重，並不後於人」。【86】他因接受胡適的意見，後來與「朋友通信，除記明月日外，同時也記下年分」。【87】他聽說胡適有集火柴盒之嗜好，於是出外旅行時便處處留心，前後為胡適為收集得不同的火柴盒數十個。【88】徐復觀向以自己所獨擅的「新考證」，亦即義理再加上考據傲視同儕，但他在給李濟的書函中，居然否定自己的「孔子先於老子」舊說，承認自己經過考訂所得出來「老子先於孔子」的新說，反與胡適的說法最為接近，【89】並對胡適「勤、謹、和、緩」四字訣中的「緩」字大加讚嘆。【90】新儒家向把臺大與中央研究院史語所，看成是胡適割據的勢力

殷而主柔（係亡國民族），孔子除繼殷外，更吸收了許多東西，所以纔有剛毅的轉變。他舉『犯而不校』這一段，說『昔無吾友』之友，指的是老子。此係臆說，不足為證（他之所以這樣向我說，因為我去年在儒家精神上批評了他）。然弟意，饒先生之文，望請錢先生看一次，批評人家的，總要在理論水準（或材料）上站得住腳。我們應該提倡良好的批判精神。」（未刊）

【85】徐復觀，〈由兩封信所引起的一點感想〉，《徐復觀雜文——記所思》，頁393-394。

【86】徐復觀，〈由兩封信所引起的一點感想〉，頁394。

【87】徐復觀，〈由兩封信所引起的一點感想〉，頁390。

【88】一九六〇年五月四日徐復觀致屈萬里函。黎漢基校注，〈徐復觀致屈萬里佚書十九封〉，《中國文哲所研究通訊》，卷6期2（1996年6月），頁104。

【89】一九六一年三月十八日徐復觀致屈萬里函云：「近寫成〈老子其人其書的考證〉一文，否定自己過去之觀點（舊說中以汪中、梁啟超、顧頡剛、馮友蘭、錢穆諸先生之說為最難成立），而與胡先生之觀點極為接近。由此益知材料批判之難，立說之不易也。」黎漢基校注，〈徐復觀致屈萬里佚書十九封〉，頁108。

【90】一九六一年四月四日徐復觀致屈萬里函云：「簡言之，即缺乏歷史的發展觀念。

翟志成 文化激進主義 vs.文化保守主義：胡適與港臺新儒家 153

範圍和反中國傳統文化的兩大基地，唯有徐復觀敢於不避嫌疑，樂於和臺大與史語所的同人來往。為此，還惹得牟宗三頗不高興，在他的一封致唐君毅的信中，抱怨徐復觀「隨世俯仰」，「又要隨胡談自由民主了，不願談文化了，又落下來了。」【91】

　　一九五六年胡適回臺灣談自由，曾引起國府宣傳單位的大為緊張，出動了許多御用媒體進行消毒。【92】徐復觀挺身而出為胡適與自由派仗義執言，先後揮筆撰寫了〈為什麼要反對自由主義〉和〈悲憤的抗議〉這兩篇文章。前者從中西學術文化思想史的角度，正面論證自由主義正是一切真正的知識分子的「知識和人格成長過程中」，「一定要通過」的途徑。【93】後者則措辭強烈地抗議《中央日報》社論，「直截了當的用栽誣的方法，誘導著隱伏的殺機」，把在臺灣爭取自由民主的言論「一

因上二因，故肯定傳統者，只是籠統的肯定；否定傳統者，亦係籠統的否定。以至數十年來，考據工作，可資採信者甚少。至於力不勤，立說太速太悍，又係此一代之風氣。適之先生曾提倡一『緩』字，實中數十年學風之弊。惜其自身亦未能完全做到也。（胡先生太固執於其初步之假設，因此浪費時間不少，故似緩而非緩。）」黎漢基校注，〈徐復觀致屈萬里佚書十九封〉，頁109。

【91】一九五三年十二月十一日牟宗三致唐君毅函亦云：「佛觀總是隨世俯仰（應世）意味多，樹立存守意味少，故其評判是非，常隨時間效用說。他在《民評》一文在此間振動力量甚大。他又要隨胡談自由民主了，不願談文化了，又落下來了。……反共集團，文化意識總是提不起，朝野如此，不可言也。只看胡來臺，除向政府要自由外，還是講治學方法、杜威的思維術。此人可謂無出息之尤。大家一起無出息，所以纔捧出這種無出息的人。」（未刊）

【92】詳見胡明，《胡適傳論》，卷下，頁1002-1008。

【93】該文撰於一九五六年十月十七日，於十一月一日刊於《民主評論》七卷二十一期，是徐復觀對臺灣教育部所屬刊物首先攻擊胡適與自由派的即時回應。見徐復觀，〈為什麼要反對自由主義〉，收入氏著《儒家的政治思想與民主自由人權》，頁283-293。

概指為是共產黨思想的走私」，把臺灣的民主派誣陷為「共產黨的同路人」；【94】這兩篇刀頭舐血的文章，即使在今時今日讀到，仍使人為徐復觀不顧其個人身家性命的勇氣捏上一把冷汗。而徐復觀在事隔二年之後，仍不忘為胡適分辯，認為胡適自由的招牌，可變為國府對中共宣傳的一張王牌，且胡適曾替國府批駁叛逃毀黨的吳國楨，「其力量實勝於十萬雄師」，國府當局實不必小題大做。【95】雷震發起的組織在野黨的活動，徐復觀本來也參與其中，後來因感受到胡適對他「有相當的敵意」，深怕因他之故而令胡適不願加入，便知趣地自動離開。【96】他雖

【94】該文是徐復觀對《中央日報》一九五七年二月七日社論〈共產主義破產之後〉的強烈抗議。其時臺灣當局對胡適與自由派的圍剿正迅猛升級，徐復觀自知這篇針鋒相對的文章，極可能因之破家殺身，故只能借香港《華僑日報》（一九五七年二月十二日）刊出，藉以減低臺灣當局對《民主評論》可能帶來的毀滅性的報復和打擊。詳見徐復觀，〈悲憤的抗議〉，收入氏著《儒家的政治思想與民主自由人權》（臺北：八十年代出版社，1979），頁 295-301。

【95】徐復觀，〈從宣傳問題看我們的前途〉，《徐復觀雜文——記所思》，頁283-284。

【96】據徐復觀回憶：「雷先生經常邀集民青兩黨及國民黨中志趣相同的若干人士，在他家中交換意見，我也是其中的一分子。當時的構想，是希望在美的張君勱胡適之兩位先生合作，當新黨的領導人。張先生回信贊成，並願與胡先生見面；胡先生回信則含糊其辭，根本不提張先生。過些時候，胡先生回臺灣來了，雷先生特邀集大家在他家中晚餐，歡迎胡先生，並正式談組黨的問題。當晚來了二十多人，胡先生一進來，和大家還沒有好好打招呼，便挨著我坐下，和我爭論文化上的問題。……以後大家雖把問題轉到政治上去了，但胡先生始終沒有表示一種明確意見。我發覺胡先生不會陪大家搞現實政治而對我又有相當的敵意。假定我繼續參加，則將來謀事不成，大家會感到我應負責任，所以自此以後，便不再參加。」徐復觀，〈「死而後已」的民主鬥士——敬悼雷儆寰（震）先生〉，頁215-216。

認為以胡適當時在臺灣的地位,其對黨外民主運動的支持還可以「更勇敢一點」,談自由民主時不必如此地「凌空而又委婉」。【97】但他一貫尊重胡適對民主政治的追求,也從不懷疑其真誠。【98】甚至在他與胡適的關係,因胡適批評東方文明「沒有多少靈性」而變得最為惡劣,他幾乎把胡適的為人和學問都罵得不值一文之後,【99】但他還是在胡適死時,在一篇〈一個偉大書生的悲劇—— 哀悼胡適之先生〉的悼文中,承認胡適「在民主之前,從來沒有變過節;也不像許多知識分子一樣,為了一時的目的,以枉尺直尋的方法,在自由民主之前要些手段」,因而仍推許胡適為「一個偉大書生」。【100】

然而,徐復觀對胡適和胡適派的示好、退讓與自我克制,並不是毫無邊界,也不是全無原則。這原則和界限,就是絕不可辱及中國的歷史文化和國家民族。徐復觀把文化和國族視為自己之父,其思想淵源還是得自胡適的啟示。他在〈答陳伯莊書〉中談到:

> 胡適之先生,負天下之重望,逢人類文化生死存亡鬥爭之會,顧〔願〕以五年精力,為戴趙爭水經注之誰屬,此與爭謝公墩同一雅興。然其自解之辭謂,戴東原為其「同鄉」先輩,故彼不能不為其伸冤。又弟於前歲晤會胡先生於臺北時,彼以連夜校對其先父遺著見告,弟深為感動,於此見其性情之厚。中國歷史文化,乃「同鄉」之推,而為與吾「同國」「同族」,亦為每一人父親之推,而為吾先聖先賢心血之所流注。推胡先生不忍其「同鄉」受冤,欲為其先父留名之用心,則弟等不忍其「同國」「同族」之

【97】 徐復觀,〈從宣傳問題看我們的前途〉,頁283。

【98】 徐復觀,〈一個偉大書生的悲劇—— 哀悼胡適之先生〉,頁140。

【99】 詳見徐復觀,〈中國人的恥辱 東方人的恥辱〉,收入氏著,《徐復觀雜文續集》(臺北:時報文化出版事業有限公司,1981),頁376-382。

【100】 徐復觀,〈一個偉大書生的悲劇—— 哀悼胡適之先生〉,頁140。

受冤，欲其同國同族聖賢之心血，仍能對人類有所貢獻，此當為胡先生所矜諒。【101】

正由於視文化與國族為父，為人子女者又豈能忍受其父任人凌辱！故徐復觀激昂地說對陳伯莊說：

顧亭林謂「易姓改號，謂之亡國。仁義充塞，而至於禽獸食人，人將相食，謂之亡天下。」痛哉此言。亡國乃政治之事，亡天下乃文化之事，弟本亭林之意而申之曰：「有政治之敵，有文化之敵。政治之敵，極於殺身。歷史文化之敵，極同弑父。殺身不可忍，殺父又豈可忍乎？」【102】

好一個「歷史文化之敵，極同弑父」。殺父之仇不共戴天，凡侮辱中國文化與國族的人，便極有可能在徐復觀心目中，變成了不共戴天的死敵。徐復觀對「歷史文化之敵」出手之重，語言之毒，與纏鬥之韌之狠，也只有在「弑父」的心理背境中，纔能得到更為合理的解釋。又因為以胡適為首的自由派，向來就把中國的歷史文化，視作自由民主的大敵，爭取自由民主與批判中國文化，尤其是藉著批判的中國文化以影射現實政權，對他們來說，本來就是同一錢幣中的兩個側面，要他們永不對中國歷史文化口出惡言，簡直等同於請他們自廢武功。並且，以徐復觀性情之剛烈，脾氣之火爆，及其對原則性之執著，本來就非常非常不合適扮演兩派調人的角色。結果，他的努力調停，不僅沒有使新儒家與胡適為首的自由派止紛息爭，在爭取自由與民主的大纛下諦結成統一戰線，反而因他的沉不住氣，拋開了調解者的身份赤膊上陣，和殷海光、張佛泉、毛子水等「胡黨」逐一捉對廝殺，使得《民主評論》與《自由中國》的戰火變得一發不可收拾，也使得港臺本來就為數不多的真正的知識分子爭取自由民主的力量，在彼此的論戰中互相抵銷。這樣的結

【101】徐復觀，〈由兩封信所引起的一點感想〉，頁393-394。

【102】徐復觀，〈由兩封信所引起的一點感想〉，頁394。

翟志成　文化激進主義 VS.文化保守主義：胡適與港臺新儒家　　157

果，用徐復觀的原話，「實在是萬分不幸」。【103】

四、文化宣言

　　關於《民主評論》與《自由中國》論爭的來龍去脈及其爭論的要旨，
時下學界已有黎漢基的專書，【104】尤其是李淑珍的博士論文，【105】作了
比較全面的梳理；且胡適本人並沒有親自加入論戰，為免枝蔓，本文實
在沒有必要，再特別追踪論戰的過程和評斷論戰雙方的誰是誰非。本文的
重點，端在呈現港臺的新儒家，尤其是徐復觀，在論戰之前、論戰之中和
論戰之後，是如何針對以胡適為首的自由派對中國歷史文化的各種批評和
攻訐，作出其整體的回應，以及其回應在論述上的理據、策略和技巧。

　　由於痛感於外國人對中國文化的許多誤會與誤解，主要是誤信了胡
適的論述，為了與胡適爭奪代表中國文化對外的發言權，且匡正外國人
對中國文化的許多不正確看法，【106】港臺新儒家決定聯名發表一〈為中
國文化敬告世界人士宣言〉。此事首倡於學政雙棲的前輩張君勱，張氏
當時正旅居於美西三藩市，他的「一人之聲音必不能聞於世界」的提

【103】徐復觀，〈一個偉大書生的悲劇——哀悼胡適之先生〉，頁142。

【104】詳見黎漢基，《殷海光思想研究》（臺北：正中書局，2000），頁88-212。

【105】 Su-san Lee （李淑珍）, " Xu Fuguan and New Confucianism in Taiwan (1949-
1969) : A Cultural History of the Exile Generation." Ph. D. Dissertation, Brown
University, 1998.

【106】一九五七年三月七日唐君毅致牟宗三、徐復觀函云：「彼（按：指張君勱）謂
在美之中國人皆罕能爭氣。西方人講中國學者皆亂講。據弟所見亦是事實。在
三藩市時有一亞洲學術之研究院，弟曾參加其佛學討論會，實覺彼等之可憐。
書不能說他們不讀，只是缺智慧。……」唐君毅，〈致牟宗三〉之第十一，收
入《書簡》，頁172-173。

醒，讓來訪談的唐君毅心有戚戚焉。唐君毅因之就文化宣言事函商於牟宗三與徐復觀，【107】徐復觀與牟宗三欣然同意，並以唐氏對此一問題「把握得最清楚，最周到」，覆函共推其任文化宣言初稿之起草人。【108】唐君毅在旅美途中，花了半個月的時間，撰成了一篇四萬餘字的宣言初稿。該草稿的內容，多為三人平日思想之交流，其中亦採納了徐復觀在一九五七年四月十七日致唐君毅函中的好些重要建議，【109】然亦有數點是唐氏「臨時觸發者」。【110】張君勱嫌初稿太長，且批評西方文化的缺點亦似「話太露骨」，建議加以刪節；【111】徐復觀與牟宗三亦針對初稿

【107】一九五七年三月七日唐君毅致牟宗三、徐復觀函云：「君勱先生在後一次談後，彼提議一事囑與兄等商，即彼謂當今之世，一人之聲音必不能聞於世界，可否約若干人思想大體相同者，共向世界發表一 manifesto。弟當時謂為求對世界影響仍須中國人自己多有著作。彼意此二者皆所亟須。弟對此事無一定意見，不知兄等以為如何是好。」唐君毅，〈致牟宗三〉之第十一，收入《書簡》，頁173。

【108】一九五七年四月十七日徐復觀致唐君毅函云：「奉到三月七日手教後，……君勱先生有信給宗三兄，亦提對中國文化問題共發表一宣言事，其用意甚善。……宗三兄昨晚來弟處商量，如何復君勱先生之信，弟意此稿不妨由兄起草，經君勱先生商酌後，如僅以英文發表，即可由弟與宗三兄參加，在美發出，即可。此一問題，以兄把握得最清楚，最周到，故以兄動筆為宜。」（未刊）

【109】一九五七年四月十七日徐復觀致唐君毅之未刊書函中，有徐對如何起草宣言數點重要意見，唐以四刮弧在其後，加上「同意」「甚是」等字。

【110】一九五七年六月二十八日唐君毅致牟宗三、徐復觀云：「學術文化宣言承兄等囑草初稿，弟於上月曾費半月之力，草了四萬餘字。以太長，不甚類一般宣言，用意在針對西方人對中國文化及政治之誤解求加以說服，內容則多是平日吾人所談，亦有數點是臨時觸發者。兄等一看如何。……」唐君毅，〈致牟宗三〉之第十二，收入《書簡》，頁174。

【111】見唐君毅，〈致牟宗三〉之第十二，收入《書簡》，頁174。

翟志成　文化激進主義 VS. 文化保守主義：胡適與港臺新儒家　159

提出許多修正的建議，但同意唐君毅有作「最後決定」之權。【112】文化
宣言定稿後，曾考慮到找錢穆領銜簽名。徐復觀首先修函問其意願，不
料錢穆竟簡單地視之為「漢宋之爭」，【113】以「恐更引起門戶壁壘」為
由，【114】大加反對，此事只好作罷。【115】由於錢穆的拒簽，使唐、牟、
徐等人深感聲應氣同者之難求，且多徵求一人簽名，則其人對宣言之意
見亦未必能全同，如此一來，「字句斟酌書信往返得一最後結論，恐非
數年不辦」，為了節省時間，徐復觀和牟宗三同意唐君毅的意見，擬以

【112】一九五七年八月二十一日徐復觀致唐君毅云：「關於文化宣言事，宗三兄與弟
　　　皆贊成。兄在旅途中肯寫此文，此乃真出於文化之責任感。弟擬刪去數段，並
　　　在文字上有少數之修改刪改之用意，在於凸顯出最主要之意思，不使刪改者及
　　　其次要最容易引起爭論者所欲講之中心問題。為節省時間，已照刪改者油印十
　　　餘份。凡經宗三兄同意刪去者即未印上，宗三兄不甚同意者，原文及刪改者皆
　　　印上，以便去取。……但一切由兄作最後決定，故將原稿奉上，望細看一遍，
　　　何者應改回，何者仍應保留，兄可逕行處理，弟毫無他見。為節省時間，油印
　　　稿由宗三兄直寄君勱先生二份。……印時以中英文並舉為宜（如太貴，則分印
　　　亦可）。簽名的人數恐不會多，亦不必多。」（未刊）

【113】早在兩年前，錢穆即把唐、牟、徐等人視為宋學家，把徐復觀撰文批評他的
　　　「以好惡釋仁」，視為來自宋學的批評，他在一九五五年八月十七日給徐復觀的
　　　信中寫道：「私見近來宋、漢之爭又起，若要提倡宋學，千萬勿陷入空疏主
　　　觀，更不宜騰為口說。」（未刊）

【114】一九五七年八月一日錢穆致徐復觀函云：「君毅約於八月底返港。君勱先生意
　　　欲對中國文化態度發一宣言，私意此事似無甚意義。學術研究，貴在沉潛縝
　　　密，又貴相互間各有專精。數十年學風頹敗已極，今日極而思反，正貴主持風
　　　氣者導一正路。此決不在文字口說上向一般群眾蘇聳視聽而興波瀾，又恐更引
　　　起門戶壁壘耳。」（未刊）

【115】一九五七年八月二十一日徐復觀致唐君毅云：「錢先生處，弟已試探其意見，
　　　彼乃大為反對，此自在意中，故兄不必再提。」（未刊）

35

牟宗三、徐復觀、張君勱和唐君毅四個人的名義，把宣言只用英文，或用中英文同時發表，不再徵求在臺、港之其他中國人的簽署。【116】

要把宣言用英文發表，首先得把已定稿的宣言翻譯成英文。四人之中，只有張君勱一人有洋博士學位，且向洋人宣傳之事亦係由他首先提起，翻譯的工作本非他莫屬。張君勱事前亦答允「自任譯事」，怎奈事到臨頭卻推三阻四，【117】只找到一個旅美的青年學人趙自強代譯。而趙自強的程度亦不能勝任此一工作，能勝任此一工作的施友忠又不願拔刀相助，結果宣言只能以中文版率先在一九五八年元月號的《民主評論》刊出。如此一來便如牟宗三所言，失去了只向洋人宣傳之「初衷」。【118】

【116】「只將此稿與吳、陳、方等看，引起多人注意此問題亦甚佳，但如要人簽名，則彼此處處同意實難，如此長文字句斟酌書信往返得一最後結論，恐非數年不辦。……此事初由君勱先生發動，其本意仍是有感於西方人對中國學術文化之認識足以生心害政……弟建議：一法是只用英文發表，便不須多徵在臺、港之中國人簽署以減少麻煩……」唐君毅，〈致徐復觀〉之第三十五，收入氏著，《書簡》，頁113。

【117】一九五七年十一月二十五日唐君毅致徐復觀、牟宗三函云：「文化宣言事，弟曾將佛觀兄寄來各件及四、五二節抄寄君勱先生，請其改正。彼回信謂不必再在文字上苟求，但主張先以中文發表，以後再謀翻譯；並要再生編者劉君來索稿，在再生專刊登載。弟於此不甚謂然。因彼在美迭與弟函，都說要對世界人士說話，並主張先以英文發表，由彼自任譯事，而弟初草此稿時，亦是先針對西方人對中國文化之誤解寫。故弟曾一函告之，謂最好中英文同時發表……仍請彼改正後依大意翻譯。彼後又回信謂彼以生活忙，說在港先找人作初譯，寄彼修正，再覓刊物發表。弟亦不便相強。唯此間覓譯筆好者亦不易。……」唐君毅，〈致徐復觀〉之第三十六，收入氏著，《書簡》，頁114-115。

【118】對於張君勱的「軟疲失機」，牟宗三甚為不滿，其一九五七年十月十二日致唐君毅函云：「近接君勱先生函，言文稿譯事，初欲託趙自強（在美）譯，須有酬，後復謂依原意重寫，不能直譯，並謂中文稿可先在《文評》發表，中、美

翟志成　文化激進主義 VS.文化保守主義：胡適與港臺新儒家　161

大約是出於對張君勱的不滿，更恐張氏之政黨背景引起「他人政治上之
聯想」，唐君毅在刊登宣言之時，竟不顧及張氏的「老輩」身分，把張
君勱的名字列在牟宗三和徐復觀之後；【119】而唐君毅為了自我謙抑之
故，把自己的名字列在最後。

　　然而，即使宣言只能以中文先行發表，它那種面對著對全世界洋人
發聲的態勢，實際已取得了「出口轉內銷」的效用。當時的中國學術，
在西方學界事實上只居於邊陲中的邊陲。為數極少的「漢學家」或「中
國通」，其興趣也僅僅限於中共的政治和經濟政策。既然新儒家「玄之
又玄」的文化宣言，就連旅美青年學人趙自強的「程度」，都不能夠理
解；那麼，它無論以何種文字發表，對於「程度」「更淺」的洋人，都不
啻是無法讀懂的天書。【120】這從它後來終於譯成英文發表，竟沒有得到
任何的回應，便可得到了最充分的證明。不過，在港臺當時正極端「崇
洋媚外」的文化界和知識界，任何沾得上西洋味的東西，其身價立增十
倍，就連古色古香的新儒學亦不例外。文化宣言「出口轉內銷」的性
質，立刻引起了國人的關注。它雖沒有達成它的既定目標，亦即對外與
胡適爭奪代表中國文化的發言權；然而卻誤打誤撞地造成了一意外的，
但更令港臺新儒家喜出望外的戲劇效果，亦即對內與胡適爭奪代表中國

　　文不必同時印行。如此，則失初衷，無義意矣！此公謀事總是疲軟失機。弟意
　　在港能找一譯者否？如此則比較集中。本施友忠可譯，然他不必願任勞，君勱
　　先生亦不肯強他。趙自強程度淺，不理解也。究不知他如何處理？……」（未
　　刊）

【119】一九五七年十二月十六月唐君毅致徐復觀、牟宗三函。唐君毅，〈致徐復觀〉之
　　　第三十八，收入氏著，《書簡》，頁117-118。

【120】牟宗三當時正在東海大學任教，他在一九五八年六月二十五日致唐君毅函云：
　　　「此間洋人聽說有此〈宣言〉，曾約討論一次，但他們程度太淺，根本不入。時
　　　下人，無論國人或洋人，誠如〈宣言〉中所示，皆是考古與近代史，連傳教士
　　　都不可得。」（未刊）

文化的發言權。牟宗三原先以「失初衷」即「無義意矣」的估計實為大錯，後來為事實所證明了的，反而是唐君毅正面而樂觀的預言。【121】文化宣言當然也「震動」了甫剛返臺出任「國子監祭酒」（即中央研究院院長）的胡適。徐復觀致唐君毅的信中提到：「胡適之先生對〈文化宣言〉非常注意，曾多次提到，但未表示贊成或反對，大約以反對之意為多耳。」【122】牟宗三也在致唐君毅的書函中報告：「胡適之回國很注意此〈宣言〉，他認為我們要革他的命，所以他心中略有震動，讓他的隨從者注意。其實他是多餘，他的徒眾根本無觀念，被他的科學方法封死了，連他的科學方法之來歷也不過問了。他還怕什麼？弟常發感慨，自由世界已到無觀念的境地了，已進入涅槃了，進入純感覺層面而窒息死的涅槃，真所謂『天地閉，賢人隱』了，只好讓共產黨天天耍魔術。弟書能銷二百餘部已是甚好，……本亦無幾人能看，但擺在那裏，究亦是一迷糊的力量，善導寺和尚買了好多部，但看不懂，仍是文化宣言中那類問題可以感動有心人，功不唐捐也。……」【123】

刊載在《民主評論》的宣言，全稱為〈為中國文化敬告世界人士宣言——我們對中國學術研究及文化與世界文化前途之共同認識〉。全文約四萬字，共分為十一節。第一節為「前言」，申明四人發表該宣言的理由。由第二至第四節，則著重說明中國文化與西方文化之根本不同之所在，以及西洋人慣從自己的文化立場，來衡斷和批評中國文化所造成的種種不幸的誤解。第五節說明中國文化與西方文化一樣，自有其超越

【121】一九五七年十一月二十八日唐君毅致徐復觀、牟宗三函云：「此文本意是教訓西方人治漢學者，今雖不能即譯為英文，但仍表示吾人之一聲音與態度。同時間接可端正若干中國人之態度。」唐君毅，〈致徐復觀〉之第三十七，收入氏著，《書簡》，頁116。

【122】一九五八年六月二日徐復觀致唐君毅函。（未刊）

【123】一九五八年六月二十五日牟宗三致唐君毅函。（未刊）

的宗教精神。第六節說明中國的心性之學乃中國文化根本之根本，核心之核心，西洋人欲要對中國文化有正確瞭解則必由此通路進入。第七節說明了中國文化何以能延續了數千年而從不中斷。由第八至第九節，則反覆重申中國文化何以會不反科學和民主，且不缺科學與民主之萌孽，然而卻一直不能從中產生出近代科技與民主政治的最根本理由。第十和第十一節，則一再強調中國文化不僅有萬古常新之永恆價值，而且有非常重要的現代意義；不僅中國文化必須善學西方文化，而西方文化亦必須善學中國文化，兩者必須互相觀摩互相學習，以取長補短，各自救濟自己之欠缺與不足。

如果從更宏觀的角度，宣言可視為港臺新儒家對胡適等人的五四論述的全面反駁。新儒家的駁詰，又可分為三個部分。第一部分由宣言的第一至第七節，主要是通過對中國文化的特殊性，尤其是國人對其國族文化的特殊情感的強調，藉以否認由西方啟蒙理性所建構的帶有普遍性和普世性的規範、法則或標準，正如胡適等人所言，可以完全移植和套用到中國來，而不會因之衍生出各式各樣的流弊和毛病。這種以特殊性vs.普遍性，以感情vs.理性的論述策略，究其實並非新儒家的首創。法國啟蒙哲學家盧騷（Jean Jacques Rousseau）、伏爾泰（François-Marie Arouet, AVoltaire）、狄德羅（Denis Diderot）、孟德斯鳩（Baron de Montesquieu）等人強調每一個人的理性的同一性，而由此理性所建構出來的法規和制度，便不僅帶普遍性，而且還帶有唯一性。所謂普遍性，是指這些法規和制度，無論應用到歐洲或美洲，或者是亞洲和非洲，只要應用到有人類的地方，就一定會產生相同的偉大功用。所謂唯一性，是指任何其他不同的法規和制度，和它們相較，都是不正確的或錯誤的。只有它們纔是唯一正確的和獨一無二的。這種以普遍性抹煞特殊性，以理性吞沒情感的啟蒙主義思潮，早在十八世紀，便受到德國的浪漫主義和民族主義的猛烈抵抗和強力批判，堅持民族文化和民族情感的不可化約和不容抹煞的特殊性，便成了他們反制的最大

利器。【124】赫德（Johann Gottfried von Herder）所謂「寧願當一個第一等的日耳曼野蠻人，也不要當一個第二等的法蘭西文明人」，至今讀來，仍令人熱血沸騰情難自禁。如果說，「全盤西化」可視之為法國的啟蒙主義經由胡適等五四領袖之手在中國的複製，那麼，新儒家宣言中對中國歷史文化的特殊性和民族情感的訴求，也與德國的浪漫主義和民族主義異曲同工。

港臺新儒家最有創見和最具特色的地方，端在其第二部分，亦即在宣言的第八和第九節中所討論的科學與民主這個部分。本來，科學與民主，原是啟蒙主義最核心和最重要的成分，港臺新儒家既然可以通過對中國文化與國情的特殊性的強調，藉以論證西方的某些法則不一定能適用於中國，他們也大可以沿用相同的論述策略，論證科學與民主同樣也不適用於中國。梁漱溟與馮友蘭就都曾以中國文化的純粹「向內求善」為理據，證明中國古代之所以沒有產生科學，完全是緣於中國的古人對於「向外求知」的科學的「毫不需要」。【125】不過，港臺新儒家卻捨此道而不由。因為，經過了胡適等五四領袖數十年來的教育和宣傳，科學與民主已成為中國人的共同要求。即使自稱「和尚打傘，無法無天」的毛澤東，也必須在其「專政」或「獨裁」政權之前，加上「人民」和「民主」的裝飾，正其名為「人民民主專政」或「人民民主獨裁」。【126】港

【124】 Isaiah Berlin, Henry Hardy ed., *Three Critics of the Enlightenment: Vico, Hamann, Herder.* (New Jersey: Princeton University Press, 2000), pp.168-169。

【125】 詳參梁漱溟，《東西文化及其哲學》（上海：商務印書館，1922），頁75-77。馮友蘭，〈為什麼中國沒有科學〉，收入氏著，《馮友蘭學術文集》（北京：北京大學出版社，1984），頁23-42。

【126】毛澤東在〈論人民民主專政〉一文中說：「『你們獨裁。』可愛的先生們，你們講對了，我們正是這樣。中國人民在幾十年中積累起來的一切經驗，都叫我們實行人民民主專政，或曰人民民主獨裁，總之都一樣，就是剝奪反動派的發言權，只讓人民有發言權。」毛澤東，《毛澤東選集》（合訂本），頁1364。

翟志成 文化激進主義 vs. 文化保守主義：胡適與港臺新儒家 165

臺新儒家希望科學與民主在中國能早日落實之心，與胡適等自由派其實並無不同。徐復觀對臺灣黨外民主運動的參與和支持，有時甚至要比胡適還要更加直接，也「更勇敢一點」。【127】承認中國文化在過去並沒有發展出民主和科學，承認科學與民主，為今日中國的救亡圖存所亟需，這是港臺新儒家與胡適等自由派極為少有和極為難得的共識。【128】

然而，胡適等自由派自五四以來，即把中國文化在整體上與科學及民主的水火不相容，作為其全面毀棄中國文化及主張全盤西化的邏輯依據。港臺新儒家對此當然萬萬不能表示同意。港臺新儒家絕不承認「中國文化是反科學的，自來即輕視科學及實用技術」。他們在文化宣言中特別指出：中國文化「傳說中之聖王，都是器物的發明者。而儒家亦素有形上之道見於形下之器的思想，而重『正德』『利用』『厚生』。天文數學醫學之智識，中國亦發達甚早。在十八世紀以前，關於製造器物與農業上之技術知識，中國亦高出於西方。」通過列舉這些「人們共知之事」，港臺新儒家引申出「中國古代之文化，分明是注重實用技術」的結論。【129】那麼，人們不禁要問：「分明是注重實用技術」的「中國古代之文化」，為什麼不能像西方文化那樣產生出科學？港臺新儒家的答案，不像梁漱溟與馮友蘭那樣，以中西心靈的「向內求善」與「向外求

【127】例如，雷震被逮後，徐復觀曾多次到獄中探望，並給雷震送書，胡適卻始終未到獄中看望過雷震一次。

【128】新儒家在文化宣言中說：「我們承認中國歷史文化中，缺乏西方之近代民主制度之建立與科學，及現代之各種實用技術，致便中國未能真正的現代化工業化。」中國需要真正的民主建國，亦需要科學與實用技術，中國文化須接受西方或世界文化。……而使中國人之人格有更高的完成，中國民族之客觀的精神生命有更高的發展。」牟宗三等，〈為中國文化敬告世界人士宣言——我們對中國學術研究及文化與世界文化前途之共同認識〉（以下簡稱〈文化宣言〉），收入張君勱，《新儒家思想史》（臺北：弘文館，1986），頁576。

【129】牟宗三等，〈文化宣言〉，頁576-577。

知」的方向不同答之，而是乾脆爽快地承認，中國古代文化之所以不能產生科學，完全是由於它欠缺了西方文化那種「為知識而知識」的科學精神。那麼，什麼又是西方「為求知而求知」的科學精神？文化宣言指出：

> 西方科學之根本精神，乃超實用動機之上者。西方科學精神，實導源於希臘人之為求知而求知。此種為求知而求知之態度，乃是要先置定一客觀對象世界，而至少在暫時，收斂我們一切實用的活動，及道德實踐的活動，超越我們對於客觀事物之一切利害的判斷與道德價值之判斷，而讓我們之認識的心靈主體，一方面如其所知的觀察客觀對象，所呈現於此主體之前之一切現象；一方面順其理性之運用，以從事純理論的推演，由此以使客觀對象世界之條理，及此理性的運用中所展現之思想範疇、邏輯規律，亦呈現於此認識的心靈之體之前，而為其所清明的加以觀照涵攝者。【130】

港臺新儒家強調，中國文化之所以欠缺西方「為求知而求知」的科學精神，並非如五四反傳統人士所攻訐的那樣，是由於國人太過沉迷於八股文和詩詞歌賦等無用之學，而忽略了實用知識和國計民生。恰恰相反，中國文化之所以欠缺科學精神，完全是由它太過重視實用的知識，太過重視「正德」「利用」「厚生」的價值，因之難以「放縱」自己進行任何「無用」的活動；而西方人「為求知而求知」的活動，在過去的中國人眼中，看起來反而是一種「無用」的活動，反而是一種「玩物喪志」；因為，這一類的活動，無論和實用方面，還是和「正德」「利用」「厚生」方面，都無任何直接的關連。它們其實是莊學的「無用之用」。然而，唯有「無用之用」，始堪「成其大用」，這是莊學的一個弔詭。西方人正是從「為求知而求知」的、看似「無用」的活動中，發展出現

【130】牟宗三等，〈文化宣言〉，頁577。

代科學技術和富國強兵的「大用」；而中國過去的文化卻正是由於它太過著重實用，所以纔會發展不出現代科學精神和富國強兵的「大用」。所謂「有心栽花花不發，無心插柳柳成蔭」，暫時不再思及實用和正德利用厚生者，反能大大地成就和發展了實用和正德利用厚生；而念念不忘實用和正德利用厚生者，卻反而使實用和正德利用厚生，不能取得更大的成就和更高發展。這是莊學的又一個弔詭。有鑒於此，港臺新儒家在文化宣言中指出：

> 中國人欲具備此西方理論科學精神，則卻又須中國人之能暫收斂其實用的活動與道德的目標，而此點則終未為明末以來之思想家所認清。而欲認清此點，則中國人不僅當只求自覺成為一道德主體，以直下貫注於利用厚生，而為實用活動之主體，更兼求自覺成為純粹認識之主體。當其自覺求成為認識主體時，須能暫忘其為道德的主體及實用活動之主體。而此事則對在中國之傳統文化之下中國人，成為最難者。但是中國人如不能兼使其自身自覺為一認識的主體，則亦不能完成其為道德的主體與實用活動之主體。由是而中國人真要建立其自身之成為一道德的主體，即必當要求建立其自身之兼為認識的主體。而此道德的主體之要求建立其自身兼為一認識的主體時，此道德主體須暫忘其為道德的主體，即此道德之主體須暫退歸於此認識主體之後，成為認識主體的支持者，直俟此認識的主體完成其認識之任務之後，然後再施其價值判斷，從事道德之實踐，並引發其實用之活動。此時人之道德的主體，遂升進為能主宰其自身之進退，並主宰認識的主體自身之進退，因而更能完成其為自作主宰之道德的主體者。然後我們可以說，人之道德的主體，必須成為能主宰其自身之進退，與認識的主體之進退者，乃為最高的道德的主體，此即所謂人之最大之仁，乃兼函仁與智者。而當其用智時，可只任此智之客觀的冷靜的了解對象，而放此智以彌六合，仁乃似退隱於其後。當

其不用智時，則一切智皆捲之以退藏於密，而滿腔子是惻隱之心，

處處是價值判斷，而唯以如何用其智，以成己成物為念。【131】

同樣地，港臺新儒家也坦白承認「中國歷史文化中，缺乏西方近代之民主制度之建立」，坦白承認因之中國之政治歷史，「遂長顯為一治一亂的循環之局」，坦白承認中國今後政治之光明前途，「只有繫於民主政治之建立」。但他們絕不承認胡適等反傳統主義者的指控，絕不承認「中國政治發展之內在要求，不傾向於民主制度之建立」，絕不承認「中國文化中無民主思想的種子」。【132】為了證明這一點，新儒家在文化宣言中不厭其煩地列舉了中國政治史上的宰相制度、御史制度、徵辟制度、選舉制度和科舉制度，以及由這些制度表現出來的制衡和監督的力量，說明中國古代的專制君主的權力並非絕對的無所限制。文化宣言中也不厭其詳地以儒典中所推尊的堯舜禪讓、湯武革命、「民之所好好之、民之所惡惡之」和「民貴君輕」等理想為例，證明中國文化中存有「天下為公、人格平等之思想」，而此一思想「即為民主政治思想根源之所在，至少亦為民主政治思想之種子所在」。【133】然則，中國文化中既存有民主政治思想之「根源」，至少亦存有民主政治思想之「種子」，為什麼不能建立其類此西方近代之民主制度？港臺新儒家在文化宣言中，把原因歸咎於國人之政治主體的未曾建立。不過，這樣的解釋，卻難以令別人，甚至令港臺新儒家自己感到滿意和心安。因為，和他們的前輩一樣，港臺新儒家也是一群「藉思想文化以解決問題」的思想文化決定論者。【134】對他們來說，既有民主思想的「根源」或「種子」但長

【131】 牟宗三等，〈文化宣言〉，頁578。

【132】 均見牟宗三等，〈文化宣言〉，頁579。

【133】 均見牟宗三等，〈文化宣言〉，頁579-581。

【134】 詳參林毓生，《政治秩序與多元社會》（臺北：聯經，1989），頁3-48、337-349。

達數千年竟無民主「制度」的產生，在現實上是不可能的，而在邏輯上也是一個不通的悖論。牟宗三後來在《政道與治道》中，企圖以中國文化之道德主體的充量發達，特別重視個人道德修養的向上發展，喜歡從「天地萬物一體」、「天地與我並生，萬物與我為一」、「物我雙忘」、「首出庶物」等方面痛下功夫，以至使道德主體愈講愈高，而把政治主體和知識主體隸屬於道德主體之下，使得道德主體與政治主體之間，道德主體與知識主體之間，呈現出一種「隸屬格局」（sub-ordination），而非一種「對列格局」（co-ordination）。牟宗之強調，「對列格局」是西方文化之所以能發展科學和建構民主政治的根本精神或宗旨之所在，中國要發展出民主政治，則必須學會把道德主體與政治主體之「隸屬格局」，改變為「對列格局」，而其發展科學的路向亦與此相同。【135】

　　牟氏在《政道與治道》中平鋪了道德、知識、政治和藝術這四種主體，安排了道德 vs. 政治，道德vs.知識，以及道德 vs. 藝術這三種「對列格局」。但是，這四種主體是否有高下輕重之別？除了道德主體之外，知識、政治和藝術這三種主體又是如何產生的？它們是否和道德主體一樣，同樣都是由理性所演化？還是僅僅由道德主體這個本尊「一氣化三清」之後的分身？這些問題，牟宗三都不易解答。站在新儒家的道德理想主義的立場，他勢必不能說道德主體與知識、政治和藝術的三個主體一樣、都是理性的產物，四者都一般的重要，並無大小先後輕重高下之區別。但是，如果他把其餘三者說成只不過是道德主體的分身，則道德主體與其餘三者的關係，依然是處於一種「隸屬格局」的關係，其「對列格局」便勢必無法立足，而科學與民主亦因之難產。由於這些問題難以解決，牟宗三晚年似乎不再提及四種主體和對列格局，而以「良知的自我坎陷」的學說取而代之。「良知的自我坎陷」學說的細緻精微

【135】牟宗三，《政道與治道‧新版序》，《牟宗三先生全集》（臺北：聯經，2003），頁22-32。

處，不是本文討論的範疇。但其最淺白簡易的說法，就是為了成就科學和民主政治，良知（即道德主體）必須「坎陷」下去，暫時停止其道德判斷的功能，俾便讓知識的主體和政治的主體藉以凸顯出來，以成就科學和民主。一俟科學和民主建立之後，良知（即道德主體）便從「坎陷」的位置再躍升出來，重新恢復其道德判斷的功能，並成為指揮知識的主體和政治的主體進退的主宰。顯而易見，牟宗三所提出的「良知」的暫時「坎陷」，和文化宣言中「道德主體」的暫時「退隱」，所說的都是同一回事。唯一不同的是，文化宣言中的「道德主體」，只主宰知識主體的進退，所成就的只是科學；牟宗三「坎陷」說中的「良知」，卻能同時主宰知識主體和政治主體的進退，所成就的是科學兼民主。經過唐君毅在文化宣言中草創於前，牟宗三的「坎陷」說改良於後，對於胡適等五四反傳統主義者對中國文化所作的最主要的攻擊，港臺新儒家已有了標準的制式回應：中國文化過去雖未能成就科學與民主，但中國文化不僅不反科學反民主，而且還須藉著科學與民主的建立，「乃所以使中國人在自覺成為一道德主體之外，兼自覺為一政治的主體，認識的主體及實用技術活動的主體，而使中國人之人格有更高的完成，中國民族之客觀的精神生命有更高的發展。」【136】中國文化理想的提高和內涵的充實，固然離不開科學與民主，而離開了中國文化，中國的科學與民主亦無法建成。因為，中國的知識主體和政治主體的出場和進退，離不開中國文化的良知的「坎陷」，或道德主體的「隱退」，離不開中國文化的良知或道德主體的指揮和主宰。

由於科學與民主的欠缺，港臺新儒家在文化宣言中承認中國必須學習西方。【137】但胡適等人所謂「中國文化百不如人」的說法，他們則絕

【136】牟宗三等，〈文化宣言〉，頁576。

【137】〈文化宣言〉云：「⋯⋯近代西方人之心靈，乃一面通接於唯一之上帝之無限神聖，一面亦是能依普遍的理性以認識自然世界。⋯⋯此二者即結合為個人人格

對不能承認。他們強調，中國文化亦有許多西方文化所亟須學習和引進之寶物。文化宣言的最後兩節，集中提出了西方人至少在五個方面，亦應向中國文化學習。其一是「『當下即是』之精神，與『一切放下』之襟抱」，其二是「圓而神的智慧」，其三是「溫潤而惻惻或悲憫之情」，其四是「如何使其文化悠久的智慧」，其五是「天下一家之情懷」。【138】通過對中國文化的學習，西方人將能克服其權力意志和征服意志，以及學會重視其他民族文化的特殊性，珍惜其文化的價值，並恒對其他民族及其歷史文化自身發展之要求，表示出一種敬意與同情。只有做到這一點，近代之宗教戰爭、民族國家之衝突、經濟上階級之衝突，纔能逐漸緩和甚至避免，歐美國家與亞、非、拉國家的關係纔有可能調整，而西方文化纔有可能長久興盛發達，世界和全人類纔有可能謀求真正的和平。【139】

尊嚴之自覺與一種求精神上的自由之要求，由此而求改革宗教，逐漸建立民族國家，進而求自由運用理性，形成啟蒙運動，求多方面的了解自然與人類社會歷史，並求本對自然之知識以改造自然，本對人類社會政治文化之理想，以改造人間。於是政治上之自由與民主、經濟上之自由與公平、社會上之博愛等理想，遂相緣而生。而美國革命、法國革命、產業革命、解放黑奴運動、殖民地獨立運動、社會主義運動，亦都相繼而起。由科學進步之應用於自然之改造，及對社會政治經濟制度之改造，二者相互為用，相得益彰。於是一二百年之西方文化，遂突飛猛進，使世界一切古老之文化，皆望塵莫及。凡此等等，蓋皆有其普遍永恆之價值，而為一切其他民族所當共同推尊、贊嘆、學習、仿傚，以求其民族文化之平流競進者。」牟宗三等，〈文化宣言〉，頁 583。

【138】牟宗三等，〈文化宣言〉，頁 582-529。

【139】牟宗三等，〈文化宣言〉，頁 583-585、592-595。

五、胡適的「踢館」

　　胡適對港臺新儒家的文化宣言的發表，雖然「非常注意」和「多次提到」，但一開始並沒有公開發表自己的看法。[140] 而以胡適為馬首是瞻的自由派，由於其精神領神按兵不動之故，一時之間也沒有發表批駁文化宣言的文章。然而，按照時下論辯或「打筆戰」的通則，新儒家的文化宣言既已從中國文化的特殊性，中國文化與民主科學相助相即的關係，以及中國文化對西方文化回流反哺的互補功能，在整體上全面批駁了胡適及民主派的「全盤性反傳統」和「全盤西化」主要論述，胡適和自由派如果長時期不予以回應，便有默認甚至認輸之嫌。但若由胡適親自撰文反駁，以胡適當時在臺灣和海外的地位，又似是「以上駟對下駟」，白白便宜和抬舉了港臺新儒家。有關這一點，一輩子打過無數筆戰的胡適當然一清二楚的。經過差不多一年的忍耐，胡適終於按捺不住。他借著演講中國文化的名義，親自到臺灣新儒家的大本營，徐復觀曾任教過的臺中省立農學院，以及徐復觀和牟宗三目下任教的私立東海大學——登門「踢館」，並和徐復觀爆發劇烈的口角。關於胡適「雄糾糾地打上門來」的經過，徐復觀在一九五八年十二月九日致唐君毅的書函中，有相當細部的描述：

> 昨日胡適之先生到東海大學，當吳校長茶會招待時，他告訴我：「今天早上在農學院講中國文化，對學生說，中國文化沒有價值，不要听徐復觀、牟宗三兩頑固派的話」云云。他愈說愈起勁，接著說：「包小腳的文化，是什麼文化？你們講中國文化，只是被政治的反動分子所利用。儒家對中國影響，不過千分之一，有什麼值得講？宋明新儒學，完全是佛教的化身，烏煙瘴氣，你們還

---

[140] 見一九五八年六月二日，徐復觀致唐君毅函（未刊），以及一九五八年六月二十五日，牟宗三致唐君毅函（未刊）。

守住它。我忍了十年，現在要講話了。……」弟當答以「胡先生不懂什麼東西可稱為文化。包小腳是從儒家思想中出來的，還是從道家思想中出來的？反動分子還把官給胡先生做，但並未給我們做。文化問題，不能用數目字表示。即使是千分之一，為什麼不能講。《水經注》值幾分之幾？你知不知道宋明理學主要是從佛教影響中翻出來？你在什麼地方看到我們以佛教解釋先秦的文化？你現在遇到的對手，不是幾個英文字母可以嚇倒的，他要追查英文字母裏面有些什麼。願意接受胡先生的挑戰」等等。今天晚上，遇見昨天聽到胡先生演講的幾個朋友，纔知道胡先生指出姓名來罵的一共是五人，除弟與宗三外，還有張君勱，錢賓四及兄。不是罵的「頑固」，而是罵的「不懂中國文化」。此公之語無倫次，全無心肝，一至如此，真出人意外。當然，胡有胡的苦心，既不敢明目張膽高唱自由民主來維持自己的地位，又不能拿出學問來維持自己的地位，只好回到打倒孔家店的老路去維持自己的地位。但這恐怕也難達到他的願望。【141】

這不僅僅是登門挑釁，「當著和尚罵禿驢」而已，而且還當著徐復觀的同事和學生的面前，以前輩教訓後生的高高在上的口吻痛加申斥，更兼所申斥的言辭又極為傲慢無理，徐復觀脾氣火爆，惡聲至必反之，哪能受得了？他的反唇相譏乃事有必至。至於他原先與胡適及自由派結盟的初衷，也一下子全都丟棄到瓜哇國去了。不僅性情暴躁的徐復觀忍不下這一口氣，即使一貫性情溫和的謙謙君子唐君毅，在答覆徐復觀的

【141】一九五八年十二月九日，徐復觀致唐君毅函（未刊）。同日的《中央日報》和《新生報》，亦刊有胡適在臺中農學院演講的簡介，其中提及胡適常掛在嘴邊用以攻擊中國文化的纏足、鴉片、駢文與八股，但沒有提到胡適批判唐君毅、牟宗三、徐復觀、張君勱和錢穆五人的話。胡頌平編著，《胡適之先生年譜長編初稿》，冊7，頁2766-2767。

信中，直斥胡適的談話為「不必管」的「胡說」【142】，可見徐復觀的來信也勾動了他的無名真火。

說起來，也難怪徐復觀的憤怒和唐君毅斥之為「胡說」。如果徐復觀信中的覆述不誤，胡適的說法確實離譜之至。任何人只要稍稍具有一點點的邏輯知識，再加上一點點中國歷史和中國哲學史的常識，都應該知道，宋明理學明明是對佛教的反動，怎麼會「完全是佛教的化身」？儒家文化明明是中國文化的主流，它對中國的影響，又豈止「千分之一」？一部《水經注》，在整個中國文化中，又佔了多少個「千分之一」？為什麼胡適可以花上數年功夫，去研究不及中國文化「千分之一」的《水經注》，而新儒家就不能去研究大於《水經注》不止千萬倍的中國文化？「反動分子」利用科學，利用民主，利用自由主義，被其利用者又豈止「中國文化」？普天之下，還未見過有任何事物，是「反動分子」所不會、不能或不敢加以利用的。可見事物的良窳，並不在於其曾否為「反動分子」所利用！為什麼科學、民主、自由主義被「反動分子」利用之後，胡適們仍然可以照講不誤；而中國文化被「反動分子」利用之後，便不再容許新儒家置喙呢？「包小腳」確實是不仁道之至，但它並不是中國文化的全部，而整個中國的歷史，也有許多時候並不「包小腳」，僅僅以「包小腳」否定整個中國文化，至少也是犯了邏輯上「以偏蓋全」的謬誤。

然而，諸如此類的「胡說」，並不是胡適在一時一地心血來潮的信口開河，而是數十年來胡適及其反傳統主義的同志藉以否定中國文化的一貫理由。但自從逃離北平後，胡適差不多有將近十年的時間，極少再就中國文化的問題發表高見，這和胡適所謂「忍了十年」的說法是基本所符的。然而，由國破家亡所引起的大懺悔和大反省，並沒有使胡適改

【142】 一九五八年十二月十四日唐君毅致徐復觀（《書簡》編者誤作十一月十四日），引自唐君毅，〈致徐復觀〉之第四十二，收入《書簡》，頁123。

變其全盤性反傳統的立場，甚至也沒能讓他不再繼續研究《水經注》。
由大懺悔和大反省所引起的大悲大痛，只不過是胡適心頭上的一閃而過
的靈光，閃光過後一切依如故我。徐復觀認為胡適之所以要「回到打倒
孔家店的老路去」，是因為政治上不敢大膽地向蔣中正爭民主，而在學
術上又拿不出新的東西。徐復觀的看法，有對，也有不對。對的是胡適
在最近十年的政治和學術表現確係乏善足陳，不對的是反傳統思想早已
溶化入胡適的血液中，內化為胡適文化生命中最要的一種基因，故反傳
統的行為，乃係胡適最自然而直接的反應，胡適並不需要特別揭櫫反傳
統的大旗，來合理化他在政治上和學術上的兩無成就。

六、徐復觀的反擊

　　不過，在到臺中「踢館」之前，胡適的「胡說」雖不算多，但他在
臺灣的追隨者，尤其是《自由中國》的筆陣，所聯手仿傚和複製的「胡
說」，卻又十分不少。對於這種「極同弒父」的反傳統「惡言」，徐復
觀便不免時時忘卻自己的「調人」的身分，常忍不住拍案而起與之肉
搏，一如他在臺中對胡適之當面嗆聲。若非如此，他又怎配被錢穆稱之
為「聖門子路」！對胡適及胡黨的反傳統「胡說」的批判，在徐復觀的
雜文和學術論文中，簡直多得不勝枚舉。為了節省篇幅，本文只能從整
體的角度，勾勒出徐復觀批判「胡說」的幾個較為重要的面向，而不再
一一涉及具體的人物、時間和情節。

　　首先，胡適及其追隨者對中國文化，只會挑出中國文化中的短處和
壞處加以批判，而從不顧及中國文化中的長處和好處。徐復觀對這種
「選擇性的判案」手法大表不滿。他憤憤不平地說：「吳胡諸先生，好以
片言隻語抹煞祖國數千年之文化，抹煞千百聖賢之心血；……中國文化
誠有缺憾誠有流弊；然豈無日月經天之大義，以維繫民族精神於不墜？
今人於流離喪亂之際，對自己之祖先，何不先從好的方面去想，而必先

從壞的方面去想；並必以壞的一方面，去抹煞的好一方面；仁人君子之用心，固當如是乎？」【143】

其次，胡適及其追隨者對中國文化的攻擊，常以個別或部分的惡例，當成是中國文化的全部或整體。其中的駢文、律詩、八股、小腳，太監和貞節牌坊，就曾無數次被胡適及其追隨者舉證，【144】藉而得出中國乃至整個東方文化是「懶惰不長進的」【145】、令人「不能不低頭愧汗的」【146】，以及「百不如人的」【147】和「很少或沒有靈性的」【148】文明的結論。胡適們「攻其一點，不及其餘」的和「以偏蓋全」的論述策略，如果從最正面和最好的一面看，或有其棒喝和獅子吼的用心，其目的端在希望國人在這種「使我們抬不起頭來的文物制度」面前，「要誠心誠意的想，我們祖宗的罪孽深重，我們自己的罪孽深重」，從而「閉門思過」和深切「反省」。【149】徐復觀則以胡適舉證得最多的「包小腳」為例，痛批胡適把「包小腳」當作中國文化的「全稱判斷」，是一種「違反邏輯的推論」的「以偏蓋全」。因為，他只要輕易地舉出中國文化除了「包小腳」之外，尚有其它的事物，或只要在中國整個歷史時間中能舉出某一段時間不曾包小腳，就可以把胡適作為「全稱判斷」的根據推翻，「即可證明他的全稱判斷為偽」。【150】此外，徐復觀一點也不認同

【143】徐復觀，〈由兩封信所引起的一點感想〉，頁393。

【144】胡適，〈整理國故與「打鬼」——給浩徐先生信〉，收入氏著，《胡適文集》（北京：人民文學出版社，1998），頁431-434。

【145】胡適，〈信心與反省〉，《獨立評論》，期103（1934年6月），頁4-5。

【146】胡適，〈信心與反省〉，頁5。

【147】胡適，〈信心與反省〉，頁4。

【148】胡適，〈科學發展所需要的社會改革〉，《徵信新聞報》，1961年11月7日。

【149】胡適，〈信心與反省〉，頁5。

【150】徐復觀，〈過份廉價的中西文化問題——答黃富三先生〉，《徐復觀文錄選粹》（臺北：學生書局，1980），頁129-156。

胡適所謂的「我們祖宗的罪孽深重」，而一再強調把罪過歸於古人，只是胡適等反傳統的不肖子孫為洗涮自己的無能和不爭氣的脫罪之辭。有關這一點，下文還要繼續討論。

再次，胡適及其追隨者幾乎把中國目前所直面的各種困境和危機，都視為是中國歷史文化所造成的；[151]把中國文化與西方文化，看成是水火冰炭不能同爐；[152]任何人肯定中國文化，在胡適及其追隨者眼中，就是「保守心態在那裏作怪」，就是「今日一般反動空氣的一種最時髦的表現」，就是「主張復古」，就是為反動勢力「作有力的辯護」，[153]就是滿足「東方民族的誇大狂」和助長「東方舊勢力」的凶焰。[154]徐復觀對此種論調，極端的不以為然。他除了在文化宣言中明白表態之外，還曾借一個台灣友人莊垂勝的口，證明胡適們的中國文化與現代化不能並存的言論，是如何地傷害了臺灣族群的對故國文化的感情：

> ……他有一次和我談到光復時的心境：「……等到日本投降，大家都不約而同的心花怒放，以為平日積壓在心裏，書櫃裏，衣箱裏的故國衣冠文物，現在纔算出頭，大家可以稱心地發抒了。那裏知道政府大員來臺後，有形無形地告訴我們，所謂中國歷史文化，乃至其中的衣冠文物，早經落伍。今日我們的成就和努力的

---

[151] 胡適說：「中國今日最令人焦慮的，是政治的形態，社會的組織，和思想的內容與形式，處處都保持著中國舊有種種罪孽的特徵，太多了，太深了，所以無論什麼良法美意，到了中國都成了逾淮之橘，失去了原有的良法美意。」胡適，〈試評所謂「中國本位的文化建設」〉，《獨立評論》號145（1935年4月），頁7。

[152] 詳見胡適，〈東西文化之比較〉，《胡適文集》，冊3，頁435-448。

[153] 均見胡適，〈試評所謂「中國文化的本位建設」〉，《獨立評論》，期145（1935年4月），頁4-7。

[154] 胡適，〈我們對於西洋近代文明的態度〉，《胡適文集》，冊3，頁417-430。

方向是現代化；不取消這些落伍的東西，便不能現代化。我們想，為什麼現代化和中國文化不能並存呢？假使所要的只是現代化，則在我們心目中，日本人究竟比祖國的某些先生們高明多了。想起來更令人沮喪的是，日本人要我們忘記祖國的文化，內心裏認為中國文化對我們是有價值的。而我們祖國的先生們，希望我們忘記中國文化，公開地是認為中國文化對我們是沒有價值的。」【155】

當然，徐復觀也並不認為中國文化什麼都是好的。在港臺新儒家之中，他最願意正視並承認中國文化中的「缺憾」和「流弊」，【156】尤其是政治文化中幾千年的專制毒素對儒家的「歪曲」，並認為若不滌除這些「缺憾」和「流弊」，糾正這些「歪曲」，中國文化將難以浴火重生。但他絕不承認「儒家思想是專制的護符」，並強調儘管在經過「歪曲」之後，儒家殘存的「道德精神的偉大力量」，仍然能「修正緩和專制的毒害，不斷給社會人生以正常的方向與信心」。【157】至於胡適們對中國文

【155】徐復觀，〈一個偉大地中國地臺灣人之死——悼念莊垂勝先生〉《徐復觀雜文——憶往事》，頁146。

【156】徐復觀在〈答陳伯莊書〉說：「中國文化誠有缺憾誠有流弊」，「中國文化應平心氣靜的從理論上，從事實上加以批判。弟絕不贊成中國文化什麼都有，什麼都好的態度。然決不可從感情上與以抹煞。」徐復觀，〈由兩封信所引起的一點感想〉，頁393-395。

【157】徐復觀說：「……儒家思想，為中國傳統思想之主流。但五四運動以來，時賢動輒斥之為專制政治的維護擁戴者。若此一顛倒之見不加平反，則一接觸到中國史想史的材料時，便立刻發生厭惡之情；而於不知不覺之中，作主觀性的惡意解釋。這與上述的研究態度相關連，也成為今日研究思想史的一大障礙。……中國專制政治規模之大，時間之久，在人類歷史中殆罕有其匹。處在此種歷史條件之下，一切學術思想，不作某程度的適應，即將歸於消滅。……儒家思想，乃從人類現實生活的正面來對人類負責的思想，他不能逃避向自

化和維護中國文化人士的各種抨擊，徐復觀則以其人之道，還治其人之身，用同樣粗暴的語言惡狠狠地還以顏色，既涉及人身，也猜及動機。《自由中國》的筆陣辱罵《民主評論》的新儒家為「復古主義」，他便除了以「洋奴主義」罵回去之外，還重申即使是談論和研究《自由中國》所最厭惡的中國的歷史文化，也是任何人的一種不容剝奪的自由和不容侵犯民主的權利，進而反控打著民主招牌的辱罵者，其實是一群反民主的「文化暴徒」。【158】他嘲笑胡適及其追隨者之所以要攻擊中國文化，

然，他不能逃避向虛無空寂，也不能逃避向觀念的遊戲，更無租界外國可逃，而只能硬挺挺地站在人類的理實生活中以擔當人類現實生存發展的命運。在此種長期專制政治之下，其勢須發生某程度的適應性，或因現實政治趨向的壓力而漸被歪曲；歪曲既久，遂有時忘記其本來面目，如忘記其「天下為公」、「民貴君輕」等類之本來面目，這可以說是歷史中的無可奈何之事。這只能說是專制政治壓歪，並阻遏了儒家思想正常的發展，如何能倒過來說儒家思想是專制的護符。但儒家思想，在長期的適應，歪曲中，仍保持其修正緩和專制的毒害，不斷給社會人生以正常的方向與信心，因而使中華民族，渡過了許多黑暗時代，這乃由先秦儒家，立基於道德理性的人性所建立起來的道德精神的偉大力量。研究思想史的人，應就具體的材料，透入儒家思想的內部，以把握其本來面目；更進而了解他的本來面目的目的精神，在具體實現時所受的現實條件的限制及影響，尤其是在專制政治之下，所受到的影響歪曲，及其在此種影響下所作的向上的掙扎，與向下的墮落的情形，這才能合於歷史的真實。」引自徐復觀，〈研究中國思想史的方法與態度問題〉，《儒家政治思想與民主人權》，頁38-39。

【158】 徐復觀說：「《自由中國》半月刊自刊出以來，倡導民主，為各方所推重。但他們一談到文化問題，則常常是偏狹武斷，不免使人懷疑寫這類文章的人，恐怕根本缺乏民主的氣質。尤以最近十六卷九期〈重整五四精神〉的社論，其態度的橫蠻，對於中國的歷史文化及中國歷史文化的研究者所加的辱罵，只有用『文化暴徒』四字，纔可加以形容。政治暴徒，是自由民主的大敵；我們有什麼

主要是為了替自己的無用和無能卸責：

> 於是又有若干知識分子說：這是由於中國的文化有毛病，所以害
> 得大家這樣苦。他如此一說，便把責任推到幾千或幾百年以前的
> 死人身上去了。……在政府和學校裏，負重要責任的，十分之九
> 以上，都是洋學生、洋博士。尤其是這幾年受美國教育的洋學
> 生、洋博士，特別走紅。我們不願因為這些洋貨，把國家弄壞
> 了，而一口說西洋文化、美國文化，要負當前局勢的責任。為什
> 麼可以一口咬定中國文化，要負當前局勢的責任？即此一端，可
> 見中國知識分子之缺反省精神。【159】

徐復觀甚至認為目前海峽兩岸的不民主，以胡適和陳獨秀為首的五四反
傳統主義者難辭其咎。因為，由陳獨秀領導的五四反傳統派，後來直接
組織了共產黨，理所當然應為中共今日的獨裁負責。而由胡適領導的五
四反傳統派，後來也大多加入了國民黨，同樣也要為國民黨今日的反民
主作為負責。徐復觀說：

根據可以相信文化暴徒能夠成為自由民主的友人？」「但你們，對於外國人講
外國人自己的歷史文化的宗教，對於外國人在中國，在世界各個角落講人類幾
個偉大傳統的宗教，你們不認為妨礙了科學民主，不認為出於自卑心理，不認
為是玄天玄地，不認為是自我防衛的機制的作用；並且還有人冒充教徒換飯
吃；為什麼對極少數的中國人講點中國傳統中的聖賢道理，便要用你們大腦所
有的思考能力為來想盡你們所能想到的罵人字句來辱罵呢？揭穿了說，有洋爸
爸在後面的東西，有金錢，有麵包，你們是又愛又怕；於是只好把中華民族的
根源——歷史文化，及研究這種根源的少數學人，儘量的辱罵，以見整個中華
民族都是沉淪在下界，只有你這種寶貝是翹立在下界的上面，以獨承洋爸爸的
恩寵，這樣，你便可以縱橫馳聘，大出風頭。……」徐復觀，〈歷史文化與民
主自由——對於辱罵我們者的答覆〉，《學術與政治之間》，乙集，頁430-444。

【159】徐復觀，〈現在應該是人類大反省的時代〉，《徐復觀雜文——記所思》，頁
269。

翟志成　文化激進主義 VS.文化保守主義：胡適與港臺新儒家　181

五四運動的陣營，不久即告分裂。一為以陳獨秀氏為首的社會主
義派……一派是以胡適為首，依然是守著民主自由的立場不變。
但他手下的大部分，多加入到國民黨，在國民黨內，開始形成一
個新的官僚集團。同時，民主的精神面貌，此時已被革命的口號
所壓倒；胡氏自己和極少數的人，雖然並不贊成國民黨之所謂革
命，但亦很少積極的主張。「好人政治」的口號，沒有時代的積
極意義，當然喊得沒有力量。他們的自由主義，當時似乎只限於
保持自己個人的興趣；對當時的政治社會，大體上是採取一種旁
觀妥協的態度。【160】

他取笑胡適們之所以攻擊中國文化，是因為不敢為爭民主得罪當局，十
足十的欺軟怕硬和欺善怕惡：

中國的洋學士們，頂神氣的是指著墳裏的骨灰去咒罵刻薄一頓，
以表示自己是新的、西方的，這便夠了。他所知道得很清楚，墳
裏的骨灰，根本不會爬起來辯是非，更不會站起來賭狠氣，那有
什麼顧慮。至於看見有勢力的活人，其細故的程度比「老京油
子」還要利害，這有什麼下容易應付。【161】

為了嘲罵胡適，徐復觀殺得性起，其批鬥的刀鋒甚至掃到了他一向敬重
的梁啟超：

梁啟超住在租界裏面寫〈異哉所謂國體問題〉，卻在《中國歷史
研究法》中，大罵無租界可住的古人，何以會由臨文不諱，變而
為臨文有諱？今人常在他們所不願意的宣言上簽上自己的名，常
在他們所不願意的場合說上連自己也不相信的話；卻怪無外國可
跑，無憲法可引的古人，何不挺身而起，對專制政治作革命性的

【160】徐復觀，〈三十年來中國的文化思想問題〉，《學術與政治之間》，乙集，頁
345。

【161】徐復觀，〈從宣傳問題看我們的前途〉，《徐復觀雜文──記所思》，頁284。

反抗？此皆由顛倒之見未除，所以常常拿自己在千百年以後所不能作之事，所不敢自居之態度，以上責千百年前之古人，這如何能與古人照面呢？對古人的不忠不恕，正因為今日知識分子在其知識生活中，過於肆無忌憚。【162】

所謂「相罵無好口」，徐復觀在內心之中，雖承認胡適「在民主之前，從來沒有變過節」，但有時罵得忘其所以，竟把胡適與他最瞧不起的政治掮客章士釗列為同類，並影射胡適口中的「自由」、「民主」，只不過是些「機謀的運用」的「名詞」：

這些知識分子，對「勢力」的分野只計算其大小，決無左右之分，前進與反動之別。縱然他們口頭上常常說到這些名詞，也只算是機謀的運用，實際他們是非常圓通，非常超然的。但一到他們所標榜的某種學術乃至詩文字畫上面，則出主入奴，好勇鬥狠，非將自己所標榜以外的東西，完全打倒不可。這從康有為到胡適之，都無例外。在「勢力」上圓融，在學術上狠戾，對活著的人客氣，對墓中的朽骨發威，現代中國知識分子在這種地方表演得太出色了。【163】

最後，徐復觀認為胡適提倡「整理國故」之目的，是為了從根本上取消整個中國文化，替「全盤西化」掃清障礙。職是之故，徐復觀把批判的矛頭，指向了胡適的「整理國故」。徐復觀說：「胡氏們的另一工作是『整理國故』；他們整理國故的目的，乃在證明『國故』之一錢不值，使國人不再想到『國故』……此一工作，除胡氏自己寫了若干文獻考證性的文章之外，正面擔當此一重任的是傅斯年氏及他所領導的歷史語言研究所。他們採取最狹隘的實證方法，首先否定文化中的價值觀

【162】徐復觀，〈研究中國思想史的方法與態度問題〉，頁40。

【163】徐復觀，〈現代中國知識分子的特性——悼念章士釗先生〉，《徐復觀雜文——憶往事》，頁187。

念，所以認為仁義禮智等是人造的名詞，在研究過程中要與它們絕緣。名詞——概念，都是人造的；人類文化的成就，總是要通過概念而表現出來。傅氏既否定人造的名詞，於是他自然只承認『材料就是史學』。在傅氏這一方針之下，歷史語言研究所，除了考古學及語言學有相當的成就外，其他的工作，大體只好停頓在文獻校勘之上。以校勘之學來否定中國文化，當然很難達到他們原先的目的。並且胡傅兩氏，既不承認文化中的價值觀念，但要否定中國文化，這依然是人們一種價值活動；在否定價值觀念中的價值活動，只有通過半生不熟的考據上的武斷結論來滿足自己的要求。像這樣的整理國故工作，其無補於全盤西化的積極目標，幾乎可以說是自明之理。至於此一時期，為疑古而疑古的『古史辨』派，他們的業績雖然印成了七大厚本的論集，但只要一讀繆鳳林氏〈與某君論古史書〉一篇文章（見《學原》一卷一期），其鑿空臆斷的情形，已昭然若揭，更不足致論了。」【164】

徐復觀這段文字，左打傅斯年和他的史語所，右打顧頡剛和他的《古史辨》，中間踹向胡適的「整理國故」。劈頭劈腦的一頓痛打，把胡適和他的兩大弟子都一齊照顧到了。他的「否定價值觀念中的價值活動」的指控，也確實讓自稱治學「價值中立」的胡氏師徒難以招架。不僅如此，徐復觀還認為胡適等人在年少暴得大名之後，其學問便不僅沒有進步，並以自己的不進步，「阻礙到整個學術的不進步」。【165】緊接著，

【164】徐復觀，〈三十年來中國的文化思想問題〉，頁347-348。

【165】徐復觀說：「我們只要想到胡適先生在二十多歲時寫的中國古代哲學史，到六十多歲在臺灣重印時，不僅不曾改動一字，並且也不曾對自己少作之作，表示一點不滿。當民國四十一年自由中國的青年以最大的熱情，歡迎他的時候，他依然當著大家背誦他三十多年以前的紅樓夢考證和杜威的知識論的入門；並把他的老秘書毛子水，當眾宣稱「這是當代聖人」。李濟先生在三十歲左右寫了幾篇田野報告，到了七十多歲，還以為那點從鋤頭出來的東西，就是史學的一切，就是人文學科的一切；凡是他所不了解的學問，都是他所不承認的學

徐復觀還把矛頭指向了胡適內心中最引以為得意的「科學方法」，以及胡適最為著迷的考據。因為這兩者是胡適賴以「整理國故」的兩大法寶。徐復觀雖未曾留學歐美，但留日的訓練，使他能從日文譯本中，大量閱讀到西方近現代學術思想的名著，正因如此，他自覺有理由瞧不起胡適的西學。【166】至於胡適的「大膽的假設，小心的求證」這十字真言，徐復觀更是嗤之以鼻，認為只不過是「空洞口號」。他在他的一本書的序言中說：

> 五四運動以來，時賢特別強調治學的方法，即所謂科學方法，這是一個好現象。……不過，憑空談方法，結果會流為幾句空洞口號。方法是研究者向研究對象所提出的要求，及研究對象向研究者所呈現的答覆，綜合在一起的處理過程。所以真正的方法，是與被研究的對象不可分的。今人所談的科學方法，應用到文史方面，實際還未跳出清人考據的範圍一步，其不足以治思想史，集中已有專文討論。【167】

問。……由於這些人缺乏對學問探索的真誠，便以浮名虛聲為學問，便一生一世，陶醉在浮名虛聲之中；於是由他們自身不進步，實際是有退步，而阻礙到整個學術的不進步。」徐復觀，〈對殷海光先生的憶念〉，《徐復觀雜文——憶往事》，頁170。

【166】徐復觀在給屈萬里的一封信中，把他在西學上對胡適的輕視表露無遺：「兄治學之態度與方法，承襲傳統者為多，（在此，兄或不自覺，）接納西方者為少。此一責任，胡、傅兩先生應負其咎。（胡先生在學術上，對西方所了解者實太少。）弟半路出家，讀書不多，然亦不輕陷入過去之窠臼，（如此次《中庸》一文，在分章及「中和」等之解釋上，主要為批評程、朱之說。）而對西方有關之文獻，通過日人譯本，似較兄接觸為多。我國治文史者，若在治學之態度與方法上，沒有一反省，實甚難有新的貢獻。此區區之用心之所在也。」一九六二年五月一日徐復觀致屈萬里函。黎漢基校注，〈徐復觀致屈萬里佚書十九封〉，頁112-113。

【167】徐復觀，〈研究中國思想史的方法與態度問題〉，《儒家政治思想與民主人權》，頁30。

說得更淺白一些，徐復觀認為胡適們既不懂什麼是「科學」，也不懂什麼是「方法」，何「科學方法」之有？他說：「……但從胡適之先生起，對於科學方法，始終未曾脫離『估計』的性質；中研院實際負責的先生們，沒有一個人切實地研究過科學方法。尤其是自十九世紀末期以來，西方的思想家，對於人文方面，如何運用自然科學的方法，以及自然科學的方法，在人文方面受到了什麼限制，作過不斷的反省、開闢，這更非中研院，尤其是史語所的諸先生們所曾與聞。於是自胡適之先生起，一直到屈翼鵬先生這一代，對於科學方法，只不過是朦朧中的口號。再由這種口號的應用，說『我這一派是科學的；不屬我這一派是非科學的』，想由此以壟斷國家的學術市場。這使成為抹煞學術良心的派系毒素化。派系毒素化的影響是今日臺灣每一個文史系，都成為牛山濯濯的獨立山頭，作反淘汰的競賽。……」【168】在徐復觀看來，胡適們運用其「科學方法」的目的和結果，都只不過是在假借科學之名，行劃分勢力範圍，以壟斷國家學術市場之實。通過凡屬我派者皆「科學」，凡不屬我派者皆「非科學」的「科學方法」的照明，中國文化中一切為他們厭惡的價值和思想，自然都被劃入「非科學」的一類，再也不允許其他人學習和研究了。【169】

　　徐復觀對胡適們的考據，同樣地嗤之以鼻，認為「實際還未跳出清人考據的範圍一步」。他借著對清人考據的批評，達到摧破胡適派考據的目的。他說：

【168】徐復觀，〈多為國家學術前途著想〉，《徐復觀雜文——記所思》，頁81。

【169】徐復觀說：「我和胡先生及李先生都當面『抬槓』過幾次，他兩位先生對學問的態度，我相當清楚，而李先生尤為狹隘巇高。凡是有價值性的東西，凡是有思想性的東西，在他們看來，都不能成為學問的對象。李先生甚至認為書本上寫的歷史皆不可信，要用地下材料來代替書本上所寫的歷史。……」徐復觀，〈多為國家學術前途著想〉，頁82。

戴東原曾說：「義理者，文章考覈之源也。熟乎義理，然後能考覈，能文章。」……但段玉裁卻接著說：「義理文章，未有不由考覈而得者」，這便把他先生的意思完全顛倒了。今人表面上標榜戴氏，實則並不足以知戴氏，而僅承段氏之末流。……但由段氏以至今日標榜考據的人所犯的毛病是：一則把義理之學與研究義理之學的歷史，混而不分；一則不了解研究思想史，除了文字訓詁以外，還有進一步之工作。僅靠著訓詁來講思想，順著訓詁的要求，遂以為只有找出一個字的原形，原音，原義，纔是可靠的訓詁；並以這種訓詁來滿足思想史的要求。這種以語源為治思想史的方法，其實，完全是由缺乏文化演進觀念而來的錯覺。從阮元到現在，凡由此種錯覺以治思想史的，其結論几無不乖謬。……因中國文學的特性，從語源上找某一思想演變的線索，並不是沒有一點益處；但不應因此而忽略了每一思想家所用的觀念名詞，主要是由他自己的思想系統來加以規定的。即使不是思想家，也會受他所處的時代流行用法的規定。【170】

徐復觀這段話，指出了文字與思想的辯證關係。文字是思想的載體，要讀懂思想家的文章，必須要先懂得思想家所使用的文字，這本來是沒有什麼可爭論的。乾嘉學者為了明經，通過「考覈」弄清經文每個字的原形、原音和原義，本是應有之舉。但是，任何事物若被強調得過了頭，便無不變成誤謬。若認為只要弄清楚了經文中每個字的原形、原音和原義，就能理解經文中的「全部」內容，並把弄清楚了經文中每個字的原形、原音和原義的「考覈」或「訓詁」，視為解經「唯一」的工作，則又不免大錯而特錯。因為，根據我們每個人的閱讀經驗，我們常讀到一些看不懂的文章，看不懂的原因，並不是我們不懂得文章中的每一個

【170】徐復觀，〈研究中國思想史的方法與態度問題〉，《儒家政治思想與民主人權》，頁33。

字，而是因為我們對文章的內在理路和作者的思想過分隔膜；我們也常讀到一些文章，雖有些不認得的字，但憑藉著對文章的內在理路和作者的思想的熟習，我們不僅能讀懂這些文章，同時也能猜出那些不認得的字的真正意思。可見「訓詁明然後章句明」，與「章句明然後訓詁明」，是我們在閱讀中同時運用並不可偏廢的兩個側面。這兩個側面，前者代表文字（訓詁），後者代表思想（義理）；文字與思想，合之則雙美，離之則兩傷。任何企圖強調其中一個側面而抹煞另外一個側面，都是愚不可及的。徐復觀認為，胡適們承順著段玉裁「義理文章，未有不由考覈而得者」的理路，正是企圖藉著強調文字（訓詁）而抹煞思想（義理），因之大力予以抨擊。

儘管胡適們的考據，在徐復觀看來有如此致命的缺憾和錯誤，但卻是當時學術界的主流。考據，成了當時主流學界的「硬道理」。不諳考據的新儒家，由於欠缺「硬道理」，在主流學術界眼中，咸被認為是不懂學問為何物的胡說八道者，他們的著作，則成了無人理睬的野狐禪。徐復觀年輕時，曾在湖北國學院跟隨黃侃等國學大師苦學三年，打下了極其紮硬的國學根基，不僅通詞章和義理，也懂得考據的門徑。除了錢穆之外，他是港臺新儒家中唯一有能力從事考據工作者。為了替新儒家爭取與胡適們在主流學界平等對話的發言權，徐復觀除了撰寫雜文維持生計之外，也一頭紮進考據中去，運用手中的「硬道理」，以他獨創的訓詁加義理的新考據，去斥破主流學界藉訓詁排斥義理的舊考據。所謂「一著佔先，全盤皆活」。幾乎每一篇發表的新考據，都是徐復觀的發憤之作，也都是徐復觀射向胡適營壘的重磅炮彈。由於徐復觀以考據的「硬道理」登門踢館，主流學界便不能再以野狐禪目之，而只得被迫倉卒應戰。李濟、毛子水、屈萬里、勞榦等史語所或臺大的大老或「上駟」，一一被自稱「丘八」的徐復觀拉出來捉對廝殺。一場場「下駟」對上「上駟」的戰績，收入徐復觀的學術論文集中，成為《中國人性論史》和三大鉅冊的「兩漢思想史」。無論論戰的勝負如何，僅從徐復觀的入

室操戈，拔趙幟，樹漢幟，從一個「學術與政治之間」的邊緣學人，一直殺入學術主流的最核心位置，把胡適手下的「上駟」們一個個都打得只有招架之功，再無還手之力的案例來看，徐復觀又豈止是贏家而已，簡直是大贏而特贏！

七、罵胡風波

自從胡適上大度山踢館之後，新儒家與胡適的關係下降到冰點。即使如此，一心與胡適及自由派結盟的徐復觀，仍努力企圖修補本來已補無可補的惡劣關係。最明顯的例證，是他在胡適上山踢館約半年之後，還努力地為胡適收集了數十個火柴盒。[171]他也與臺大和史語所的同仁繼續交往，儘管他明顯地感受到自胡適回國出長中研院之後，周圍的氣氛，已變得愈來愈不友好。[172]

一九六一年十一月六日，胡適應美國國際開發總署之邀，在「亞東區科學教育會議」開幕時，作 Social Changes Necessary for the Growth of Science（科學發展所需要的社會改革）的主題演講，其中文譯文刊登在一九六一年十一月七日臺灣的《徵信新聞報》上。其中有一段話說到：「科學和技術，並不是唯物的，它具有很高的理想和精神的價值。它們確實代表著真的理想和靈性。」「在東方文明中，靈性不多。在那種忍受

---

[171] 一九六〇年五月四日徐復觀致屈萬里函，黎漢基校注，〈徐復觀致屈萬里佚書十九封〉，頁104。

[172] 一九五九年三月二日徐復觀致唐君毅函云：「自胡適回來後，近來臺北學術風氣，更是不像話，連大陸都不如。整個人的地位都動搖了。」（未刊）他在給屈萬里的信中也抱怨：「在適之先生未主中研院以前，大家還可以在一塊兒聊聊天，說笑說笑。自他主中研院後，所形成的氣雲，大家不期然而然的隔絕起來了。」一九六二年一月十八日徐復觀致屈萬里函，黎漢基校注，〈徐復觀致屈萬里佚書十九封〉，頁112。

著殘酷，無人性的規定，和相沿一千多年的婦女纏足的文明中，有什麼靈性？在那種容忍階級制度達數千年之久的文明中有什麼靈性？在那種把人生看為痛苦，沒有價值，崇拜貧窮和行乞，把疾病歸之於神的作為的文明中，有什麼靈性？」現在正是我們東方人開始承認在那種古老的文明中，很少有靈性，或者沒有。那種古老文明是屬於一個人類體力衰弱，頭腦遲鈍，感到自己無力相抗衡的時代。」【173】徐復觀不諳英文，他從《徵信新聞報》所刊登的中譯中，讀到胡適講話中「極同弒父」的內容後，新仇舊恨一齊挑起，不禁怒從心上起，惡向膽邊生，揮筆寫出了〈中國人的恥辱　東方人的恥辱〉，把胡適的人格和學問罵得不值一文。徐復觀在該文中一開頭始罵道：

> 自從政府任命胡適博士充當中華民國的中央研究院院長以後，我一直有兩句話想公開說了出來。但因為胡博士害了一場大病，便忍住不曾說。今天在報上看到胡博士在亞東科教會的演說，他以一切下流的辭句，來誣衊中國文化，誣衊東方文化，我應向中國人，向東方人宣佈出來，胡適博士之擔任中央研究院院長，是中國人的恥辱，東方人的恥辱。我之所以如此說，並不是因為他不懂文學，不懂哲學，不懂史學，不懂中國的，更不懂西方的；不懂過去的，更不懂現代的。而是因為他過了七十之年，感到對人類任何學問都沾不到邊，於是由於過份的自卑心理，發而為狂悖的言論，想用誣衊中國文化，東方文化的方法，以掩飾自己的無知，向西方人賣俏，因而得點殘羹冷汁，來維護早經掉到廁所裏去了的招牌；這未免太臉厚心黑了。【174】

徐文繼續以「灌夫罵座」的語言，逐點痛批了胡適「誣衊」中國文化和東方文化的所有例證之後，最後還特別勾勒出胡適的「三大戰略」。徐

【173】胡適，〈科學發展所需要的社會改革〉，《徵信新聞報》，1961 年 11 月 7 日。

【174】徐復觀，〈中國人的恥辱　東方人的恥辱〉，《徐復觀雜文續集》，頁 376-377。

復觀說：

> 第一大戰略是：以誣衊中國文化，東方文化的方法，來掩飾他為什麼不懂中國文化，東方文化。以讚頌自然科學的方法，來掩飾他為什麼不懂西方人文科學方面的文化，因為他是志在自然科學。以懺悔少年走錯了路的方法來掩飾他為什麼又不懂自然科學。
> 第二大戰略是以「無稽之談」，「見機而作」的方式來談自由民主。
> 第三大戰略是以院士作送居留美國或已入美國國籍的學人的人情，因而運用通訊投票的魔術，提拔門下士，使中央研究院變成胡氏宗祠。【175】

那麼，是不是臺灣的中文報刊，錯譯了胡適的英文講話，纔引起了徐復觀的衝冠大怒呢？答案是否定的。因為，若把徐文中所引用的胡適所講的那幾段話，和業經胡適本人「校改」過的徐高阮的中譯本比較，【176】兩者除了文氣與遣辭用字稍有不一樣之外，基本的意思是完全一樣的。

那麼，是不是胡適在講話中，臨時添加了前所未有的「誣衊中國文化，東方文化」的新內容，纔使徐復觀感到「極同弒父」而不能再容忍呢？答案也是否定的。以「包小腳」來「誣衊」中國文化，本是胡適的老生常談，而所謂「東方文化」沒有「精神」或「靈性」，也早就見於《胡適之集》。【177】

【175】徐復觀，〈中國人的恥辱　東方人的恥辱〉，頁382。

【176】徐高阮的譯文轉見自胡頌平編著，《胡適之先生年譜長編初稿》，冊10，頁3802-3806。

【177】例如，胡適在〈東西文化之比較〉一文中，以中國城市中的黃包車夫為證據，質問東方精神文明論者：「一種文化容許殘忍的人力車存在，其『精神』何在呢？……一天到晚只知辛苦工作，這還有什麼精神生活呢？」他又以中國一老年叫化婆子相信死後可到西天為例，質問道：「用一種假的信仰，去欺哄一個貧困的叫化子，使她願意在困苦的生活中生存或死亡，這叫道德文明精神文明

翟志成　文化激進主義VS.文化保守主義：胡適與港臺新儒家　　191

　　既然如此，讓徐復觀暴跳如雷的原因到底是什麼？竊以為真正的原因，是胡適以中華民國的中央研究院院長的官方身分，在國際學術會議上向外國人發言，讓徐復觀覺得把臉丟到外國去，不曾為「中國人，東方人，留半分面子」。【178】徐復觀和他的新儒家同志一樣地瞧不起胡適的學問，一樣地認為胡適既沒有資格，也不配當中央研究院的院長，一樣地對史語所和臺大的學風多所指責；但這絲毫也不能證明徐復觀和他的新儒家同志，同樣地輕視中研院院長，以及史語所研究員和臺大教授的名位。恰恰相反，正是因為出於對這些名位的高度重視，他們纔認為胡適及胡黨不配享有這些名位。若非如此，張君勱便不會因錢穆自云受到胡適的阻撓而當不成中研院的院士而大表不平。【179】學術邊緣人對

　　　嗎？如果她生在另一種文化裡，會到這種困苦的地步嗎？」胡適在該文中由此引申出這樣的結論：「除了用科學與機械增高個人的快樂之外，還要利用制度和法律使大多數人都能得著幸福的生活——這就是西方最偉大的精神文明。我可以問：婦女解放，民治政體，普及教育等，是否從東方的精神文明產生出來的呢？焚燒孀婦，容忍階級制度，婦女纏足，凡此種種，是否精神文明呢？」胡適，《胡適文集》，冊3，頁435-448。

【178】徐復觀，〈中國人的恥辱　東方人的恥辱〉，頁382。

【179】一九六〇年七月三十一日張君勱致唐君毅函云：「前晚賓四與其夫人在寓，譚四、五小時，乃知適之在臺，曾言吾輩簽名四人，加上賓四，共五人，為『不配譚中國文化之人』。適之之言，可謂荒唐，勱在海外，今日方得知聞。……並聞賓四去年在中央研究院有被選為院士之望，竟為胡適之反對而止。院士之銜，不足為榮，然倘大研究院中並經學、哲學而無之，此何能成為中國文化中心乎？可笑可笑！」（未刊）其實，當時提名錢穆當院士者正是胡適，錢穆所聽到的流言有誤。中央研究院胡適紀念館藏有一九五八年十二月二十九月胡適給朱家驊的書函，正可證明此事。其函云：「驊兄：送上錢穆先生提名一紙，已有從吾、彥堂、貞一和我的簽名，尚缺一人。可否請　老兄簽名加入提名人之一？倘蒙　贊同，乞簽名後即交來人帶回，或郵寄給萬紹章兄。……」HS-MC05-014-049。

「名不副實」的學術主流派所加諸自己身上的各種孤立、排擠、打壓，當然是極端的不平、不甘和不忿；但偶然受到學術主流派承認和肯定，他們也會情不自禁地引以為榮沾沾自喜。徐復觀就曾因受到沈剛伯的讚許而忍不住在書函中向唐君毅誇耀。【180】在徐復觀眼中，中央研究院既是國家最高學術機構，中央研究院的院長，便是學界最高的領袖。正因如此，胡適在「亞東區科學教育會議」上的主題演講，並不是胡適個人的事，而是代表包括徐復觀及其新儒家同志在內的中華民國整個學界，面向外國人發聲。本來，港臺新儒家平日與胡適們的爭吵，便等同於同胞兄弟把大門關起來，吵得怎麼大聲都無所謂。但今天胡適竟以代表中華民國整個學界的官方身分，當著外國人的面前，「以一切下流的辭句，來誣蔑中國文化，誣蔑東方文化」，實在令徐復觀這個徹底的民族主義者忍無可忍，【181】「中國人的恥辱　東方人的恥辱」便不免脫口罵出。

也許被暴怒氣昏了頭，徐復觀行文雖一貫講求邏輯嚴整，但在此文中，他對胡適的學問同樣作出「全稱判斷」，因而也同樣犯下了他所批評胡適的在邏輯推理上「以偏蓋全」的謬誤。他斥罵胡適「不懂文學，不懂哲學，不懂史學，不懂中國的，更不懂西方的；不懂過去的，更不懂現代的」，其中的每一樣「不懂」，都是最可怕的「全稱判斷」。胡適或胡適的支持者大可「以子之矛，攻子之盾」，只要在「文學」、「哲學」、「史學」、「中國的」、「西方的」、「過去的」，或者「現代

【180】一九五二年五月十七日徐復觀致唐君毅函云：「弟文發表後，臺大文學院及社會上頗多稱道。沈剛伯諸先生，認為數十年談中國文化之第一篇文章。此不僅為過情之譽，且亦可見今日文化水準之不夠。」（未刊）

【181】關於「徹底的民族主義者」，請參看翟志成，〈馮友蘭徹底的民族主義思想的形成和發展（1895-1945）〉，《大陸雜誌》，卷97期5-6（1998年11-12月），頁201-223、252-264；卷98期1-5（1999年1-5月），頁29-36、61-69、114-127、175-185、193-215。

的」任何領域和任何地方，找出胡適尚有一點點的知識，就可以把徐復觀的「全稱判斷」根本推翻。而胡適無論怎樣的「不學」，但畢竟是個留洋博士，若只要在他身上找到一點點知識的話，實在是太輕而易舉了。由於罵得實在過了頭，徐復觀的文章，受到了四面八方的反擊；特別是徐文發表後不到半個月，胡適即因嚴重的心臟病住進了臺大醫院，足足躺了一個半月纔出院，出院後不到一個半月，便因心臟病死在中央研究院院士會議的會場，於是有不少人便認定胡適是被徐復觀的文章氣病的和氣死的。國失棟樑，在群情洶洶和人人喊打的悲憤氣氛之中，徐復觀的日子特別難過。雖然他立刻抽回了另一篇繼續抨擊胡適的文章，並撰文哀悼，【182】但已經來不及了。徐復觀有一篇文章，記錄了自己當時艱難的處境：

> 去年十一月，胡適博士在一個國際性會議的場合，以中央研究院院長的身份，發表正式演說，宣稱東方文明很少靈性，乃至沒有靈性。因為我是東方人，是中國人，便以一文向胡適博士作了不客氣的答覆；這一來，亂子可閩大了，胡派人士不待說；社會上有的人希望以對我誣蔑醜詆的方式，獲得外人的青睞；有人則藉想藉胡博士昇天之際，以這種方式，也能雞犬皆仙；有的人則因為《民主評論》沒有採用他的文章，有的人則因為想打秋風沒有過到目的；凡此種種，平時對我所積的煩冤忿怒，無機會發洩的，都要借胡博士的威靈來發洩一番。能寫文章罵的便寫文章

【182】 徐復觀在悼文中說：「剛才從廣播中，知道胡適之先生，已於今日在中央研究院院士會議的酒會上，突然逝世，數月來與他在文化上的爭論，立刻轉變為無限哀悼之情。臺北《文星》雜誌三月號，將有我和胡秋原先生，答覆二月分向我們攻擊的文章，裏面自然會牽涉到適之先生。我除了急電《文星》的編者，請其將此類文字，一律停刊，以誌共同的哀悼之外，更禁不住拿起筆來，寫出對於這一個偉大書生悲劇的感觸，稍抒我此時的悲慟。」徐復觀，〈一個偉大書生的悲劇——哀悼胡適之先生〉，頁140。

罵，寫不出文章的，便不斷向我發動匿名信的攻勢。這些人中間的大多數，平時當著我都是以維護中國文化自命的。交情較好的朋友，此時望見我，便遠遠的避開；總角之交，特別上山向我提出警告，……這一年來，裏裏外外，要合力把我一棒子打死，以達到各種不同的目的。這在我個人，固然只是付之悲憫地一笑；但在社會上，能屹立不動，深信不搖，一貫地以自己的精神、人格來支持我的，只有這位莊遂性先生。【183】

事實確如徐復觀所言：「假定我對文化沒有一點責任感，假定我多考慮一點私人的利害問題，對無理的反孔反中國文化的情形，不加以抗拒，不抱為中國文化伸冤的傻念頭，則這些年來會少吃許多苦頭，在名譽和生活上，不致受到許多打擊。」【184】當時臺灣的文化界學術界和思想界，仍然是以反傳統反中國歷史文化為其主流。幾個以維護中國歷史文化為職志的新儒家，只不過處於孤臣孽子的地位。「殺敵一千，自損八百」，「剃人頭者人亦剃其頭」，「傻念頭」再加上「強出頭」，又哪能不付出代價！在橫逆襲來之前，徐復觀是否真如他所說的，鎮定地「只是付之悲憫地一笑」，已不得而知。但在整個臺灣中只剩下一個堅定的支持者，那也未免太過悲慘了。臺灣不是還剩下幾個新儒家的孤臣孽子嗎？這些人在徐復觀受苦受難時都到那裏去了呢？平時當著徐復觀的面「都是以維護中國文化自命」，結果都變了臉的，又都是些什麼人？這些問題，我目前都再無心情，也再無能力加以探究，雖然我明知這實在是一個相當值得深入探究的課題。

【183】徐復觀，〈一個偉大地中國地臺灣人之死——悼念莊垂勝先生〉，頁147-149。

【184】徐復觀，〈由兩封信所引起的一點感想〉，頁390。

結語

「滾滾長江東逝水，浪花淘盡英雄」。胡適與跟他交過手的港臺新儒家都墓木已拱，他們之間的恩恩怨怨，也隨著他們的逝去而雲散煙消；而他們之間的爭論，有些方面亦已漸漸有了答案。最重要的答案，是關於於中國歷史文化的前途，在最近二十年中已經有了一元來復的氣象。由於馬列毛主義在中國大陸的土崩瓦解，中共官方的意識形態，唯一能拿出臺面的便只剩下民族主義（亦即中共口中的愛國主義），而民族主義則必須與中國的歷史文化相結合，纔能夠進一步向前發展。因為，中國歷史文化正是激勵民族自豪感和發揚民族自尊心的源頭活水，而蘊藏在其中的記憶、符碼、以及關於先聖先賢、英雄豪傑、忠臣孝子、義夫節婦的傳奇故事，正是國家動員和社會動員取之不盡用之不竭的精神資源。由於中共對中國文化態度的根本改變，研究和發展中國文化，已成了國家文教宣傳機構重點支持與投資的主要項目。先由第三代新儒家杜維明開其端緒，後由中國國家對外漢語教學領導小組辦公室（簡稱「漢辦」）籌辦的孔子學院，在全世界各地竟多達一百四十多個。甚至連俄國喀山大學也成立孔子學院。港臺新儒家的主要著述，大都已在中國大陸重新印行，成了學術的暢銷書，以及大陸學者爭相學習觀摩和仿傚的新經典。研究港臺新儒家的博士論文與專書如雨後春筍般在大陸湧現。和新儒家相較，胡適雖也被大陸官方正式平反，但他反中國文化傳統的民族虛無主義的論述，在中國大陸已愈來愈沒有市場。

如果把場景切換回臺灣，胡適生前拼命反對「尊孔讀經」，「尊孔讀經」成了胡適生前的最大夢魘。因為，胡適知道，孔子孟子的幽靈，絕對會在瑯瑯的讀書聲中，從被胡適稱許的老英雄吳虞所打倒的地方冒出來，再在中國未來主人翁的心靈中復活。然則，港臺新儒家的學生輩，通過與民間宗教的長期合作，舉辦了數以千計的讀經班，目前臺灣讀經的中小學生的人數超過二十萬。光是這個數字，如果胡適泉下有

知，就足以嚇得從墓園中再爬起來。港臺新儒學的影響力還滲入到臺灣的人間佛教。只要稍稍留心到臺灣佛教界的領袖如靜嚴、星雲、聖嚴等大師的著述或演講，就會發現他（她）們大都在勸仁勸義說忠說孝，而對於佛教的空理則根本不講，或講得甚少。以前人批評宋明儒學為「陽儒陰釋」，這種批評恐未必應理；但臺灣的人間佛教，如果被說成是「陽釋陰儒」，恐怕很難反駁。臺灣人間佛教力量之大，不僅使得藍綠兩大派的天王無不頂禮膜拜，而且在族群撕裂藍綠惡鬥的臺灣社會中，成了最重要的安定因素，和最大的穩定力量。港臺新儒學也通過「陽釋陰儒」的「致曲」，間接發揮了它對社會的正面力量。

胡適及其追隨者對臺灣學術資源的壟斷和控制的力量，也隨著他們的逝去而急劇減退。幾個被孤立，被打壓，被排擠到學術邊緣的中國文化的孤臣孽子，憑著不斷的著述和在教學上的默默耕耘，由他們教出來的學生，以及學生的學生，已形成了士飽馬騰、旗鼓堂堂的學術大軍。這些人當中，有些在世界第一流大學任教，有些則在港臺各大學繼續傳遞新儒家的薪火。今日臺灣的哲學界，事實上已是新儒家、分析哲學和天主教的士林學派三分天下的格局。新儒家已成功地完成了從學術的邊陲向中心的大躍進。就連一向被視為胡派禁臠的中央研究院，其專任研究人員之中，也有了港臺新儒家的弟子和再傳弟子的身影。而反觀胡適的派系，除了反傳統之外，基本上是權力和利益的結合，事實上在學術並未形成學派，自然難免人亡政息，無法逃避時間的自然淘汰。

評黑格爾對康德自由學說的批評

盧雪崑*

提要

黑格爾自詡推進了康德哲學，他自稱德國古典哲學在他的哲學中達到極致。在為數眾多的哲學史和哲學概論中，黑格爾對康德的抨擊被解說為「從康德到黑格爾」的一種理論上的推進和完成。這種說法長久以來幾乎成為哲學史的「常識」。儘管十九世紀末以來，黑格爾派的這種成見已經遭到來自哲學界各方面的批評，不過，本人認為，這些批評看來仍未達致哲學基本立場的深度，撰寫本文的要旨正在說明：黑格爾是在根本的哲學立場上摧毀康德批判哲學。黑格爾構作一種自我意識的理念體系，其哲學立場是思辨的，而康德反對的正是這種思辨的理念論立場。康德把哲學的基礎奠定於人類心靈機能活動的探究上，這個探究的多向度縱深展開輻湊到整個理性體系的拱心石——意志自由。而黑格爾正是要否決康德所從事的人類心靈機能的批判考察，而以絕對理念的辯證開展取代之，因而抨擊康德的自由學說只是主觀的形式主義；黑格爾的作為挖掉了「自由」在作為道德者的人的意志中的根基，他就徹底摧毀了康德的哲學。

第一節　超過還是摧毀

黑格爾在《全書本邏輯》一書中說：「康德哲學主要在於指出，思維應該自己考察自己認識能力的限度。現今我們已超出康德哲學，每人

---

*本所副教授。

都想推進康德的哲學。但所謂推進卻有兩層意義，即向前走或向後走。我們現時許多哲學上的努力，從批判哲學的觀點看，其實除了退回到舊形而上學的窠臼外，並無別的，只不過是照各人的自然傾向，往前作無批判的思考而已。」[1]沒錯，康德的晚輩們紛紛想要「超出」康德，而大多只不過是一種倒退，但黑格爾自己是否就如他自詡那樣向前推進了康德哲學呢？誠然，黑格爾並沒有如其他德國理念論者那樣（通過發明理智的直觀補救物自身之不可認識）而退回到舊形而上學的窠臼，而毋寧說，他揮動辯證法的魔術棒巧妙而隱蔽地把形而上學的根本任務取消掉了。難怪他認為康德哲學主要在指出認識能力的限度，而完全無視於康德創立新形而上學的努力與貢獻。

黑格爾較康德年輕四十六歲，康德的著作他自然都通覽過了，事實上，他清楚知道康德哲學的種種主張，並且總是在根本點上提出反駁。「超出」一詞若依照其通常意指而應該表示學說的根源的承接性，那麼，以其說黑格爾「超出康德哲學」，倒不如說他「摧毀康德哲學」來得恰切。

黑格爾認為康德哲學主要在「考察自己的認識能力的限度」，而他恰恰在這點一再揶揄康德。在《在全書本邏輯》中，他批評「康德特別要求在求知之前先考察認識的能力」會引起誤解，「以為在得到知識以前已在認識，或是在沒有學會游泳之前勿先下水游泳。」[2]他以嘲笑的口吻說：「想要認識於人們進行認識之前，其可笑實無異於某學究的聰明辦法，那就是沒有學會游泳之前，切勿冒險下水。」[3]在《哲學

---

[1] G. W. F. Hegel, Werke 8, Enzyklopädie der philosophischen Wissenschaften I, Die Wissenschaft der Logik (Suhrkamp Verlag Frankfurt am Main 1970), s. 114-115.中譯見黑格爾著；賀麟譯：《小邏輯》，北京：商務印書館，1997，頁118-119。

[2] 同註[1]，s. 114；中譯頁118。

[3] 同註[1]，s. 53；中譯頁50。

史演講錄》中說：「在康德哲學裡，曾特別明白宣稱哲學的主要興趣在於研究知識、認識、主觀的認識。這種看法似乎很可取，因為它主張人們應該首先考察工具、認識。而這使人想起一個學究的故事，據說這個學究在學會游泳之前，不願意下水。」[4]「考察認識能力就意味着認識這種能力。因此這種要求等於：在人認識之前，他應該認識那認識能力。這和一個人在跳下水游泳之前，就想要先學習游泳是同樣的可笑。」[5] 其實早在《精神現象學》一書中，他就不指名地抨擊「先對認識自身加以瞭解」的做法假定：「絕對在一邊，而認識卻在另一邊」；「這樣一種假定不禁使人覺得那所謂害怕錯誤，實是害怕真理。」[6] 豈知，康德的批判工作建基於人類已在游泳這一事實上。

黑格爾若非刻意混淆視聽，那就是他對康德批判考察人類心靈機能的工作及其根源洞識完全不能相應。實在說來，康德的批判工作作為一種預備，它關涉到一切純粹的先驗認識而研究理性的機能。（A841/B869）這項工作作為首要任務而提出來，是因為康德見到：哲學前輩們在辛苦的勞作中總是對人類認識機能之瞭解有偏差和失誤以致時常遇溺。事實上，人們已經在認識（在游泳），但人們對自身的水性瞭解得並不足夠，對置身其中的汪洋大海（認識的領域）也未勘察清楚。康德提出哲學家們在建立哲學體系之前，必須探明人類認識機能之性狀，同時必須探明認識的領域而取得一張正確的航海圖。

---

[4] G. W. F. Hegel, Vorlesungen über die Geschichte der Philosophie, Herausgegeben von Hermann Glockner (Fr. Frommanns Verlag [H.Kurtz]. Stuttgart 1928), s. 657. 中譯見黑格爾著；賀麟、王太慶譯：《哲學史講演錄》（第四卷），北京：商務印書館，1995，頁348-349。

[5] 同註[4]，s. 555；中譯頁259。

[6] G. W. F. Hegel Werke 3, Phänomenologie des Geìstes (Schrkamp Verlag Frankfurt am Main 1970), s. 70. 中譯見黑格爾著，賀麟、王玖興譯：《精神現象學》（上卷），北京：商務印書館，1997，頁52-53。

哲學史上曠日持久的紛爭歸根究底源自哲學家們從未有系統地考察人類心靈機能的諸能力的先驗本性和原則，各自的有效範圍及相互間綜和統一之關聯。康德在《純粹理性批判》「超越的方法論」最後一章「純粹理性的歷史」中對哲學史上的紛爭作了一個扼要的歸結。首先，在關於我們的對象的問題上，純為感覺論（Sensual）的哲學家主張只有在感觸對象裡才有實在性，其他的一切都是想像；知性概念的實在性只是邏輯的。而純為理智論（Intellektualphilosophen）的哲學家宣稱感取裡只有幻象，唯有知性才知道什麼是真的，他們要求真正的對象應該是知性的，並主張我們通過純粹知性有一種不為感取所伴隨的直觀。這兩種立場一直不斷地為人們保持着。（A853-854/B881-882）第二，在關於純粹的理性認識的問題上，經驗論者（Empiristen）主張這種認識從經驗得來，而理性論者（Noologisten）主張這種知識獨立於經驗而在理性中有其起源。（A854/B882）經驗論者把客體的現象看作物自身，而理性論者將思維等同存在。

針對前人的問題，康德的考察工作首先從我們對外在客體構成認識的能力（感性和知性）着手。當外在的客體刺激我們的心靈機能，感性首先起着一種攝取作用，感性的活動雖然由外來刺激而起，但不是純然的被動，也並非如唯理論以為的那樣雜亂無章，而是有其先驗的純粹形式（空間和時間），這形式是先驗地對於每一個人是同樣的，否則人們不能有共通的認識可言。隨之，知性對於感取的雜多起着一種綜和統一的作用，這種綜和作用是依於知性的先驗的規則（即依照範疇）而進行的，否則，人們沒有普遍可傳達的客觀認識。知性作為產生規則之能當然可有一種自身純粹的活動，實在說來，理性的思辨活動就是根源於這種純然的知性活動。康德說：知性是藉賴規則使顯相統一的一種機能，而理性是使知性規則統一在原則下的一種機能。（A302/B359）依康德的批判考量，純然的知性活動沒有感性的協作是空洞而無對象的。由之，康德拒斥企圖通過純粹思辨達到「絕對存在」以作為形上實體的僭

妄主張。

　　康德對人類心靈機能的批判考察工作掀起一場深刻的哲學革命。自柏拉圖和亞里士多德以來支配着西方哲學（形而上學）的思辨理性的客觀的哲學思維方式受到康德的批判的理性法庭的公正裁判。黑格爾之所以一再嘲諷康德對認識能力的批判考察，其用心很明顯，那是因為批判哲學揭露西哲學傳統中思維的獨斷自大、自我膨脹；以及假借理性之名，妄想以哲學思辨的理性虛構種種絕對的存在。而黑格爾的意圖正是要推翻批判哲學對於思辨理性的限制。他宣稱：哲學的職責在於努力證明，亦即揭示思維與存在的統一。【7】他在《全書本邏輯》中說：「只有思想的東西（Gedanke）才能達到最高者（Höchste）、上帝的本性，……精神的內容，上帝本身，只有在思維（Denken）中，或作為思維時才有其真理性。在這種意義下，思想的東西不僅僅是單純的思維的東西，而且是把握永恆和自在自為的存在（an und für Seiende）的最高的唯一的方式。」【8】黑格爾主張「邏輯作為研究思維的科學」，「思想是唯一足以體驗真理和最高者的活動」，「邏輯科學的內容一般來說就是超感觸世界，而且探討這超感觸世界亦即遨遊於超感觸世界。」【9】他又說：「思維作為能動性（Tätigkeit），因而便可稱為能動的普遍者（Allgemeine）。而且既然思維活動的產物是有普遍性的，則思維便可稱為自身實現的普遍者。」【10】「我們承認思維有某種權威，承認思維可以表示人的真實（Wahrhafte），為劃分人與禽獸的區別。」【11】

　　儘管黑格爾承認康德批判哲學對知性的限制，他承認「舊形而上學

【7】 同註【1】，s. 153；中譯頁153。

【8】 同註【1】，s. 70；中譯頁66。

【9】 同註【1】，s. 70；中譯頁66-67。

【10】 同註【1】，s. 72；中譯頁68。

【11】 同註【1】，s. 75；中譯頁72。

未能超出單純的知性的思維，只知直接採取一些抽象的思維規定，以為只消運用這些抽象規定就可以有效地作為表達真理的謂詞。」【12】他說：「企圖用有限的名言去規定理性的對象，就是舊形而上學的缺陷。」【13】這顯然是接過康德批判哲學的講法。但是，他卻反對康德對思辨理性的限制。他標舉「無限的理性思維」，以區別於「單純的知性的思維」。他說：「無限思維一詞，對於那堅持新近一種看法，認為思維總是有限制的人們，也許會顯得驚異。但須知，思維的本質事實上本身就是無限的。」【14】他宣稱「思維自己在自己本身內，自己與自己本身相關聯，並且以自己本身為對象。……無限的或思辨的思維，一方面同樣是有規定的，但一方面即在規定和限制過程中就揚棄了規定和限制的缺陷。」【15】但是，思維何以及有何權利等同存在？黑格爾一無所說。他一味高揚「無限的理性思維」，對之卻無所規定。若無規定性，也就不可能有認識，套用黑格爾的話：「純粹的光明就是純粹的黑暗。」【16】「一切牛在黑夜裡都是黑的」【17】難怪阿金（H. D. Aiken）在《意識形態的時代》一書第四章論及黑格爾時說：「黑格爾幾乎沒有說出他意指的東西是什麼」，儘管他的「以灰色描繪灰色」的文體出奇地誘人，但「從某種角度上看，黑格的哲學就是一場邏輯的惡夢，是名符其實的理性的放蕩。……這種體系應被叫做一部哲學的《神曲》。」【18】

【12】 同註【1】，s. 94；中譯頁96。

【13】 同註【1】，s. 96；中譯頁98。

【14】 同註【1】，s. 95；中譯頁96。

【15】 同註【1】，s. 95；中譯頁97。

【16】 同註【1】，s. 105；中譯頁108。

【17】 同註【6】，s. 22；中譯頁10。

【18】H. D. Aiken, The Age of Ideology (New York: New American Library, 1956). 中譯見阿金編著；王國良、李飛躍譯：《思想體系的時代》，北京：光明日報出版社，1989。頁65、69。

把黑格爾精心構作的邏輯體系放到康德經由人類心靈機能之批判考察而建立的理性法庭上，立刻就暴露出其獨斷性。依康德的批判考察，理性思辨活動不外是純然的知性的自我活動，跟感觸直觀無任何關連，而思維無直觀是空洞的。思辨活動誠然可產生一個「理性上的對象」，但理性上的對象決不能混同於決定的對象，它不能是一個實在的對象。康德說：「理性從不直接地應用於經驗或任何對象，而是直接地應用於知性，為的是想經由概念給予雜多的知性認識以先驗的統一，這種統一可以叫做理性的統一，而且在種類上完全不同於知性所達到的任何統一。」（A302/B359）又說：「超越的理性概念總只指向於條件之綜和中的絕對的綜體，而除非在那是絕對地無條件者中，即，在一切關係上是無條件者中，它決不終止。」「單只這知性始直接地應用於直觀對象，……。理性其自身則專有關於知性概念之使用中的絕對綜體，並且它把在範疇中被思想到的這種絕對統一努力帶至『絕對－無條件者』。我們可以把這種統一稱之為顯相之理性的統一，而那為範疇所表示的統一，我們稱之為知性的統一。」（A326/B382-383）由於知性的機能關涉到顯相，因而知性的概念不能超乎感性所能給予它的東西之上，它只不過是那些只足以用來去把感取之諸直觀置諸規則之下而得到顯相之統一的概念。但理性則不同，理性不隸屬於任何感性條件，它不必理會感觸直觀，因為它不要認識對象。理性的概念只是一啟發性的概念，而不是一有實物可指的概念（ostensive concept）。它不能表明「一個對象如何被構成」，我們不可說理性的概念是對象的一個概念，只可說它是「諸對象概念之通貫的統一」之概念。

假若只能以現象觀點考量人和天地萬物，那麼，唯物論、經驗論、決定論，乃至宿命論都言之有理。因為現象本身就以主客二分為前提，一切物互為條件，互為手段，在這裡，物競天擇是基本原則；就此而論，我們充其量可提出自然的目的論，而人作為世界的最後一級目的。我們因之可列舉人區別並優於禽獸的種種特性，包括黑格爾所言「思維」

使人區別於禽獸，但畢竟只能是一種類概念上的區別。只採用現象的觀點，世界並無終極目的可言，即便是從神意、神的設計而論世界的目的，充其量也只是一種以神作裝飾的自然目的論而已。只有探明人的物自身身份之特性（也就是每一個人的意志之自由），才能說明道德是人之超感觸存在之分定，以及世界得以以道德的人作為終極目的，並因着作為道德的人的意志自由產生圓善作為世界的終極目的，自由充極發展為一個終極實體之理念。

　　黑格爾對康德證立的「顯相與物自身之超越區分」完全不能相應。他批評康德「只理解到現象的主觀意義，於對象之外去堅持一個抽象的本質，認識所不能達到的物自身。」[19]他認為直接的對象世界依其本性就只能是現象，認識其現象同時就是認識其本質。[20]他把物自身理解為「對象的單純自身」，「片面的單純抽象的形式」。他說：「我們常說『電自身』，『植物自身』，甚或說『人自身』或『國家自身』。這裡所謂自身，是指這些對象的真正的、固有的性質而言。這一意義的『自身』與物自身的意義並無不同。」[21]甚至說：「『人自身』就是指嬰兒而言。」[22]顯見，黑格爾完全不理解，而且拒斥康德證立的超越區分。由之，他也排拒康德基於超越區分而建立的自由學說。康德批判地依據意志自律而確定地建立「超越的自由」，及由之充極發展至一個創造的終極實體之理念。黑格爾對此毫不在意，反而簡單粗暴地指斥為「主觀主義」、「形式主義」。儘管黑格爾也大談「自由」，看來自由在他的體系中也占有重要位置。他說：「思想是自由的。」[23]「人採取純

【19】同註【1】，s. 263；中譯頁 276。

【20】同上註。

【21】同註【1】，s. 255；中譯頁 266-267。

【22】同註【1】，s. 255；中譯頁 267。

【23】同註【1】，s. 98；中譯頁 100。

思維方式時，也就最為自由。」【24】又說：「我們的時代的偉大在於承認了自由、精神的財富、精神本身是自由的。」【25】「精神正與自然相反，精神應是自由的，它通過自己本身而成為自己所應該那樣。自然對人來說只是人應當加以改造的出發點。」【26】但無論黑格爾的言辭多麼動聽，用康德的話說，充其量也只不過是精神的自動機而已。康德已如理如實地論證：唯獨意志自律自由才配當「自由」一詞之真義。

黑格爾宣稱自己主張絕對的理念論，而把康德貶為「粗淺的主觀的觀念論」。【27】其實，康德早在《任何一種能夠作為科學出現的未來形而上學導論》中已經駁斥那些把他的批判的觀念論曲解為主觀的觀念論的說法，他指出：按照通常的意義，觀念論就在於懷疑物的存在。依照這種通常的意義，不能把他的學說稱之為觀念論。他說：「針對別人說我的學說是觀念論，我的抗議是如此明確、清楚，…… 我自己把我的這種學說命名為超越的觀念論，但是任何人不得因此把它等同笛卡兒的經驗的觀念論，…… 或者同貝克萊的主觀的觀念論…… 混為一談。」（Proleg 4：292）又說：「為了使超越的觀念論這一稱號此後不再引起誤解起見，我寧願收回它，想把它叫做批判的觀念論。」（Proleg 4：293）其實，康德恰好是通過批判推翻那種把實在的物變為僅僅是表象的幻想的觀念論，以及那種把表象變為物的做夢的觀念論。

黑格爾應知道，康德在他自己的系統中使用「主觀的」（subjektiv）一詞並非指經驗上的特殊的偶然的東西，恰當說來，是指「主體性」：主體中包含的普遍性和必然性。也就是主客合一的主體中的客觀性。究其實，黑格爾指斥康德為主觀的觀念論，其意正在反對康德收歸主體論

【24】同註【1】，s. 87；中譯頁87。

【25】同註【4】，s. 550；中譯頁254。

【26】同註【1】，s. 90；中譯頁91。

【27】同註【1】，s. 123；中譯頁128。

客觀性；反之，他主張「客觀性是指思想所把握的物自身」【28】，客觀性從客體說。康德的批判的觀念論批判地否決一般觀念論視理念為絕對實體的獨斷主張。而黑格爾不過是重新撿回已被康德駁倒的「理念的超越的實在性」的說法而已。

依康德的批判考論，單純理念的實在性是被否決了的。理念唯獨在與純粹實踐理性（意志自由）發生關連中才能從軌約的轉成構造的，從而才能獲得實踐的客觀實在性。而黑格爾的絕對的觀念論卻主張「理念即是客體」【29】，他說：「我們直接認識的事物並不只是就我們自己來說是現象，而且就其自身而言也只是現象。而且這些有限的事物自己特有的命運、它們的存在根據不是在它們自己本身內，而是在一個普遍神聖的理念裡。這種對於事物的看法，同樣也是觀念論，但有別於批判哲學那種的主觀的觀念論，而應稱為絕對的觀念論。」【30】

顯而易見，黑格爾的絕對觀念論完全違離康德批判哲學的根本精神。【31】儘管在言詞上二人都高揚「理念」，但黑格爾就理念（Idee）一詞之使用時給予的意義與康德截然不同。我們知道，康德在《純粹理性批判》之「導論」中就指出柏拉圖理念論的弱點，他說：「柏拉圖以為

【28】 同註【1】，s. 116；中譯頁120。

【29】 同註【1】，s. 388；中譯頁421。

【30】 同註【1】，s. 122-123；中譯頁127。

【31】 新康德主義運動中的西南學派主將克隆納（Richard Kroner）在其為學界推重的兩卷本鉅著《從康德到黑格爾》（Von Kant bis Hegel）中把「從康德到黑格爾」視為「一個德國觀念論的發展階段」來論述。在該書的「導論」中說：「康德的偉大的後繼人某一意義地再一次地把康德思想之獨特的一面破毀，然而卻並沒有背棄康德創立其思想時所奠定的基本精神。我們要把這一種精神瞭解為最廣泛意義的德意志觀念論，……我們就不會談論康德的後學的所謂『墮落』了。」（關子尹譯：《論康德與黑格爾》，台灣：聯經，民74，頁14）這段文主要是替黑格爾說話的。這種說法顯然難以成立。

感觸界對於知性的限制太多，就索性離開感觸界而鼓起理念的雙翼，冒險地超出感觸界而進入純粹的知性的真空裡去。殊不知盡了他的一切努力而毫無進展——因為他遇不到阻力，而阻力卻可以作為他借以站得住的支撐點。」（A5/B8-9）不過，康德同時洞見到柏拉圖使用「理念」這個詞的唯一特有的意義：它用來表示某種不但永遠不能以感取假借過來，而且甚至遠超過知性概念的東西。「在經驗中永遠不能碰見任何東西和它相符合。在柏拉圖看來，理念是物本身的原型，而不是象範疇那樣，只作為可能經驗的鑰匙。」（A313/B370）康德揭示出，柏拉圖的完全獨特的功績之處在：「柏拉圖在實踐的領域中，亦即在以自由為依據的東西中，發見他的理念的主要實例。」（A314/B371）唯獨在實踐領域裡，「經驗（指善的經驗）本身只是由於理念才使之成為可能，雖然這些理念的經驗性表現必然總是不完全的。」（A318/B375）康德洞見到，要保持柏拉圖的功績，維護「理念」給予哲學的特有的尊嚴，就「必須從事一種較少炫耀，但很有價值的工作，即平整基地，使它足夠堅固以承擔這些宏壯無比的道德大廈。」（A319/B376）他提出「要好好地保持『理念』這個詞的原有意義，而不使它變為一個通常用來隨意表示任何亂七八糟的表象，以致傷害科學。」（A319/B376）為此，必須克服前人「由於理性的自信過強」，徒勞無功地在地下四面八方作種種挖掘而造成的危害，並首先考察純粹理性的超越使用。康德的批判考察達到這樣的結論：在純粹思辨方面，「理念甚至比範疇更遠離客觀的實在性」（A567/B595）；唯獨轉到實踐的領域，因着理性成為意欲機能中的立法能力，也就是依靠意志自由，作為原型的理念始獲得其客觀的實在性。康德說：「人所可能要停止在其上的最高程度是什麼，而且在理念與其實現之間還可能有多大的距離要存留下來，這些都是沒有人能夠——或應該——解答的問題。因為其結果是依靠於自由；而自由正是有力量來越過一切特定的限度的。」（A317/B374）

　　黑格爾恰恰與康德相反。一方面，他讓他的理念在他的邏輯體系及

純思維的真空中飛翔，他排斥批判考察而獨斷地把理性拔高到前所未有的無限的高度。他說：「邏輯學是研究純粹理念的科學，所謂純粹理念就是思維的最抽象的要素所形成的理念。」【32】「『理性』是世界的主宰，世界歷史因此是一種合理的過程。……一方面，『理性』是宇宙的實體，就是說，由於『理性』和在『理性』之中，一切現實才能存在和生存。另一方面，『理性』是宇宙的無限的權力，……『理性』是萬物的無限的內容，是萬物的精華和真相。」【33】另一方面，他把「理念」原本特有的圓滿性的理想義割棄掉。他說：「理念即是客體。」【34】「世界本身即是理念。」【35】「精神自為地存在着」【36】，而「世界是此在的精神」【37】。依黑格的絕對的觀念論，事物在其自身也只是現象，現象界只是絕對精神的自我開展的中介，甚至人的意志自由、道德的應當也不過是絕對精神自我開展中被揚棄的中介物。不過，請注意，黑格爾的絕對的觀念論終究並不是要標榜空洞的抽象物或理想物，它高揚「理念」，不過是要服務於絕對精神——現存的基督宗教，以及建築在基督宗教上的客觀精神——國家！黑格爾說：天啟宗教表象的內容是絕對精神。【38】「基督教世界乃是完成的世界；原則已經實現，所以日子的結

【32】同註【1】，s. 67；中譯頁63。

【33】G. W. F. Hegel, Vorlesungen über díe Philosophie der Geschichte, Hegel Werke 12, (Suhrkamp Verlag Frankfurt am Main 1970), s. 20-21. 中譯見王造時譯：《歷史哲學》，上海：上海書店出版社，1999，頁9。

【34】同註【1】，s. 388；中譯頁421。

【35】同註【1】，s. 387；中譯頁420。

【36】G. W. F. Hegel Werke 3, Phänomenologie des Geistes (Schrkamp Verlag Frankfurt am Main 1970), s. 503. 中譯見黑格爾著，賀麟、王玖興譯：《精神現象學》（下卷），北京：商務印書館，1997，頁186。

【37】同上註，s. 562；中譯頁245。

【38】同註【36】，s. 575；中譯頁258。

束已經變得圓滿了。『理念』在基督教中間不能夠看見任何不滿意的事。」【39】「日爾曼各民族的使命不是別的，乃是要做基督教原則的使者。」【40】「宗教占着最高的地位。在宗教之中，『世俗的精神』意識到了『絕對的精神』。」【41】他又說，國家是「『精神』在有限的東西中全部實現的形態。」【42】「國家是從宗教產生的，而且現在和將來永遠會如此產生的。換句話說，國家的各種原則必被看做在本身和為本身是有價值的，而且只有當它們被認為是『神的本性』的各種決定的表現時，它們才能夠有價值。」【43】「神自身在地上的行進，這就是國家。」【44】「國家高高地站在自然生命之上，正好比精神高高地站在自然界之上一樣。因此，人們必須崇敬國家，把它看做地上的神物。」【45】

黑格爾明言：「哲學的任務在於理解『在的東西』（das was ist），因為在的東西就是理性。」【46】他一再指責康德哲學「從沒有超出『應當』的觀點。」【47】把康德依據人的超感觸定分而提出的道德的應當貶斥為主觀的私見。黑格爾的用心很明顯，他有一句名言：「這裡有薔薇，就在這裡跳舞罷。」【48】哲學（理性）就在現存的宗教和國家裡跳

【39】同註【33】，s. 414；中譯頁 353。

【40】同註【33】，s. 413；中譯頁 352。

【41】同註【33】，s. 68；中譯頁 51。

【42】同註【33】，s. 30；中譯頁 17。

【43】同註【33】，s. 71；中譯頁 54。

【44】G. W. F. Hegel Werke 7, Grundlinien der Philosophie des Rechts (Schrkamp Verlag Frankfurt am Main 1970), s. 403. 中譯見黑格爾著，范揚、張企泰譯：《法哲學原理》，北京：商務印書館，1995，頁 259。

【45】同上註，s. 434；中譯頁 285。

【46】同註【44】，s. 26；中譯頁 12。

【47】同註【1】，s. 200；中譯頁 208。

【48】同註【1】，s. 26；中譯頁 12。

舞吧,「切勿妄想超出它那個時代。」黑格爾警告哲學家們:「作為哲學著作,它必須絕對避免把國家依其所應然來構成它,……而是在於說明怎樣來認識國家這一倫理世界。」【49】他又說:「概念所教導的也必然就是歷史所呈示的。當哲學把它的灰色描繪成灰色的時候,這一生活形態就變老了。……密納發的貓頭鷹要等黃昏到來,才會起飛。」【50】「每個人都是他那時代的產兒。哲學也是這樣,它是被把握在思想中的它的時代。妄想一種哲學可以超出它那個時代,這與妄想個人可以跳出他的時代,跳出羅陀斯島,是同樣愚蠢的。如果它的理論確實超越時代,而建設一個如其所應然的世界,那末這種世界誠然是實存的,但只實存在他的私見中,私見是一不結實的要素,在其中人們可以隨意想像任何東西。」【51】

終於,我們恍然大悟,何以在黑格爾高揚的「理念」中竟沒有絲毫理想主義的氣息——終極目的之理想本來是「理念」一詞特有的;反而嗅到一股濃烈的庸人味。我們就不會責怪黑格爾的同時代哲學家叔本華那麼激烈地斥罵黑格爾為「哲學江湖騙子」【52】,「鷹 — 驢雙面動物(鷹是假的,驢是真的)」【53】。叔本華說,人們因為失去判斷力,「熱衷於在這位哲學江湖騙子的空話,甚至是廢話中找到深不可測的智慧」【54】,

---

【49】 同註【1】,s. 26;中譯頁12。

【50】 同註【1】,s. 28;中譯頁14。

【51】 同註【1】,s. 26;中譯頁12。

【52】 Arthur Schopenhauer, Krönung der Preisschrift " Über die Freiheit des Willens" durch die Königlích Norwegische Sozietät der Wissenschaften nicht gekrönt (1839): Die beiden Grundprobleme der Ethik (Diogenes Verlag AG Zürich, 1977), 中譯見:叔本華著,任立、孟慶時譯《倫理學的兩個基本問題》,北京:商務印書館,1996。s. 27;中譯頁20。

【53】 同註【52】,s. 32;中譯頁25。

【54】 同註【52】,s. 27;中譯頁20。

黑格爾頌歌像瘟疫般傳播，以冷酷貶低的目光，嘲諷的口吻，挑剔康德的錯誤失策。但是，「黑格爾沒有能力來評價康德功績的偉大，而且從本質上就低看它。」【55】叔本華當時就預言：「時間將會像它一向所做的那樣，把真理揭示出來。只是要等到這個怪物把尾巴露出來，那時你就會聽到那些現在賞識它的人的咀咒了。」【56】「黑格爾正大步走向他將在後世得到的蔑視。」【57】而康德的光芒遲早會被人們看到，叔本華說：「人類的真正闡釋者總是享有恒星的命運，需要許多年的時光，它們的光芒才能被人們看到。」【58】

第二節　評黑格爾貶斥康德所論自由只是主觀的形式主義

康德通過批判考察工作把「自由」一詞之真義確立為「超越的自由」，而超越的自由唯獨經由人的意志之自律得到證成，並且，唯獨這「自由」有力量越過一切特定的限度（A317/B374），其充極發展必達至主體性與客觀性、絕對性合一的終極道德創生實體。離開人的意志自由之主體這根源的能力，而向外求一個外在客體的絕對性，那只能製造獨斷的虛妄。這是康德的根源洞見。遺憾的是，德國觀念論諸家無一能相應康德的根源慧識，黑格爾更是從根柢上貶斥康德的批判哲學，連同着也粗暴地毀壞康德的自由學說。

黑格爾以其絕對的理念論之主張抨擊康德所論自由只是主觀的，形式主義的，對後世學者產生既深且遠的影響。本文任務不在研究黑格爾哲學的細節，不過仍可指出，黑格爾在那些根本點上曲解及毀壞康德。

【55】同註【52】，s. 24；中譯頁17。

【56】同註【52】，s. 32；中譯頁25。

【57】同註【52】，s. 38；中譯頁31。

【58】同註【52】，s. 28；中譯頁21。

15

如所週知，所謂「康德並未超出形式主義」，這幾乎成了許多學者評論康德道德哲學的口頭禪。黑格爾在《哲學史演講錄》中說：「康德的理性原則純然是形式的。」【59】在《全書本邏輯》中又說：

> 實踐理性自己立法所依據的法則，或自己決定所遵循的標準（Kriterium），除了同樣的知性的抽象同一性，即：「於自己決定時不得有矛盾」一原則以外，沒有別的了。因此康德的實踐理性並未超出那理論理性的最後觀點——形式主義。【60】

無疑，康德在《德性形而上學的基礎》（以下簡稱《基礎》）小書的道德概念之分析中一開始就提出要嚴格區分意志之原則為異質的兩類——意願之形式原則與意願之材質原則。康德說：「意志正立於它的先驗原則（此是形式的）和它的經驗動力（此是材質的）之間，可以說處於一個十字路口。」（Gr 4：400）「當一行為從義務而作成時，這意志必須被意願一般之形式原則所決定，因為它被撤除掉一切材質原則。」（Gr 4：400）依康德所論，唯獨意志的形式原則是先驗的，它是義務的原則，亦即道德原則；意志的材質原則是經驗的，它只能作為意志的原則，而不能作為意志的法則。在《實踐理性批判》中，康德也依照意志之決定原則之區分而區分實踐原則為異質的兩類——實踐的普遍法則與實踐的材質原則。康德說：「一切預設意欲機能的一個客體（材質）作為意志之決定根據的實踐原則皆是經驗的，並且，它們不能供給實踐法則。」（KpV 5：21）「如果一個有理性者視他的諸格準為實踐的普遍法則，那麼，他僅僅視它們為這樣的一些原則，這些原則不是材質的，而只依照形式包含意志之決定根據。」（KpV 5：27）

批評者抓住康德論道德法則乃先驗的形式原則之論說而紛紛評議所謂康德的形式主義，其實，他們應注意：康德這裡提出「意志的純然立

【59】同註【4】，s. 556；中譯頁259。

【60】同註【1】，s. 138；中譯頁142-143。

法形式」是就「意志之決定根據」（亦即實踐理性立法的根據）而論。最通常的理解也得承認，如果意志之決定根據不是形式的原則，而是依於材質的原則，無論這材質的原則是主觀的，或者是客觀的與理性的，甚或是理性之圓滿、圓善，那麼，意志就是由外在的條件決定，也就必無意志之自律自由可言。康德在道德哲學方面的徹底革新正在於他提出：在着手建立道德哲學體系之時必須首先探明「意志決定之根據」以作為整座道德哲學大廈的基礎，並且將這基礎確立在意志的形式原則上。【61】但是，不能據此以為康德所論意志（亦即實踐理性）只是形式的，並從而判定康德的道德哲學是形式主義；相反，康德指出，必須而且唯獨依據自由之原則（道德原則）的普遍立法形式產生道德的內容。康德的功績在於區分開理性的思辨使用與實踐使用：若理性只作單純的思辨活動，它是空無對象的；不過，理性的真正作用在實踐方面。依康德之考論，理性的實踐使用就是理性與意志之結合，「意志不外是實踐理性」（Gr 4：412）。這樣，康德就把理性的真正作用歸到意欲機能，從而徹底革新了前人只視理性為純粹知性的單純思辨活動的舊式思維理路；舊式思維下的理性無法擺脫純然形式的限制，因為它無法解說何以純然的思辨活動能產生出內容（決定的對象），每當純然的思辨理性要求有自己的決定對象時，立刻就陷入獨斷的虛妄；康德的革新出而扭轉這種理性的困局，那是憑着理性結合意志而論一種實踐理性機能，實踐理性就確立為一種依據原則而產生並實現對象的能力。

【61】康德在《基礎》中指出：所謂「一般實踐哲學」只是討論人類意願（Wollen）之活動和條件，它們多半取自心理學，而並未考察一種毫無經驗動機、完全依先驗原則而被決定的純粹意志。這些傳統的道德哲學家「只是混淆地理解事物」，康德說：「將純粹原則混入經驗原則中的哲學本身不佩稱為一門哲學，……更不佩稱為一門道德哲學。因為由於這種混淆，它甚至損害德性（Sitten）本身的純粹性，以及違背它自己的目的。」（Gr 4：390）

意欲機能就是產生對象之能，說意欲機能空無內容，那是可笑的。康德在《實踐理性批判》之「序言」那裏界定意欲機能為這麼一種機能：這機能它經由它的表象，它即是那些表象的對象之現實性之原因。（KpV 5：16）在《判斷力批判》一書中，康德有一長註對這一界說作出解說，他說：「在每一意願中，茲仍然包含有『意願之作為原因』之關涉，因而也就是說，包含有意願之因果性之表象。……這『表象之因果的涉及其對象』之因果性乃是這樣一種因果性，即：甚至於意識到「產生結果」之無能時，這因果性亦抑制不住那趨向於結果之緊張。」（KU 5：177）

康德提出以道德法則（意志決定之形式）為首出，絕非要把道德封限在形式上，相反，正是這普遍形式決定着要產生一切與之相符合的內容。若離開道德法則的普遍立法形式，則無任何真正的道德內容可言。黑格爾把康德所論「實踐的先驗形式」等同於「知性的同一性」，只提供一種甚至最不道德的格準都可予以滿足的「不自相矛盾」的評判標準。這顯然是嚴重的曲解。他在《哲學史演講錄》中說：

> 康德明白說出了實踐理性本身是具體的。不過進一步便可看見，這種自由首先是空的，它是一切別的東西的否定；沒有約束力，自我沒有承受一切別的東西的義務。所以它是不確定的；它是意志和它自身的同一性，即意志在它自身中。但什麼是這個道德法則的內容呢？這裡我們所看見的又是空無內容。因為所謂道德法則除了只是同一性、自我一致性，普遍性之外不是任何別的東西。形式的立法原則在這種孤立的境地裡不能獲得任何內容、任何規定。這個原則所具有的唯一形式就是自己與自己的同一。這種普遍原則、這種自身不矛盾性乃是一種空的東西，這種空的原則不論在實踐方面或理論方面都不能達到實在性。【62】

【62】 同註【4】，s. 591；中譯頁 290。

了解康德批判哲學者，必熟知康德清楚區分知性純粹概念（範疇）之先驗形式與實踐之先驗形式。前者是理論的先驗形式，若離開感性直觀則是空洞的；而實踐之先驗形式卻不必靠賴直觀，它自身就是道德的動力，在這形式內就包含着一種自由之因果性，並據之產生意志之對象，它是一種定然律令，命令行動者在實踐中實現對象，即創造內容。自由之原則（道德原則）其為形式的是實踐的，而非認知的。此乃道德之第一義，截斷眾流的第一步，這一步彰顯道德之純粹的先驗的嚴整意義。這正是康德的革新性的道德哲學之根源洞見所在：它揭示出道德法則先驗而固有地內在於每一人心中，道德法則不需要在經驗中被教成，沒有人需要依賴哲學家教他懂得道德法則，亦沒有人需要依賴哲學家教他如何作道德行為。它打掉人們慣常以社會習俗、外力決定的行為規範冒充道德而積習的依賴性與無力感。它提醒人們：人作為有理性者原不必靠上帝，不必靠任何形式的救世主，也不必靠一切外在的力量與規條，它呈露給人的是人原有的自律自由的人格尊嚴。此乃牟師宗三先生云「四無傍依，照體獨立」是也。此第一義立，方可進而據於道德的主體自由而論自由的客觀展現，乃至充極擴充至絕對自由。誠然，康德這根源慧識在西方傳統中並無相應的教範可印證之，不過，我們可以在中國儒家智慧中找到若合符節的印證。明儒王陽明云：「良知之於節目時變，猶規矩、尺度之於方圓、長短也，節目時變之不可預定，猶方圓、長短之不可勝窮也。故規矩誠立，則不可欺以方圓，而天下之方圓不可勝用矣；尺度誠陳，則不可欺以長短，而天下之長短不可勝用矣；良知誠致，則不可欺以節目時變，而天下之節目時變不可勝應矣。毫釐千里之謬，不於吾心良知一念之微而察之，亦將何所用其學乎！」【63】此所以儒家知貞定道德心之常，以應節目時變之詳。熊十力先生云：「天道

【63】王陽明著《傳習錄》，葉鈞點註，台灣：商務印書館，民國56年4月第一版，頁121。

真常，在人為性，在物為命。性命之理明，而人生不陷於虛妄矣。順常道而起治化，則群變萬端，畢竟不失貞常。知變而不知常，人類無寧日也。」[64]

黑格爾抨擊康德所論道德法則只是「自己相一致」的形式而「沒有內容」，要不是他對康德的周詳論說無意仔細研究，那就是他根本就特意獨樹一幟。早在《基礎》一書中，康德就說明：道德法則作為定然律令，它不是分析命題，而是先驗綜和命題，它的確立是要通過實踐理性批判考察而證成的，而並非依邏輯上的同一律而成立的。康德首先提出道德律令的形式程式：「格準必須這樣被選用，就像它們應當如同普遍的自然法則而成立。」（Gr 4：436）之後又提出其材質程式：「有理性者，依其本性來說是一目的，因而在其自身就是一目的，並且必定把每一格準當作限制所有只是相對的和隨意的目的的條件。」（Gr 4：436）以及整全形式：「一切格準由於自我立法，應當與一個可能的的王國相諧和，如同與一個自然王國相諧和。」（Gr 4：436）經由《基礎》對道德概念之分解工作及《實踐理性批判》對道德自律之批判證成，康德以此為基礎進一步在《德性形而上學》一書建立他的法學說和德行學說，構成一個依據於道德性（意志自律自由）的倫理系統，並且在《單純理性界限內的宗教》提出「倫理共同體」之理念——一個由全體自我立法的道德者為其成員的目的王國。

康德首先探求和建立道德的最高原則，是要進一步以之為根據研究其於倫理和德行中的綜和使用。但是，批評者總是以支離割裂的手法解讀康德，完全不瞭解，康德對人類心靈機能所作的抽絲剝繭的分解工夫決不與心靈機能整體的綜和活動分開。康德的批評者的一個重要錯失就是停在康德的超越分解工作上而妄下論斷。有學者就批評說：「康德的興趣和學養都在在使他更傾向於對道德之形式作超越的分

---

[64] 熊十力著《讀經示要》，台北：廣文書局，民國 49 年 5 月重版，自序頁 1。

析。」[65]豈知，在康德，超越的分解是探究異質綜和的預備工作、基礎工作；依康德，無論在自然概念之領域還是自由概念之領域，異質綜和是事實，分解工作是扎根於這一事實上的。康德拿化學分析作比喻：每一化學元素在分析工作中區別開來，這是基於諸元素綜和為一的事實上，而且終歸要回到這事實。批評者對康德的綜和精神毫不理會，難怪他們在康德的道德哲學中只看見形式，並且不能看到道德的形式原則中包含「意志決定根據」之內容。其實，在康德的道德體系中，由每一個人的意志自由而立的道德法則既是全部倫理、德行之超越根據，並且也作為德性的正確評斷的至上的規準（Gr 4 : 390）。在《基礎》中，康德就指出：當我想及道德定然律令，我立即就知道它所包含的內涵，它只包含「行為的格準必應符合於一普遍法則」，而這法則不包含任何限制的條件。（Gr 4 : 420）這不同於假然律令，在假然律令裡，除非我事先得知其條件，否則我不知道它將包含的內涵。在《單純理性界限內的宗教》一書中說：「道德法則是由人的道德稟賦不可抗拒地加諸人的，而且如果沒有別的相反的動機起作用，人就會把它當做抉意的充分決定根據，納入自己的最高格準。」（Rel 6 : 36）也就是說，道德之事就是依據「行為格準符合於一普遍法則」而行其所當行。康德又說：「如果人把感性的動機作為本身獨立自足地決定抉意，以之納入自己的格準，而不把道德法則（這是他在自身就擁有的）放在心上，那麼，他就是惡的。」（Rel 6 : 36）人是善的還是惡的，就看他在把各種動機納入自己的格準時，是否顛倒了它們的道德次序。（Rel 6 : 36）

康德在道德哲學方面的革新性洞見正在於指明：以道德法則為首出，而不是以什麼是善的內容為首出。康德在《基礎》之「序」中就指明：道德哲學與自然哲學同樣都有其經驗的部分和理性的部分；理性的

---

[65] 李榮添著《從黑格爾看康德之道德哲學》，台灣：《鵝湖學誌》第五期（1990，12月），頁90。

部分作為經驗的部分之基礎而必須先行研究，也就是首先「依先驗原則闡明其學說」，並因之堪稱為純粹的哲學。（Gr 4：388）康德說：「每個人都得承認：一項法則若要在道德上有效，亦即作為一項責成之根據而有效，就必須具有絕對的必然性。」（Gr 4：389）「所有實踐認識中，道德法則（連同其原則）不僅在本質上有別於任何經驗的東西，而且整個道德哲學完全基於實踐認識的純粹部分。當應用於人，那並不是從對於人的認知（人類學）中借得絲毫東西，而是把先驗的法則給予作為有理性者的人。」（Gr 4：389）這就是說，康德以「道德性」（Moralität）為倫理德性（Sittlichkeit）及個人德行（Tugend）的超越根據。因此，我們見到，康德首先由道德性探求並確立道德的最高原則，康德說：「倘若我們欠缺這導引及用以作為德性的正確的評斷的至上規準（oberste Norm），德性（Sitten）本身就會不斷遭受各種腐蝕。因為凡事若要是道德地善的，光是它符合德性的法則（sittlichen Gesetze）並不夠，而是它必須為了德性的法則而發生。否則那符合只是很偶然而不可靠的。」（Gr 4：390）黑格爾正是對康德的這一項洞見大不以為然，他在《法哲學原理》一書中一再把康德的道德哲學貶為「空洞的形式主義」，他批評康德「固執單純的道德的觀點（moralischen Standpunkts）而不使之向倫理（Sittlichkeit）之概念過渡」，「把道德的科學貶低為關於為義務而盡義務的修辭或演講」，他說：「從義務的那種作為無矛盾的、形式上自我一致的（無非是肯定下來的）抽象無規定性的規定，不可能過渡到特殊義務的規定；即使在考察行為的這種內容時，這項原則也不含有標準，借以決定該內容是不是義務。相反地，一切不法的和不道德的行為，倒可用這種方法而得到辯解。」【66】又說：

　　道德（Moralität）和倫理（Sittlichkeit）在習慣上幾乎是當作同義

【66】同註【44】，s. 252；中譯頁137。"Sittlichkeit"一詞在黑格爾文本中譯做「倫理」較切合其原意指；而在康德的文本中，中譯為「德性」。

詞來用，在本書中則具有本質上不同的意義。通常看法有時似乎也把它們區別開來的。康德多半喜歡使用道德一詞。其實在他的哲學中，各項實踐原則完全限於道德這一概念，致使倫理的觀點完全不能成立，並且甚至把它公然取消，加以凌辱。【67】

黑格爾高揚倫理，因為他看重經驗內容，在他眼中，道德是主觀的，抽象的，因而是空洞的，只有倫理是主客統一的。而依康德之見，道德是倫理學的形上基礎，它不源自經驗卻是倫理經驗的先驗根據。康德並非要把倫理「公然取消，加以凌辱」，只不過康德提醒我們：倫理學的經驗部分不能是道德哲學的本務，那把純粹原則與經驗原則混雜在一起者「不足以當哲學之名」。（Gr 4：390）我們必須把道德基於其真純的原則上，雖然道德在其應用於人時實有需於人類學，但我們卻必須首先把它當作形上學獨立地討論之。（Gr 4：412）

黑格爾對康德的批評顯然是粗暴的曲解，見出他對康德在道德哲學方面的通貫整體工作不屑一顧。事實上，康德對人類實踐活動所作批判考察的精密周全，正體現在他對於「道德性」（Moralität）、「德性」（Sittlichkeit）、「德行」（Tugend）三詞項之精微區分卻又不可分割地關連上。【68】其實，只要細察黑格爾的主張，我們就能明白他的真正用意並非針對康德有否論及內容和倫理，其要害在於要以習俗的倫理體系取代康德建基於意志自律自由（道德主體自我立法自我遵循以行動）的道德哲學。依他看來，只有從外給予的，由社會決定的行為規範才是客觀的，能夠為個人決定具體行為的標準，並且只有以外在的社會規範為準才能評判一個人的行為是否道德的。這正好與康德已經批判地否決了的一般實踐哲學同出一轍。在黑格爾看來，道德只是主觀性的環節，必須在倫理的客觀化過程中作為中介物而被揚棄掉。不過，康德已揭明：外在的規範並不以每個人的純粹實踐理性所含有的道德法則為根據，那

【67】 同註【44】，s. 88；中譯頁 42。

麼，即使在某方面有普遍性，也只是材質的原則，充其量只是實踐的規則，具有比較上的普遍性。康德早在《純粹理性批判》中就說明：「經驗永遠不能給它的判斷以真正的嚴格的普遍性，而僅是通過歸納法給予判斷以假定的比較上的普遍性。」（B3）「用嚴格的普通性來思量到某個判斷，即在不容許有任何可能的例外這種方式來思量它，它就不是從經驗得來，而是絕對先驗地有效。……必然性與嚴格的普遍性是先驗認識的可靠記號，而且是彼此不能分開的。」（B4）黑格爾認為具普遍必然性的道德法則只是空洞的形式，既不能提供特定義務由以得出的原則，也不能作為檢驗某項內容是否義務的評判標準，而主張代之以有特定內容的倫理規範，這實質上就是否定道德的可能性、真實性。

　　黑格爾在《法哲學原理》說：「道德同更早的環節即形式法都是抽象的東西，只有倫理才是它們的真理。」【69】又說：「其實，如果道德是從主觀性方面來看的一般意志的形式，那麼，倫理不僅僅是主觀的形式和意志的自我規定，而且還是以意志的概念即自由為內容的。無論法的東西和道德的東西都不能自為地實存，而必須以倫理的東西為其承擔者和基礎，因為法欠缺主觀性的環節，而道德則僅僅具有主觀性的環節，所以法和道德本身都缺乏現實性。」【70】黑格爾將倫理分為三階段：家庭、市民社會、國家；依他所論，前兩階段都是要崩潰的，只有國家是「個體獨立性和普遍實體性在其中完成巨大統一的那種倫理和精神。因此，國家的法比其他各個階段都高，它是在最具體的形態中的自由。」【71】他說：「國家是倫理理念的現實——是作為顯示出來的、自知

【68】 長久以來，Mralität、Sittlichkeit、Tugend 三詞項在英語界的康德研究中混譯做 " morality"、" moral"，中譯據之混譯做「道德」，對恰切理解康德的道德哲學造成嚴重障礙。

【69】 同註【44】，s. 91；中譯頁 43。

【70】 同註【44】，s. 290；中譯頁 162。

【71】 同上註。

的實體性意志的倫理精神。」【72】

　　儘管黑格爾採用「客觀的自由」這一莊嚴的字眼，為他所論的習俗倫理、國家政治法律戴上客觀性的面具，我們仍然不難發見，他持守的只不過是一種理性成分與經驗成分混雜的一般倫理學的立場，這種立場早就受到康德有力的批評。黑格爾站在這種立場上批評康德的道德哲學，自然完全不能相應。康德要首先探明倫理（習俗德性）以及德行的超越根據，確立倫理所以可能的先驗成素與先驗原則。而一般倫理學的任務是要提供一些規則，以便人們遵循這些規則去決定什麼行為是對的或什麼行為是錯的。顯而易見，如果人們要到康德的道德哲學體系中尋求決定具體行為對錯的經驗原則，他們是注定要失望的，但是，他們實在不能因此責怪康德只給出形式的原則而經驗內容欠奉，更不應譏諷康德為無用的形式主義。只怪他們自己沒有弄懂，技術地實踐的、實用性的問題恰當說來必須由屬於經驗科學的應用倫理學去處理。舉例說，人們不會無知到想要到一部憲法中去發見具體的民法或刑法之條款。

　　康德一再強調：倫理學只能建基於主體自由。他在《倫理學演講錄》【73】中指出：一般倫理學沒有恰切的字彙表達道德的本性，因而混淆了道德與習俗德性（Sittlichkeit）。德行（Tugend）理念很難充分表達道德的善的本性。"Sitten" 和 "Sittlichkeit" 慣常用以表達道德的理念，但是，"Sitten" 是理解為禮節，德性是意涵社會的善。如法國這樣的國家可以有 "Sitten"，一個禮儀的法典，而不關聯到德性。（Ethik：85）在《德性形而上學》中又說：「"Sitten" 與拉丁語中 "Mores" 的意思是一樣的，僅指規矩習慣（Manieren）和禮儀教養（Lebensart）。」（MS 6：216）康德區分道德與德行及德性之苦心孤旨，其意是要在習俗德

【72】同註【44】，s. 398；中譯頁253。

【73】Kant, Eine Vorlesung über Ethik, Fischer Taschenbuch Verlag, Frankfurt am Main, 1990.

性、禮儀規範之現象中發掘其形上根據。這根據歸結到道德。康德在《德性形而上學之基礎》中的任務是探究「道德」，在那本小書裡，他說：「道德性就是行為之關聯於意志之自律，即是說，關聯於藉意志之格準而來的可能的普遍立法。」（Gr 4：439）「道德性就是那單在其下一有理性者始能其自身即是一目的的條件。」（Gr 4：434）進至《德性形而上學》一書，其任務是研究根源自道德性之德行及德性、倫理的全系統，在那裡，他說：「德行是一個人的意志在完成他的義務中的道德力量。」（MS 6：405）「德行不僅僅是一種自我強制，而且是一依據內在自由的原則之自我強制。」（MS 6：394）「德行就是奮鬥中的道德存心（moralische Gesinnung）。」（KpV 5：84）早在《實踐理性批判》一書中康德就論及德行，說：「有限的實踐理性所能作成的至多不過是去使一個人的諸格準朝向道德法則所執持的模型而趨的無限進程成為確實的，這即是德行。」（KpV 5：32）在《倫理學演講錄》說：「德行並不包含在合法性中，而包含在存心中。」（Ethik：84）在康德的體系中，道德、德行、德性三詞項之含義有別卻又指涉同一實踐活動，並非割截為三事。與之相應，道德實踐包括意志立道德法則與抉意依道德法則訂行為格準兩級立法。康德在《德性形而上學》之「導言」中就表明：實踐哲學把抉意之自由（Freiheit der Willkur）作為它的對象，「必須事先假定需要德性之形上學。它甚至要求具有這樣的形而上學作為一種義務，確實，每一個人在他的心中都具有這種形而上學，只是一般說來，他對此是模糊不自覺的。因為如果沒有先驗的原則，一個人不能夠相信在他自身中有一種普遍法則的源泉。」（MS 6：216）又說：「德性形而上學不能像關於人的經驗科學那樣，建立在人類學之上，但卻可以應用到人類學中去。」（MS 6：217）

《德性形而上學》一書由法義務（Rechtspflicht）與德行義務（Tugendpflicht）兩部份組成，這是因為所有義務都屬於倫理的範圍，連依靠外在立法而存在的法義務在內。但康德特別聲明：「倫理的立法含

有一種根本無法歸入外在立法的特性。因此，倫理立法自身不可能是上述外在的立法，它甚至也不是從神的意志中產生，雖然它可以容納那些依靠外在立法而存在的義務作為它的義務，並在它自己的立法中把這些義務放在動力的位置上。」（MS 6：219）我們只要明白康德實踐哲學的任務，並且耐心地跟隨康德的工作，相應地了解《基礎》、《實踐理性批判》、《德性形而上學》三書各別不同的任務及其整體通貫性。我們就不會誤解康德要離開德行倫理去空談「道德」。

人們日常習用的語言中，客觀的東西（Objektiven）總是指表在我們之外的事物，西方傳統的哲學思維也是以「一切我們的認識必須以對象為準」（Bxvi）來定客觀性。康德的批判考察根本扭轉這種舊式的觀點，轉而提出「對象必須依照我們的認識」。（Bxvi）依批判哲學的觀點，「客觀的」不能混同「客體的」，我們根本無法離開主體而論「客觀性」；假若離開主體對客體的決定，也就是把「客觀的東西」等同「客體之在其自身」，那麼，我們必沒有任何依據說及如何能認知這樣的「客觀的東西」；如果我們不能首先探明主體中包含的普遍必然性，而只是獨斷地宣稱客體的真理，那只能使哲學成為製造虛妄的溫牀。

在康德的實踐哲學體系中，實踐的客觀性就在每一個人自由自律的意志立法所同具的普遍必然性中，此即涵着說，實踐的客觀性在外在化社會化之先已經根源於實踐主體中，主客合一在主體見。但黑格爾就是信不過每一個人同具的立法主體，主體自身的立法既主觀而又具客觀的必然性，這在黑格爾看來是不可思議的。依康德，自由自律的意志立道德法則，此即儒家「本心即天理」之義。孟子曰：「心之所同然者何也？謂理也，義也。」（《孟子‧告子上》）天理自本心出。故陸象山云：「苟此心之存，則此理自明，當惻隱處自惻隱，當羞惡，當辭讓，是非在前，自能辨之。」[74] 此義也是黑格爾信不過的。在黑格爾眼中，道德

───────────────

[74]《陸九淵集》卷34，北京：中華書局，1980，頁396。

法則只是應然的形式，人們關於應該做什麼的確定原則在這裡還不存在。【75】在康德的說統中，道德法則自身即供給一實踐的動力，實踐的認識就是「關於『應當存在者』之認識」（A633/B661），康德說：「道德作為我們應該據以行動的無條件的命令法則的總體，其本身在客觀意義上已經就是一種實踐。在我們已經向這種義務概念承認其權威之後還要說我們不能做到，那就是顯然的荒謬。」【76】（KGS 8：370）依康德，道德的應當是道德之實存的應當，它本身就包含着必須由「應當」轉成「實是」之必然性，也就是說，道德乃是依定然的應當創造「是」之力量；但在黑格爾看來，道德法則只是空洞的形式，僅僅作為概念認識的那種理性不能創造「是」，倒是「應然」必須從「是」中求。康德在其歷史哲學著作《重提這個問題：人類是在不斷朝著改善前進嗎？》【77】一文中表明這樣一個觀點：哲學可對將要來臨的事件作先驗可能的陳述，這是因着揭示人類秉賦上的一種道德性而做到的，只要彰顯出人的稟賦中的「一種天生的、恆常不變的、儘管是有限的善的意志，人就能確切地預告他的種屬是朝着改善前進的，因為在這裡涉及的事件是他自己所能造成的。」（KGS 7：84）但在黑格爾看來，世界歷史是上帝意志之自我展現，人只不過作為上帝實現其目的的手段而已；因之，無論是個人，或一種哲學，妄想可以跳出他的時代，那是愚蠢的。【78】一直以來，哲學界不少人追隨黑格爾的觀點，只承認「實然」是有意義的，而「應當」則被貶為無謂之談。豈知，若人類的祖先缺乏「應當」這創造之能，我們必定仍在茹毛飲血的年代停滯不前呢。箇中道理恐怕一般人也能明白。

【75】同註【44】，s. 254；中譯頁138。

【76】Kant, " Zu ewigen Frieden" (1795). （《論永久和平》）KGS 8: 343-386.

【77】Kant, Erneuerte Frage: " Ob das menschliche Geschlecht im Beständigen Fortschreiten zum Besseren" (1797), KGS 7: 79-94.

【78】同註【44】，s. 26；中譯頁12。

自由之概念作為康德哲學體系的拱心石，它並非作為自明的預先規定的概念而獨斷地奠立。我們見到，在康德對於人類心靈機能的批判考察中，經由不同層面，多角度多視域的步步考量，步步規定，「自由」之豐富涵義漸次而通貫一體地展開：從思辨理性之一個軌約的純然理念，至理性信仰上之一個設準；又從理性的思辨使用進至其實踐使用，在實踐領域中，「自由」作為意志之特種因果性，藉着意志自律之事實，也就成為構造的內在的事實之事，意志自由作為立法之能，它就包含普遍必然性，也就是說，顯示其自身為既主觀而同時是客觀的，它作為全部義務體系之形上根據，並在全部義務中獲得在具體道德踐履中的自身呈現；直至進至道德的目的論，在主體的意志自由包含的關涉目的的無條件立法中，人顯示自身作為世界存在之終極目的，至此，開始時從有理性者個體之意志的智性特性而考論的自由，必然充極擴展至一個結合自然法則與自由法則的道德世界的元首之理念，這元首可表象為就人類整個族類而言的一個公共的意志，或「集體的人類理性」（KU 5：293），它作為最高立法並非與主體自由之立法有不同，而僅僅在它被表象為只有權利而沒有義務，在這裡，意志自由充其極而達至絕對意義。依康德，此自由之絕對義可表象為「上帝」，但它決不是獨斷地宣稱的一個外在客體，而是主體自由充極擴展至的絕對義本身。【79】

黑格爾批評康德將「自由」只限於作為一個抽象的空洞的形式主義的道德概念。依黑格爾之見，在康德道德哲學系統中，「自由」充其量只是主體的自由，不能就現實世界作具體的分析，因而其普遍只是抽象的普遍，而不能達致具體的普遍；它不能對終極問題有明顯解答，因而它只是一個主觀的理念，而不能是一個絕對的理念。知康德批判哲學者，必知黑格爾此類批評全不相應。黑格爾於國家、政治、法律，以至

【79】關於康德自由學說的通貫整體之論述，可參看拙作《康德自由學說綱要》，台灣：《鵝湖月刊》，2005 年 11 月，第 31 卷第 2 期，總 362 號起連載。

歷史、習俗倫理言客觀精神；於宗教言絕對精神。他所論「客觀自由」、「絕對自由」不能在「主體自由」中有其根有所本。

究其實，黑格爾論自由與道德毫不相干。他聲言只關心「道德的內容」，其實，他的主要觀點在如何藉着恢復法權（Rect）的刑罰化解行為與法則間的矛盾，他關心的只是政治的、社會的、倫理的規範手段。黑格爾抽掉道德主體而言之「政治之道」、「倫理生活」，實在稱不上「道德的內容」，因黑格爾不講道德，故亦無所謂道德內容。道德主體在其眼中被貶視為只是主觀的靜態的，不能有客觀的普遍的必然的意義，更不能有活動的創造性。道德主體在黑格爾心中並無位置，他不相信道德主體能有活動性創造性，不相信客觀性由主體決定而非由對象決定，拒絕肯認只能藉道德主體之創造性以肯定絕對實體的真實性，更不相信道德主體能綜和地轉回於經驗而成就「具體的普遍」。黑格爾主張到外在事物中去置定客觀的必然性；到「上帝的藍圖」、「絕對的精神」去安立絕對的形式。

黑格爾完全無視康德自由學說通過批判工作而達到的豐碩成果，難怪他在康德之後還要說：「所謂『自由』這個名詞，本身還是一個不確定的、籠統含混的名詞，並且它雖然代表最高無上的成就，它可以引起無限的誤解、混淆、錯誤。」【80】從表面言辭看，黑格爾也是把「自由」奉為最高理念，但究其實，他對自由之概念從未作過根源的考察，他只是以抽象的方式把「自由」作為與意志交互為用的一個詞。他說：「自由是意志的根本規定，正如重量是物體的根本規定一樣。……重量構成物體，而且就是物體。說到自由和意志也是一樣，因為自由的東西就是意志。意志而沒有自由，只是空話。」【81】黑格爾把自由等同意志，依其所論，道德只與個體的意志有關，因而只是主觀的自由，「個別的個

【80】 同註【33】，s. 33；中譯頁 20。

【81】 同註【44】，s. 46；中譯頁 11-12。

人形式下的自由」，如此一來，主體意志自由之立法義拉掉了。黑格爾轉到倫理（最高階段是國家）論客觀的自由，依其所論，主體的自由是個人的，倫理性的規定才是它的實體性。最後，宗教是精神的完成，[82]宗教是絕對精神，上帝就是絕對的意志，也就是絕對的自由。

黑格爾在《法哲學原理》一書中說：「倫理性的規定構成自由的概念，所以這些倫理性的規定就是個人的實體性或普遍本質，個人只是作為一種偶然性的東西同它發生關係。個人存在與否，對客觀倫理說來是無所謂的。唯有客觀倫理才是永恆的，並且是調整個人生活的力量。因此，人類把倫理看作是永恆的正義，是自在自為地存在的神，在這些神面前，個人的忙忙碌碌不過是玩蹺蹺板的遊戲罷了。」[83]又說：「國家是客觀精神，所以個人本身只有成為國家成員才具有客觀性、真理性和倫理性。」[84]「自在自為的國家就是倫理性的整體，是自由的現實化。」[85]「國家的根據就是作為意志而實現自己的理性的力量。」[86]在《歷史哲學》中又說：「國家乃是『自由』的實現，也就是絕對的最後的目的的實現，……人類具有的一切價值——一切精神的現實性，都是由國家而有的。……只有服從法律，意志才有自由。」[87]

黑格爾視國家為客觀精神的最高階段，並把國家視作「神自身在地上的行進」[88]。國家就是上帝對於世界的目的在現實界中的形態，而上帝是絕對的意志、絕對的自由。他在《歷史哲學》中說：「上帝是最

---

[82] 同註[36]，s. 499；中譯頁 183。

[83] 同註[44]，s. 293；中譯頁 165。

[84] 同註[44]，s. 399；中譯頁 254。

[85] 同註[44]，s. 403；中譯頁 258。

[86] 同註[44]，s. 403；中譯頁 259。

[87] 同註[33]，s. 56-57；中譯頁 41。

[88] 同註[44]，s. 403；中譯頁 259。

完善的『存在』，所以祂只能夠支配自己——祂自己的意志。……假如我們把宗教的概念在思想中來瞭解，祂就是我們所謂『自由』的『概念』。」【89】「自由本身便是它自己追求的目的和『精神』的唯一目的。這個終極目的（Endzweck）便是世界歷史。自古至今努力的目標，也就是茫茫大地上千秋萬代一切犧牲的祭壇，只有這一個目的不斷在實現和完成它自己。……這個終極目的，便是上帝對於世界的目的。」【90】

　　如所週知，黑格爾的世界歷史就成了絕對自由（上帝）本身的辯證展開和自我發展。阿金恰切地說：「從根本上看，黑格爾的《歷史哲學》像奧古斯丁的《上帝之城》一樣，是一首頌神詩。」【91】雅斯培（K. Jaspers）更一語中的地指出：黑格爾在其建構的普遍歷史中「沒有未來以及對自由的訴求」【92】。而康德在他那些關於歷史哲學的為數不多的短篇論文中卻真正地為我們提供了一個人類歷史之理念，它告訴我們人類基於意志之自由在朝向世界之終極目的的進程中將致力於創造什麼。康德的獨特的歷史觀是以「人類意志之自由」為根基的，一方面，它揭示人類意志自由之作用是人類原始秉賦的發展，這發展總體上說是一個有規律的進程，另方面，它並不忽略人類行為在時間中的表現是受自然法則所決定的。它揭示人類史是在自由與自然之張力下發展的，而人類意志之自由以其法則頑強地作用於自然，並趨向與自然諧和一致，這使人類史成為預告的歷史。因此，它既不是自然決定論，也不是神意的宿命論，而是建基於人類意志自由的道德史。他在《世界公民觀點下的普遍歷史理念》【93】中揭示：人類的意志自由畢竟依照自由之法則創造人

【89】 同註【33】，s. 33；中譯頁 20。

【90】 同上註。

【91】 同註【18】，頁 71。

【92】 K. Jaspers, Die Grossen Philosophen. R. Piper & Co. Verlag, München, 1957. s. 583.

【93】 Kant, " Idee zu einer allgemeinen Geschichte in weltbürgerlicher Absicht" (1784), KGS 8: 15-31.

類整體由壞到好的進步，從野蠻人的無目的狀態進展到文明化，最後還要達致道德化，儘管道德化仍言之過早。（KGS 8：26）用孔子的話說：「道之以政，齊之以刑，民免而無恥。道之以德，齊之以禮，有恥且格。」（《論語・為政篇》）「道之以政，齊之以刑」是文明化，從「道之以政，齊之以刑」進至「道之以德，齊之以禮」，就是從文明化進至道德化。孔子乃真知道德者，黑格爾只知刑政者也。

究其實，黑格爾把「存在」、「自由」歸於「思維」、「精神」、「上帝」，他採用的手法是獨斷地宣稱，完全無實在的規定。他在《全書本邏輯》中說：「在思維內即直接包含自由，因為思想是有普遍性的活動，因而是一種抽象的自己和自己聯繫，……乃是一個沒有規定的自在存在。」【94】「惟有思維才能夠把握本性、實體、世界的普遍力量和究極目的。……思維之超出感觸界，由有限提高到無限，打破感觸事物的鎖鏈而進到超感觸界的飛躍，凡此一切的過渡都是思維自身造成的，而且也只是思維自身的活動。」【95】在《歷史哲學》中說：「精神是依靠自身的存在，這就是自由。」【96】「精神知道它自己，它是自己的本性的判斷，同時它又是一自己回到自己，自己實現自己，自己造成自己，在其自身內的東西的一種活動。」【97】黑格爾主張思維、精神乃是與物質根本不同的，超出感觸界之外的自為自存的實體，這種「思維、精神」與物質對立的二元論早就被康德的《純粹理性批判》否決了；康德的批判裁定了：一切單憑理性的思辨活動而宣稱認識到自為自存的東西都只能是虛妄主張。黑格爾對理性法庭之公正裁決不屑一顧，他以為藉著他構作的邏輯體系就能證明思辨的認識，他之所以如此膽大妄作，完

【94】 同註【1】，s. 80；中譯頁 78。

【95】 同註【1】，s. 131；中譯頁 136。

【96】 同註【33】，s. 30；中譯頁 18。

【97】 同註【33】，s. 31；中譯頁 18。

全是因為他一心一意要把「存在」、「絕對的自由」獨斷地歸於上帝。他說：「上帝統治着世界，而世界歷史便是上帝的實際行政，便是上帝計劃的見諸實行。哲學要理解的便是這個計劃，因為只有從這計劃所發生的一切事件才具有真正的現實性。」【98】

在康德的自由學說裡，客觀的自由、絕對的自由是植根於主體之意志自由的事實上的，而黑格爾卻拉掉主體自由，其全部自由論說就難免淪為一種無其根無所本的人為構作。在這個龐大的構作體系中，除了獨斷地置定的絕對自由（上帝），以及作為上帝目的之實現的國家之外，一切存在被黑格爾流放到辯證的歷程中，只充作上帝實現其目的的手段。當黑格爾把辯證施於存在，他就把一切事物只置於歷史的形式之下，以此同時，他就把「絕對自由」與主體自由相連的臍帶割斷，其結果就是截斷「絕對自由」在生命中的源頭活水。難怪阿金說：「儘管黑格爾談論『絕對』，但是，他自己深刻的歷史的，從而是相對的意識，象十九世紀任何一種其他的非絕對主義的事物一樣，對宗教的和哲學的絕對主義的衰敗負有責任。通過一種完全符合黑格爾自己心愿的譏諷，『絕對』沒落了，這完全是黑格爾自己的作為。」【99】

第三節　關於「為義務而義務」及與之關連的行為動力和情感問題

黑格爾視主體自由為個人的、主觀的空洞的形式，此乃歸因於他以為普遍的必然性不能包含於主體中，而只能歸於外在的客體。也正因為他抱持這樣一種貶抑主體的見解，他把康德自意志自律論道德曲解為「人是他自身的奴隸」。他說：那些有其主人在他們自身之外的人與聽從

【98】同註【33】，s. 53；中譯頁 38。

【99】同註【18】，頁 76。

他自己的義務命令的人之間的區別，「不是在於：前者將自身變為奴隸，而後者是自由人；而在於：前者順從於外在於他們的主人，而後者則把他的主人帶入自身之內，然而同時卻成為自身的奴隸；由於特殊者有着本能、愛好、病理學之愛、感性經驗，如此等等，所以普遍者就必然是並且始終是某種外來且客觀之物。」[100]

黑格爾將意志自由之主體與個人的特殊的感性的自我對立起來，他看不到人之所以堪稱為「道德的者」，端賴人的意志自由是一種自立普遍法則的能力，並且有能力依據自立的普遍法則訂定格準以行動，人有能力使其依於感性之本性而來的一切格準隸屬於道德法則而與之相一致。這就是康德所論意志自律之真義。康德在《基礎》一書中說：

> 人們只見到人由於其義務而被法則所約束，但沒有想到：他所服從的法則只是他自己訂立的，並且這立法是普遍的，而且他僅僅被責成依據就其自然的目的就是普遍立法的他自己的意志而行動。（Gr 4：432）

> 儘管義務概念意指一種對法則的服從，而我們同時還是認那些盡到了自己一切義務的人有某種崇高和尊嚴。他之所以崇高，並非就他服從道德法則而言，而是由於他同時是這法則的立法者，並且只因為這樣他才服從這法則。（Gr 4：439-440）

「由義務行」涵着說：人服從他自己固有的依其本性就是普遍立法的意志所立的道德法則。這並非恐懼，亦非對感性本性的箝制，而是人自身的尊嚴。康德說：「人的尊嚴正在於他具有這樣普遍立法的能力，儘管同時以他本身服從這種立法為條件。」（Gr 4：440）明乎此，我們就能明白，黑格爾及其後百多年來的各種追隨者指責康德的自律道德學

---

[100] Hegel, Der Geist des Christentums und sein Schicksal, G. W. F. Hegel Werke 1 Frühe Schriften, Suhrkamp Verlag Frankfurt am Main 1970. 中譯參見黑格爾著，魏慶徵譯：《宗教哲學》（下）之〈基督教的精神及其命運〉，北京：中國社會出版社，1999，頁983-984。

說包含理性對感性的暴君般的統治，把人淪為自身的奴隸，那是一種何等輕率的妄加之罪。

誠然，康德一再強調道德立法的純粹性，道德法則只能源自人的純粹意志，我尊敬道德法則僅意謂我的意志服從其自身所立普遍法則，而無其他對於我的感取的刺激為中介（Gr 4：401）；但這決不等同說康德主張人的行為除了道德動力之外不能包含其他動力。相反，依康德的考論，一方面，道德法則因着人的道德稟賦而不可抗拒地加予人；另一方面，人同樣有其自然稟賦，畢竟也依賴於感性的動力並把它們納入自己的格準。（Rel 6：36）一個人是善還是惡，在於他採納格準的主從關係，「即他把二者中的哪一個作為另一個的條件」。（Rel 6：36）一個人之所以是惡的，在於他「把各種動力納入自己的格準時，顛倒了它們的道德次序」（Rel 6：36），他把感性的動力作為本身獨立自足的，當作遵循道德法則的條件。在道德踐履中，感性稟賦與道德稟賦並非對立的，而毋寧說，二者是在道德次序中相結合的，也就是說，並不否決感性動力，而是道德法則必然限制感性，康德說：「道德法則其實以某些條件來嚴格地限制人對幸福的無度需求。」（KpV 5：130）

康德強調純粹理性必須單獨自身唯一是實踐的，以其自己即決定意志，不能摻雜絲毫感性地決定的意欲機能之動力，因為惟其如此，他才不作為性好之僕人，才真能成為較高的（即立法的）意欲機能，而那感性地被決定的意欲機能才隸屬於其下。（KpV 5：24-25）此乃與主體之道德立法相關，亦唯賴主體意志自由之立法義確立，方可有真正的道德可言。康德一再提醒我們，不要以為道德就是排除感取性好的障礙時心靈力量之意識，人們或可愉悅於修養心智，涵養更多享受修身養性的樂趣，我們可稱這些為高雅品格（KpV 5：24），但這些都與道德無關。康德也一再批評道德的狂熱，他批評斯多噶派的信徒「將動力和意志根本的決定根據置於精神境界的昇華中」，他說：「德行在他們那裡就是超脫人的動物本性的智者的英雄主義。」（KpV 5：127）

黑格爾把康德所論主體意志自由普遍立法之權威曲解為人對自己的奴役，究其實，他只認個人為特殊的感性的自我，個人意志絕無普遍必然性可言。如此一來，黑格爾就否決主體之道德性（意志自由）在倫理中的根源地位，而只能依「國家」、「上帝」而論一套倫理、行為規範的體系。

黑格爾否認主體意志自由之普遍立法能力，由之，他自然不能理解康德提出的「由義務行，而非行義務」的道德義務論。康德最早在《基礎》一書中經由道德概念之分析而提出道德義務之概念，可以說，康德的義務概念是針對着羅馬政治家西塞羅的《義務論》[101] 而發的。康德見到傳統上舊有義務論的缺失，那就是，義務並不植根於人的道德性（主體意志之自律自由），因而只限於一些外部規定的政治義務、法律義務，而不能達至道德的義務論。正如康德的其他重要學說一樣，康德的道德義務論是徹底扭轉傳統的，根本地革新的。他說：

義務是「從尊敬道德法則而行」的行動之必然性。（Gr 4：k24）

依康德之考論，人的自由意志立道德法則，而自由抉意以道德法則作為行為格準的根據；「從尊敬道德法則而行」也就是人遵循以自身意志自立的普遍法則為根據的格準而行動，這就是義務。這無疑是創闢性的識見。在康德之前，習俗的義務論並不以主體之「意志自律自由」為根據，而是經由外部的客觀規定，一般說有權利有義務，其所言「義務」是通過國家、政治、法律而論的，如此論「義務」只是一個政治

【101】 Marcus Tullius Cicero, De Officiis. 康德同時代的通俗哲學家伽爾韋（Christian Garve）在其 " Philosophisch Anmerkungen und Abhandlungen zu Cicero's Büchern von den Pflichten" (Garves Gesammelte Werke, Neudruk Hildeshein: GeorgOlms Verlag, 1986) 中論及古羅馬政治家、哲學家西塞羅的義務論，在康德看來，此等義務之哲學分析完全不符合正確的道德原則。富斯特（Eckart Förster）在 " Kant's Final Synthesis" (Harvard, 2000, p. 125) 中提出，康德《德性形而上學之基礎》是回應伽爾韋的反批判而寫成。

概念，只是基於知性、理智計較而立，是人類文明化的一種標誌和成果。在通常的理解中，政治「義務」、法律「義務」總是與道德義務混雜的。康德就通常的義務概念作了一個滌清工作，把一切感性的東西，基於個人性好的東西，基於經驗的利害考慮的東西，以及任何理智計較活動排除。從感性的層面提上來，從性好的層面、經驗的層面提上來，單單植根於主體自由言「義務」，其論義務是道德的義務。依康德所論，惟建基於「道德義務論」才能進一步研究全部義務之體系。

康德嚴格區分「由義務行」與「行義務」。「由義務行」，即是說一行動之作成是出於行為者自立的依據於道德的定然律令而來的格準，而不出於任何性好及主觀目的，這就是「單純出於義務（aus Pflicht）而行」。一個行為是否由道德義務而來，不單單看行動的結果是否合乎義務，而是首要看行動是否由義務之格準而作成。而「行義務」只是行動合乎義務 （pflichtmäßig），義務的規條對行動者來說是外加的，行動者有一性好或主觀目的，因而這行動只具有相對的價值，而不能有道德的意義。就「行義務」與「由義務而行」二者的區分，康德在《基礎》一書中舉出五個例。【102】這裡我們只引其中第一個例以資說明，依那個

【102】這五個例一直以來成為批評康德義務論者的材料，自從席勒那首「儘量懷着蔑視去為親友效勞，並心懷厭惡去執行義務」的諷刺詩，以及黑格爾所謂「冰冷的義務」之指責，一種對康德義務論的誤解長久地在學術界占支配地位。直至晚近才出現越來越多的反批評，反批評者已有具說服力的主張，指明批評者的思路是誤導性的，基於對康德觀點的不合理解讀。重要的反批評可參見：Onora O'Neill, Acting on Principle: An Essay on Kantian Ethics, New York and London: Columbia University Press, 1975. Barbara Herman, " On The Value of Acting from the Motive of Duty", Philosophical Review 90, p. 429-450. John Rawls, Lectures on The History of Moral Philosophy, Harvard University Press, 2000, p. 170-175. 亦可參看拙著《實踐主體與道德法則——康德實踐哲學研究》，香港：志蓮出版社， 2000 ，頁 218-225；262-271 。

例：一個商人保持一個固定的價格，做到童叟無欺。這總是一件符合義務的行動。不過，只有在這個商人是從誠實的格準而做出這行為，亦即其行為是一項定然律令的情況中，他是「由義務而行」，他的行為才有道德的價值。假若他只是因為顧及商譽以及由之而來的自私目的，亦即行為原則是一項假然律令，則他的行為就只是「行義務」而已，這樣的行為只有相對的價值，而不能有道德的意義。

黑格爾不能理解康德所論「從尊敬道德法則而行」的義務，他把「由義務而行」曲解為「為義務而義務」，因之批評康德主張一種沒有內容的義務。他說：

> 我道德地行動着，是因為我只意識到我在完成純粹義務，而沒有意識到任何別的什麼，事實上，這就是說，我正道德地行動着，是因為此時我不行為。但是，當我實際行動着時，我是意識到有一個別的、一個現實成存在着，而且意識到有一個東西是我想使之實現的，我持有一個特定的目的，履行着一個特定的義務；在這裡顯然有一個與純粹的義務不同的東西，儘管純粹的義務據說是行為的用意之所在。【103】

晚近的交倫・伍德（Allen. W. Wood）重拾黑格爾的這種說法，他在〈道德意志之空洞無物〉【104】一文中解釋黑格爾這段文本的觀點，說：黑格爾這段話的主要論點是，追求任何一個確定的目的，這等同於基於一項並非空洞的原則而行動，也就是必定出於某種不同於純粹義務者而行動，我行動時意識到一個他者，這他者只能是行動者的具體興趣、欲望和性好。【105】伍德依據黑格爾的觀點得出結論，說：要滿足單

【103】同註【36】，s. 468；中譯頁150-151。

【104】Allen Wood, "The Emptiness of the Moral Will", Monist, 1989, p. 454-483.

【105】同上註，p. 462. 阿利森對伍德所論提出反批評，可參見：Allision, Kant's Theory of Freedom, p. 186-191.

純出於義務而行動的要求，也就是保存某人存心之純粹性的努力，完全妨礙他採取任何行動，因為「為性好所推動」是行為能力之無可避免的事實。【106】

顯然，伍德與黑格爾同樣以性好作為人的行為的不可缺少的動力，而忽略（或恰切地說是拒絕承認）「道德法則本身就是動力」；他們也未能理解，康德在《基礎》一書提出義務之概念，其要旨是要揭示：義務必須出於道德律令（定然律令），該書的任務並不是要從事一般行為及其動力之分析。黑格爾他們只考慮行為一般之動力，而不考慮義務行為所依據的原則，自然是無法理解「由義務行」與「行義務」的區別。因為他們只承認感性的動力，而看不到純粹實踐理性自身即是動力，由此，他們所討論的只不過是行為的合法性、合理性，而完全不能觸及行為的道德性及其根據之問題。伍德和為數不少的學者提出了所謂「行為能力」問題之討論，他們基本上追隨黑格爾的觀點，認為行為者對其行為必有一興趣（interest），這興趣必然反映着行為者的基本需要和個人情感（attachment）。豈知，若依照伍德他們的行為能力之概念，非但「由義務行」不可能，就連人的道德本性也否決掉了，這種行為能力理論的缺失在其根本不能說明人的道德行為。

其實，黑格爾及其追隨者對康德的責難與康德的義務論完全不相應，熟悉康德義務論者必知道，康德並不如他的批評者所指責的那樣要排除道德行為者的興趣和目的，康德的貢獻在於他揭示出：人作為有理性的行為者，他不但以其顯相之身份而言有着個人特殊的興趣（利益關切）和主觀目的（手段），並且以其物自身之身份而言有着「對道德法則之興趣」和客觀的目的。惟獨後者才是道德行為理論之要素。康德在《基礎》中說：「人現實上是感興趣於道德法則。」（Gr 4：460）「並非由於道德法則使我們感興趣，所以它才對於我們有效，……而是道德法

【106】同註【104】，p. 463.

則對於我們人類有效，所以它使我們感興趣。因為它根源於我們之作為睿智者（Intelligenz）之意志，因而根源自我們的真正的自我中，而理性必然將僅屬於顯相的東西隸屬於物自身之性狀。」（Gr 4：461）並且，在《基礎》中，康德就提出要嚴格區分開「基於衝動上的主觀目的和依於動力上而對每一有理性者皆有效的客觀目的」（Gr 4：427），他說：「那服務於意志而為意志的自我決定之客觀根據者，便是目的，而如果這目的單為理性所指定，則它必對一切有理性者皆有效。另一方面，那只含有以行動之結果為其目的的行動的可能性之根據者，就叫做手段。」（Gr 4：427）在後來的《單在理性界限內的宗教》一書第一版序言的一個長註中，康德明白地說：人作為有限的有理性者，「無論採取甚麼行動，都要探尋行動所產生的結果，以便在這一結果中發見某種對自己來說可以當作目的，並且也能證明意圖的純粹性的東西。」（Rel 6：7）無疑，康德一再強調：道德法則不基於任何目的，情感不能作為道德原則之基礎，此乃康德道德哲學之根源洞見；但不能忽略，康德經由《實踐理性批判》提出，道德法則自身產生終極目的（圓善）。及後又在《判斷力批判》揭示：「理性不借助於任何不論從何而來的快樂而是實踐的，並作為高層的能力（案：即立法的能力）給意欲機能規定了終極目的，這目的同時也就帶有對客體的純粹理智的愉悅。」（KU 5：197）「這個終極目的只能是從屬於道德法則的人。」（KU 5：445）並且，在目的連繫（nexus finalis）中，這包含在道德法則裡的終極目的就成為道德的動力。至此，康德對「人現實上感興趣於道德法則」作出根源之說明，這一點在《基礎》中是作為一個不可理論地解明的事實而首先提出的。在前面提及的《單在理性界限內的宗教》那個長註中，康德也論及這目的連繫，他說：「在實施（起作用的連繫 [nexus effectivus]）中，目的是最後的東西，但在理念和意圖（目的連繫）中，它卻是最先的東西。儘管這終極目的是由單純的理性提出給人的，但是，人卻在這一目的中尋找某種他能夠喜愛的東西。」（Rel 6：7）

黑格爾和伍德他們把康德內容豐富且考論周密嚴謹的道德義務論曲解為單純「為義務而義務」，只基於「空洞的原則」，僅僅致力於「保存個人存心的純粹性」而不能行動。究其實，這完全歸咎於他們完全不理會康德關於義務之普遍律令的論說，只是單方面從他們自己執持的一般行為能力之見解去責難康德。晚近，羅爾斯在其《道德哲學史講演錄》[107]中提出定然律令所滿足的四個條件，那可以作為對黑格爾和伍德他們的一個很好的回應。這四個條件是：一、內容條件：「定然律令不僅是形式的程序，而是具有充分結構的程序」；二、自由條件：「定然律令之程序把定然律令及道德法則展示為一個自律原則，以至我們可以認識到我們是自由的」；三、理性事實條件：「道德法則作為至上權威」之意識在我們的日常道德思想、情感和判斷中被找到，「道德法則至少潛在地被普通的人類理性認可」；四、「道德法則本身能夠成為推動我們按照它去行動的充分動機，而無論我們的自然欲望是什麼。」[108]

事實上，康德在《基礎》一書已經清楚講明：「義務之一切律令皆能夠由唯一的定然律令（作為它們的原則）被推衍出來。」（Gr 4 : 421）「定然律令只有一項，即：僅依據你能同時意願它成為一項普遍法則的那格準而行動。」（Gr 4 : 421）「義務之普遍律令又可如此被表示：如此行動，就像你的行為之格準會依你的意志而成為普遍的自然法則。」（Gr 4 : 421）這就是康德提出的「義務概念」所表示的。義務就是行為格準必符合道德法則，這是定然地決定了的，依照這個決定的概念，一個行為是否道德的義務就由該行為的格準是否基於道德法則而得到決定；而依康德的考論，道德法則無非就是意志自律，「意志自律就是意志（獨

---

[107] John Rawls, Lectures on The History of Moral Philosophy, Harvard University Press, 2000, p. 170-175.

[108] 同上註，p. 163; 254-255.

立不依於意願的對象之一特性）對其自己就是一法則的那種特性。」
（Gr 4 : 440）康德說：當我設想一定然律令，我立刻就知道它所包含的
內容（Gr 4 : 420）；並說：當我們每次違反義務時，如果我們注意自
己，那麼，我們就發現，我們實際上並不意願我們在違反義務時所採用
的格準應當成為一項普遍法則。（Gr 4 : 424）也就是說，按照康德的義
務概念，任何人只要注意自己的行為格準，他必定能知道他自己的行為
是否合乎義務，而不必等待外部的裁判。

　　康德在《實踐理性批判》中提出「純粹實踐理性法則之下的判斷力
規則」，那就是：「你問問你自己，如果你打算做的那行為會通自然法
則而發生，而你自己本身是這個自然的一部分，那麼你是否能把它看作
是通過你的意志而可能的。」（KpV 5 : 69）又說：「善惡概念本身隸屬
於理性的實踐規則，當理性是純粹的理性時，此理性的實踐規則就在關
於意志對象中先驗地決定意志。而一個在感性範圍中對於我們來說可能
的行為是不是一個從屬於這個規則的例子，由實踐判斷力決定，通過這
個判斷力，在規則中被普遍地斷言者可具體地應用到一個行為上。」
（KpV 5 : 67）

　　由以上概述可見，康德的義務概念指明了義務的根源——人的意志
自律，提出了一個義務行為所從出的程序，並且包含着一個判斷義務行
為的判斷力規則。若通貫地把握康德道德哲學的整全體系，我們可理出
這樣一條脈絡：《基礎》小書經由道德概念的分析而確立義務概念及道
德的最高原則——意志自律，進至《實踐理性批判》經由對實踐理性的
批判考察，闡明了道德法則作為理性事實，並據之證成「超越的自由」
之客觀實在性及意志自由是一事實物（Tatsache）。【109】其實，早在《基

【109】關於康德的自由學說及其基於意志自由而建立的道德的形而上學，詳論可參見
　　拙作〈康德自由學說綱要〉，台灣：《鵝湖》月刊，2005 年 11 月（總號 362）、
　　12 月（總號 363）、2006 年 6 月（總號 370）連載。〈康德的形而上學新論〉，
　　香港：新亞研究所《新亞學報》，第 25 卷，2007 年 1 月。

礎》之〈序〉中，康德就講明，在倫理學的經驗部分之先必須首先建立一德性形而上學（Metaphysik der Sitten）（Gr 4 : 390），而《實踐理性批判》的工作就是要為「德性形而上學」奠定基礎（Gr 4 : 391），《基礎》小書則作為這項基礎工作的先導論文。事實上，在《實踐理性批判》（1788）出版後九年，康德出版他的《德性形而上學》，那部書在意志自由及其自由之原則的基礎上建立起一個倫理義務體系。由此可見，黑格爾抨擊康德「固執單純的道德觀點而不使之向倫理概念過渡」，那只是無謂的指責，一般學者據黑格爾一面之辭就認為二者的區別在「康德講道德，黑格爾講倫理」，那只是皮相之見。

我們可以指出黑格爾與康德的根本對立在於：黑格爾拒斥康德經由三大批判工作而達至的成果——「每一個人的意志自由連同其自由原則（意志自律）作為人的超感觸本性之道德定分（Bestimmung）」乃是道德行為、全部倫理體系，乃至世界創造之終極目的的超越的、形而上的根據。「意志自由」恰如一顆根於人性的種子，在個人那裡，甚至在一個民族的精神那裡，它可能潛藏未發，也可以腐爛掉，苗而不秀，秀而不實的情況並不罕見；但就人整個族類而言，這顆種子總是要發芽，總是要在人的精神中，在現實的社會生活中生根、開花結果。這就是康德說：根於人的意志自由之動力，人類必從原始狀態進至文明化，最後進至道德化。用孟子的話說，「四端之心」我固有之，「惻隱之心，仁之端也；羞惡之心，義之端也；辭讓之心，禮之端也；是非之心，智之端也。人之有是四端也，猶其有四體也。……凡有四端於我者，知皆擴而充之矣，若火之始燃，泉之始達。苟能充之，足以保四海；苟不充之，不足以事父母。」（《孟子・公孫丑上》）本心操存得住，修身、齊家、治國、平天下，皆由之擴充成就。

黑格爾講倫理義務卻執意要把人的意志自由這個根挖掉。用孟子的話說，這就是要梏亡本心。本心既放失，就連事奉父母的事也做不到，遑論要建立倫理義務體系了。究其實，黑格爾所論義務並非道德的，而

只是一種合理合法的社會規範；他並不關注道德行為，而只涉及「好行為」。

康德在《實踐理性批判》中就提出要將「善惡」與「福禍」、「好壞」區分開。（KpV 5：60）依康德所論，義務不僅是好的行為，還必須是道德地善的行為，而道德地善的行為必須出自道德法則而作成。（Gr 4：390）無疑，黑格爾的說法是符合他所身處的時代的，套用他的話說，他的哲學就是他那個時代的產兒。他自己說：「在現在的十字架中去認識作為薔薇的理性，並對現在感到樂觀，這種理性的洞察，會使我們跟現實和解。」[110] 縱使黑格爾在言辭上把「理性」高抬到至高無上的地位，但實質上，「理性」在他那裡只作為西方近代文明的合理化的註腳。而康德通過對人類心靈機能之批判考察揭示出：理性的真正使用在實踐理性。啟蒙時代把「理性」只理解為計量的理智是有缺失的，近代文明並未如通常理解那樣臻至理性成熟的階段。依康德，真正的啟蒙是使每一個人運用他的理性主動地時時自己立法。（KU 5：294）人類理性之成熟必須進至道德理性，亦即純粹實踐理性（意志自由）。無疑，康德超越了他身處的時代。

黑格爾限於西方哲學傳統的舊式思維方式去設想「理性」，而不能理解康德「理性作為原則之能」與「意志創造對象之自由因果性」結合而論的「純粹實踐理性」。依照黑格爾的說法，《邏輯學》是「絕對精神」自我發展的第一階段，在這個階段，邏輯概念純粹是抽象的。他在兩卷本《邏輯學》中說：「一般說來，哲學還是在思想中，和具體對象，如上帝、自然、精神打交道，但是邏輯卻完全只就是這些對象的完全抽象去研究它們本身。」[111] 「邏輯的概念自身，在導論中，被表述為一

---

[110] 同註[44]，s. 26；中譯頁13。

[111] G. W. F. Hegel, Wissenschaft der Logik I, Hamburg:Felix Meiner Verlag, 1975. s. 13. 中譯見：黑格爾著，楊一之譯：《邏輯學》（上卷），北京：商務印書館 1991，頁11。

門處於彼岸的科學成果，……邏輯據此而把自身規定為純粹思維的科學，它以純粹的知為它的本原。」[112] 依黑格爾，邏輯是在自然階段和精神階段之先就有的精神的東西，是純粹抽象的，「思維的力量把各種知識和科學的多樣性納入理性的形式中」，是通過「剝掉外在的東西，並以這種方式從其中抽出邏輯的東西」。[113] 按照黑格爾這種說法，理性的形式就不能不是抽象的，並且原初是與內容完全分離的；此後發展至自然階段、精神階段，內容才充實到形式中，並取得「共相的價值」。[114] 黑格爾以他這種對於「理性形式」的想法去想康德哲學中所論純粹的形式，自然無可避免地要對康德產生誤解。他以為道德原則既是形式原則，則道德原則之普遍性就必定只是抽象的空洞的普遍性，這也是他對「實踐理性原則之形式」錯誤理解的後果。需知，依康德的批判考量，純粹的形式（無論感性之純粹形式——時間空間，知性之純粹形式範疇，還是實踐理性的形式原則）是人的心靈機能內具的，並且必定關聯着對象，因此與內容是先驗綜和的關係；純粹形式乃是通過超越的分解而探究出，而非經由抽象的程序。在《純粹理性批判》中康德就指明，「超越的邏輯」不同於一般形式邏輯，一般邏輯抽掉認識與客體之一切關聯（A55/B79）；而超越的邏輯「不能抽掉認識的全部內容」，「它必只排除那些具有經驗內容的認識」，（A55/B80）「它關心法則之先驗地關聯於對象」。（A57/B82）康德的「超越分解」不能混同一般邏輯分析，康德自己用化學分解來比喻他的超越分解工作：在《純粹理性批判》之「概念之分解」中，康德「對於知性機能自身作剖解，以便研究先驗概念之可能性」。（A65/B90）在《實踐理性批判》中，他剖析道德判斷的理性實例，「採用類似化學的程序，把在其中的經驗東

【112】同上註，s. 42；中譯頁 43。

【113】同上註，s. 41；中譯頁 42。

【114】同上註。

西與理性的東西加以區別」。（KpV 5：163）依康德，形式與內容本來就是在先驗綜和的關係中結合在一起的。

依康德的考論，純粹理性是無條件地實踐的，亦即純粹理性不依賴一切經驗性的東西而獨自就足以對意志作出決定。（KpV 5：15; 42）這就是純粹實踐理性（純粹意志）自我立法，其所立法則就是道德法則；它是普遍的規則，不受經驗條件制約，是形式的原則，而不是材則的原則。可見，道德法則之為「形式的」，是指意志決定之根據的普遍性而言，而普遍立法是純粹實踐理性自身的能力。但是，在黑格爾他們眼中，康德是為了使道德法則有普遍性，因而從實踐理性中抽象掉一切內容；其實，他們是從理論理性之構作去想道德法則，因之也把道德想為只是個人主觀的反思，對於實踐行動是無力的。依照康德的批判區分，他們這種主張只是技術地實踐的，而並未進至道德的實踐；我們知道，康德已批判地揭示：真正的實踐義必關聯於意志自由，也就是說，惟道德實踐才屬於實踐領域；技術的實踐只關於理智，充其量也只關於理性之理論使用，因而只屬於自然領域。

黑格爾他們以為道德原則只是以抽象的方法得來的空洞形式，其實是他們看不到（或是根本否決）純粹實踐理性的能力，也就無法知道道德法則由純粹實踐理性而發，卻錯誤地往知性的理智計量或理性的思辨作用去想道德法則之來源。黑格爾一再提出他的關注在倫理，在能夠為行為提出特殊的具體原則並給出檢驗行為正確性的評判標準。誠然，行為都是個人的，不過，黑格爾他們要求哲學家在個人特殊的行為之先替行為給出具體原則，那無異於要從公羊身上擠出牛奶。康德早在《純粹理性批判》中就論明：「嚴格的普遍性表示認識的一種特別來源，即先驗認識的能力。必然性與嚴格的普遍性是先驗認識的可靠記號，而且兩者是彼此不能分開的。」（B4）「經驗性的普遍性只是把在大多數場合有效的有效性。」（B4）「真理正是有關內容的，那麼，要求關於不同的內容的真理有一種一般的標準，那就是不可能的，而且事實上是悖理的。

因此，真理之一充足的同時又是一般的標準不可能被給予。」（A59/B83）又說：「純粹的道德學（reine Moral）只含有一自由意志一般的必然的德性的（sittlichen）法則，而實際上的德行學（Tugendlehre）考論這些法則是在人們或多或少所易受到的情感、性好及熱情（Leidenschaften）等之障礙下來考論之。」（A54/B79）就是說，道德法則是形式的原則，具有嚴格的普遍性，但這並不排除道德法則應用於具體行為時必須考慮到行動者的特殊因素，這些特殊因素依待於經驗而且是心理學的。康德已依據顯相與物自身之超越區分說明了這並不矛盾。並且，康德指明：惟道德法則是可先驗地提供的，至於行動的特殊的具體原則依待於經驗，不具有嚴格的普遍性，「決不能作為一真正的又是證明了的科學而供給」。（A55/B79）黑格爾卻在這點上指責康德只提出抽象的形式的道德法則，而不提供體現在一個社會習俗中的行為規範和原則，因而認為道德法則是主觀的、無用的。豈知，康德正是要指明，沒有人能先驗地為一個特殊的行為預先給出規則，而道德哲學的任務亦不在此，而在揭明一個道德行為所依據的先驗原則是什麼。

究其實，黑格爾及其追隨者只關注社會規範而論一般行為能力，他們完全忽略人的純粹實踐理性能力及根源自這能力而創發的道德行為。如康德所指明，他們關注的一般行為能力之研究只能歸於實用的人類學和心理學，而未能進至哲學，哲學之區別於普通理性知識及其他經驗科學在於它以先驗認識之研究為本務。在實踐哲學領域，根本的任務就是探究純粹實踐理性自身先驗地立法的能力。依康德之考論，道德法則乃是內具於每一個人的純粹實踐理性所立，它是一個理性的事實【115】；道德法則決不是如黑格爾他們所以為的那樣從理智抽象作用而來，而是為每一個作為有理性者的人所本有，這法則就是：我必依「我亦能意願我

【115】 詳論可參見拙作〈康德自由學說綱要〉（四）第一節「道德法則是純粹理性之事實」。台灣：《鵝湖月刊》（總號370），頁27-30。

的格準必應成為一普遍法則」而行動。康德在《基礎》中指出,「通常的人類理性在其實踐判斷中完全與此相合,並且任何時候都牢記上述原則。」(Gr 4：402)「我們就在普通的人類理性之道德的認識中達到道德認識之原則。無疑,雖然普通人並沒有在這樣一種普遍的形式中抽象地思量這原則,但他們現實上都有這原則在眼前,並且用之以為自己判斷的標準。」(Gr 4：403)道德法則不需要被教成(Gr 4：397),並非如黑格爾他們所想的那樣是一種由外加予的誡律;若非道德法則不是本來就內具於每一個人的意志中,沒有人能發明它。康德又指出,一個人只要遵循本來就在他心中的道德法則而行,那麼,根本不需要高遠的洞察力就能知道「應該做什麼」。(Gr 4：403)在這裡,道德法則就是手中的羅盤針,在每一發生的事件中就很容易辨別什麼是善,什麼是惡,何者符合義務,何者與義務不一致;就像蘇格拉底那樣,只須把人們的注意力指向他們自己使用的原則上,而絲毫不必教他們以任何新的東西。(Gr 4：404)誠然,人在具體行動中難免會犯錯,但只要道德法則在心中,他自己馬上就能覺察到,在這裡,「良心」作為「人的一個內部法庭之意識」立刻起作用。在《倫理學演講錄》中康德說:「我們的良心是依據道德法則的立法權威的一種直覺裁判。……如果我們感受到良心的力量,它們的宣判是有效的。隨之而來有兩個結果:首先表現在道德的悔過,第二是依照良心之裁決而行動。」(Ethik 144)【116】由以上概述可指明:康德的道德行為理論乃是建基於行為主體之意志自由自律,而絕非如黑格爾他們那樣要去尋求一個作為外在觀察員的第三者給予裁判。康德已一再說明,若從外在觀察的立場,沒有人(甚至行為者本人)能完全透入一個行為的秘密動力(Gr 4：407);並且,行為的歸罪不能作出完全公允的判斷,康德說:「諸活動,甚至我們自己的行為之道德

【116】康德的良心說詳論可參見拙著《實踐主體與道德法則──康德實踐哲學研究》,頁71-110。

性（功或過），是完全仍然被隱蔽而為我們所不易覺察到。我們的歸咎只能涉及經驗的性格，此經驗的性格多少可歸之於自由之純粹作用，多少可歸之於單純的自然，即無歸責可說的氣質上的過失或幸運功績，這是從不能確定的，所以，此問題不能作出完全公允的判斷。」（A552/B580）康德道德學之見解徹底扭轉西方傳統的神學的道德學，建立在神學道德學上的倫理學關注的是人如何服從神的誡律及行為歸罪問題；而康德揭示，這種他律道德正是真正道德的致命傷。他提出自律道德，把道德哲學的任務確定地歸到人的道德創造能力之探究上。

人們常想去把道德法則降低到我們習見的性好之層次，又費如許的麻煩把道德法則作出來使之成為我們自己的易知的利益之箴言。（KpV 5：77）但是，試問每一個人自己，在他的生存經驗中，他真的只以「欲望性好」為其唯一的關切嗎？他真的就從未有過一種獨立不依於欲望性好而頒發命令的道德法則在眼前嗎？即便只訴諸一般人的通常認識，誰能堅稱他自己只能依感性的動力而行動，除了為具體利益關切和性好所推動，他就不能有任何行動呢？孟子曰：「如使人之所欲莫甚於生，則凡可以生者，何不用也？使人之所惡莫甚於死者，則凡可以辟患者，何不為也？由是則生而有不用也，由是則可以辟患而有不為也，是故所欲有甚於生者，所惡有甚於死者。非獨賢者有是心也，人皆有之，賢者能勿喪耳。」（《孟子‧告子上》）

康德在《實踐理性批判》中有一例說：對於一個我親眼見其品性正直而使我自覺不如的謙卑平民，我的心鞠躬，不論我是否願意，也不論我如何高傲以免他忽視了我的優越地位。因為他的榜樣在我面前樹立了一條道德法則，這條法則平伏了我的自負，並且通過這個在我面前證實了的事實，我看到這法則是能夠遵循和實行的。（KpV 5：77）康德揭示：「正是道德法則使我們覺識到我們自己的超感觸的實存（übersinnlichen Existenz）的崇高。而且主觀地說，它使作為感觸性存在（sinnlichen Daseins）的人產生對於人自己較高定分（höbere Bestimmung）

的尊敬。」（KpV 5：88）「人性的尊嚴（Würde der Menschheit）在於人普遍地立法的能力中，儘管是以他自身同時服從這立法為條件。」（Gr 4：440）這就是孟子所言「良貴」，孟子曰：「欲貴者，人之同心也。人有貴於己者，弗思耳矣。」（《孟子‧告子上》）而人自己的定分就是孟子云：「君子所性，雖大行不加焉，雖窮居不損焉，分定故也。君子所性，仁義禮智根於心，⋯⋯。」（《孟子‧盡心下》）

　　黑格爾把個體性與普遍性對立起來，因之，他無法理解康德所揭示的主體自身中的普遍性意識；依他看來，對於特殊者（無論是本能、性好、病理學之愛、肉欲，如此等等）說來，普遍性必然並且始終是異己的、客觀的。如此一來，他就排除了每一個人的純粹實踐理性（意志自由）自立普遍法則的可能性，也就是否決了自律道德，而將道德視為普遍者對個人的制馭；他不能理解在人普遍地立法的能力中的「人性的尊嚴」—— 真正的自我，而視道德性為個體的「我」之異化。他在《基督教的精神及其命運手稿》中說：「依據康德所言，德行是普遍性對個體性的制馭，是普遍性對那作為其對立面的個體性的克服。」[117] 由此可見他完全曲解康德所論意志自由之普遍立法性。依康德所論，道德法則的普遍性是內在於每一個人的立普遍法則之能力中的，是作為立法主體的個體自身中的普遍性，道德的真我與人的自然本性並不對立，相反，前者必須通過後者而實現。

　　依康德的考論，主體自我立道德法則之普遍性乃是每一立法主體自身包含的主體之間的普遍傳通性，它是主體之間達至諧和的根據，也是主體自由與自然（包括人之自然與天地萬物之自然）達至諧和的根據。《基礎》一書在提出道德法則在普遍性中的形式程式後，進一步提出道德法則之材質，就是：有理性者在其自身即是一目的，而不能作為工

---

[117] G. W. F. Hegel Werke 1, Frühe Schriften, Suhrkamp Verlag Frankfurt am Main 1970, s. 299.

具；及道德法則之完整性格：一切格準，因它們自己的立法性，皆當與一可能的目的王國相諧和，一如與一自然王國相諧和。（Gr 4：436）康德在《判斷力批判》中提出普遍人類知性的三個格準：一、自己思想。也就是獨立自主性，它標示一種永不消極的理性的狀態；二、站到別人的地位上思想。也就是超脫判斷的主觀性和個人的諸制約，並且從一個普遍的立場（只有置身於別人的立場才能規定普遍的立場）來反思自己的判斷；三、首尾一貫地思想。（KU 5：294-295）用孔子的話說，就是「為仁由己，而由人乎哉？」（《論語・顏淵篇》）「仁遠乎哉，我欲仁，斯仁至矣。」（《論語・述而篇》）；「仁者，己欲立而立人，己欲達而達人。能近取譬，可謂仁之方也已。」（《論語・雍也篇》）；「吾道一以貫之。」（《論語・里仁篇》）由此可知，道德法則之形式程式的普遍性之內涵是在每一個人的實踐使用中切實地可把握到的。豈有黑格爾他們所說「假如行為者每一行動之先都要考慮普遍性、純粹性，必致不能行動」之理呢！那真是一個可笑的誤解。

其實，黑格爾他們對康德自律道德的諸種錯誤理解並非什麼新東西，早在黑格爾之前，他的前輩德國啟蒙運動哲學家伽爾韋就提出過了。康德在〈論通俗的說法：這在理論上可能是正確的，但在實踐上是行不通的〉【118】（1793）一文節 I 中已經作出有力的回應。伽爾韋在《道德學、文學與社會生活各種題材的研究》【119】第一卷中批評康德的義務學說，他指責康德斷言「遵守道德法則而完全不考慮到幸福」，他說「從幸福產生每一種努力的動力（Triebfeder），因此也就有遵守道德法則的動力。」他又反對康德提出人應當無私地履行自己的義務，並且必須把

【118】Kant, " Über den Gemeinspruch: Das mag in der Theorie richtig sein, taugt aber nicht fur die Praxis" (1793), KGS 8: 275-313.

【119】 Christian Garve, Versuche über verschiedene Gegenstande aus der Moral, der Litteratur und dem gesellschaftlichen Leben, Breslau, 1792, s. 111-116.

自己對幸福的渴望及任何其他動力之摻雜與義務概念全然區別開，他認為這種區分在理論上就很曖昧，「當它用到行為上，應用於意欲與意圖時，就完全消失」。他說：「在我自己的心中找不到希望上和努力上的這種區分；所以一個人究竟如何能意識到已經把自己對幸福的渴望擺脫乾淨並從而完全無私地履行了，這對於我簡直是不可理解的。」

關於「幸福」問題，康德首先澄清說：「我並沒有忘記指出，當問題是要遵守義務時，卻不可由此就強求一個人應當放棄他的自然目的，即幸福，因為正如一般任何有理性者一樣，他做不到這一點。而是當義務之命令出現時，他必須完全排除這種考慮；他必須完全使這種考慮不能成為遵從理性為他所規定的法則之條件，甚至還盡自己的可能努力有意識地不讓任何來自幸福的動力不知不覺地滲入到義務決定中。」（KGS 8：279）遵從義務並不等於放棄幸福，甚至可以說，義務是與人類整體的福祉密切關連的，但不能由此推論，德行（由義務行）只不過是幸福原則之產物。康德致力辯明：「幸福包含（而且不外是）自然所提供給我們的東西；但是，德行則包含除了本人而外再沒有別人所能給予或取走的東西。」（KGS 8：283）此正是孟子所論「求之在外」與「求之在我」之區別，孟子曰：「求則得之，舍則失之，是求有益於得也，求在我者也。求之有道，得之有命，是求無益於得也，求在外者也。」（《孟子·盡心上》）德行與幸福是完全不同的領域，不能視之為幸福的範圍內一種較好的狀態，「善」是完全不同的另一領域，「構成其決定根據的並不是抉意（Willkür）的質料（一種給它置定根據的客體），而是它那格準的普遍合法則性的純形式。」（KGS 8：283）因此，決不能把道德法則視作為從幸福所產生。康德說：「因為首先我必須確定，我的行為並不違反自己的義務；然後才允許我能夠使幸福與我自己的道德的（而非自然方面）的善的狀態相統一的範圍內追求幸福。」（KGS 8：283）「因此，這樣一個老調子：即感情，亦即我們使之成為我們的目的的一種快樂，便構成我們行為全部客觀必要性的根據，從而也就構成全部義務

的根據。這樣一種陳腔濫調就純屬一場詭辯的把戲。因為如果我們在援引某種效果的原因時不停地追問下去，我們就總歸可以倒果為因的。」（KGS 8：284）

康德點明：真正爭論的焦點在於考慮普遍的道德。而他的批評者卻只是關注「永遠都僅只是有條件的善」，只關注「一種比較好的狀態，而不顧它本身卻是惡劣的。」（KGS 8：282）他們完全看不到：「無條件遵從自由抉意定然地發命令的法則而根本不考慮任何被置為根據的目的之格準（即義務之格準）與作為某種行為方式的動機（Motiv）而去追求自然本身加諸我們的目的（這一般稱之為幸福）之格準，這兩條格準在本質上，也就是在種類上，是完全不同的。因為前一條格準本身就是善的；後一條格準卻根本不是善的，在它與義務相衝突的情況下還可能是極惡的。」（KGS 8：282）

關於「動力」問題，康德回應說：「我很願意承認，沒有人能夠確切無誤地意識到自己已經完全無私地履行他的義務。因為這屬於內在的經驗。」（KGS 8：284）不過康德點明，問題的要點不在行為者是否能確切地裁定自己已經無私地履行義務，更不是要從一個外在的觀察者來對此作出裁判，而在人以最大的清晰性意識到：「他應當完全無私地履行他的義務，並且必須把自己對幸福的渴望與義務概念全然區分開來，以便保持義務概念的完全純粹。」（KGS 8：284）康德說，人能做到「以誠慎的自我省察在自己心中察覺到，自己不僅沒有任何這類起附帶作用的動力，而且還更有對許多與義務相對立的理念的自我否定，因而意識到力求這種純粹性的格準，他所能做到的這一點，對於他之奉行義務也就足夠了。」（KGS 8：285）

伽爾韋、黑格爾以及他們的尾隨者借口「人不能放棄幸福」就主張道德法則基於幸福，在「人性不容許有純粹性」的借口下主張幸福及欲望、性好等動力的影響成為我們的格準。如此一來，他們實在就是只承認行為的材質原則、一般的實踐規則，而否決了道德法則；只承認個人

欲望作為行為的動力，而否決純粹實踐理性原則自身就是動力，因而也取消了義務之道德義，使義務淪為一般的經驗決定的社會規範。康德說，「那就是全部道德的淪喪。」（KGS 8：284）

康德本人並不諱言，「迄今為止，歷史的經驗還不曾證明德行論有良好成效。」【120】（KGS 8：288）但他同時指明：「這正要歸咎於這樣一種錯誤的預設：那就是假定源於義務理念本身的動力，對於通常的概念來說是太微妙了；反之，採取由於遵守法則（但不把它作為動力）而能期待在今世、甚至也在來世得到某些利益的那種粗俗的動力，倒會更有力地對人心起作用。再者，迄今為止，我們都使追求幸福優先於理性以之為至上條件的東西——值得幸福，而以此為教育和訓導的原理。」（KGS 8：288）康德的批評者正是執持著這種在西方傳統中行之已久的錯誤預設，而康德要徹底扭轉的正是這種傳統，他說：「如果我們經常提醒人，並且使他能習慣於使德行從那由於遵守義務而獲得的全部利益之財富中完全擺脫出來，並且以其完全的純粹性來理解德行；又如果在能在私人的和公共的教育中經常運用這一點為原則（這種諄諄教導義務的方法差不多總是被人忽略），那麼，人的道德就必定會很快改善。」（KGS 8：288）

從人類歷史的現象看，康德也並不否認「自利原則」一直顯示其強大威力，他在〈萬物的終結〉【121】一文中說：「在人類的進步過程中，才能、技巧和趣味（連同其後果，即逸樂）的培養，自然而然地跑在道德發展的前面。」（KGS 8：332）他在〈世界公民觀點下的普遍歷史之理念〉一文中甚至說：「當我們看到人在世界的大舞台上的所作所為，

【120】在西方傳統長久的神律和他律下，康德是那末孤立無援，他作為「人類的真正闡釋者」揭示的真理正正是要扭轉他本人身處其中的歷史文化傳統。假若康德身處中華民族精神文化的傳統中，又或者他有機會接觸到中國儒家哲學，恐怕他會說：瞧！我的全部道德哲學之佐證就在這裡。

【121】Kant, " Das Ende aller Dinge" (1794), KGS 8: 325-340.

儘管在個人身上隨處都閃爍着智慧，可是我們卻發現，就其全體而論，一切歸根究底都是由愚蠢、幼稚的虛榮，甚至還往往由幼稚的惡意和毀滅欲所交織成，我們就禁不住會有不滿之情。在此，我們終究不明白：對於我們這個如此以其優越性而自詡的物種，我們究竟該形成怎樣的一個概念。」（KGS 8：17）如果人認不出有任何理性的目標，一切行為的動力都是個人自私的欲望，世界的終結就建立在人類本性的腐化這一見解上。康德說：「事實上，人感到其實存之累贅，這不是無原因的，儘管他們自己就是這累贅的原因。」（KGS 8：332）人類將道德發展棄之如敝屣，這種狀況不但對於道德，而且對於自然福祉都恰好是最負累和最危險的。那麼，人類的命運是否就只能等待「末日的審判」？康德的回答是「不！」他並沒有把他的目光就停留在這方面的歷史現象上。他在〈萬物的終結〉中指出：人類的道德秉賦儘管總是蹣跚在後面，卻總有一天會趕過那些在其急速的進程中自己絆倒自己的東西。」（KGS 8：332）在〈論通俗的說法〉結尾中也說：「既然人性之中對於權利和義務的尊敬總是活生生的，所以我就無法也不願把人性認為是那麼地淪於罪惡，以致於道德 — 實踐理性在經過多次失敗的嘗試之後，竟不會終究取得勝利並表明人性還是可愛的。」（KGS 8：313）

康德的預告性的人類道德史並非有關已往的，而是一部有關未來的時代的歷史，它不是建築在想像力上的烏托邦，而是扎根於經由全部批判工作證成的人類實踐理性之機能——意志自由中。意志自由連同其道德法則不是一個理論上爭論的問題，而是每一個人認識「人是什麼」；是人性的啟蒙，啟發每一個人善用他自己的理性不被動地而是時時自己立法。（KU 5：294）康德在〈答覆「什麼是啟蒙？」的問題〉[122]一文中說：「啟蒙是人脫離自己加之於自己的不成熟狀態。」（KGS 8：35）「啟蒙所需要的不外乎是自由。」（KGS 8：36）顯然，康德已經超出他

---

[122] Kant," Beantwortung der Frage: Was ist Aufklarung?" (1784), KGS 8: 35-42.

身處的「啟蒙時代」擺脫神權而倡導文明化的任務，他前瞻性地提出啟蒙的最終目標。在「啟蒙運動」中，人們贏得「個性」和「自利原則」的最高權威，無疑，這是從神權奪回人自身權利的一項偉大功績；不過康德已見到人同時陷於另一種有害的偏見，文明化的進步挾帶着的負累和弊端早已為康德預見到了，因為「個人化」終究是人的理性未成熟所加諸自身的一副腳鐐。「啟蒙運動」所標舉的「理性」只不過是知性，充其量也只是理性之思辨使用，而康德揭示：真正的理性是實踐理性，理性成熟的標誌是意志自由。唯獨通過意志自由，我們才能達到對於「人是有理性者」的真正理解。康德在〈普遍歷史之理念〉一文中指出：「自然賦予人以理性和以理性為根據的意志自由，這就已經明顯地宣示了她所布置的目標。」（KGS 8：19）「在一個被造物中的理性，乃是一種要把它的全部力量的使用之規則和目標擴展到遠超過自然本能之外的機能。」（KGS 8：19）「自然要人完全由其自己本身就創造出超乎其動物性的存在之機械安排的一切東西，並且除了他自己本身不靠本能而僅憑自己的理性獲得幸福或圓滿之外，不會分享任何其他的幸福或圓滿。」（KGS 8：19）他提出，人類必須有繼續不斷的啟蒙，「通過不斷的啟蒙，開始奠定一種思想模式，這種思想模式能使道德辨別的粗糙的自然稟賦隨着時間推移而轉變為確定的實踐原則，從而使那種受感性逼迫的社會整合終於轉變成一個道德的整體。」（KGS 8：21）通過不斷的啟蒙，人逐步擺脫本能之主宰，擺脫他具有的要求自己單獨化（孤立化）的癖好，以及想要全依己意擺佈一切的非社會的特性；人類從原始野蠻發展至文明，但人類的進展不會在此止步，它必定要進展至道德化；既然人類是具有理性的物種，「這個物種就永不死亡而且終將達到他們的秉賦之圓滿發展。」（KGS 8：20）康德在 〈論永久和平──一項哲學的規劃〉【123】

【123】 Kant,“ Zum ewigen Frieden. Ein Ppilosophischer Entwurf ” (1795), KGS 8: 343-386.

中說：「理性已經處處都使我們充分清楚地瞭解，為了（按照智慧的規則）保持在義務的軌道上，我們必須做什麼，因而給我們照亮了通向終極目的的道路。」（KGS 8：370）這條必然的道路表明的是人類整體的趨勢，而不是就個體來考察；它是有理性的世界公民（Weltbürger）根據一種預定的計劃而行進。（KGS 8：17）而決不能是如黑格爾所言的「從私人的利益，特殊的目的，或簡直可說是利己的企圖而產生的人類活動。」【124】人性的不斷啟蒙正是要破除那種以自利原則壓倒道德原則而作為社會（包括政治、經濟）發展動力的錯誤假設，讓人的理性從那種死盯在經驗上的鼠目寸光的桎梏中解脫出來。康德在〈重提這個問題〉一文中說：「真正的熱忱（Enthusiasm）總是關乎理想的東西以及朝着純粹的道德的事物前進，而不能嫁接於自利之上。」（KGS 7：86）

綜上所論，我們就能明白，康德的自由學說是關連着人類命運和福祉的一個人性探究的整全系統。依康德之考論，意志自由與以之為根據的道德法則本身就是動力，它不僅是道德之根據，而且本身就推動道德行動；道德行動並不如黑格爾他們所理解的那樣只關乎個人，只限於個人之道德反思，而是必然要擴及對他人的關懷，乃至對天地萬物之關懷，及至以促成圓善（創造之終極目的）為己任。這就是儒家經典《大學》云：「大學之道，在明明德，在親民，在止於至善。」《中庸》云：「誠者，非自成己而已也，所以成物也。成己，仁也；成物，知也；性之德也，合外內之道也，故時措之宜也。」「唯天下至誠，為能盡其性；能盡其性，則能盡人之性，能盡物之性；能盡物之性，則可以贊天地之化育；可以贊天地之化育，則可以與天地參。」明乎此，我們就不會像黑格爾他們那樣，以為自律道德把人淪為自身的奴隸，使人從其生存的關注及真實世界中異化。康德強調：「不需要預定一種特殊的情感以先於道德法則而充作道德法則之基礎。」（KpV 5：75）他說：「情感天然

【124】 同註【33】 ，s. 38；中譯見頁 24 。

地在程度上有無限的差別，它不能對善與惡供給一統一的標準，而且任何人也不能有權利以自己的情感去為他人形成一判斷。」（Gr 4：442）但這並非如黑格爾他們以為的那樣，道德行為就是冷冰冰的，排斥情感的。相反，普遍立法本身就含着普遍感通之情，道德法則運用於意志上就包含及產生道德的情感。康德在《德性形而上學》中說：「去有一道德情感不能是一義務」（MS 6：399），「沒有人是完全無道德情感的，如果一個人真的完全感受不到這情感，那麼，他在德性上就已經死亡了。」（MS 6：400）在該書中，康德論及「愛的義務」（Liebespflicht），他把「實踐的愛」與感性的情感的愛區分開，正是道德法則把感性的愛提昇到「實踐的人類愛」。他說：「愛和尊敬是隨着義務之履行而生的情感。」（MS 6：448）「慈惠的格準（實踐的人類愛）是一切人的義務。」（MS 6：450）「一切道德的實踐的人的關係都是在純粹理性理念中的關係，也就是：經由其形式是一個普遍立法的格準的自由行為的義務，不能是自私自利的。」（MS 6：451）「人類愛作為實踐的愛，而不是個人的愉悅的愛，它必須作為積極的慈惠，其實行必須跟隨行動的格準。」（MS 6：450）「人類愛是：它自己要求，為了彰顯世界作為一個在其整體的完善中的美好的整體。」（MS 6：458）康德又論及「人道（Manschlichkeit）義務」：人道置於意志中，以分享他人的情感（人道的實踐的），它是自由的同情同感，它基於實踐的理性。（MS 6：456）「積極地同情他人的命運和結局，是間接的義務。」為此，必要培養在我們心中的自然的（感性的）情感。（MS 6：457）

康德揭示：根源自每一人的意志自由之道德自律乃一切人自由的基礎。他在《德性形而上學》一書中說：「我的行為或我的狀況，根據一條普遍的法則，能夠和其他任何一個人的自由並存。」（MS 6：230）「只有一種權利，即與生俱來的自由。……根據普遍的法則，它能夠和所有人的自由並存，它是每個人由於他的人性而具有的獨一無二的、原生的、與生俱來的權利。」（MS 6：237）黑格爾及其追隨者對康德發起種

種責難，他們儼然以個體「真我」的捍衛者自居；豈知，正是他們那種否決道德理性的偏見，製造人與自己疏離、人與他人疏離、人與自然疏離。

　　誠然，西方社會在漫長的他律道德的傳統中，「神律」是那麼的根深柢固，伴隨神權而有的人的罪惡意識窒礙着人的主體道德自律自由之覺醒；即便西方近代擺脫神權統治的黑暗期而進至文明化，不過，西方政治的倡明仍然未能從文明化進至道德化。歸根究底，也就是西方精神仍未從他律道德的傳統進至自律道德。囿於這樣的他律道德傳統，難怪眾多西方哲學家不能相契於康德哲學精神，他們對康德的批評也不能有多大的意義。然而，只要人們還肯正視近代文明的弊端，不以為文明化就是世界歷史之最後完成，那麼，我們可望他們應能轉換一個新的道德的歷史觀，並因而得以正確理解康德哲學及其現實意義。若人們能放下「西方中心主義」之成見，肯放眼東方，我們也可望他們應能從中國傳統儒家哲學中發見豐富資源可資與康德哲學相印證。

附　識

本文引用康德語參考之中譯本如下：

牟宗三譯註：一、《純粹理性之批判》上、下冊，台灣學生書局，民國72年。二、《康德的道德哲學》，台灣學生書局，民國71年。三，《判斷力之批判》上、下冊，台灣學生書局，民國81年。韋卓民譯：《純粹理性批判》，華中師範學院出版社，1991年。韓水法譯《實踐理性批判》，商務印書館出版，1999年。鄧曉芒譯：一，《純粹理性批判》，北京人民出版社，2002年。二，《實踐理性批判》，北京人民出版社，2002年。三，《判斷力批判》，北京人民出版社，2002年。李秋零譯：《單純理性界限內的宗教》，香港漢語基督教文化研究所出版，1997年。沈叔平譯：《法的形而上學原理》，北京商務印書館，1997年。何兆武譯：《歷史理性批判文集》，北京商務印書館，1991年。

本文所引用的康德著作之文本以縮略語出之，說明如下：

KGS: Kants gesammelte Schriften (Königlich Preussischen Akädamie der Wissenschaften 1922). 隨後之阿拉伯數字分別為卷數及頁數。以下同。

A/B : Kritik der reinen Vernunft (KGS 3, 4).

Gr : Grundlegung zur Metaphysik der Sitten (KGS 4).

Proleg : Prolegomena zu einer jeden Kunftigen Metaphysik die als Wissenschaft wird auftreten konnen (KGS 4).

Kp V : Kritik der praktischen Vernunt (KGS 5).

KU : Kritik der Urteilskraft (KGS 5).

MS : Die Metaphysik der Sitten (KGS 6).

Rel : Die Religion innerhalb der Grenzen der blo ß Vernunft (KGS 6).

Ethik : Eine Vorlesung über Ethik.

景印香港新亞研究所《新亞學報》（第一至三十卷）

論屈大均對明代主要詩論之繼承與修正

董就雄*

提要

屈大均號稱「嶺南三大家」之一，他在青年時代就以詩聞世，詩人顧炎武在〈屈山人大均自關中至〉一詩中稱讚他說：「弱冠詩名動九州，紉蘭餐菊舊風流。」屈氏在中、晚年時期詩名更大，毛奇齡〈嶺南屈翁山詩集序〉大讚他說：「翁山詩超然獨行，當世罕偶。」屈大均詩作達6400首，詞作亦有322首，稱得上多產作家，在其量多質優的作品背後，有一定的理論支持。而這些理論，就分散在他為他人詩文集所作的序跋及《廣東新語》一書中，前者如〈六瑩堂詩集序〉等，後者則主要見於〈詩語〉一章中。屈大均的詩歌理論頗受同時期明人詩論的影響，同時屈氏亦有自己的創新處，他曾對前後七子、公安、竟陵等主要明代詩論流派的理論進行修正，本文就嘗試分成若干部分深入探析，以期洞悉這位嶺南詩派代表與明代各詩學派別的關係。

一、引言

屈大均是「嶺南三大家」之一，[1] 三家在明末清初時已甚負盛名，朱彝尊〈海日堂集序〉云：

---

*香港城市大學中國文化中心一級導師。

[1]「嶺南三大家」指的是明末清初三大廣東詩人，他們是番禺屈大均（字翁山，又字介子，號非池，1630-1696）、順德陳恭尹（字元孝，又字半峰，號獨漉子，1631-1700）及南海梁佩蘭（字芝五，號藥亭，1629-1705）。「嶺南三大家」之名最早見於清康熙三十一年（1692）王隼所編的《嶺南三大家詩選》，筆者所見為

南海多騷雅之士，其尤傑出者，處士屈大均翁山，陳恭尹元孝，孝廉梁佩蘭藥亭……數君子者，其詩并傳于後無疑。[2]

另據近人鄧之誠《清詩紀事初編》記載：「王隼嘗選佩蘭及屈大均、陳恭尹之詩，為《嶺南三大家詩選》，隱以抗『江左三家』（即江蘇錢謙益、吳偉業，及安徽龔鼎孳）。後來洪亮吉遂有句云：『尚得古賢雄直氣，嶺南猶似勝江南。』」[3]足見嶺南三大家的地位超然。在三家之中，可推屈大均為首，溫汝能《粵東詩海》謂：

吾粵人詩，本領之深，力量之厚，無逾屈者。如陳獨漉之沉雄哀激，梁芝五之排宕縱橫，求之當時，亦罕有右。[4]

從其先列屈氏及「無逾屈者」等語可知，溫氏當推屈大均為嶺南三大家之首。又陳梓《定泉詩話》云：

屈翁山……，梁藥亭固不敢抗衡，即陳元孝亦非其匹。大抵明季甲申以來，詩人惟此君為冠。王阮亭世雖盛稱之，終不逮于屈也。[5]

1976年（丙辰）順德潘小磐據〔清〕同治戊辰（1868）中冬南海陳氏重刊本新刻之本（出版地不詳），新刻本加入了三家及王隼之本傳、屈陳二人之畫像及四人之墨跡。

[2] 屈大均著、陳永正主編：《屈大均詩詞編年箋校》（廣州：中山大學出版社，2000年），〈諸家品題評論輯錄〉，頁1356。

[3] 見鄧之誠：《清詩紀事初編》（香港：中華書局，1976年），下冊，頁986。洪亮吉詩名為〈論詩絕句〉，前面尚有兩句：「藥亭獨漉許相參，吟苦時同佛一龕（按，指翁山）」，見屈大均著、陳永正主編：《屈大均詩詞編年箋校》，〈諸家品題評論輯錄〉，頁1362。

[4] 屈大均著、陳永正主編：《屈大均詩詞編年箋校》，〈諸家品題評論輯錄〉，頁1362。

[5] 屈大均著、陳永正主編：《屈大均詩詞編年箋校》，〈諸家品題評論輯錄〉，頁1363。

說屈氏是三家之首，連王士禛也不及他，可見其嘉譽之隆。

事實上，屈大均青年時代就以詩聞世，詩人顧炎武在〈屈山人大均自關中至〉一詩中稱讚他說：「弱冠詩名動九州，紉蘭餐菊舊風流。」【6】屈氏在中、晚年時期詩名更大，毛奇齡〈嶺南屈翁山詩集序〉大讚他說：「翁山詩超然獨行，當世罕偶。」【7】後世詩評家又往往將屈氏與當時的名家並提，如孔尚任《題居易堂集屈翁山詩集序後》曰：

> 余每謂今之為詩者，管擊楮摩而成就者三家耳：新城之秀雅，翁山之雄偉，野人之真率。其他雲蒸霞蔚者，未嘗不盛，而丹候猶未圓，猶未足主盟一代也。【8】

孔氏認為屈大均與王士禛、吳嘉紀能主盟一代詩壇。林昌彝《海天琴思續錄》謂：

> 本朝吳野人詩多辣，屈翁山多超，顧亭林多鬱，朱竹垞多雅。【9】

林氏將屈大均與吳嘉紀、顧炎武、朱彝尊並提，足見翁山詩在林氏心目中能與當時三大名家相頡頏。從以上的引述可見，屈氏不僅是嶺南詩人的代表，而且他的詩在當時及後世人的心目中已奠定了重要的地位。

屈大均並沒有文論、詩話等專著，但對於這位詩作達 6400 首，詞作亦有 322 首的多產作家而言，【10】在其量多質優的作品的背後，是有一

【6】〔明〕顧炎武：〈屈山人大均自關中至〉，《顧亭林詩文集》（香港：中華書局，1976年），頁379。

【7】〔清〕毛奇齡：〈嶺南屈翁山詩集序〉中語，見錢仲聯：《清詩紀事》（南京：江蘇古籍出版社，1987年），第二冊，頁840。

【8】屈大均著、陳永正主編：《屈大均詩詞編年箋校》，〈諸家品題評論輯錄〉，頁1358。

【9】屈大均著、陳永正主編：《屈大均詩詞編年箋校》，〈諸家品題評論輯錄〉，頁1366。

【10】《屈大均全集》中收詩6365首，加上佚詩35首，合共6400首。相關資料可參考趙福壇：〈略論屈大均詩的源流〉一文，原文是：「現在整理的《屈大均全集》

定的理論支持的，而這些理論，就分散在他為他人詩文集所作的序跋及
《廣東新語》一書中，前者如〈六瑩堂詩集序〉等，後者則主要見於〈詩
語〉一章中。

屈大均的詩歌理論頗受同時期明人詩論的影響，同時屈氏亦有自己
的創新處，他曾對前後七子、公安、竟陵等主要明代詩論流派的理論進
行修正，洞悉這位嶺南詩派代表與明代各詩學派別的關係，實在甚具意
義，這也是本文的主要研究動機。

二、對前後七子詩論的繼承與修正

（一）對復古理論的繼承

以李夢陽、[11] 何景明[12] 為首的前後七子主張復古，《明史‧文
苑傳》云：

> 孟陽才思雄鷙，卓然以復古自命，弘治（1488-1521）時，宰相李
> 東陽主文柄，天下翕然宗之，夢陽獨譏其萎弱，倡言文必秦漢，
> 詩必盛唐，非是者弗道。[13]

約有 470 萬字，其中《翁山詩外》（約 130 萬字），收編詩 6365 首、詞 322 首，
這次整理出版還收集到佚詩 35 首，列為外編，這樣共計所收詩詞 6721 首。其數
量之多，是同時代詩人無與倫比的。」載廣東炎黃文化研究會編：《嶺嶠春秋——
嶺南文化論集（四）》（廣州：廣東人民出版社，1997 年），上冊，頁 312。

[11] 李夢陽（1472-1530），字天賜、又字獻吉，號空同子，慶陽人（含屬甘肅），
後徙河南扶溝，明前七子之一，有《空同集》。〔明〕錢謙益撰：《列朝詩集小
傳》，頁 311-312 有〈李副使夢陽〉條。

[12] 何景明（1483-1521），字仲默，信陽人，號大復，前七子之一，有《大復集》。
〔明〕錢謙益撰：《列朝詩集小傳》，頁 322 有〈何副使景明〉條。

[13] 〔清〕張廷玉等撰、〔清〕潘檉章考異：《明史‧文苑傳》，卷二百八十五，第
四冊，頁 3129。收入《二十五史（斷句本）‧明史》（臺北：新文豐出版股份有
限公司，1975 年），總第 46-50 冊。

董就雄　論屈大均對明代主要詩論之繼承與修正　　263

可見當時復古之風尚。屈大均對前後七子十分景仰，論詩時每每提及，如「論者謂明興，前後七子稱詩，號翰林館閣體」，【14】其中提及最多的是前七子之首李夢陽，如：「明三百年，詩巨匠莫如空同」【15】又謂：

> 明興百餘年，北地李獻吉崛起，斟酌三唐，以少陵為宗，而後《風》、《雅》之道復振。【16】

凡此俱見屈氏對李氏的重視，李氏是明代復古派前後七子的代表人物，屈氏如此強調，也代表了他的創作和論詩取向受前後七子的影響。其中最明顯的就是重古輕宋的鑒賞取向，茲臚列一些前後七子的重古輕宋詩論加以印證，如李夢陽謂：

> 山人商宋、梁時，猶學宋人詩。會李子客梁，謂之曰：「宋無詩。」山人於是遂棄宋而學唐。……山人嘗以其詩視李子，李子曰：「夫詩有七難：格古、調逸、氣舒、句渾、音圓、思沖、情以發之，七者備而後詩昌也。然非色弗神，宋人遺茲矣，故曰無詩。」(〈潛虬山人記〉)【17】

引文中的李子是李夢陽的自稱，其所提及的七難中以「格古」為首，顯示李氏的重古傾向。同時，李氏認為宋詩一無可取，他標出七難，然後說宋詩「非色弗神」，暗示宋詩根本不符合七難的要求，屈大均「詩之衰，宋、元而極矣。」【18】及「宋人詩往往鄙俗疏拙，氣、格、韻三者

【14】屈大均：〈廣東新語詩語・詩社〉，歐初、王貴忱主編：《屈大均全集》，第四冊，頁321-323。

【15】屈大均：〈翁山文外・于子詩集序〉，歐初、王貴忱主編：《屈大均全集》，第三冊，頁70。

【16】屈大均：〈翁山文外・荊山詩集序〉，歐初、王貴忱主編：《屈大均全集》，第三冊，頁66。

【17】〔明〕李夢陽撰：〈潛虬山人記〉，見氏著：《空同集》卷四十七，收入紀昀等編：《景印文淵閣四庫全書・集部201・別集類》，第1262冊，頁466。

【18】屈大均：〈翁山詩外・荊山詩集序〉，歐初、王貴忱主編：《屈大均全集》，第三冊，頁66。

俱傷，是未能文之以禮樂者也。」【19】的論調與此遙遙相應。李夢陽又謂：

> 詩至唐，古調亡矣，然自有唐調可歌詠，高者猶足被管弦。宋人
> 主理不主調，於是唐調亦亡。黃、陳師法杜甫，號大家，今其詞
> 艱澀，不香色流動，如入神廟，坐土木骸，即冠服與人等，謂之
> 人可乎？……宋人主理，作理語，於是薄風雲月露，一切鏟去不
> 為，又作詩話教人，人不復知詩矣。詩何嘗無理，若專作理語，
> 何不作文而詩為耶？（〈缶音集序〉）【20】

在此段引文中，李氏力主詩學唐調，不作理語，以免落入宋人窠臼，又批評宋人學杜甫，卻不得其要領，以理入詩，復作詩話教人，害人不淺；屈氏則謂：

> 詩至杜少陵變化極矣。然不善學者，得其麤鄙，往往流為宋人，
> 詩莫醜於宋人。其視初盛唐名家，猶無鹽之於南之威也。【21】

其見解與之相若。

至於何景明，亦有復古論見，如：

> 近詩以盛唐為尚，宋人似蒼老而實疏鹵，元人似秀峻而實淺俗。
> （〈與李空同論詩書〉）【22】

惟何氏有關詩歌取法對象比李夢陽更清晰具體：

【19】 屈大均：〈翁山詩外‧書淮海詩後〉，歐初、王貴忱主編：《屈大均全集》，
　　　第三冊，頁168。

【20】〔明〕李夢陽撰：〈缶音集序〉，見氏著：《空同集》卷五十二，收入紀昀等編：
　　　《景印文淵閣四庫全書‧集部201‧別集類》，第1262冊，頁477。

【21】 屈大均：〈翁山詩外‧書淮海詩後〉，歐初、王貴忱主編：《屈大均全集》，
　　　第三冊，頁168。

【22】〔明〕何景明撰：〈與李空同論詩書〉，見氏著《大復集》卷三十二，收入紀昀
　　　等編：《景印文淵閣四庫全書‧集部206‧別集類》，第1267冊，頁290。

僕嘗謂詩文有不可易之法者，辭斷而意屬，聯類而比物也。上考古聖立言，中徵秦、漢緒論，下采魏、晉聲詩，莫之有易也。……詩弱於陶，謝力振之，然古詩之法亦亡於謝。(〈與李空同論詩書〉)【23】

何氏又謂：

蓋詩雖盛稱於唐，其好古者，自陳子昂後，莫若李、杜二家，然二家歌行、近體誠有可法；而古作尚有離去者，猶未盡可法之也。故景明學歌行、近體，有取於二家，旁及唐初、盛唐諸人，而古作必從漢魏求之。(〈海叟集序〉)【24】

綜合上引兩段文字所言，何氏認為學詩文必從古聖諸經求之，然後窮秦漢詩文之精要，下及魏晉的詩歌，乃不易之學詩法門，從謝靈運之後，古詩就不足取了。至於近體詩，就要學習李、杜等盛唐詩人。約言之，何氏主張古體詩學漢、魏，近體詩學初、盛唐。屈氏也受其影響，如他謂：

王敬美【25】云：『歐先生（歐大任）【26】所歷皆上考……其學無所不窺，而比事屬辭，壹稟於古，直溯建安、大曆而上之。』元美（王世貞）則謂：『瑤石（黎民表）五言古，自建安而下逮梁陳，靡所不出入，和平麗爾；七言歌行，有盧、楊、沈、宋之韻；近體颭颭，全盛遺響，誠徵其辭而奏之肉，叶以正始，鏗然而中宮

【23】〔明〕何景明撰：〈與李空同論詩書〉，見氏著《大復集》卷三十二，收入紀昀等編：《景印文淵閣四庫全書・集部206・別集類》，第1267冊，頁291。

【24】〔明〕何景明撰：〈與李空同論詩書〉，見氏著《大復集》卷三十四，收入紀昀等編：《景印文淵閣四庫全書・集部206・別集類》，第1267冊，頁302。

【25】即王世懋（1536-1588），字敬美，江蘇太倉人，王世貞之弟。〔明〕錢謙益撰：《列朝詩集小傳》，頁436有〈王少卿世懋〉條。

【26】即歐大任（1516-1595），字楨伯，廣東順德人。見陳澤泓編著：《廣東歷史名人傳略》，頁176。

商，蓋十之八九矣。』知言哉。瑤石後有區海目者，【27】直追初唐，置大曆以下不復道。【28】

從引文中「比事屬辭，壹稟於古」、「直溯建安、大曆而上之」、「五言古，自建安而下逮梁陳，靡所不出入」、「七言歌行，有盧、楊、沈、宋之韻」、「近體渢渢，全盛遺響」、「直追初唐，置大曆以下不復道」等字句可知，大均認為五古、七古等詩體都應該以接近漢、魏為佳；近體詩則應以近三唐為佳。而「直追初唐，置大曆以下不復道」一句則是指就唐詩而言，唐代宗大曆（766-779）以下之晚唐詩不值得推賞了，由以上可知屈氏的重古傾向與何氏相似。

前七子的其他人物也與李、何二子相似，如王九思，李開先論之曰：

> 及李空同、康對山相繼上京，厭一時詩文之弊，相與講訂考正，文非秦漢不以入於目，詩非漢、魏不以出諸口，而唐詩間亦倣效之，唐文以下無取焉。（〈漢陂王檢討傳〉）【29】

至於以李攀龍、王世貞為首的後七子，所持有關復古的主張也與前七子相似，如《明史·文苑傳》評李攀龍謂：

> ……攀龍遂為之魁，其持論謂文自西京、詩自天寶而下，俱無足觀，於本朝獨推李夢陽。【30】

又王世貞亦主盛唐：

【27】 即區大相（？-1614？），字用儒，號海目，明廣東詩人。見陳永正選注：《嶺南歷代詩選》，頁215之詩人小傳。

【28】 屈大均：〈廣東新語·詩語·詩社〉，歐初、王貴忱主編：《屈大均全集》，第四冊，頁322。

【29】 李開先：〈漢陂王檢討傳〉，見〔明〕李開先撰、中華書局上海編輯所編輯：《李開先集》（上海：中華書局，1959年），中冊，頁598。

【30】〔清〕張廷玉等撰、〔清〕潘耒章考異：《明史·文苑傳》，卷二百八十五，第四冊，頁3161。收入《二十五史（斷句本）·明史》，總第46-50冊。

盛唐之於詩也，其氣完，其聲鏗以平，其色麗以雅，其力沉而
雄，其言融而無迹。故曰：盛唐其則也……。今之操觚者，日嘵
嘵焉竊元和、長慶之餘似而祖述之，氣則漓矣，意纖然露矣。歌
之無聲也，目之無色也，按之無力也……（〈徐汝思詩集序〉）【31】

由此可見，前後七子的詩歌復古傾向基本上一致，只是有所損益而已，
前後七子的復古理論至嘉靖（1522-1566）、隆慶（1567-1572）年間籠罩
整個詩壇，【32】至明末而仍有餘響。屈氏也不例外，他評區海目論詩時
說：

其（區海目）論詩有云：『弘正間，力驅宋元還之古，始合者什
一。近世求多於古，自用我法，未免恣睢於情之中，而決裂於格
之外，按之而不合節，歌之而不成聲。』其子啟圖亦云：『國朝
之文章，自北地以還，歷下繼之，盛於嘉隆，而即衰於嘉隆。其
病在夸大而不本之性情，率意獨創而不師古，遂使唐宋昭代，畛
分為三，聲氣之元，江河不返。』此皆篤論也。【33】

由此可知，屈氏認同明詩之發展，在弘治（1488-1505）及正德（1506-
1521）間詩壇曾排宋元之浮靡而欲溯古之風雅，但能做到的十中得一，
到後來，明人仍好古，卻自以為是，放任於己情之中，使詩歌在格律和
內容方面都不倫不類。屈氏同時也認同區啟圖的看法，以為明詩曾盛於

【31】 王世貞撰：〈徐汝思詩集序〉，見氏著：《弇州四部稿》卷六十五，收入紀昀
　　　等編：《景印文淵閣四庫全書‧集部219‧別集類》（臺北：臺灣商務印書館，
　　　1985年），第1280冊，頁7。

【32】《明史‧文苑傳》謂李、何等人：「倡言復古，文自西京，詩自中唐而下，一切
　　　吐棄，操觚談藝之士，翕然宗之。」〔清〕張廷玉等撰、〔清〕潘檉章考異：《明
　　　史‧文苑傳》，卷二百八十五，第四冊，頁3129。收入《二十五史（斷句本）‧
　　　明史》，總第46-50冊。

【33】 屈大均：〈廣東新語‧詩語‧詩社〉，歐初、王貴忱主編：《屈大均全集》，
　　　第四冊，頁322。

嘉靖和隆慶兩朝，但不久即衰落，其原因是誇大而矯情，以及胡亂獨創而不以古人為師，於是此時之明詩便一發不可收拾。屈氏認同區氏「力驅宋元還之古」的復古見解，顯露出屈氏崇古乃以本之真性情而不誇大、師古而不妄求獨創為標準，而這正是對前後七子復古理論的繼承。

（二）對復古理論的修正

1、復古原則：復古而非摹古

然而前後七子的復古，實是擬古、摹擬；而且主要偏重形式方面，較少從創作內容上提出復古主張，容易趨向剽竊割裂古人詩句之弊，如茅坤在〈唐宋八大家文鈔〉總序中就云：

> 我明弘治、正德間，李夢陽崛起北地，豪儁輻湊，已振詩聲，復揭文軌，而曰：吾《左》吾《史》與《漢》矣，已而又曰：吾黃初、建安矣。以予觀之，特所謂詞林之雄耳，其於六藝之遺，豈不湛淫滌濫，而互相剽裂已乎！[34]

茅氏批評以李夢陽為首的復古派有剽裂古人文句之病。至於後七子，也受到明人批評，如李維楨批評他們擬古之弊說：

> 其氣不得靡，故擬者失而粗豪；其格不得踰，故擬者失而拘攣；其蓄不得斂，故擬者失而龐雜；其語不得凡，故擬者失而詭僻。（〈吳汝忠集序〉）[35]

指出後七子過份強調摹擬古人作品的體格聲調，以致生粗豪拘執、龐雜

---

[34]〔明〕茅坤：〈唐宋八大家文鈔總序〉，見氏編：《唐宋八大家文鈔》，收入紀昀等編：《景印文淵閣四庫全書·集部322·別集類》（臺北：臺灣商務印書館，1985年），第1383冊，頁3。

[35]〔明〕李維楨：〈吳汝忠集序〉，轉引自袁震宇、劉明今合著：《明代文學批評史》（上海：古籍出版社，1991年），頁279。

董就雄　論屈大均對明代主要詩論之繼承與修正　　269

詭僻之病，失卻詩歌蘊藉之味。就算是前後七子派中也有對自己派別擬古理論的批評者，如七子派的何景明也批評李夢陽擬古之法是：「刻意古範，鑄形宿鏌，而獨守尺寸。」【36】而何氏自己則主張擬古、摹古而不留痕跡：

> 僕則欲富於材積，領會神情，臨景構結，不倣形跡。……故曹、劉、阮、陸，下及李、杜，異曲同工，各擅其時，並稱能言。何也？辭有高下，皆能擬議以成其變化也。若必例其同曲，夫然後取，則既主曹、劉、阮、陸矣，李、杜即不得更登詩壇，何以謂千載獨步也？（〈與李空同論詩書〉）【37】

何氏認為平時要廣泛累積材料，領會古人詩文中的神情，則風貌外觀自然相似；到創作時，則要對描述對象細意構思，將外觀極盡變化，也就是「擬議以成其變化」的意思，他甚至以為李、杜等大家也是如此。何氏之見無疑比李夢陽高明，但他並未想到要創新，只是斤斤計較於不要

【36】〔明〕何景明撰：〈與李空同論詩書〉，見氏著《大復集》卷三十二，收入紀昀等編：《景印文淵閣四庫全書·集部206·別集類》，第1267冊，頁290。

【37】何氏對自己擬古而不留痕跡尚有一番解說：「鴻荒邈矣，書契以來，人文漸朗，孔子斯為折中之聖，自餘諸子，悉成一家之言。體物雜撰，言辭各殊，君子不例而同之也，取其善焉已爾。……比空同嘗稱陸、謝，僕參詳其作：陸詩語俳，體不俳也，謝則體語俱俳矣；未可以其語似，遂得並例也。故法同則語不必同矣。僕觀堯、舜、周、孔、子思、孟氏之書，皆不相沿襲，而相發明，是故德日新而道廣，此實聖聖傳授之心也。後世俗儒，專守訓詁，執其一說，終身弗解，相傳之意背矣。今為詩不推類極變，開其未發，泯其擬議之跡，以成神聖之功，徒敘其已陳，修飾成文，稍離舊本，便自杌陧。如小兒倚物能行，獨趨顛仆。雖由此即曹、劉，即阮、陸，即李、杜，且何以益於道化也？佛有筏喻，言捨筏則達岸矣，達岸則捨筏。」〔明〕何景明撰：〈與李空同論詩書〉，見氏著《大復集》卷三十二，收入紀昀等編：《景印文淵閣四庫全書·集部206·別集類》，第1267冊，頁290-291。

露出摹擬的痕跡，骨子裏仍舊是搆搯字句；其所謂的變化亦不是真正內容、風格上的變化，而是表面字句為了掩飾摹擬之痕的變化。

屈大均對前後七子的復古理論有所修正，他認為復古的最重要原則是從內容和風貌上恢復古道，遠離單從形式上摹擬古人的窠臼。我們先談屈氏所復之「古」的內涵。他主張重古輕宋，他所言的「古」是就漢、魏、三唐而言，這在他的〈錦石山樵詩集序〉一文中有清楚的說明：

> 林子【38】今乃洋洋正始，含風吐雅，才以磊落而使，氣以慷慨而行，漢、魏、三唐，任其筆之出入，蓋自嘉興以至都下名公鉅卿，多自以為弗如焉。【39】

屈氏是在評論其友林之枚的詩集時說這番話的，他大讚林氏的詩貼近《風》《雅》，有光明磊落的詩才和慷慨的豪氣，詩筆出入於漢、魏、三唐間，是很多名公鉅卿所不及的。屈氏在在言「古」，言「漢、魏、三唐」，其具體內涵實涉及詩歌內容和體貌兩方面，從內容而言，「古」之所指是正始之音，試看下列幾段屈氏評張九齡詩的話便可知一二：

> 東粵詩盛於張曲江公，公為有唐人物第一，【40】詩亦冠絕一時。

【38】林之枚（生卒年不詳），字木文，屈大均之朋友，浙江嘉興人。序中有云：「吾友木文林子愛之（錦石山），而以錦石山樵自名，且以名其詩集焉。林子從浙江嘉興不遠數千里而來，客於西寧。」見屈大均：〈翁山文外・錦石山樵詩集序〉，歐初、王貴忱主編：《屈大均全集》，第三冊，頁65。

【39】屈大均：〈翁山文外・錦石山樵詩集序〉，歐初、王貴忱主編：《屈大均全集》，第三冊，頁65。

【40】屈大均極欣賞張九齡的為人：「而公為人虛公樂善，亦往往推重詩人，為荊州時，辟孟浩然置幕府，又嘗寄羅衣一事與太白，故太白有〈答公寄羅衣〉及〈五月五日見贈詩〉；而王摩詰有「終身思舊恩」之句；浩然則有陪公遊宴諸篇。三子者，皆唐詩人第一流，他人鮮知羅致，獨公與之相得，使玄宗終行公之道，不為小人讒間，則公之推誠薦引，以為國家經綸之用者，又豈惟詩人而已哉！……少陵云：「受諫無今日，臨危憶古人。」蓋謂公也。丘文莊言：「自公生後，五

董就雄　論屈大均對明代主要詩論之繼承與修正　　　271

　　玄宗嘗稱文場元帥，謂公所作，自有唐名公皆弗如，「朕終身師
　　之，不得其一二」云。【41】
　　至張子壽而詩乃沛然矣。【42】
　　嶺南詩自張曲江倡正始之音……【43】
　　吾粵詩始曲江，以正始元音，先開風氣。千餘年以來作者彬
　　彬，家三唐而漢魏，皆謹守曲江規矩，無敢以新聲野體而傷大
　　雅……【44】

上面第一、二段引文是稱美張九齡的功業和詩歌的成就在唐代都是冠絕
一時的，第三、四段引文則直接道出，就詩歌成就而言，張九齡是力倡
正始元音的先行者，這正始之音，就是〈毛詩序〉：「周南、召南，正始
之道，王化之基」的正始之音，【45】也就是包含能擔起「經夫婦，成孝
敬，厚人倫，美教化，移風俗」等作用的詩歌內容，【46】亦即使夫婦關係
歸於正道，使父子兄弟之間能夠孝敬、使人倫淳厚、使教化趨於淳美、

────────────────────────────

　　嶺以南，山川燁燁有光氣。」信哉。見屈大均：〈廣東新語‧詩語‧曲江詩〉，
　　歐初、王貴忱主編：《屈大均全集》，第四冊，頁312-313

【41】屈大均：〈廣東新語‧詩語‧曲江詩〉，歐初、王貴忱主編：《屈大均全集》，
　　第四冊，頁312。

【42】屈大均：〈廣東新語‧詩語‧詩始楊孚〉，歐初、王貴忱主編：《屈大均全集》，
　　第四冊，頁312。

【43】屈大均：〈廣東新語‧詩語‧區海目詩〉，歐初、王貴忱主編：《屈大均全集》，
　　第四冊，頁315。

【44】屈大均：〈翁山文外‧廣東文選凡例〉，歐初、王貴忱主編：《屈大均全集》，
　　第三冊，頁43。

【45】〔漢〕鄭玄箋、〔唐〕孔穎達疏：《毛詩正義》，見李學勤主編、十三經注疏整
　　理委員會整理：《十三經注疏整理本》，第四冊，頁24。

【46】〔漢〕鄭玄箋、〔唐〕孔穎達疏：《毛詩正義》，見李學勤主編、十三經注疏整
　　理委員會整理：《十三經注疏整理本》，第四冊，頁12。

使民間風俗習慣變得更好的意思，乃是周王朝最正大最基本的儒家立國之道、王者教化的根基。如就大均作為明遺民的立場而言，「正始」所指的是一種恢復王化基業的為己任的詩歌內容。

以上所論是屈大均所重的「古」從內容而言之所指，至於從體貌而言，「古」還涉及風格和體裁兩個層面，現在先言風格，屈氏在論三曹詩時說：

> 昔人稱陳思王之於文章，譬人倫之有周、孔，……然亦五言古樂府二體擅長耳。或又謂子建才敏於父兄，然不如其父兄質，漢樂府之變，自子建始，然子建亦復樸渾，未必即遜父兄。文帝樂府氣骨輕宕，不如植之斲削、精潔、自然、沈健也。【47】

由上可知，屈氏重古之意，就風格而論是樸渾沈健、氣骨斲削、措辭精潔、用語自然等古樸詩風，這是漢、魏詩所特有的體貌特徵，後來為三唐時期詩人所繼承，獲得屈氏的激賞。屈氏論陶潛詩謂：「氣骨古樸，語本自然，不以雕琢為工……」，【48】 又，他論謝靈運詩謂：

> 昔之善寫山川者，莫如康樂，其〈漁浦〉、〈石門〉諸篇為詩家一大開闢，吾願夏子（指詩集作者夏氏）於康樂之體，更多為之，

【47】 屈大均：〈翁山文外・于子詩集序〉，歐初、王貴忱主編：《屈大均全集》，第三冊，頁70。

【48】 屈大均：〈翁山文外・寒香齋詩集序〉，歐初、王貴忱主編：《屈大均全集》，第三冊，頁72。序中屈大均評陶詩尚有以下一段：「予嘗謂陶公不棄官歸，其詩必不能工。其〈田園〉諸作，乃東晉以來絕調。夫使營營五斗之間，豈能聲希味淡，若太音玄酒之不可及耶？……先生（此指詩集作者張氏）詩氣骨古樸，語本自然，不以雕琢為工，與陶最近。陶詩猶有《讀山海經》諸篇，其言曰：『精衛銜微木，將以填滄海。刑天舞干戚，猛志故常在。』感憤之深，可為嗚咽流涕，論者致比於屈子之賦〈遠遊〉。先生沖淡無懷，純以道情自勝，覺陶公猶有所不能忘者，累其神明，然則先生殆真達者哉。」

「清暉能娛人，游子憺忘歸」，吾將從夏子詩中，寄其神明
焉。【49】

屈氏著重的是「清暉能娛人，游子憺忘歸」之自然詩風，還有他評明廣
東詩人王隼之詩時，【50】又云：

蒲衣賦才奇麗，能出其新意，追琢為樂府五七言體。陵轢漢、
魏、三唐、仍其家學，先以詩名，後以其人名。【51】

這裏，屈氏稱賞的是奇麗、創新、接近樂府的詩風，而這些也是屈氏所
推重的漢、魏、三唐之詩風。總括而言，從風格而論，「古」之所指包
括樸渾沈健、氣骨峭削、措辭精潔、用語古樸自然、詞藻奇麗創新等
漢、魏、三唐詩風。至於就體裁的層面而論，屈大均所重的「古」是指
五言古詩和樂府詩，他在〈于子詩集序〉中說：

夫詩，惟五言古、樂府有三百篇遺意，能工五言古、樂府，始得

【49】屈大均：〈翁山文外・桂林紀遊詩引〉，歐初、王貴忱主編：《屈大均全集》，
第三冊，頁227。

【50】王隼（1646-？），字蒲衣，番禺人，明末詩人王邦畿之子。見陳澤泓編著：《廣
東歷史名人傳略》，頁631。

【51】屈大均：〈翁山文外・王蒲衣詩集序〉，歐初、王貴忱主編：《屈大均全集》，
第三冊，頁64。序中尚有評王隼詩之文字：「吾友王說作先生有子隼，嘗自稱
曰蒲衣，年二十餘，即棄家隱於匡廬，服沙門服，與豫章王孫熊燕西者遊，詩歌
唱酬甚樂也。既乃返於儒，所居西山，去吾鄉沙亭咫尺，且夕過從，相與講求聖
人之學。儒其行不必墨其名，儒而名不必儒而無名，必欲無其名者，其人大抵莊
周氏之所稱，必非醇儒，蒲衣其知之矣。……蒲衣賦才奇麗，能出其新意，追琢
為樂府五七言體。陵轢漢、魏、三唐、仍其家學，先以詩名，後以其人名。吾方
引領而望之，然《雅》、《頌》非聖人不能作，《風》則婦人女子皆可為之。吾
與蒲衣所為詩，《風》多而《雅》、《頌》少，今欲繼為《雅》、《頌》，當先
學為聖賢，如古者聖賢發憤之所為作，斯可以為名，屬其刻大樗堂集成，即書之
以為其序。」

稱為詩人，雖律絕不工可也。律絕，今之體也。【52】

又說：

予謂于子無所不足於樂府，斯無所不足於諸體矣。【53】

從引文中「律絕，今之體也」一句與前文對舉可推知，五言古詩、樂府詩兩種體裁是屈氏論詩時最重視的詩體，而他更認為精於樂府則精於各種詩體。

2、復古方法：離合自然、求新求變

以上屈大均提出了復古的大原則，扭轉了前後七子復古主張過份著重形式之弊，屈氏還獨闢一套復古方法，就是在形式上不作刻板摹擬，在內容上也不作拾人牙慧；換言之，乃是一種求新求變而不又悖古的主張。屈氏要求字句形式上要：「句不必其是，字不必其非，絕去步趨之跡」，【54】他在為吳姓友人詩集寫序時有一番解說：

吳先生向有《詠懷》五古數十首，駸駸阮公（阮籍）與爭勝於毫釐之間，予既已序而傳之。今自歷陽入粵江行，所得有五七言絕各一百首。其精者流動不居，能通唐人之變，而求夫太白之化於初、盛、中、晚之範圍，或離或合，句不必其是，字不必其非，絕去步趨之跡。【55】

「句不必其是」乃針對刻板摹擬古人的做法而言，他認為不一定要模倣

【52】 屈大均：〈翁山文外・于子詩集序〉・歐初、王貴忱主編：《屈大均全集》，第三冊，頁70。

【53】 屈大均：〈翁山文外于子詩集序〉，歐初、王貴忱主編：《屈大均全集》，第三冊，頁71。

【54】 屈大均：〈翁山文外・粵游雜詠序〉，歐初、王貴忱主編：《屈大均全集》，第三冊，頁80。

【55】 屈大均：〈翁山文外・粵游雜詠序〉，歐初、王貴忱主編：《屈大均全集》，第三冊，頁80。

董就雄　論屈大均對明代主要詩論之繼承與修正　275

古人的詩句才是復古;「字不必其非」乃針對摹擬古人而不留痕跡的做
法而言,他認為不一定要刻意在字句上與古人不同以求新鮮和不留模倣
之跡。換言之,屈氏主張作詩可以「句其非」、「字其是」,也就是字
句可與古人不同,也可以是古人曾用的字句,總之離合俱是以合符自
然、合用則用為原則,泯滅了字句是否須合古或不合古的復古執著。筆
者以為「句不必其是」和「字不必其非」正好分別視作對李夢陽等作手
的刻意摹擬古人理論,以及何景明等主張摹擬而不留痕理論的修正。至
於「絕去步趨之跡」當然不是何景明那種高級摹擬而不留痕跡的剽裂技
巧,乃不刻意摹擬古人詩歌字句之意,可見屈氏對詩歌的結構、句式、
用語等外在形式有求新的意圖。

　　他的求新還體現在遣詞用字和題材的開拓方面,亦即形式和內容上
面,他說:

> 吾嘗欲以《易》為詩,使天地萬物皆聽命於吾筆端,神化其情,
> 鬼變其狀,神出乎無聲,鬼入乎無臭,以與造物者同遊於不測。
> 其才化,而學亦與之俱化。斯道也,庶幾惟吾藥亭可與同進乎
> 此。今天下詩,皆有委而無源,才雖具而無道以為之本。無本,
> 故其詩不能縱橫自得,蹈空獨行。稍擬議即成變化,以合於
> 《風》、《雅》……【56】

段中所言「使天地萬物皆聽命於吾筆端」指的是使天下萬物皆任其筆端
驅馳,這裏所要求的除變化無極的想象力外,還包含詩人對詩歌我手寫
我心、變化多端的遣詞造句能力之嚴格要求。有這些對文字的掌控能力
和想象力,就可以「神化其情,鬼變其狀,神出乎無聲,鬼入乎無臭。」
達到詩歌想像力與萬物融為一體、出神入化、幻化無痕、與自然天衣無
縫地契合的境界。還可以進一步推知,「使天地萬物皆聽命於吾筆端」

【56】屈大均:〈翁山文外‧六瑩堂詩集序〉,歐初、王貴忱主編:《屈大均全集》,
　　第三冊,頁61。

和「與造物者同遊於不測」無疑是大均對自己創作志向的兩個追求,這顯然啟示了後世詩人對詩歌創作的重要原則,而大均這一美學要求,實有利於詩歌題材的開拓,使創作主題能向多方面發展。但這種變化又不能背離「本」,所謂的「本」就是上文提到的「古」。屈氏批評明末之詩「有委而無源」,即謂此時之詩未能上溯《風》、《雅》正始元音之古道。他又批評這些明末詩人有才學而「無道以為之本」,他們既不能復《詩經》正始之古道,即使想開拓新的題材,也與「縱橫自得」、「蹈空獨行」、「稍擬議即成變化」的創作境界相距萬里。換言之,屈氏倡議不背離「正始」古道之根本而創新求變。

屈氏這種創新求變可稱之為「以《易》為詩」的創作觀,他和別人論詩時,必先言《易》:

> 然吾今者,方以學《易》為事,與人言詩,未嘗不先言《易》,蓋學詩必先學《易》。【57】

由上可見屈氏對《易》的重視,並從創作的角度指出,學《易》是學詩的先決條件,《易》固然是指《易經》這一儒家經典,但《易經》的內涵非常豐富,屈氏所指的「學《易》」指學習《易經》的哪個方面呢?屈氏在〈粵游雜詠序〉中有明確的解釋:

> 予嘗謂不善《易》者,不能善詩。《易》以變化為道,詩亦然。【58】

可見屈氏在詩歌創作上主張學《易》,是要學習《易》的善於變化,那麼寫詩善於變化具體指哪些呢?又有甚麼效用?屈氏接著說:

> 故曰:知變化之道者,其知神之所為,詩以神行,使人得其意於言之外,若遠若近,若無若有,若雲之於天,月之於水,心得而

【57】屈大均:〈翁山文外·六瑩堂詩集序〉,歐初、王貴忱主編:《屈大均全集》,第三冊,頁62。

【58】屈大均:〈翁山文外·粵游雜詠序〉,歐初、王貴忱主編:《屈大均全集》,第三冊,頁79。

董就雄　論屈大均對明代主要詩論之繼承與修正　　277

會之，口不可得而言之，斯詩之神者也。【59】

從屈氏提出「知變化之道，其知神之所為」的提法可以推知，寫詩善於變化具體所指的是詩人層出不窮、千變萬化的想象力。這裏屈氏提出「神」的概念，筆者以為所指的就是「想象力」。詩歌以浮想聯翩的想象力構思，就能得到「若遠若近，若無若有，若雲之於天，月之於水」等如虛似幻、煙水迷離的美感效果；另外，其中提及到「雲」和「月」等字眼，當是從意象上要求詩人具豐富想象力的同時，還須具備靈活多變的駕馭能力。至於「心得而會之，口不可得而言之」則是指詩歌朦朧美所得出的詩無達詁的感覺，屈氏認為這就是想象力的魅力。

只要懂變化和求新，才能寫出合漢唐風雅之音的詩篇，才能達至「詩以神行」的境界。屈氏既重視藝術形式和內容的復古，又重視兩者的創新，這無疑比李夢陽的刻板摹擬，以及何景明的摹擬而不留痕跡更進一步。

（三）對比興理論的繼承與修正

除了主張復古外，以李、何為首的前七子派也重視比興，李夢陽謂：

> 蓋詩者感物造端者也……故曰言不直遂，比興以彰。假物諷諭，詩之上者也，故古人之欲感人也，舉之以似，不直說也；托之以物，無遂辭也，然皆造始於詩，故曰詩者感物造端者也。（〈秦君餞送詩序〉）【60】

【59】屈大均：〈翁山文外·粵游雜詠序〉，歐初、王貴忱主編：《屈大均全集》，第三冊，頁79-80。

【60】〔明〕李夢陽撰：〈秦君餞送詩序〉，見氏著：《空同集》卷五十二，收入紀昀等編：《景印文淵閣四庫全書·集部201·別集類》（臺北：臺灣商務印書館，1985年），第1262冊，頁477。

李氏認為運用比興以達至諷喻目的之詩篇才是上品，之所以說詩是「感物造端者」，是指詩人因感物而生情，因情而創作詩篇，那麼詩篇一定就所感之物加以抒發引伸，亦因為如此，故感人至深。李氏又說：

> 夫詩比興錯雜，假物以神變者也。難言不測之妙，感觸突發，流動情思。故其氣柔厚，其聲悠揚，其言切而不迫，故歌之心暢，而聞之者動也。（〈缶音集序〉）【61】

他認為通過「假物」的比興手段，可使詩歌達至「神變」的境界，所謂的「神變」就是指詩歌因運用比興而產生意味深長的風貌改變。運用比興還可以表達出說話時難以說清的奧妙，使流動不斷的情思感於物而發出，達至風格柔厚、聲調悠揚、從容不迫，作者心情舒暢和讀者感動的藝術效果。

以上李氏有關比興的提法，無疑對屈氏有一定的影響，例如屈氏曾謂：【62】

> 《詩》之風，生於比興，其詩婉而多風，無物不入，油然而感人心，善於比興者也。詠物之詩，今之人大抵賦多而比興少，求之於有而不求之於無，求之於實而不求之於虛，求之於近而不求之於遠，求之於是而不求之於非，故其言愈工而愈拙。劉子漢臣所為《詠物詩》甚眾，若雪與梅，尤其用意深遠者。言在此而所以言在彼，其辭微，其氣象肅穆，使雪與梅之精神，旁見側出於行墨之間，風人之能事至是而畢，所謂善用比興者，非耶？【63】

其比興感人之持論正與李夢陽相近，屈大均對比興運用還提出具體要

【61】〔明〕李夢陽撰：〈缶音集序〉，見氏著：《空同集》卷五十二，收入紀昀等編：《景印文淵閣四庫全書‧集部201‧別集類》，第1262冊，頁477。

【62】筆者在前文創作觀一章中詠物詩作法部分已論及屈大均有關比興的詩論，此處從簡作比較。

【63】屈大均：〈翁山文外‧詠物詩引〉，歐初、王貴忱主編：《屈大均全集》，第三冊，頁227。

求，認為須「言在此而所以言在彼」、「求之於有」、「求之於實」、「求之於近」、「求之於是」，而「不求之於無」、「不求之於虛」、「不求之於遠」、「不求之於非」等，【64】凡此都可看出屈氏之見解與李氏「言不直遂，比興以彰」【65】的看法相通。屈氏言及比興效果時又謂：

> 《詩》寓於《風》，《風》寓於比、興。惟比、興，故其情愈出，其旨愈深，而能感人於神明之際。此三百篇之所以多言鳥獸、草木也。《綠樹》之篇，諸君子感時序之變而作也。繁葩已盡，茂陰方滋，春去矣而不與春俱去者，長存於枝葉之間。一比一興，情景相生……【66】

運用比、興而達至「其情愈出」、「其旨愈深」、「感人於神明之際」的效果，正與李氏「難言不測之妙，感物突發，流動情思」、「歌之心暢，而聞之者動也」【67】的看法相一致。屈氏當然不會停留於因循舊說的境地，所以他對比興運用提出了另外兩點要求，要求最終要達至「氣象肅穆」【68】，也就是內容意境所表達出來的嚴肅正義特徵，這實際上是指關乎忠厚等家國情懷的寄託；和「一比一興，情景相生」【69】的境界，

【64】以上均見屈大均：〈翁山文外·詠物詩引〉，歐初、王貴忱主編：《屈大均全集》，第三冊，頁227。

【65】〔明〕李夢陽撰：〈秦君餞送詩序〉，見氏著：《空同集》卷五十二，收入紀昀等編：《景印文淵閣四庫全書·集部201·別集類》，第1262冊，頁477。

【66】屈大均：〈翁山文外·書綠樹篇後〉，歐初、王貴忱主編：《屈大均全集》，第三冊，頁168。

【67】〔明〕李夢陽撰：〈缶音集序〉，見氏著：《空同集》卷五十二，收入紀昀等編：《景印文淵閣四庫全書·集部201·別集類》，第1262冊，頁477。

【68】屈大均：〈翁山文外·詠物詩引〉，歐初、王貴忱主編：《屈大均全集》，第三冊，頁227。

【69】屈大均：〈翁山文外·書綠樹篇後〉，歐初、王貴忱主編：《屈大均全集》，第三冊，頁168。

亦即在運用技巧上，要將比和興合在一起，使情景交融，達至所詠對象的精神「旁見側出於行墨之間」的效果。上述二者均為屈氏對李夢陽比興說的進一步闡發。

屈氏論詩重視男女之道，他說：

> 夫吾觀《離騷》二十五篇，多托意男女。善言男女之情者，自《國風》以後，莫若《離騷》。吾先三閭大夫固辭人之多情者也……。
>
> 吾之文辭師乎三閭者也，亦嘗善言男女……[70]

他認為《詩經》以後，就以屈原的《離騷》（即《楚辭》）二十五篇最善言男女之情，進而延伸到自己的詩也因為師事屈原而善言男女，這亦和比興有關，屈氏論王隼詩時曾說：

> 王子蒲衣深於三百篇者……所言不過男女，而忠君愛國之思，溢乎篇外，殆吾黨詩之可傳者也。[71]

這裏談到比興的問題，屈氏認為其極致是以男女之情言忠君愛國之思，這本來是歷來詩論家對《詩經》、《楚辭》優良傳統的共識，不過屈氏之說也有受何景明影響的跡象，何氏在〈明月篇序〉中曰：

> 夫詩本性情之發者也，其切而易見者，莫如夫婦之間，是以《三百篇》首乎「雎鳩」，六義首乎「風」，而漢、魏作者，義關君臣朋友，辭必託諸夫婦，以宣鬱而達情焉，其旨遠矣。[72]

從兩者俱以《詩經》為例言男女之道，且認為男女之道言君國之思是詩的極致等觀點，可見兩者應有關聯。惟何氏將內容言及男女朋友之詩都

---

[70] 屈大均：〈翁山文外・焚悼儷集古文〉，歐初、王貴忱主編：《屈大均全集》，第三冊，頁221。

[71] 屈大均：〈翁山文外・無題百詠序〉，歐初、王貴忱主編：《屈大均全集》，第三冊，頁71-72。

[72] 〔明〕何景明撰：〈明月篇序〉，見氏著《大復集》卷十四，收入紀昀等編：《景印文淵閣四庫全書・集部206・別集類》（臺北：臺灣商務印書館，1985年），第1267冊，頁123-124。

限制在君臣朋友之義實乃一大局限，屈氏則有自己發明處，並不否定真正言男女情愛詩篇的存在的價值，他的妻子王華姜早逝，海內外的友人相交均有悼念王華姜的詩文，屈氏將這些文辭編成《悼儷集》以追念亡妻。【73】他在〈焚悼儷集古文〉中謂：

> 今者《悼儷》諸篇，於夫婦之間三致意，自言之不足，又使天下之人皆為言之。嗚呼，其亦情之所逼，而大義之不容已者乎！【74】

妻子早夭，自己言男女之情更多，更令天下友人皆詠之，雖有違儒家平素罕言夫婦事的原則，但也是情不得已的。於此可見，在屈氏眼中，詩歌是善於言男女之道的載體。他又謂：

> 〈柏舟〉之婦則曰：「日居月諸，胡迭而微？」此皆賢婦不得於其夫之所為辭也。嗟夫，日月者，一大男女而已耳。日月之麗以相交，男女之麗以相合，不得不可以為麗，於是而哀怨之情生焉。【75】

大均引用莊姜思念莊公和〈詩經・柏舟〉中婦人思念丈夫的例子，以說明《詩經》中的內涵能以男女之道以闡發之。屈氏認為，日月以相交而

【73】大均在〈焚悼儷集古文〉中有說明編《悼儷集》的原委：「歲辛亥二月，屈子大均編《悼儷集》。既成，謹以一冊焚於孟王華姜之前，而告之曰：嗚呼，《悼儷》一書，自古以來無之，有之今自予始，皆海內之賢人才士所為哀汝之文辭者也。詩則樂府、古今體，文則序、傳、疏、誄、墓誌銘、墓表之屬，無不有焉。吾兄兵部君士煌則有〈迪功郎十八世孫婦王孺人傳〉，載於家譜之中，而吾宗之士大夫咸為論、贊，書之於傳末。嗚呼，汝一婦人女子也，今得此文辭之富，以為泉下光榮，其亦可以無憾於殤喪也。見屈大均：〈翁山文外・焚悼儷集古文〉，歐初、王貴忱主編：《屈大均全集》，第三冊，頁220-221。

【74】屈大均：〈翁山文外・焚悼儷集古文〉，歐初、王貴忱主編：《屈大均全集》，第三冊，頁221。

【75】屈大均：〈翁山文外・無題百詠序〉，歐初、王貴忱主編：《屈大均全集》，第三冊，頁71-72。

麗，人以相合而麗，所謂「麗」，《易・離》中云：「日月麗乎天，百穀草木麗乎土。」【76】可知是附著、依附之意。在屈氏看來，賢女子不能依附其丈夫愛人，或想念之而未得見，哀怨之情便因而發生，於是乃有表達哀怨之情的詩歌作品出現。可見屈大均對男女之道的看法比何氏的視野更為廣闊。

三、對胡應麟詩論的繼承與修正

（一）對「體以代變，格以代降」的發展觀承中有變

以上所述就是前後七子對屈大均在復古和比興問題上的影響，但就復古派而論，七子派的後繼者也對屈氏有所影響，其中較突出的是胡應麟（1551-1602），之所以說他是七子派的後繼者，乃因為他的擬古傾向，他認為詩體和風格至唐而齊備：

> 甚矣，詩之盛於唐也。其體，則三、四、五言，六、七、雜言、樂府、歌行、近體、絕句，靡弗備矣。其格則高卑、遠近、濃淡、淺深、巨細、精粗、巧拙、強弱，靡弗具矣。其調，則飄逸、渾雄、沉深、博大、綺麗、幽閒、新奇、猥瑣，靡弗詣矣。其人，則帝王、將相、朝士、布衣、童子、婦人、緇流、羽客，靡弗預矣。【77】

其重唐的主張與前後七子相承。

胡氏對中國詩歌發展有「體以代變，格以代降」的見解，其論曰：

> 四言變而《離騷》，《離騷》變而五言，五言變而七言，七言變而律詩，律詩變而絕句，詩之體以代變也；《三百篇》降而《騷》，《騷》降而漢，漢降而魏，魏降而六朝，六朝降而唐，詩

【76】〔魏〕王弼注、〔唐〕孔穎達疏：《周易正義》，見李學勤主編、十三經注疏整理委員會整理：《十三經注疏整理本》，第一冊，頁158。

【77】〔明〕胡應麟撰：〈詩藪・外編・唐上〉，見氏著《詩藪》，卷三，頁163。

董就雄　論屈大均對明代主要詩論之繼承與修正　　283

之格以代降也。【78】

認為自《詩經》至《離騷》，由《離騷》至五言詩（當包括漢樂府和五言古詩），由五言至七言古詩，自七古至律詩，再從律詩至絕句，是「詩之體以代變」的表現。而與之相應，就年代而言，從《詩經》至《離騷》，由《離騷》至漢，自漢而至魏，自魏而至六朝，由六朝而至唐之近體，詩之格都是隨朝代更替而下降的。這種「體以代變，格以代降」的論述流露出濃厚的崇古味道。

屈氏的詩學發展觀與胡氏相近，他在〈于子詩集序〉云：

《詩》至楚《騷》而大放，三百篇，龍門積石之河也，《騷》其《詩》之尾閭乎。《騷》亡樂府作。漢之樂府，學三百篇而不足，學《騷》而乃有餘。……五言古亦漢之三百篇也，其音至六朝而衰，至唐而亡，樂府亦然。夫詩，惟五言古、樂府有三百篇遺意，能工五言古、樂府，始得稱為詩人，雖律絕不工可也。律絕，今之體也。【79】

主張中國詩源自《詩經》，其「《騷》其《詩》之尾閭」、「《騷》亡樂府作」的見解，及謂五古和樂府詩之音至六朝而衰、洎乎唐而亡，又謂「雖律絕不工可也。律絕，今之體也」等說法，都是與胡氏「體以代變，格以代降」的主張相類。

胡應麟又論及體以代變，格以代降的原因：

曰風、曰雅、曰頌，三代之音也；曰歌，曰行、曰吟、曰操、曰辭、曰曲、曰謠、曰諺，兩漢之音也；曰律、曰排律、曰絕句，唐人之音也，詩至於唐而格備，至於絕而體窮。故宋人不得不變

【78】〔明〕胡應麟撰：〈詩藪‧內編‧古體上‧雜言〉，見氏著《詩藪》，卷一，頁1。

【79】屈大均：〈翁山文外‧于子詩集序〉，歐初、王貴忱主編：《屈大均全集》，第三冊，頁70。

而之詞，元人不得不變而之曲。詞勝而詩亡矣，曲勝而詞亦亡矣。【80】

胡氏認為由於詩之氣格，至唐代已齊備，而詩至絕句而詩體亦窮盡，於是宋人不得不變詩體為詞體、元人不得不變詞體而為曲體。但屈氏的持論卻不盡相同，他雖然也有體以代變、格以代降的發展觀念，卻未嘗視詞為卑下，反而說：「詩所不能言者，以詞言之，詞者，濟詩之窮也。」【81】對與由詩發展到詞的軌跡，屈氏的持論與胡應麟「詞勝而詩亡矣」之說亦不同，雖然屈氏也說過：「詩至唐而亡」，【82】但其意思並非指詩本身的亡，而是《詩》義之亡，因此屈氏又說：「嗟夫！《詩》未嘗亡，亡者，《詩》之義也。」【83】那麼，甚麼是《詩》之義呢？這要從屈大均「《詩》亡《春秋》作」的發展觀談起，屈氏謂：

> 昔者《春秋》之未作也，其義在《詩》，《詩》亡而其義乃在《春秋》。故《春秋》者，夫子所以繼《詩》者也，其義皆《詩》之義，無《春秋》則《詩》之義不明。《詩》為經，《春秋》乃其傳也……夫子之書，《王風》也，猶『春，王正月』之義也。不以周與十五國並，所以尊王，十五國之中而有王，明乎王為十五《國風》之主也……《書》曰：『《王風》亦所以尊周室』，此《詩》之義也。【84】

在屈氏看來，《春秋》是作於《詩》之後的，而孔子之所以作《春秋》，

【80】〔明〕胡應麟撰：〈詩藪‧內編‧古體上〉，見氏著《詩藪》卷一，頁1。

【81】屈大均：〈翁山文外‧紅螺詞序〉，歐初、王貴忱主編：《屈大均全集》，第三冊：《翁山文外》，頁81。

【82】屈大均：〈翁山文外‧紅螺詞序〉，歐初、王貴忱主編：《屈大均全集》，第三冊：《翁山文外》，頁81。

【83】同上註。

【84】屈大均：〈翁山文外‧詩義序〉，《屈大均全集》，第三冊，頁37。

是因為《詩》已亡，所謂的「《詩》已亡」並非指《詩》本身，而是《詩》之義，「《詩》亡《春秋》作」的意思是「《詩》之義」因《春秋》而得以彰顯。在這裏，屈氏所指的「《詩》之義」是尊王忠君的意思，那麼上文他所說過的「詩至唐而亡」【85】的意思是指忠君愛國之義到唐以後已不能再為詩所承載，並說宋詞就是接續唐詩的最好媒介：「有宋之詞，而唐之詩乃不亡。」【86】當然，這裏所不亡者仍是指忠君愛國之義。而胡應麟又有「詞勝而詩亡矣，曲勝而詞亦亡矣」的輕宋看法，【87】又與屈氏「詩之衰，宋、元而極矣」【88】的持論相印證，可謂同中有異、異中有同了。約言之，屈氏所主張的體以代降、格以代降基本上是承繼胡應麟的說法，但屈氏卻尤其強調宋元詩之衰降格卑，而他沒有胡氏般輕視詞，反而認為詞可以濟詩之窮。另外，屈氏「詩亡」這個概念作了深入和清晰的審察，以尊王忠君這個「詩之義」作為貫穿從《詩經》至宋元整個中國詩歌發展的命脈，其宏觀深入的發展觀比胡應麟更深一層，亦是對胡氏理論承中有變的表現。

（二）為詩養其氣則文質兼備

胡氏對作樂府詩的遣詞、運句、用字等藝術要求與屈大均亦頗相似。胡氏云：「漢人直寫胸臆，斲削無施」，【89】屈氏則曰：「文帝樂

【85】 屈大均：〈翁山文外・紅螺詞序〉，歐初、王貴忱主編：《屈大均全集》，第三冊：《翁山文外》，頁81。

【86】 屈大均：〈翁山文外・紅螺詞序〉，歐初、王貴忱主編：《屈大均全集》，第三冊：《翁山文外》，頁81。

【87】〔明〕胡應麟撰：〈詩藪・內編・古體上・雜言〉，見氏著《詩藪》，卷一，頁1。

【88】 屈大均：〈翁山文外・荊山詩集序〉，歐初、王貴忱主編：《屈大均全集》，第三冊，頁66。

【89】〔明〕胡應麟撰：〈詩藪・內編・古體中〉，見氏著《詩藪》卷一，頁29。

府氣骨輕宕，不如植之崭削、精潔、自然、沈健」，【90】同樣重視為詩
要精潔自然。胡氏云：「愈樸愈巧，愈淺愈深」，【91】又曰：

> 漢樂府歌謠，采摭閭閻，非由潤色。然質而不俚，淺而能深，近
> 而能遠，天下至文靡以過之。【92】

屈氏則曰：

> 或又謂子建才敏於父兄，然不如其父兄質，漢樂府之變，自子建
> 始，然子建亦復樸渾，未必即遜父兄。【93】

兩人同是重視質樸的漢魏古風，務求達至樸而巧、淺而深的境界。對於
漢、魏、六朝詩的評價，屈氏亦與胡氏相似，胡氏曰：

> 文質彬彬，周也；兩漢以質勝，六朝以文勝。魏稍文，所以遜兩
> 漢也；唐稍質，所以過六朝也。（《詩藪》）【94】

屈氏則謂：

> 大抵兩漢氣純，故辭多質；魏氣爽，故辭多華；六朝氣俳而靡
> 矣，故文質多傷。故為詩貴養其氣。【95】

這裏屈氏與胡氏一樣認為兩漢以質樸勝；而屈氏論魏詩時所指的「華」
就是承繼胡氏的「文」，乃詞藻華美豐贍之意；胡氏認為六朝欠缺質，

【90】屈大均：〈翁山文外‧于子詩集序〉，歐初、王貴忱主編：《屈大均全集》，
第三冊，頁70。

【91】〔明〕胡應麟撰：〈詩藪‧內編‧古體中〉，見氏著《詩藪》卷一，頁29。

【92】〔明〕胡應麟撰：〈詩藪‧內編‧古體上‧雜言〉，見氏著《詩藪》，卷一，頁
3。

【93】屈大均：〈翁山文外‧于子詩集序〉，歐初、王貴忱主編：《屈大均全集》，
第三冊，頁70。

【94】〔明〕胡應麟撰：〈詩藪‧內編‧古體上‧雜言〉，見氏著《詩藪》，卷一，
頁3。

【95】屈大均：〈翁山文外‧于子詩集序〉，歐初、王貴忱主編：《屈大均全集》，
第三冊，頁70。

屈氏認為六朝氣弱，徒具詞藻之綺靡，看法都是比較接近的。就鑑賞的角度言之，胡氏對由漢至唐樂府的評價的次第是兩漢、魏、唐、六朝，屈氏的次第則為兩漢、魏、六朝，屈氏沒有提及唐，但就五言古詩和樂府而論，他是認為六朝勝於唐的：

> 五言古亦漢之三百篇也，其音至六朝而衰，至唐而亡，樂府亦然。【96】

可見屈大均六朝勝於唐的持論又與胡氏唐勝於六朝之觀點不同了。兩者的另一點不同是，胡氏談文和質是站在詩歌所表現出的詞藻句式特徵而論，這是結果，屈氏則看出造成詩歌文質結果的因素是氣，可見屈氏看出了文質和氣之間的因果關係，比胡氏更進一步，故屈氏說：「古今人才皆相及，所爭者，氣而已耳。」【97】

四、對公安派詩論的修正

上文從前後七子以及胡應麟對屈大均詩論的影響作析論，然而屈氏詩論受七子派響並不限於此，屈氏的復古還體現在對明代反對七子派復古傾向派別的批評上，屈氏在〈廣東文選自序〉中嘗言：

> 吾粵詩始曲江，以正始元音，先開風氣。千餘年以來作者彬彬，家三唐而漢魏，皆謹守曲江規矩，無敢以新聲野體而傷大雅，與天下之為袁（指袁宗道、袁宏道和袁中道）、徐（徐渭），為鍾（鍾惺）、譚（譚元春），為宋、元者俱變，故推詩風之正者，吾粵為先。【98】

【96】屈大均：〈翁山文外・于子詩集序〉，歐初、王貴忱主編：《屈大均全集》，第三冊，頁70。

【97】屈大均：〈翁山文外・于子詩集序〉，歐初、王貴忱主編：《屈大均全集》，第三冊，頁70。

【98】屈大均：〈翁山文外・廣東文選自序〉，歐初、王貴忱主編：《屈大均全集》，第三冊，頁43。

明顯地，屈氏心目中以新聲野體傷大雅的代表，是以袁宗道（1560-1600）、袁宏道（1568-1610）、袁中道（1570-1624）三兄弟為首的公安派，還有以鍾惺（1574-1624）、譚元春（1586-1637）為首的竟陵派，以及其時好為宋、元詩的詩人。屈氏之所以批評宋、元詩，是因為：

> 宋人詩往往鄙俗疏拙，氣、格、韻三者俱傷，是未能文之以禮樂者也。【99】

屈氏反對寫作這種過份強調地方色彩和寫實性，無事物不入詩，未受禮、樂洗禮的詩篇。至於引文中的徐是指徐渭（1521-1593），乃公安派的先導者。於此，筆者將從此等派別代表詩人的詩論探究屈氏反對他們的原因。

（一）為詩亦重真，反對新野綺靡、過分率滑

先說徐渭，他論詩重真我，其論謂：

> 爰有一物，無罣無礙，在小匪細，在大匪泥，來不知始，往不知馳，得之者成，失之者敗，得亦無攜，失亦不脫，在方寸間，周天地所。勿謂覺靈，是為真我。（〈涉江賦〉）【100】

可見，徐氏以為真我是一己之心，無處不在，毫無罣礙，不受外物拘束，換言之，為詩但寫心中所想。由真我自然容易推到真情，徐氏謂：

> 古人之詩本乎情，非設以為之者也，是以有詩而無詩人。迨於後世，則有詩人矣，乞詩之目多至不可勝應，而詩之格亦多至不可勝品，然其於詩，類皆本無是情，而設情以為之。（〈肖甫詩序〉）【101】

【99】屈大均：〈翁山詩外・書淮海詩後〉，歐初、王貴忱主編：《屈大均全集》，第三冊，頁168。

【100】〔明〕徐渭：〈涉江賦〉，見氏著：《徐渭集》（北京：中華書局，1983年），第一冊，頁36。

【101】〔明〕徐渭：〈肖甫詩序〉，見氏著：《徐渭集》，第二冊，頁534。

他主張詩本乎情，不是本無其情而強為之，古人情真故有好詩傳世，後世不以情真為詩，且詩之名目、體裁、風格多至不可勝數，故所為之詩都是本無其情而無病呻吟之作，又因此而只有詩人而無好詩傳世。徐氏上說固然過份誇張，流於一概而論，但其為詩重情真卻是可取的。

強調真我是好的，屈氏並不是反對情真，他亦有情真之說，認為詩之佳者須

> 質有餘而不受飾，以其真而勝人之偽，以其實而勝人之華，不規規於形色以掩天性，殆得全於神者耶。【102】

其反對者，乃上文引文中所提及的新聲野體，也就是不以禮為則的過份率真的創作取向，所謂「新聲野體」的具體所指，屈氏在《廣東新語·詩語》有論及：

> 啟圖能承家學，【103】與李煙客、【104】羅季作、歐子建、鄺湛若【105】四五公者唱和……所著悉溫厚和平，光明麗則，絕不為新聲野體，淫邪佻蕩之音，以與天下俱變，是皆嶺南之哲匠也。【106】

可見是指那些未符合溫柔敦厚、光明合度，而表現為新野綺靡、淫邪佻蕩的詩歌，其具體內涵可從袁宏道對徐渭的稱讚之語看出端倪：

> 其（徐渭）為詩，如嗔如笑，如水鳴峽，如種出土，如寡婦之夜

【102】 屈大均：〈翁山文外·粵游雜詠序〉，歐初、王貴忱主編：《屈大均全集》，第三冊，頁80。

【103】 即區啟圖（字號、生卒年不詳），區大相之子。區大相（？-1614？），字用儒，號海目，明廣東詩人。見陳永正選注：《嶺南歷代詩選》，頁215之詩人小傳。

【104】 指李雲龍（生卒年不詳），字煙客，廣東東莞人。見陳永正選注：《嶺南歷代詩選》，頁247之詩人小傳。

【105】 即指鄺露（1604-1650），一名瑞露，又名公露，字湛若，號海雪，有詩集《嶠雅》二卷。見陳澤泓：《廣東歷史名人傳略》，頁191-197。

【106】 屈大均：〈廣東新語·詩語·詩社〉，歐初、王貴忱主編：《屈大均全集》，第四冊，頁321。

哭，羈人之寒起，雖體格時有卑者，然匠心獨出，有王者氣，非
彼巾幗而事人者所敢想望也。（〈徐文長傳〉）[107]

袁宏道用偏向正面的字眼讚美徐渭的詩風，說其詩如罵似笑、如水噴
湧、如種子破土而出、如寡婦的夜哭、如羈人之因寒而夜起，約言之，
就是抒發喜怒哀樂、憤鬱不平等心情、真率無隱的詩風。然而集嬉笑怒
罵於詩篇之中、凡物皆入詩、凡情皆施於文字，實易流於叫囂淺露、率
意為詩的境地，也就是屈氏所言「新聲野體」的意思，這實是重視「禮」
的屈氏所不喜見到的。

（二）「文之以禮」則可免新野綺靡、過分率滑之病

屈氏十分重視「禮」，他在〈張子詩集序〉中云：

> 昔夫子教伯魚學《詩》，必兼學《禮》，蓋學《詩》所以言，
> 學《禮》而《詩》之言乃文，故《禮》者，《詩》之所以為文
> 者也。[108]

屈氏在引文中首先提到孔子教兒子孔鯉（字伯魚）學《詩》，必同時兼
學《禮》，因為學《詩》而能言之有物，而學《禮》則在表述《詩》的
內容時方能言辭文雅，顯見學《禮》的重要性。這裏的《禮》是指五經
中的《禮記》，但古人在提及《禮》時往往兼指禮義，也就是「發乎情，
止乎禮義」的行為準則；而古人提及《詩》時，除了指《詩經》外，也
泛指詩歌。屈氏認為：「有禮，而詩之言乃中正」，[109]又說「宋人

---

[107] 袁宏道：〈徐文長傳〉，見〔明〕袁宏道撰、錢伯城箋校：《袁宏道集箋校》（上
海：上海古籍，1981年），中冊，頁716。

[108] 屈大均：〈翁山文外·張子詩集序〉，歐初、王貴忱主編：《屈大均全集》，
第三冊，頁69。

[109] 屈大均：〈翁山文外·張子詩集序〉，歐初、王貴忱主編：《屈大均全集》，
第三冊，頁69。

詩……氣、格、韻三者俱傷，是未能文之以禮樂者也」，【110】凡此，皆是屈氏重視「禮」而反對「新聲野體」的見證。

袁宏道又謂：

> 宏於近代，得一詩人曰徐渭。其詩盡翻窠臼，自出手眼，有長吉之奇而暢其語，奪工部之骨而脫其膚，挾子瞻之辯而逸其氣，無論七子，即何、李當在下風。（〈與馮侍郎座主〉）【111】

引文中，袁宏道將徐渭的地位拔高至與杜甫、李賀、蘇軾等大家同等地位，又說前後七子等俱處下風，自然更引起支持前後七子復古的屈氏之不滿，況且袁宏道也實在言過其實，惟袁氏之此舉洵足證明徐渭是公安派的先導者。

以袁宏道為代表的公安派之持論繼承徐渭的重真我而有所發展，其論謂：

> 大抵物真則貴，真則我面不能同君面，而況古人之面貌乎？（〈與丘長孺〉）【112】

這裏仍強調「真」。袁氏稱賞其弟袁中道詩時提出「獨抒性靈」之說，其說曰：

> （袁中道詩）大都獨抒性靈，不拘格套，非從自己胸臆流出不肯下筆。（〈敘小修詩〉）【113】

所謂「獨抒性靈」就是抒寫自己真性情之意。由於抒寫性靈容易墮入率

【110】 屈大均：〈翁山詩外・書淮海詩後〉，歐初、王貴忱主編：《屈大均全集》，第三冊，頁168。

【111】 袁宏道：〈與馮侍郎座主〉，見〔明〕袁宏道撰、錢伯城箋校：《袁宏道集箋校》，中冊，頁769-770。

【112】 袁宏道：〈與丘長孺〉，見〔明〕袁宏道撰、錢伯城箋校：《袁宏道集箋校》，上冊，頁284。

【113】 袁宏道：〈敘小修詩〉，見〔明〕袁宏道撰、錢伯城箋校：《袁宏道集箋校》，上冊，頁187。

意太露之譏，故袁宏道嘗反駁之曰：

> 大概情至之語，自能感人，是謂有詩可傳也。而或者猶以太露病
> 之，曾不知情隨境變，字逐情生，但恐不達，何露之有！且《離
> 騷》一經，忿懟之極，……安在所謂怨而不傷者手？窮愁之時，
> 痛哭流涕，顛倒反覆，不暇擇音，怨矣，寧有不傷者？且燥濕異
> 地，剛柔異性，若夫勁質而多怨，峭急而多露，是之謂楚風，又
> 何疑焉？（〈敍小修詩〉）【114】

袁氏認為胸中有所鬱結，因境變而情生，性情自然流露，那麼怨而傷、
怒而罵，又何必避諱呢，甚至搬出《楚辭》，認為屈原也是真情流露，
不忌諱地宣之於詩者，那麼率真露情反而是楚風的表現，不應病之。袁
氏還以民歌的情真語直作論據：

> 古之為風者，多出勞人思婦……要以情真而語直，故勞人思婦，
> 有時愈於學士大夫；而呻吟之所得，往往快於平時。（〈陶孝若枕
> 中囈引〉）【115】

如此重視率真語直的提法，自然是惹起屈大均的不滿。

然而屈氏所景仰的李夢陽晚年也有「真詩乃在民間」之說，【116】其
說曰：

> 曹縣蓋有王叔武云，其言曰：「夫詩者，天地自然之意也。今途
> 謳而巷謳，勞呻而康吟，一唱而群和者，其真也，斯之謂風也。
> 孔子曰：『禮失而求之野。』今真詩乃在民間。」……李子（李

【114】 袁宏道：〈徐文長傳〉，見〔明〕袁宏道撰、錢伯城箋校：《袁宏道集箋校》，
上冊，頁188。

【115】 袁宏道：〈陶孝若枕中囈引〉，見〔明〕袁宏道撰、錢伯城箋校：《袁宏道集
箋校》，中冊，頁1114。

【116】 之所以說晚年，乃因為此〈詩集自序〉作於嘉靖（1522-1566）初年，而李夢陽
卒於嘉靖九年（1530）。序見〔明〕李夢陽撰：《空同集》卷五十，收入紀昀
等編：《景印文淵閣四庫全書・集部201・別集類》，第1262冊，頁466。

子，夢陽自稱）聞之懼且慚，曰：「予之詩非真也。」（〈詩集自
序〉）【117】

這裏李氏雖然引王叔武之語，但從其覺醒「予之詩非真也」可知他是認
同「真詩乃在民間」。後七子之一的王世貞也有「蓋有真我而後有真
詩」【118】的類近之說，又謂：

予竊以詩而得其人。……後之人好剽寫餘似，以苟獵一時之好，
思蹟而格雜，無取於性情之真，得其言而不得其人，與得其集而
不得其時者，相比比也。（〈章給事詩集序〉）【119】

主張詩歌表現詩人之情真及能反映時代面貌，可見以上兩者已論及
《風》，即民間詩重真的問題，巧妙地，李可代表前七子、王可代表後七
子，兩者都是復古派，但其說竟與公安派袁宏道有關詩歌重真之論相
通。可見不同派別之持論未必無相通者也。

即使屈大均論詩受前後七子影響，但他對此亦不予苟同，他認為
「今夫詩以《風》《雅》相兼為貴」，【120】這裏《風》是泛指具有普遍性、
地方性、較為寫實等色彩的作品，《雅》是指內容典雅嚴肅的作品。他
認為作詩時「與其《風》而不《雅》，毋寧《雅》而不《風》」，【121】重
視詩歌的幽雅嚴肅和溫柔敦厚。而且屈氏覺得：「《風》猶之樂，《雅》

【117】〔明〕李夢陽撰：〈詩集自序〉，見氏著：《空同集》卷五十，收入紀昀等編：
《景印文淵閣四庫全書・集部201・別集類》，第1262冊，頁466。

【118】王世貞撰：〈鄒黃州鷦鷯集序〉，見氏著：《弇州四部稿》卷六十五，收入紀
昀等編：《景印文淵閣四庫全書・集部219・別集類》，第1280冊，頁10。

【119】王世貞撰：〈章給事詩集序〉，見氏著：《弇州四部稿》卷六十五，收入紀昀
等編：《景印文淵閣四庫全書・集部219・別集類》，第1280冊，頁7。

【120】屈大均：〈翁山詩外・書淮海詩後〉，歐初、王貴忱主編：《屈大均全集》，
第三冊，頁168。

【121】屈大均：〈翁山詩外・書淮海詩後〉，歐初、王貴忱主編：《屈大均全集》，
第三冊，頁168。

猶之禮」,【122】民歌有如音樂般易於因觸發真情而成篇,內容典雅嚴肅的詩篇則由於受禮的約束而變得合符溫柔敦厚之旨,這也是詩以禮為則的問題。屈氏顯然是說風雅相兼,即既有真情、又受禮的規範是最好的,若不能做到,就寧願寫典雅嚴肅題材的作品,因為作詩若太過重真,就會流於率露疏拙,好像宋詩一樣,乃「是未能文之以禮樂者也。」【123】如此我們可以知道,屈氏論詩具獨到眼光,雖然景仰李夢陽為首的復古派理論,但對此派理論之取向仍是有所取捨,不是一概人云亦云,且每每有新見。

(三)反對公安派厚詆前後七子,但承認復古派過份摹古之弊

屈大均反對公安派,還因為此派有厚詆前後七子之論,袁宏道謂:

> 夫古有古之時,今有今之時,襲古人語言之跡而冒以為古,是處嚴冬而襲夏之葛者也。(〈雪濤閣集序〉)【124】

也由於袁氏標舉宋、元詩:

> 世人喜唐,僕則曰:「唐無詩。」世人喜秦漢,僕則曰:「秦漢無文。」世人卑宋黜元,僕則曰:「詩文在宋、元諸大家。」(〈與張幼于〉)【125】

這無疑是偏激之語,為反對而反對,而且標舉宋、元詩,必為屈氏所不喜,因為如前文論公安派時所述,在屈氏眼中,宋、元詩都是新聲野

【122】屈大均:〈翁山詩外‧書淮海詩後〉,歐初、王貴忱主編:《屈大均全集》,第三冊,頁168。

【123】屈大均:〈翁山詩外‧書淮海詩後〉,歐初、王貴忱主編:《屈大均全集》,第三冊,頁168。

【124】袁宏道:〈雪濤閣集序〉,見〔明〕袁宏道撰、錢伯誠點校:《袁宏道集箋校》,中冊,頁709。

【125】袁宏道:〈與張幼于〉,見〔明〕袁宏道撰、錢伯誠點校:《袁宏道集箋校》,上冊,頁501。

體。亦由於袁氏「代有升降」之說與屈氏所認同的胡應麟氏「體以代變，格以代降」之發展觀相左，袁氏謂：

> 唯夫代有升降，而法不相沿，各極其變，各窮其趣，所以可貴，原不可以優劣論也。【126】

在袁氏眼中，詩歌之好壞不能以年代而定，每個朝代的詩歌地位都有升有降，有優有劣。這看法無疑比屈氏進步，而且前後七子以及屈氏一概否認宋、元詩的立場也不可取，須知宋、元詩亦有大家在。但公安派譏前後七子，謂復古派「是處嚴冬而襲夏之葛者也」【127】之說亦有商榷之處，須知七子派提出的復古乃是針對明代早中期風靡一時、粉飾太平的台閣體和性氣詩而發的，李開先批評其時詩風謂：

> 西涯（李東陽）為相，詩文取絮爛者，人才取軟滑者，不惟詩文靡敗，而人才亦從之。【128】

李夢陽則對當時流行的性氣詩大表不滿，其說謂：

> 今人有作性氣詩，輒自賢於「穿花蛺蝶」、「點水蜻蜓」等句，此何異癡人前說夢也。即以理言，則所謂「深深」、「欵欵」者何物耶？《詩》云：「鳶飛戾天，魚躍於淵」，又何說也？【129】

故此，李氏的倡言文必秦漢，古體宗漢、魏，近體取初盛唐之復古主張是有變革當日綺靡頹廢詩風的宏圖的。屈大均所重者就是這種復古精神，公安派所譏者，只適合對復古派過份摹擬古人的末流而言，而並不

【126】袁宏道：〈敘小修詩〉，見〔明〕袁宏道撰、錢伯誠點校：《袁宏道集箋校》，上冊，頁188。

【127】袁宏道：〈雪濤閣集序〉，見〔明〕袁宏道撰、錢伯誠點校：《袁宏道集箋校》，上冊，頁71。

【128】錢謙益：〈列朝詩集小傳·何侍郎孟春〉，見〔明〕錢謙益撰：《列朝詩集小傳》，頁274。

【129】〔明〕李夢陽撰：〈缶音集序〉，見氏著：《空同集》卷五十二，收入紀昀等編：《景印文淵閣四庫全書·集部201·別集類》，第1262冊，頁477-478。

應一概抹殺復古之價值，幸好屈氏看到這一點，在主張復古之同時，亦承認過份摹古的流弊，主張「句不必其是，字不必其非，絕去步趨之跡」，【130】是相當有見地的，此點前文已詳論，於此不贅。

而事實上，屈氏反對公安派的過份率真是有其識見的，公安派由於過份重真，也終致率滑無韻味之病，同屬公安派的袁中道亦批評公安派這些流弊：

> 及其後也，學之者稍入俚易，境無不收，情無不寫，未免衝口而發，不復撿括，而詩道又將病矣。（〈阮集之詩序〉）【131】

「境無不收，情無不寫」、「衝口而發」可算是重情真的極端表現了。

五、對竟陵派的批評：與公安派同樣是新聲野體

除了公安派外，屈大均也反對竟陵派，上文引及屈大均對竟陵等派的批評：

> 吾粵詩始曲江，以正始元音，先開風氣。千餘年以來作者彬彬……，無敢以新聲野體而傷大雅，與天下之……為鍾（鍾惺）、譚（譚元春），為宋、元者俱變，故推詩風之正者，吾粵為先。【132】

屈氏認為此派與公安派一樣是新聲野體、有傷大雅。竟陵派以鍾惺、譚元春為代表，他們既不滿七子派之學步古人，也對公安派的俚俗率易作出批評，鍾惺說：

【130】屈大均：〈翁山文外・粵游雜詠序〉，歐初、王貴忱主編：《屈大均全集》，第三冊，頁80。

【131】袁中道：〈阮集之詩序〉，見〔明〕袁中道、錢伯誠點校：《珂雪齋集》（上海：上海古籍，1989年），頁462。

【132】屈大均：〈翁山文外・廣東文選自序〉，歐初、王貴忱主編：《屈大均全集》，第三冊，頁43。

今非無學古者，大要取古人之極膚極狹極熟，便於口手者，以為古人在是。使捷者矯之，必於古人外，自為一人之詩以為異，要其異，又皆同乎古人之險且僻者，不則其俚者也，則何以服學古者之心？（〈詩歸序〉）【133】

他認為七子派之病在於摹擬古人詩句的皮毛，專剽竊極膚淺、極狹窄、極爛熟的古人詩句為己用，公安派之弊則刻意與七子派復古不同，而為險僻、俚俗之詩，所以竟陵派另立孤峭幽深之宗，同時又保留公安派求真的取向，倡求古人之真。鍾惺曰：

惺與同邑譚子元春憂之，內省諸心，不敢先有所謂學古不學古者，而第求古人真詩所在。真詩者，精神所為也，察其幽情單緒，孤行靜寄於喧雜之中，而及以其虛懷定力，獨往冥遊於寥廓之外。（〈詩歸序〉）【134】

他主張求古人之真詩以救擬古之弊，這點本來接近公安派的觀點，但他為求真而提倡「幽情單緒」、「孤行靜寄於喧雜之中」、「獨往冥遊於寥郭之外」則是幽深孤峭之傾向。

譚元春與之同聲同氣，亦重真，其說曰：

夫真有性靈之言，常浮出紙上，決不與眾言伍。而自出眼光之人，專其力，壹其思，以達於古人；覺古人亦有炯炯雙眸從紙上還矚人，想亦非苟然而已。（〈詩歸序〉）【135】

譚氏主張抒寫性靈之言，《中國文學批評史新編》謂此派的「真詩」即

【133】鍾惺：〈詩歸序〉，見〔明〕鍾惺撰、李先耕、崔重慶標校：《隱秀軒集》（上海：上海古籍出版社，1992），頁236。

【134】鍾惺：〈詩歸序〉，見〔明〕鍾惺撰、李先耕、崔重慶標校：《隱秀軒集》，頁236。

【135】譚元春：〈詩歸序〉，見〔明〕譚元春撰、陳杏珍標校：《譚元春集》（上海：上海古籍出版社，1998年），下冊，頁594。

指「性靈之言」，【136】譚氏力主「決不與眾言伍」、又要「專其力，壹其思」以求古人之真是相當有見地的，他認清了古人之真就是抒寫性靈，這種追求是古今所同的。古人性靈之言，印在紙上，只有以銳利的眼光極專注地發掘、體味，才能有所得。這種既學古又求真的主張實欲兼復古、公安二派之長。譚氏為了避免公安派過分膚淺率露之流弊，與鍾惺一樣，標舉孤詣幽深：

> 夫人有孤懷，有孤詣，其名必孤行於古今之間，不肯遍滿寥廓。
> 而世有一二賞心之人，獨為之咨嗟傍皇者，此詩品也。（〈詩歸序〉）【137】

可見其著重者是孤高的情懷、幽獨的感受、瞬間的靈感、清遠的境界，力尋不為普通人所易達的創作境界。

除了主張求古人之真，另立幽深孤峭之旨外，竟陵派也主張「以厚濟靈」，以補公安派淺率之短，鍾惺謂：

> 詩至於厚而無餘事矣。然從古未有無靈心而能為詩者，厚出於靈，而靈者不即能厚。弟嘗謂古人詩有兩派難入手處：有如元氣大化，聲臭已絕，此以平而厚者也，古詩十九首、蘇、李是也；有如高巖峻壑，岸壁無價，此以險而厚者也，漢〈郊祀〉、〈鐃歌〉、魏武帝樂府是也。非不靈也，厚之極，靈不足以言之也。然必保此靈心，方可讀書養氣，以求其厚……（〈與高孩之觀察〉）【138】

鍾氏認為厚出於性靈，但靈者「不即能厚」，也就是暗示像公安派之「獨抒性靈」未必即能厚，厚的種類以「平而厚」、「險而厚」為極至，從引文的描述可知，所謂的「厚」就是渾厚古樸的境界，要達至此等境

【136】王運熙、顧易生合編：《中國文學批評史新編》，下冊，頁61。

【137】譚元春：〈詩歸序〉，見〔明〕譚元春撰、陳杏珍標校：《譚元春集》，下冊，頁594。

【138】鍾惺：〈與高孩之觀察〉，見〔明〕鍾惺撰、李先耕、崔重慶標校：《隱秀軒集》，頁474。

界，就要以讀書養氣求之，以充實詩歌的內容。換言之，讀書積才氣，
配合敏感博大的思想，就能產生厚的境界。譚元春亦謂：

> 乃與鍾子約為古學，冥心放懷，期在必厚，亦既入之、出之、參
> 之、伍之、審之、克之矣。（〈詩歸序〉）【139】

仍然重視學古，從古人中求其厚的境界，其學古自然就是鍾氏所謂「讀
書養氣」之意了。

由以上對竟陵派的主要理論分析可知，其求古人之真詩所在、主幽
深孤峭之境界、倡以厚濟靈是將七子派復古的長處和公安派求真的優點
加以擴展，又力圖改變七子派摹擬之流弊和公安派淺露的缺點，顯然是
比上述兩派進步，這是值得肯定的。然而由於他們太重視「幽深孤峭」
之旨，以致詩句孤僻難解，難怪陳子龍（1608-1647）批評此派說：「彼
所謂詩，意既無本，辭又鮮據，可不學而然也。」【140】錢謙益（1582-
1664）對其批評更烈：

> 當其創獲之初，亦嘗覃思苦心，尋味古人之微言奧旨，少有一知
> 半見，掠影希光，以求絕出於時俗。久之，見日益僻，膽日益
> 粗，舉古人之高文大篇鋪陳排比者，以為繁蕪熟爛，胥欲掃而刊
> 之，而惟其僻見之是師。其所謂深幽孤峭者，如木客之清吟，如
> 幽獨君之冥語，如夢而入鼠穴，如幻而之鬼國，浸淫三十餘年，
> 風移俗易，滔滔不返。【141】

其中「入鼠穴」、「之鬼國」之比喻足見竟陵派之弊和錢氏之不滿，
「浸淫三十年，風移俗易，滔滔不返」亦見其為害之深。相信屈氏也是看

【139】譚元春：〈詩歸序〉，見〔明〕譚元春撰、陳杏珍標校：《譚元春集》，下冊，
頁593。

【140】〔明〕陳子龍：〈答胡學博〉，轉引自袁震宇、劉明今合著：《明代文學批評
史》，頁533。

【141】錢謙益：〈列朝詩集小傳‧鍾提學惺〉，見〔明〕錢謙益撰：《列朝詩集小傳》，
下冊，頁570。

到此點，而且這種求題材冷僻幽深、風格孤峭的詩歌創作取向又與屈氏所重視「經夫婦，成孝敬，厚人倫，美教化，移風俗」【142】的「正始元音」【143】取向背道而馳，故批評竟陵派為「新聲野體而傷大雅」【144】、認為其詩風不正，【145】就此種批評而言，屈大均對公安派和竟陵派的反對態度是一致的。

六、對陳獻章詩論的繼承和取捨

（一）對陳氏「詩以載道」的繼承

除了前後七子的詩學理論對屈大均有深遠影響外，明初的廣東籍著名理學家陳獻章（1428-1500，人稱白沙先生）對屈氏的影響亦甚大，【146】屈氏曾說要「師三閭所以學夫白沙，其淵源殊不二也」，【147】以學習陳

【142】〔漢〕鄭玄箋、〔唐〕孔穎達疏：《毛詩正義》，見李學勤主編、十三經注疏整理委員會整理：《十三經注疏整理本》，第四冊，頁12〈毛詩序〉。

【143】屈大均：〈翁山文外・廣東文選自序〉，歐初、王貴忱主編：《屈大均全集》，第三冊，頁43。

【144】屈大均：〈翁山文外・廣東文選自序〉，歐初、王貴忱主編：《屈大均全集》，第三冊，頁43。

【145】屈大均謂：「吾粵詩始曲江，以正始元音，先開風氣。千餘年以來作者彬彬，家三唐而漢魏，皆謹守曲江規矩，無敢以新聲野體而傷大雅，與天下之為袁（指袁宗道、袁宏道和袁中道）、徐（徐渭），為鍾（鍾惺）、譚（譚元春），為宋、元者俱變，故推詩風之正者，吾粵為先。」大均以鍾、譚與「詩風之正」對舉，自然是指竟陵派詩風不正了。引文見屈屈大均：〈翁山文外・廣東文選自序〉，歐初、王貴忱主編：《屈大均全集》，第三冊，頁43。

【146】陳獻章（1428-1500），字公甫，新會白沙里人，世稱白沙先生。見陳澤泓：《廣東名人歷史傳略》，頁124-137。

【147】屈大均：〈翁山文外・懷沙亭銘有序〉，歐初、王貴忱主編：《屈大均全集》，第三冊，頁189。

氏為最高目標。而且屈氏所著之《廣東新語》一書共廿八卷，其中有九卷之多是論及陳獻章的，【148】足見屈氏對陳氏之重視程度。現將陳氏之詩學理論析述如下，以見屈氏詩學理論受其影響之跡。

首先是詩以載道的問題，陳獻章認為：

> ……自唐以下，幾千年於茲，唐莫若李、杜，宋莫若黃、陳，其餘作者固多，率不是過。烏乎！工則工矣，其皆《三百篇》之遺意歟？率吾情盎然出之不以贊毀歟？發乎天和不求合於世歟？明三綱，達五常，徵存亡，辯得失，不為河汾子所痛者，殆希矣。（〈認真子詩集序〉）【149】

陳氏以為唐的李白、杜甫，宋的黃庭堅、陳師道雖是大家，詩作甚工，但也有所不足，未達《詩經》的遺意，那麼怎樣才能達到呢？就是在抒情時要抒發自然情感而不加褒貶、發乎天然之志而不求與俗世相合；在詩歌題材內容上，要符合三綱五常、辯別存亡得失的儒家宗旨，也就是詩歌要承載的道。陳氏輕視李、杜固未能得到屈大均的認同，但其「明三綱，達五常，徵存亡，辯得失」的道卻為屈氏所繼承。屈氏謂：

> 蓋白沙之學得於三閭，三閭其亦儒之醇者與！司馬遷作傳，獨采〈懷沙〉一篇，又以「知死不可讓，願勿愛」數言，誠《離騷》之正終，儒者之極致，與《易》之所謂盡性以至命一道者也。予今為學，即以三閭之言為師。師三閭所以學夫白沙，其淵源殊不二也。【150】

【148】見劉興邦：〈屈大均與陳白沙〉一文，原文是：「《廣東新語》共28卷，據粗略統計，其中論及到陳白沙的地方就有9卷之多。」載廣東炎黃文化研究會編：《嶺嶠春秋——嶺南文化論集（四）》，上冊，頁138。

【149】陳獻章：〈認真子詩集序〉，見〔明〕陳獻章撰、孫通海點校：《陳獻章集》（北京：中華書局，1987年），上冊，頁5。

【150】屈大均：〈翁山文外・懷沙亭銘有序〉，歐初、王貴忱主編：《屈大均全集》，第三冊，頁189。

屈氏將陳氏與屈原並提，足見其對陳氏的重視，這裏所謂的「《離騷》之正終，儒者的極致」就是指屈原作品中所表現出的忠君愛國思想，也就是三綱的君為臣綱，陳氏與之一脈相承。

屈氏又謂：

> 今學士大夫，讀《離騷》者，而忠者得其忠，文者得其文，蓋自宋玉、景差、唐勒以至今茲，大抵皆三閭之弟子矣。然而師其文當師其學，師其學焉，而以之事父事君，知天知人，同死生，盡性至命，非即所以學夫《詩》耶？[151]

這裏提出「學」的概念，[152]也就是儒家忠孝仁義等道統，如「《離騷》

---

[151] 屈大均：〈翁山文鈔・三閭書院倡和集序〉，歐初、王貴忱主編：《屈大均全集》，第三冊，頁283。

[152] 屈大均〈三閭書院倡和集序〉云：「《離騷》二十五篇，中多言學，與聖人之旨相合。……朱子箋註六經四子，即為《離騷》作傳，亦以其學之正，有非莊老所及，而豈徒愛文辭能兼《風》《雅》，與其志爭光日月耶？薛文清云，〈遠遊〉篇中，道可受兮不可傳，大無外而小無垠，善於形容道體。孫文介云，《離騷》首稱帝嚳，次堯舜，又次湯武，諄諄祗敬之意，至述死生之際，廓然世外，清淨濕居，非大有道術者不能發。嗟夫，此皆求三閭於道，而不徒求之於忠愛纏綿，哀怨悱惻之中者也。」在這段引文中，屈大均提了「學」的概念。屈氏認為，朱熹箋註《四書》等儒家經典，又為屈原的《楚辭》作傳，欣賞《楚辭》並非因為屈原的文辭能兼《風》《雅》之道，而是因為屈原《楚辭》所蘊含的「學之正」，其內容非莊老二子所能及，故屈原之志能與日月同光。可知屈氏所言的「學」就是儒道，即儒家的道統，他認為屈原能承繼儒家道統，與聖人之旨相合。接著大均引用薛文清和孫文介的說話進一步證明《楚辭》各篇中的儒家之旨，薛氏認為屈原的〈遠遊〉篇「善於形容道體」，而孫氏指出〈離騷〉一篇中對帝嚳等聖人流露的崇敬之情，以及在國家危難時將死生置之度外的高尚情操，都是「非大有道術者不能發」的。兩人同時提及了「道」，將之與屈原的「學」相提並論，再次證明了屈氏所指的「學」就是「道」，亦即儒家之道

董就雄　論屈大均對明代主要詩論之繼承與修正　303

二十五篇，中多言學，與聖人之旨相合」【153】等提法便是其例。上段引文中的「當師其學」的「學」的內涵就是「事父事君，知天知人，同死生，盡性至命」，正與陳氏的「明三綱，達五常，徵存亡，辯得失」相通；而「非即所以學夫《詩》耶」一句，又正與陳氏謂作詩要得「《三百篇》之遺意」【154】之說相呼應，則陳氏對屈大均的影響是顯而易見的。

（二）對陳氏以自然之道為詩、要求詩歌題材多樣化主張的繼承

屈氏也曾明言欣賞陳氏的詩論，他說：

> 粵人以詩為詩，自曲江始；以道為詩，自白沙始。白沙之言曰：「詩之工，詩之衰也，率吾情盎然出之，匹夫匹婦，胸中自有全經，此風雅之淵源也。彼用之而小，此用之而大，存乎人，天道不言，四時行，百物生，焉往而非詩之妙用。」此白沙之教也。……然學白沙者難為功，學曲江者易為力。曲江以人，而白沙以天，詩至於天，嗚呼至矣。【155】

這裏所提及的陳氏詩論來自陳氏的兩篇文章，「詩之工，詩之衰也，率吾情盎然出之」三句來自〈認真子詩集序〉，【156】其意是從創作的角度

統，這亦是屈氏引用薛、孫二氏稱賞屈原的善於揭示和履行「道」而非單單稱美屈原忠愛纏綿的評語之原因。引文見屈大均：〈翁山文鈔・三閭書院倡和集序〉，歐初、王貴忱主編：《屈大均全集》，第三冊，頁283。

【153】屈大均：〈翁山文鈔・三閭書院倡和集序〉，歐初、王貴忱主編：《屈大均全集》，第三冊，頁283。

【154】陳獻章：〈認真子詩集序〉，見〔明〕陳獻章撰、孫通海點校：《陳獻章集》（北京：中華書局，1987年），上冊，頁5。

【155】屈大均：〈廣東新語・詩語・白沙詩〉，歐初、王貴忱主編：《屈大均全集》，第四冊，頁314。

【156】陳獻章：〈認真子詩集序〉，見〔明〕陳獻章撰、孫通海點校：《陳獻章集》，上冊，頁5。

主張以自然之情為詩，不求工巧。「匹夫匹婦，胸中自有全經，此風雅之淵源也」三句來自〈夕惕齋詩集後序〉，【157】認為天下男女心中之所想所有就是風雅的源泉，仍是指以自然之情為詩。至於「彼用之而小」以下八句也是來自上序，陳氏之原話云：

> 彼用之而小，此用之而大，存乎人，天道不言，四時行，百物生，焉往而非詩之妙用。會而通之，一真自如，故能樞機造化，開闔萬象，不離乎人倫日用，而見鳶飛魚躍之機。若是者可以輔相皇極，可以左右《六經》而教無窮，小技云乎哉！」（〈夕惕齋詩集後序〉）【158】

這裏談及題材的問題，陳氏認為人倫日用、鳶之飛魚之躍等景象，以至四時之運用，百物之繁衍等天下萬事萬物都可以入詩，其好與壞只是使用者的問題罷了。所以，不論寫甚麼題材都可以通儒家之大道，顯出自然樞機的效果來，那麼這樣的詩歌就不是小技而是大用了。【159】屈氏稱引陳氏詩論的最後幾句是：

> 然學白沙者難為功，學曲江者易為力。曲江以人，而白沙以天，詩至於天，嗚呼至矣。【160】

這與前引屈氏謂「粵人以詩為詩，自曲江始；以道為詩，自白沙始」數

【157】陳獻章：〈夕惕齋詩集後序〉，見〔明〕陳獻章撰、孫通海點校：《陳獻章集》，上冊，頁11。

【158】陳獻章：〈夕惕齋詩集後序〉，見〔明〕陳獻章撰、孫通海點校：《陳獻章集》，上冊，頁11-12。

【159】陳氏尚有另一篇文章中提出類近的看法：「夫詩有小用之則小，大用之則大。可以動天地，可以感鬼神，可以和上下，可以格鳥獸，四時行焉，百物生焉。皇王帝霸之褒貶，雪月風花之品題，一而已矣。小技云乎哉！」見陳獻章：〈認真子詩集序〉，〔明〕陳獻章撰、孫通海點校：《陳獻章集》，上冊，頁5。

【160】屈大均：〈廣東新語・詩語・白沙詩〉，歐初、王貴忱主編：《屈大均全集》，第四冊，頁314。

董就雄　論屈大均對明代主要詩論之繼承與修正　　305

句相呼應的，屈氏認為張九齡是以詩為詩，以人為詩；而陳氏是以道為詩，以天為詩。所謂「天」和「道」，其實都是指自然無欲之道。屈氏有言可證：

> 明興，白沙氏起，其學以自然為宗，無欲為至，蓋天之學也。天無欲而四時行，日月無欲而萬物以之變化，聖人有所不知，有所不能，以其無欲焉耳。白沙得其微，當時來學者至傾天下……[161]

於此可見，在屈氏心目中，陳氏學問中的「天」和「道」包含以自然為宗、以無欲為至兩方面的要求，屈氏還記錄了當時天下學者求學於陳氏的盛況。

約言之，陳氏詩論，就是詩以載道、以自然之道為詩和要求詩歌題材的多樣化，從屈大均詩論與陳氏的暗合處，以及屈氏對其詩歌的引述和稱讚之語可知，屈氏實受其影響。除詩論外，屈氏也談到陳氏詩歌的價值：

> 然江門詩景，春來便多，除卻東風花柳之句，則於洪鈞若無可答者何耶？蓋涵之天衷，觸之天和，鳴之天籟，油油然與天地皆春，非有所作而自不容已者矣。然感物而動，與化俱徂，其來也無意，其去也無跡，必一一記其影響，則亦瑣而滯矣。此先生之所以有詩也。[162]

這裏提到江門，是陳氏之學派名，陳獻章是著名的理學家，創立了江門心學，惟本文談詩論，故其心學之內容不表。屈氏提到陳氏詩歌言自然景物之詩多，且風格柔和，但突顯雷霆萬鈞之勢風格的詩篇卻不多。他以為其原因是陳氏好以自然為詩，面對天地自然萬物，詩句自然而出，非刻意為之。而且天地萬物之描繪，隨內心的感興而來，來去無跡，若

---

[161] 屈大均：〈廣東新語・學語・弼唐之學〉，歐初、王貴忱主編：《屈大均全集》，第四冊，頁281。

[162] 屈大均：〈廣東新語・詩語・白沙詩〉，歐初、王貴忱主編：《屈大均全集》，第四冊，頁314。

47

仔細一一記下，則未免流於瑣滯、生硬、刻意之弊。屈氏認為這就是陳
氏詩最有價值的地方。

（三）對陳氏詩論的取捨

屈大均雖然甚欣賞陳氏之詩：

白沙先生嘗戴玉臺巾，扶青玉杖，插花帽簷，往來山水之間，有
詩云：「惟有白頭鬖裏影，至今猶戴玉臺中。」又云：「挂地撐
天吾亦有，一莖青玉過眉長。」又云：「兩鬢馨香齊插了，賽蘭
花間木犀花。」又嘗披藤簑垂釣，有詩云：「何處思君獨舉杯，
江門薄暮釣船迴。風吹不盡寒簑月，影過松梢十丈來。」其風流
瀟灑，油然自得。身在萬物之中，而心出萬物之外，斯乃造化之
徒，可以神遇，而不可以形跡窺者，所謂古之狂者非耶？[163]

屈氏認為陳氏之詩風流瀟灑，油然自得，心與物化，可以神會，而難以
學到，這自然與陳氏主張以自然為宗、以無欲為極之詩論有關。明清也
有不少人稱讚陳氏之詩，如李東陽稱其詩「極有音韻」，[164] 湛若水則
謂：

白沙先生之詩文，其自然之發乎？自然之蘊，其淳和之心乎？其
仁義忠信之心乎？夫忠信仁義，淳和之心，是謂自然也。[165]

俞長城則謂：

陳白沙先生倡學東南，為世儒宗。吾疑其文必方正嚴肅，確不可
犯。今誦其集，瀟灑有道，顧盼生姿，腐風為之一洗。[166]

---

[163]屈大均：〈廣東新語・事語・白沙逸事〉，歐初、王貴忱主編：《屈大均全集》，
　　第四冊，頁252。

[164]〔明〕李東陽撰：《麓堂詩話》（北京：中華書局，1985年），頁15。原文謂：
　　「陳白沙詩，極有音韻。」

[165]〔明〕湛若水：〈重刻白沙先生全集序〉，收入《陳獻章集》，下冊，頁896。

[166]〔清〕俞長城：〈題白沙文稿〉，收入《陳獻章集》，下冊，頁919。

但也有對其詩有微言者，如王世貞謂：

> 公甫詩不入詩，文不入體，又皆不入題，而其妙處有超出法與體
> 與題之外者。【167】

其說可謂毀譽參半，《中國文學批評史新編》則對陳氏詩以載道的理論
批評得甚為厲害：

> 竟然把詩歌與其藝術性對立起來，要求其直接為宣揚封建倫常服
> 務，……那就無怪他（陳氏）自己所作不免於「鄙陋」和「宋頭
> 巾氣習」了。【168】

後人對陳獻章的詩歌之評價雖然人言人殊，但不可否認其對當時及
後世有一定的影響力，尤其陳氏瀟灑自然之詩境追求。但屈大均對陳氏
追求自然之詩歌的取向和詩風也有微言：

> 曲江以人，白沙以天。純用天者，於《風》有餘，於《雅》、《頌》
> 不足……【169】

認為過份強調自然，會有過於淺露、因未能文之以禮而致不雅馴的弊
病，屈氏這評論與其詩須「文之以禮」的主張相照應。而屈氏對陳氏近
禪之詩也不喜：

> 即白沙、甘泉、復所集中，其假借禪言，若悟證頓漸之類，有傷
> 典雅，亦皆刪削勿存。【170】

他在編陳氏詩文集時亦謂：

> 今錄其尤醇者若干篇，易名《陳文恭集》，中有借用佛老之言，

【167】《四庫全書‧明詩綜提要》。見〔清〕朱彝尊：《明詩綜》卷二十，收入楊家駱
主編：《歷代詩文總集》（臺北：世界書局，1970 年），頁 17。

【168】王運熙、顧易生合編：《中國文學批評史新編》，下冊，頁 48。

【169】屈大均：〈翁山文外‧六瑩堂詩集序〉，歐初、王貴忱主編：《屈大均全集》，
第三冊，頁 62。

【170】屈大均：〈翁山文外‧廣東文選（選內亦收詩）自序〉，歐初、王貴忱主編：
《屈大均全集》，第三冊，頁 43。

一皆舍之，是亦予之所以厚愛先哲也夫。【171】

可見屈大均對陳氏的詩論和詩歌也不是盲目崇拜，而是有所取捨。

七、結語

綜合本文所論，屈大均與明代主要詩論的關係密切，其中最著者為前後七子，然而屈氏並非對前後七子全盤接納，在復古問題上，屈氏既重視藝術和內容的復古，又重視兩者的創新，比李夢陽的刻板摹擬，何景明的摹擬而不留痕跡更進一步。在比興問題上，屈氏承繼七子派的「假物」以求「神變」的比興理論，要求用比興要達至「氣象肅穆」、「一比一興，情景相生」等境界，又重視男女之道，並不否定真正言男女情愛詩篇的存在價值。胡應麟「體以代變，格以代降」之說為屈氏所繼承，但屈氏更強調的是宋、元詩格之降，並重視詞有濟詩之窮的作用，更重要的是指出了尊王忠君的詩之義是貫串古今詩歌發展的命脈，足見屈氏論見之精微。在樂府和古詩的創作上，胡氏和屈氏同樣重視質樸之漢魏古風，屈氏比胡氏進一步看出造成詩歌文質結果的因素是氣，鉤勒出文質和氣之間的因果關係，得出了「古今人才皆相及，所爭者，氣而已耳」的結論。

屈大均詩論中的主張復古是建立在反對公安、竟陵、宋元派的關係上的。就公安派而論，屈氏不滿其「獨抒性靈，不拘格套」之說，認為其過分重真，容易流於率滑，然公安派之重真又與前七子之李夢陽「真詩乃在民間」、後七子之王世貞「蓋有真我然後有真詩」之說相通。但屈氏對李、王之重真持相反意見，以為真而未文之禮樂必導入宋詩淺率之路。如此我們可以知道，屈氏論詩具獨到眼光，雖然踵武李夢陽為首

【171】屈大均：〈翁山文外‧陳文恭集序〉，歐初、王貴忱主編：《屈大均全集》，第三冊，頁49。

的復古派理論，但仍有所取捨，不會依樣葫蘆，且每每有新見。屈氏反對公安派還基於其厚誣前後七子、標舉宋元詩、代有升降之見與屈氏所服膺的胡應麟氏「體以代變，格以代降」之說相左等因素。屈氏反對竟陵派緣於其幽深孤峭之旨，違反屈氏所宗的正始元音，淪為他心目中之新聲野體。約言之，屈氏的詩論實有超越前後七子、公安派、竟陵派理論的地方，這主要表現在內容的現實性上面，屈氏論詩比一般明人更重視內容。在復古與否的立場上，屈氏既非傾向前後七子的擬古剽竊，又非流於公安、竟陵的過分率真或專志求僻，而是站在兩個集團的極端中間，對前後七子和公安竟陵派的理論進行修正。

陳獻章是僅次於前後七子而影響屈大均最多的詩人，其詩以載儒家之道之說合乎屈氏期望。以自然為詩及無欲為極、題材多樣化等觀點頗為屈氏所認同。陳氏風流瀟灑，油然自得的詩風，更令屈氏欽佩。惟屈氏對他不是盲目崇拜，而是有所取捨，認為陳氏乃「純用天者」，於《風》有餘，於《雅》、《頌》不足。

屈氏詩論也有其局限處，例如視公安派、竟陵派之詩為新聲野體，未能在輕宋、元的立場上擺脫前後七子的影響。以致在其詩論中，除蘇軾外，其他宋人一概不談，這種極端輕宋元詩的方向是不客觀的。但不可置疑的是，其詩論比同代詩論家有不少超越的地方，實有其存在的價值，筆者整理屈大均的詩論，透現其與明代詩論的互動關係，使這塊空白得以補上，亦有拋磚引玉之意。

景印香港新亞研究所《新亞學報》（第一至三十卷）

清人李調元有關朝鮮人著述二題

鄺健行*

提要

　　李調元（雨村）乾隆四十二年（1777）在北京結識朝鮮文士柳琴。由於柳琴關係，他讀到同代朝鮮人李德懋所著詩話《清脾錄》。李調元《童山詩集》中有幾首寫柳琴的作品。他晚年編叢書《續函海》，輯入了《清脾錄》。

　　李德懋原本《清脾錄》，韓國今存。對比《續函海・清脾錄・李雨村》條，文字差別很大，所記情事多有不同。又近人有注李調元詩者，由於不了解李調元和朝鮮人交往一段情事，說明疏略錯誤。

　　本文從兩方面探論：一、朝、中傳本《清脾錄・李雨村》條文字如何不同，何以不同。二、詳細說明李調元寫柳琴諸詩本事。通過兩題的探討，嘗試推測李調元中年和晚年心態的可能變化。

（一）李調元《續函海》中所收朝鮮人李德懋《清脾錄・李雨村》條書後

　　《續函海》是清人李調元（清世宗雍正十二年──清仁宗嘉慶七年，1734－1820）所編叢書，書前自序寫成於「嘉慶六年辛酉（1801）八月朔日」，可見是晚年的編輯成果。今本《續函海》分六函，第三函收朝鮮李德懋所著《清脾錄》四卷。[1] 李德懋字懋官，朝鮮全州人，生於朝鮮英祖十七年，卒於朝鮮正祖十七年，當中國清高宗乾隆六年（1741）

---

*本所教授。

[1]《續函海》全書未見。文中所述，據友人詹杭倫君《李調元學譜》（成都，天地出

至乾隆五十八年（1793），著有《青莊館全書》【2】。《清脾錄》收入《青莊館全書》卷三十二至三十五。《清脾錄》屬詩話性質的著作，給此書寫〈序〉的泠齋（柳得恭）稱本書「庶幾乎古聖賢說詩之旨，可謂詩話之選也。」

《清脾錄》怎樣傳到李調元手中？著者李德懋和編者李調元說法不同。李德懋於乾隆四十三年（1778）三月，由朝鮮啟行赴北京，六月中離北京返國【3】。回國以後，寫了幾封信給李調元。第三封信云：

> 今春換著戎裝，一洗儒酸，隨謝恩使。先訪墨莊（李調元堂弟鼎元）、鳧塘，握手殷勤，如見先生。……鄙人攜來自著《清脾錄》，皆古今詩話，頗多異聞……因囑墨莊遙寄先生，先生亦為文序之。【4】

但李調元另有說法：

> 余弟在京市上，偶見朝鮮李德懋懋官所撰《清脾錄》四卷，買歸示余。【5】

乾隆四十三年李德懋抵北京時，李調元已離開了北京到廣東。二人無緣見面，所以李德懋請李鼎元「遙寄」自己著作。看來李鼎元不一定很快寄了出去。或者寄去了，卻沒有說明得書原委，以致李調元誤以為書是從市場買來的。不過這樣的揣測不一定可以成立。因為李調元既然收過李德懋來信，豈有事情不清楚？除非李德懋前後幾封信，李調元根本沒

　　版社，1997），但書中所收《清脾錄》，幾年前請友人從日本《內閣文庫》所藏《續函海》中複印了一份。

【2】下文引此書時，所據版本為韓國民族文化推進會的「古典國譯全書186《國譯青莊館全書》，1990」。國譯本前列漢字原文，後列譯文及注釋。

【3】《青莊館全書》卷六十六和六十七的《入燕記》詳記行程。

【4】《青莊館全書》卷十九《雅亭遺稿十一・李雨村調元》。

【5】《雨村詩話（十六卷本）校正》卷十一（詹杭倫，沈時蓉校正。成都，巴蜀書社，2006。）

有看過。總之《清脾錄》到底怎樣傳到李調元手中,還待進一步探討。

不管李調元怎樣得到《清脾錄》,此書的朝鮮傳本和中國傳本理論上應是母本子本的關係。既然是母子關係,便會有以下幾種可能情況:一、兩本文字內容完全一樣。二、兩本文字內容個別地方出現小差異。三、兩本文字內容有比較明顯的差異,但畢竟相同多於不同,始終見出母子相連的血脈。邏輯上說當然還有第四種可能:母子兩本同少異多,甚至截然不同。不過這樣已見不出兩者之間的血緣關係,應該不算是母子本了。個人所知母子本分歧最大的例子,是唐代盧仝〈月蝕詩〉和韓愈的〈月蝕詩效玉川子作〉。韓愈刪改原詩之處不少。儘管這樣,讀者二詩對讀,仍能一眼看出:韓詩用字遣辭,憑藉盧詩之處不少,母子關係宛然;況且詩題便明晰交代出母子關係了。回頭來說《清脾錄》的母子本,如果兩本未曾過目,單憑文獻資料推測論證,則二者文字內容完全一樣是不可能的了。這是因為:第一,李德懋帶去北京的本子,本來已跟他原稿不盡相同。中國傳本前有李書九所撰序言,稱曾「刪定是書」。「刪定」的用心雖不易揣測,但跟朝鮮原稿不同了。第二,今天所見朝鮮傳本,有李德懋從北京回國後所添改的痕跡,從而加大了與留在中國本子的差異。譬如卷四〈袁子才(枚)〉條開頭引李調元的話,稱袁枚「今年七十餘」。按袁枚卒於嘉慶二年(1798),享年八十二歲。他七十歲為乾隆五十一年(1786),「七十餘」又在乾隆五十一年之後,下距李德懋從北京回國起碼十年。這一則明顯是後加的,帶去北京的本子應該沒有。第三,帶去北京的本子傳到李調元手中之前(如果傳到過的話),已被京中一些人改動過,從而跟在朝鮮稿本增加了差異程度。李德懋寄李調元第三封信中明言「已經秋庫(秋庫,潘庭筠號)刪訂」。同樣「刪訂」工作,不排除李調元編《清脾錄》入《續函海》前也做過。

朝鮮傳本和中國傳本文字內容不可能完全一樣,彰彰甚明。憑上引資料推論,要說「個別地方出現小差異」,恐怕還不行。幾番改動後的合理結果,似乎應該是:兩方傳本的文字和內容,有比較明顯的差異。

然而對讀兩種《清脾錄》〈李雨村〉條，很使我們驚詫：不是有個別地方小差異，不是有比較明顯的差異，而是二者的內容文字根本截然不同，看不出其間血緣的痕跡。茲全引兩則文字如下：

李雨村（中國傳本）

中國詩人自王漁洋而後，繼者絕響。丁酉上元，幾何子柳琴隨本國副使徐浩修至中國，於琉璃廠書肆得吏部兼編修、綿州李雨村先生調元所著《粵東皇華集》，呈副使。徐公擊節歎賞，隨令造室求各異書，並錫土物，兼以書曰：「浩修啟：從人再造門屏，聲光自爾不遠。始而誦其詩，已而聽其議論，是無異乎瞻德容而接清誨也。況又投之瓊琚之章，施之獎許之語，海外賤踪，何以獲此於大邦之君子也。禁防所拘，既未能趨謝感忱；方喪在身，又不得奉報拙什。以愧以悚，如魚中鈎。數日漸覺暄暢，伏維尊體珍護。詩學之亡久矣，自夫明末諸君子，寫景則動引唐人，敘事則輒稱宋調。風神或似雋永，陶洗或漸精工；而驟讀則牙頰爽然，徐看則意趣索爾。其弊至於音節嘽緩，氣象悽短，全失溫柔敦厚之義。蓋學唐而失其天機，學宋而去其才情，則皮膜而已，雕琢而已。乃執事之詩，則雖以《皇華》諸篇觀之，超脫沿襲之陋，一任淳雅之真，非唐即宋，獨成執事之言。而若其格致之蒼健，音韻之高潔，無心於山谷、放翁而自合於山谷、放翁，亦可謂歐陽子之善學史公。三復之餘，不勝敬歎。所恨者：富有之業，當不止此，而一臠之味，無以盡九鼎爾。然詩律不過小枝，執事必有事於詩外，如近世李榕村之沉潛經術、顧寧人之博物考古、梅勿菴之專門絕藝，皆深造自得之學，而非入耳出口之談。執事於經於史，如有發揮著述，則區區願見之，誠不啻渴者之金莖爾。且伏維皇上發明詔，訪遺書，上自窮究理道、羽翼經典之文，下至藝苑之長篇鉅牘、山林之偏見僻論，靡不旁搜博採。殆

鄺健行　清人李調元有關朝鮮人著述二題　　315

如地負海涵，或刊印，或抄寫，名曰《四庫全書》，甚盛舉也。未知刊印幾種幾卷，抄寫幾種幾卷？而完役又當在邇否？石渠之藏，外人何由得覩。聞執事與侍學士朝親熟而侍，方編校是書云，幸教凡例之概略。不宣，丁酉上元。」雨村先生時以謫官家居，未見也；但以初刻《看雲樓集》及未刻《童山全集》給之，副使大喜。又啟云：「僕官雖清華，志在林泉。去京百里之地，有白鶴嶺，頗有丘壑之勝。新建一亭，名曰『見一亭』，取『林下何曾見一人』之意也。乞題詩攜歸，以侈園林之觀。」雨村為題二首云：「急流勇退古難尋，果見飄然返故林。自古詩人無假語，如今若箇是真心。世傳永叔歸田錄，客奪昌黎諛墓金。聞道羊腸天下險，見幾誰肯早投簪。」「得歸三徑就荒蕪，檢點松杉十倍粗。尚有頭巾堪漉酒，絕無手簡問催租。鹿迷雪崦逢樵叟，魚擲煙波訪釣徒。莫學放翁太顛劇，家家團扇畫成圖。」副使得詩益喜，然不可得見。彈素本通勾股兼書畫，遂命就其寓圖寫雨村真容；並問知每年十二月初五日生辰，意欲攜歸，屆誕懸像，約同人拜祝，以慰泰山之想也。浩修字養直，號鶴山，大邱人，官禮曹判書、兼同知經筵成均館事、前宏文館副提、集賢殿學士、議政府舍人、湖南布政使、承政院都承旨吏曹參判。既歸，是年雨村生日，副使同柳彈素及其姪得恭、朴齊家與予懸像於庭，共作雨村先生誕辰詩會。柳彈素（「素」原作「琴」，以意改）云：「今夕是何夕，西蜀故人降生辰。故人在燕京，一杯為祝故人真。憶昔燕京瞻仰日，有似自古斷腸別。為近婦人縱不泣，有物如石塞胸臆。長別路隔三千里，丑月五日心中記。是日夙興親掃除，殺雞買豬濁醪沽。穉子先知乃翁意，蹲蹲起舞庭一隅。少女亦知乃翁意，金橘香梨作醍醐。病妻亦知丈夫意，截餅作湯親入廚。李朴諸人騎驢至，髻頭各攜酒一壺。鶴山大人聞舉觴，鰈鰒鮮魚送忙忙。徐家少年碧香春，厥弟準平然沉香（原註：鶴山二子）。

是日月上紗窗遲，頗似雲樓求書時。故人今日在雲樓，左膝抱兒右手卮。但願故人此時作蝴蝶，翩翩飛來入此室。已矣哉！故人那得來此室中，故人不來心沖沖。歲歲年年一杯酒，此月此日遙祝公。」又柳得恭云：「臘月五日幾何室，主人掃閣延賓客。肉如蠶頭之山百丈高，酒如洌水之波千頃碧。停酒對肉忽不御，我所思兮乃在岷江之西蠶叢國。洌水遙連江水白，獨有伊人似天上、恨不高飛生羽翼。傴僂再拜祝一觴，小照猶掛中堂壁。不願今日明日便相見，但願壽考千萬億。化作逍遙地行仙，煩餘丹砂毛髮綠。我亦此時訣妻子，三山十洲求靈藥。飄然白日共霞舉，姓名雙留青案牘。相遇珠宮貝闕間，招呼雲鶴乘白鹿。朝遊西蜀暮東韓，往來轉眄窮八極。不怕滄桑互變移，坐看烏兔長騰擲。陸擺紛紛文字緣，回笑當時苦相憶。已矣哉！狂生放言徒爾為，舉頭明月空顏色。」朴齊家云：「岷峨碧天下，江水出禹穴。長庚照李樹，間氣挺豪傑。胸次蟠古今，詞源貫天地。常存避舉情，肯為簪組累。萬里懸弧日，人間臘月五。生死結寸心，酒一香一縷。未登清閟閣，欲繡宛陵句。拜像如拜佛，我欲黃金鑄。」余亦有絕句四首云：「菓有秸含狀外名，辭枝結子落花生。從君手裏傳吾口，別樣馨津沁肺清（原註：『吏部以落花生饋彈素曰：聞李懋官識草本，歸試問之云』）。」「梅花嶺外五羊天，到處珠娘樂府傳。珍重星橋評隲好，詩情清麗斷霞邊（原註：『用顧星橋詠《粵東皇華集》詩語』。）「澹紅口角賽頻婆，卷裏朱顏比佛多。奕奕裝池呼欲出，諦觀心醉奈儂何（原註：『如來口如頻婆紅。先生小照似佛面如云——行按：云疑作來』。）「綿州萬里若比鄰，自定神交意轉真。歲歲餘冬初五屆，遙飛一盞賀生辰（原註：『與柳彈素約十二月初五日會』。）」李德懋懋官奉呈李雨村吏部。是日盡歡而散，年年為例。自後聞先生歷任提舉道，不知何省，音信不可得矣。雨村集中佳句不可勝舉，姑擇其尤者。五

言如「樹色濃圍屋，潮聲夜到門」、「江鳴知有雨，村晚覺燈多」。七言如「帆迴山腹風無力，櫓剪江心月有聲」、「海水碧浮鰲背外，粵山青到馬蹄前」、「夕陽人在千峰外，夜雨猿啼萬樹西」、「一林蕉雨侵窗綠，四面書燈映水紅」，皆必傳無疑也。

李雨村（朝鮮傳本）

李雨村調元，字羹堂，一字秏塘，四川羅江人，雍正甲寅十二月初五日生。父化楠，官至北路掌印同知府。羹堂乾隆癸未進士，見官吏部考功司員外郎，兼文選司事；僦屋居燕京順城門外。丁酉春，柳琴彈素隨謝恩使入燕。彈素奇士也，欲一交天下文章博洽之士。嘗於端門外，見羹堂儀容甚閒雅，直持其襟請交，遂畫塼書其姓名及字。羹堂一見投契，稱其名字之甚奇。彈素屢造其室。諄諄善接人，呈露心素，有長者風。見彈素兄子得恭惠風別詩，大加稱賞。臨別贈以詩曰：「有客飛乘過海車，玄談天外乍逢初。自言不學張津老，絳帕蒙頭讀道書。」（案自註：幾何主人，公自號也，喜天文勾股之學，故云）「平生皮裏有陽秋，時抱虞卿著述愁。誰把詩名傳海外，《看雲樓》集客來求。」「長衫廣袖九衢喧，避怪多蒙暫駐軒。他日寄書傳小阮，有詩付雁與吾看。」「天寒風勁撲窗紗，佳客論心細煮茶。日暮歸懷留不得，惟將明月託天涯。」仍餽其廣東主考時所作《粵東皇華集》及松下看書小照。嗟乎！中國人之於友朋交際，情真語摯，有如此者。羹堂家在羅江之雲龍山下，名其園曰醒園。池塘竹樹，蔥蒨幽深，下臨潺江，為一縣之勝。栖栖軟紅，每有飄然霞舉之想。作〈憶醒園詩〉以見其志曰：「車家山下老農夫，走上長安十二衢。昨夜鄉愁眠不得，呼燈起看醒園圖。」「煩惱詩人二月天，長安買酒日高眠。不須怪我朝參懶，夢裏醒園祇枕邊。」「故山茅屋傍雲龍，欲寄新詩再拆封。寄語兒童牆角外，明年添種幾株

松。」中書舍人顧星橋宗泰題《皇華集》曰：「羅江才子今詞客，玉署仙郎作使臣。花滿越王臺畔路，一編收拾五羊春。」「岳轉湘飛未許夸，番禺不數舊三家。鷦鵡嶺接梅花嶺，清麗詩情似斷霞。」可見同輩推許之深也。夔堂著作等身，有《看雲集》二十四卷，《井蛙雜記》十卷，《制科讕言》十卷，《尾蔗軒閒談》十卷，《五代詩討》百卷。又有《蜀詩選》、《蜀巢》。《蜀巢》者，記張獻忠事。夔堂詩步武騰驤，邊幅展拓，每一讀之，襟抱豁如，雄秀博達，浩無端倪。二十餘歲，嘗謁大司寇錢香樹陳群於嘉禾，進〈春蠶作繭〉詩，有「不梭還自織，非彈卻成圖」之句，香樹嘉嘆。謂曾侍上於乾清宮，元宵聯句，上思如湧泉，言言珠玉。僕得一聯云：「風團謝家絮，霜點洞庭橙」，一時同輩推為五言長城。今見君「圓」字詩，辦香當在是矣。後又序《看雲樓集》，歷說蜀之詩人，如唐之太白、拾遺，宋之眉山，元之道園，明之升菴，以接於夔堂。仍推獎以為奇氣蓬勃，駸駸乎沂漢魏而上；而古歌行在其鄉先哲中，亦幾直接大蘇云。香樹藝園之宗匠，而其所賞許如此，則決知為今世之大雅也。蓋香樹作序於己丑，時年八十四，亦奇事也。嘗與程吏部晉芳、祝編修德麟有詩襟之契，想見其風流之弘長。其詩〈秋興〉：「叩山雪下姜維廟，瀘水煙生孟獲城。」「張騫槎上葡萄少，馬援囊中薏苡多。」「垂楊綠倒花卿廟，市杖青連竹女溪。」〈黃鶴樓〉：「徒聞帝子騎黃鵠，不見仙人跨白羊。」〈溪口遠眺〉：「禰衡才子當衰漢，崔顥詞人壓盛唐。」〈錢塘懷古〉：「王師不抵黃龍府，帝子空望白馬潮。」〈春興〉：「首蓿即今肥牧馬，芎藭自昔憫河魚。」〈奉和芷塘〉：「得句每從秋色裏，著書多在雨聲中。」「乾坤老客花光裏，今古來人柳影中。」「一簾草色疏煙外，三徑苔痕細雨中。」「螳垞種瓜棚滴翠，蜂糧搗藥杵揚塵。」「獻書莫似妄男子，作賦須是亡是公。」〈感興〉：「失意韓樊羞等伍，得時韋杜

近魁三。」〈白鷺州書院〉：「一林蕉雨侵窗綠，四面書燈映水紅。」〈梅關〉：「人撥亂雲驢背上，僧敲古月鳥棲邊。」〈三水縣〉：「夕陽人在千峰外，夜雨猿啼萬樹西。」〈潛山〉：「皖山似展倪迂畫，潛水慚無許渾詩。」皆可以傳誦也。

　　讀者固然可以指出，兩文基本運意大抵一樣：記載李、柳兩人相識過程，頌揚李調元為人及作品，引錄李調元詩作佳句。但這般的「一樣」，對兩文之間的關係不能說明甚麼，因為二者去說明運意的具體細節完全不同。好比寫好媽媽的文章，大家都從媽媽的外貌和關懷子女的內心構思落筆，但容貌各各不同，關懷行動各各不同，這便不好說各文之間有甚麼內在關係。

　　試看兩書細節。有關李、柳兩人相識過程，朝鮮傳本柳琴在北京端門外持襟請交，畫塼書字，兩人一見投契，隨後造訪談詩。中國傳本記朝鮮副使徐浩修致函通候，命柳琴以「從人」身份登門求見及求書，李調元只送書而未接見。關於頌揚李調元為人及作品，朝鮮傳本通過柳琴、李調元同輩及名人口中筆下表示，中國傳本則通過朝鮮人徐浩修的通函和柳琴、朴齊家等人的祝壽詩表示。關於李調元詩作佳句，兩種傳本引錄的相同者少，不同者多。另外一點也明顯可見：朝鮮傳本所記是兩人相識和在此之前的情事，中國傳本所記是兩人相識和在此之後的情事。

　　以下談談幾點《續函海‧清脾錄‧李雨村》條的讀後意見和感受：
　　（一）驟讀之下，文中記載柳琴登門求見的日期容易使人不解。柳琴持朝鮮副使徐浩修函求見，函末日期為「丁酉上元」，即乾隆四十二年正月十五日，這天應該就是柳琴造門的日子。可是本條起首處又說柳琴於丁酉上元，在琉璃廠書肆購得李調元《粵東皇華集》，呈給徐浩修看，徐氏擊節嘆賞。這麼說來，買書、寫信和拜訪三椿事，都在正月十五日這天辦。按常理計，時間是否過於逼迫，甚至不可能，值得注意。

或者可以揣測：文中其實未明言柳琴必在正月十五日登門。徐浩修那天翻閱了柳琴買回來的集子，嘆賞之餘，立時寫好信，柳琴次日或者過幾天才持函求見，也是可能的。話雖如此，但在《雨村詩話》（十六卷本，下同）的第十六卷，卻明明白白寫出柳琴是在正月十五日到訪的：

> 乾隆丁酉上元，余在京，忽有朝鮮人柳琴到門云：「我朝鮮副使徐浩修使也。浩修字養直，號鶴山，大丘人，官禮曹判書，兼同知經筵成均館事、集賢殿學士、議政府舍人，湖南布政使、承政院都承旨吏曹參判。因在琉璃廠書肆見尊刻《粵東皇華集》，無心山谷、放翁而自合於山谷、放翁，竊意著作必不止此。不知此外尚有幾種？乞求數部。」

綜觀李調元處理的兩則資料，傳遞的訊息只能是：買書、寫信和拜訪同屬一天內的事。拜訪的時間很晚，柳琴詩「月上紗窗遲」可證。然則白天買書和寫信，時間還是足夠的。

（二）柳琴正月十五日登門拜訪李調元，不應該是第一次，前此從未來過。因為徐浩修信中明言「從人再造門庭」。但細味《雨村詩話》中「忽有朝鮮人柳琴到門」句「忽有」兩字，好像正月十五那天，柳琴對李調元來說，仍舊是個陌生人樣子。這不免使人有點困惑。不過假定正月十五日是初訪，則中國傳本中「未見也」和《雨村詩話》中柳琴說完話以後接下去的三句敘述：「勉懇不已。因令人與之，使去。」便見文理脈絡清晰。因為只是首次到訪，而柳琴又是官員的「從人」，便有冷冷相待、不須相見、只把著作交過去的道理。倘使柳琴前此來過見過面。這回偏說「未見」「使去」，卻是於理不順，文脈有礙了。儘管這樣，細心的讀者閱讀下文，對冷冷相待的記敘，仍舊不易釋然。因為下面柳琴的祝壽詩中，幾次稱李調元為「故人」；而筆墨之間熱情洋溢，寫的似乎是平輩好友；讀者能夠感受出來的。可是這種情意，本條前半段和《詩話》文字無所透現；相反，只有熱情的對立面，見不到文脈一貫。另

外，「冷淡」情意也跟朝鮮傳本開始處「投契」「呈露心素」的描寫不同。甚至跟李調元早期的記載不同。《童山詩集》中有〈幾何主人歌〉：

> 幾何主人身姓柳，自言樂浪少知友。竭求隨使到中華，獨與余逢笑開口。以指畫地琉璃東，衣冠雖異文字同。……可憐握手意無窮，落日催過西山角。二月春城花亂飛，天津冰泮黃華肥。如此風光欲歸去，薊門柳色空依依。幾何子，歸何速。人生最苦天一方，那堪見面情初熟。……【6】

詩云「二月歸去」、「天津冰泮」，則是乾隆四十二年，柳琴回國時或回國後不久寫的。敘事文字像「以指畫地」、「握手意無窮」之類，倒是跟朝鮮傳本的情事吻合，而跟《續函海》和《詩話》中的大相逕庭。

（三）柳琴帶了一幅李調元畫像回朝鮮，懸掛家中。李調元說柳琴善畫，在家裏對畫自己而成；所謂「彈素本通勾股兼書畫，（徐浩修）遂命就其寓圖寫雨村真容」。《詩話》〈乾隆丁酉上元〉條也有類似記載：「有人自京來，言東海人為余畫像作生。」兩則文字，明言柳琴或朝鮮人替自己寫真。可是比對朝鮮傳本，卻是另外一回事：「仍餽其……松下看書小照。」然則小照李調元本來有，柳琴未動筆畫過。一書兩本，記載相背如此，不能不使人訝異。

李調元小照確是東傳到朝鮮，中國傳本本條記載了。檢閱朝鮮人文集，李德懋有〈題雲龍山人小影松下看書〉絕句【7】，柳得恭有〈雲龍山人松下讀書小照〉七古【8】，朴齊家有〈題幾何室所藏雲龍山人小照〉五古【9】，均足補證。朝鮮人三詩，不曾提及柳琴寫真容事。其中一些句子，或許還能給我們某種猜測。好像朴齊家詩中句子：

【6】據《叢書集成初稿》。
【7】《青莊館全書》卷十一〈雅亭遺稿三〉。
【8】《泠齋集》卷二。
【9】《貞蕤閣初集》。

雞林一卷詩，木瓜瓊瑤報。詩中有知己，珍重一言付。小照來颯
爽，迢迢鴨水渡。

前四句大抵當朝鮮傳本前面所記：柳琴把姪兒柳得恭的送別詩和特別帶
來的《巾衍集》【10】給李調元看，李調元一方面和詩，一方面評議集中
諸作。「瓊瑤報」固然指李調元的文字回報，但「小照」兩句連接而下，
要說也承「瓊瑤報」而來，文勢正順。「報以小照」，則此小照即是餽
贈品，一向擁有，現在拿來送人。對朝鮮人說，小照本是中國之物，所
以「迢迢」渡鴨綠江了。如果小照為柳琴所畫，則本非中國的東西，何
須迢迢渡水？朴齊家另有〈戲傚王漁洋歲暮懷人六十首〉，均絕句。其
中〈李雨邨調元〉首句云：「小照東來洌水堂。」「東來」即柳琴攜之東
來意，即小照迢迢而來意。

　　李調元小照是怎樣的一幅畫，朝鮮人有相當清楚的記述。柳得恭詩
中寫道：

山氣巃嵸鬱蒼芊，松風謖謖來寥天。紅欄屈繚抱岸迴，奔流碧玉
琮琤泉。石牀靜几茶具閣，翠壁疊皴苔紋延。雲龍山人手一卷，
方袍赤履真天仙。吾聞雲龍之山在西蜀，雲龍山人客幽燕。燕三
千里蜀萬里，安得此山此人在眼前。

又李德懋在寄李調元第一封信中，對李調元的神情容貌有所補充：

先生小照，柴几燒香。舉目諦視，顏如滿月，吉祥善良。

畫以長滿松樹的山屏為背景，前有流澗，岸旁有石牀石几，几上擺設茶
具，一人顏如滿月，挨石牀看書。這個人是李調元；而憑「吾聞雲龍之
山在西蜀」句看，背景的山屏屬雲龍山。雲龍山在今四川省德陽市羅江

――――――――――――――――――――――――――――――――――――――

【10】乾隆四十二年柳琴入北京時，帶去一冊四名朝鮮中青年詩人（李德懋、朴齊家、
　　柳得恭、李書九）作品選本《巾衍集》，作為準備向中國文士請教交流之用。詩
　　集後經潘庭筠、李調元評點，並分別寫序言記其事本末。《巾衍集》今名《韓客
　　巾衍集》，一直在韓國廣泛流行。李調元的〈序〉和評點文字，中土失傳。

鎮【11】，李調元《童山詩集》有〈遊雲龍山〉詩六首，有句云：「谿西聞暗泉」、「支節步清溪」、「溪迴樹色濃」、「松風谷口來」，可以和畫面景致配合。繪畫雖不要求絕對寫實，但景物總得有若干實際基礎。雲龍山遠在西蜀，柳琴如何描繪？如果柳琴只據習慣套路構景，畫山屏畫溪澗，則柳得恭用不著揭示山名了。合理的考慮或者是：此畫早已畫就，李調元收藏。

中國傳本說柳琴通書畫，細檢個人見過的朝鮮人有關柳琴的文字，特別是柳得恭《泠齋集》中〈叔父幾何先生墓誌銘〉，未見善畫的記述。反而李調元是個會繪畫的人。《雨村詩話》卷三：「秀水陸漁六宙沖，工詩畫，先北路公曾命余從學畫。」我們還不能說松下讀書小照是李調元自繪；要說自繪，李調元是有能力的。至於柳琴是否有繪畫本事，卻是拿不準。

從中國傳本本條文字看，給李調元寫真，本來出自徐浩修主意，柳琴不過是奉命繪畫的人；「遂命就其寓圖寫雨村真容」句的「命」字可見。誰命？命誰？依據文理，該是徐浩修命柳琴。依據常理，小照畫好，便歸徐浩修所有和收藏；正如皇帝命畫師作畫，作品歸宮廷所有一樣。只是從朝鮮諸人的文字看，小照一直為柳琴所擁有。朴齊家詩題目〈題幾何室所藏雲龍山人小照〉和柳得恭七古祝壽詩中「小照猶掛中堂壁」句，說得再明白不過。這便頗異常理。

本來文中也寫了：「（徐浩修）意欲攜歸，屆誕懸像，約同人拜祝。」又寫：「是年雨村生日，副使同柳彈素及其姪得恭、朴齊家與予，懸像於庭，共作雨村先生誕辰詩會。」倒像是徐浩修拿了小照，在家中懸像於庭，主持生日會。然而下面緊接的柳琴詩，寫的又是另一回事。他「是日夙興親掃除」，也就是柳得恭詩中寫的「臘月五日幾何

【11】《李調元詩注》〈游雲龍山〉注（一）（陳紅、杜莉注釋，成都，巴蜀書社，1993）。

室，主人掃閣延賓客」。那天徐浩修沒有來，所謂「聞舉觴」也。他沒有主持誕辰詩會，他只派兩個兒子帶着酒來。李調元編輯本條文字時，應該把各人詩作閱讀過了的，卻又不曾注意到記敘文字內容和詩作有差異，一併保留下來。

我看小照本來就在柳琴手中，倘使一早由徐浩修所有收藏，柳、李等人身份地位和徐浩修有距離，不容易請徐浩修拿出小照觀賞，從而也就寫不出具體描畫小照的詩文。假如此說可信，往上再推，柳琴便不一定受命寫真了。

（四）柳琴回國以後，是年（乾隆四十二年）十二月初五，懸李調元小照堂上，諸人聚集，為李調元祝壽賦詩。所謂「懸像於庭，共作雨村先生誕辰詩」。計有柳琴七古一首，柳得恭七古一首，朴齊家五古一首，李德懋絕句四首。柳琴的文集資料我手頭沒有，他的詩暫置不論。至於柳得恭七古，未見《泠齋集》，不審其故。《泠齋集》另有七絕一首，題為〈十二月初五日雨村初度集幾何室中〉。詩云：

峨嵋山月照荒廬，一瓣清香萬里書。想到雲樓微笑處，夢中應喫樂浪魚。

既云「初度」，自是這次會集中作品無疑；然則柳得恭寫了兩首當年的生日詩了。不過柳得恭的七古，有一點會引起我們注意：詩云：「肉如蠶頭之山百丈高，酒如洌水之波千頃碧。」雖說詩人好誇飾，所言不足盡據；但既說肉山千丈、酒波千頃，而賓客人數會相當多才是。可是文中所見，祝壽者不過寫詩四人和徐浩修兩個兒子，場面相對冷清，幾個人怎樣消受大量的肉和酒？轉看柳琴詩，他本人殺雞買豬肉和濁酒，妻子下廚作餅燒湯，看不出豐盛的準備。另外看柳得恭七絕首句，「峨嵋山月」指照峨嵋山的月，「荒廬」指柳琴簡樸的房子。這句是照着峨嵋山的月亮同樣照着柳琴的房舍，有點近杜甫〈秋興八首〉第六首起聯「瞿唐峽口曲江頭，萬里風煙接素秋」的運意。既是「荒廬」，則與肉山

鄭健行　清人李調元有關朝鮮人著述二題　　325

千丈，酒波千頃的場面配合不了。就實際情況說，柳琴雖世族中人，但未嘗出仕，家境不很好。柳得恭撰墓詩銘，有「夕已，不能飧，家人不以為是，而佯若不知也」的記敘。朴齊家《貞蕤閣集》中〈戲倣王漁洋歲暮懷人六十首〉詠〈柳幾何琴〉云：「莫欺寒屋朝虀闕，吏部家人為煮魚。」又〈幾何柳公歸自燕邸書其夾室〉云：「屋小庭多轉寂寥，土垣風日菜花搖。」凡此均可作家境清貧佐證。家境不好而偏能措辦肉林酒池，不容易說得過去。

朴齊家五古，即上文提到的〈題幾何室所藏雲龍山人小照〉，只是文集中詩比中國傳本詩的句子為多。「肯為簪組累」句下多出：

> 前日遇吾友，片言輸真意。中外即一家，群議不足道。雞林一卷詩，木瓜瓊瑤報。詩中有知己，珍重一言付。小照來颯爽，迢迢鴨水渡。

然後才接「萬里懸弧日」以下幾句。另外個別句子，中國傳本和文集的文字不同。「江水出禹穴」作「江水所自出」，「胸次蟠古今」作「胸次蟠竹石」，「我欲黃金鑄」作「閩（？）集堪千古」。

中國傳本所引詩，能凸顯祝壽稱頌的心意，確像一首以誕辰為主題的作品。文集中詩作，從題目看，重心為李調元小照，不是李調元生日。詩中寫小照中人、小照來歷、諸人對小照祝壽。種種情事抒發記敘，似乎又圍繞着某一事項而着筆。細看中國傳本缺載一段，似乎有人不以柳琴掛外國人李調元小照祝壽為然，朴齊家為此給柳琴解釋，並肯定柳琴的作為。一則因為李調元才學人品，既高且厚；再則因為柳琴、李調元的交誼深摯；再則因為中外一家，不宜區分彼此。「群議不足道」為全詩點睛結穴處。李調元如果不用多出的一段文字，全詩重心可以有所改變的。

中國傳本所錄李德懋四首絕句，《青莊館全書》卷十一〈雅亭遺稿〉三有載錄，並且各有題目。「菓（《全書》作『樹』）有秬含」一首，題目為〈柳彈素琴饋李雨村所贈落花生〉。「梅花嶺外」一首，題目為〈讀

15

李雨村《粵東皇華集》〉。「澹紅口角」一首，題目為〈題雲龍山人小影松下看書〉。「綿州萬里」一首，題目為〈雲龍山人生朝為柳彈素作〉。從題目看，只有「綿州萬里」是李調元誕辰詩，其他三首都不是。事實上其他三首中的兩首，肯定不是生朝時作。「海花嶺外」題後有短序，其中有「十二月初五日為羹堂生朝，彈素每集親知，西向灑酒」句。所謂「每集」，表示李德懋起碼見過兩回或以上。是則本詩當作於李調元生日以後一段時間內，而且不必在生朝當時。「某有秬含」詩的背景是：柳琴春間離北京返國，李調元送他一包落花生，柳琴詫前所未見，李調元便向他介紹這種植物。柳琴說：「吾友李懋官多識草木，欲使見之【12】」。及後李德懋見到落花生，於是寫詩。柳琴回國在春夏之交，柳琴歸國後，應該很快便給李德懋觀看寫詩。落花生是植物，容易變壞，柳琴絕不能藏上大半年，到十二月間才饋贈的。所以「某有秬含」一詩，應該早於李調元生朝好多個月，便寫成了。餘下「澹紅口角」一首，雖不能明白指說不寫於生日當天，卻也不能證明必然寫於生日當天。

又《雨村詩話》〈乾隆丁酉上元〉條在記載柳琴登門求書、李調元視學廣東時黎二樵（簡）為畫〈東海人求近著書圖〉後，寫道：

> 閱數年，有人自京來，言東海人為余畫像作生，並寄四家詩求質，謄寄示余。

以下全錄見於《續函海》內本條所載柳琴、柳得恭、朴齊家三人祝壽詩；但李德懋四詩不錄，頗覺意外。按理李調元既然收到包括李德懋作品在內的四家詩，那麼李德懋的祝壽詩，不容不錄。勉強可以揣測的，是李調元寫詩話時，覺得李德懋四首絕句不算祝壽詩，因為沒有像其他三人作品那樣，頗有誕辰祝頌之辭。「綿州萬里」一詩的題目，李調元自然知道。此詩題目「為彈素作」四字，說出末二句是柳琴而不是李德懋的祝賀。不過話又說回來，如果中國傳本的《清脾錄》確是朝鮮母本

【12】《青莊館全書》卷五十八《盎葉記》五〈落花生〉條。

的迻錄，母本已經說李德懋四首絕句是祝壽詩了，則《詩話》為甚麼闕載？這是使人疑惑不解的。

（五）朝鮮傳本載李調元可傳誦詩句凡十七聯聯語，中國傳本載李調元必傳詩句凡五言二聯，七言四聯。比對之下，兩本相同的為「夕陽人在」和「一林蕉雨」兩聯。

我們相信，李調元最初獲得的《清脾錄》（不管怎樣傳到他手中），〈李雨村〉條中引詩，應該是朝鮮傳本的樣子，起碼是比較接近朝鮮傳本的樣子。《雨村詩話》卷十一記其弟在「京市」見《清脾錄》，「買歸示余」後，接下去寫道：

> 又載余詩云：「綿州李雨村〈白鷺洲書院〉云：『一林蕉雨侵窗綠，四面書燈映水紅。』〈梅關〉云：『松杪人行雲氣外，梅花僧定月光前。』〈三水縣〉云：『夕陽人在千峰外，夜雨猿啼萬樹西。』〈潛山〉云：『皖山似展倪迂畫，潛水慚無許渾詩。』皆足傳誦」云云。按此皆係余《粵東皇華集》，不知從何處覓得，竟傳東海？想亦在京中書肆購得耳；其實皆非得意作也。

朝鮮傳本所引佳句中，〈白鷺洲書院〉、〈梅關〉、〈三水縣〉、〈潛山〉詩四聯皆在結尾處見錄，先後次序和《詩話》中的相同，並用「皆可以傳誦也」一句收結，跟《詩話》的「皆足傳誦」作結無異。朝鮮傳本〈梅關〉聯和《詩話》所引的完全不一樣，這不影響「應該是朝鮮傳本或比較接近朝鮮傳本」的結論。朝鮮傳本的引詩，李調元不盡愜意，已經說了。到他編寫《詩話》時，把特別不愜意的句子抽換掉，還是可以理解的。《續函海》的《清脾錄》，此聯根本不見。

《續函海・清脾錄・李雨村》條，作為子本文字，居然和母本文字截然不同，至為罕見。本條內容和其他相關資料往往衝突矛盾。即使本條之內文字，理路也往往含混不清晰，前後記敘欠缺統一性邏輯性，很難想像出於任何一個通文理的作家之手，這包括李德懋、李調元二人。

可是內容含混、條理不清的文字事實出現在李調元編選的叢書之中，怎麼個說法？真正緣故我說不出，可是個人有零零星星一點猜想，茲簡單寫出。既然是猜想，自無結實的論證。

一、李調元和柳琴在北京琉璃廠附近邂逅相識，及後柳琴登門拜訪，李調元親切接待，贈書及畫，兩人結下情誼。

二、柳琴在朝鮮未嘗出仕，以布衣終。李調元在乾隆四十二年以後，名位俱進，這時二人身份大有差異。

三、李調元晚年處理過的資料，似乎刪除昔年和柳琴親切交往的痕跡。提及柳琴，也從以往的熱烈與接近改為冷漠和疏遠。

四、李調元在〈李雨村〉條中改以和自己身份相當的徐浩修為主，但引錄諸人作品時，可能改削未盡，以致前後不無矛盾。至於朝鮮諸人的文集，他當時應該未及考慮後世可以讀得到。

（二）清人李調元為朝鮮人柳幾何作諸詩補注補說

李調元有《童山詩集》四十二卷。另有《粵東皇華集》四卷，中有《童山詩集》未收詩作。詩集中有三首明用「柳幾何」姓名或名字入題目，分別是：卷十九的〈幾何主人歌〉、〈落花生歌〉（題下小字原注：「為柳幾何及其姪惠風作」）、〈寄柳幾何〉。另外還有三題四首，題目雖然不出現「柳幾何」字樣而實與柳幾何有直接關係者，分別是：卷十九的〈漫言〉、〈寄題徐副使浩修見一亭〉二首和卷三十二的〈和子溪題余東海人求近著書圖〉。此外卷三十一的〈答何雲峰〉，也可視為跟柳幾何有間接關係的作品。近人羅煥章、陳紅、杜莉有《李調元詩注》一書，一九九三年巴蜀書社出版，書中選注了《童山詩集》中大部分作品。上述諸作，除〈和子溪題余東海人求近著書圖〉外，都入選作注了。

不過閱覽注文，心中未感滿足。柳幾何是朝鮮人，即上面題目中提到的「東海人」。李調元一生中，有過跟朝鮮人結交及文字來往的經

鄺健行　清人李調元有關朝鮮人著述二題　　329

歷，這幾首詩正是這方面經歷的反映，注者最好對此詳細注明。可是注文偏偏於此著筆極少，不要說其間結交及文字往來的過程無所交代，就是連極簡單的說明也欠缺。結果是：這幾首詩很難讀得明白；其中的下語抒情，要想清楚領會欣賞，更不必說了。我猜想這是由於注者對有關資料掌握不足之故。柳幾何是朝鮮人，外國人資料難以查找，所以注文不令人滿意；這自然無足深責。本文寫作目的，希望對題面有「柳幾何」字樣的三詩作比較詳盡的注釋，並且還就詩中文字所透現的問題盡量說明。其他題面無「柳幾何」字樣四首，暫不作補注補說。

幾何主人歌

幾何主人身姓柳[①]，自言樂浪少知友[②]。竭來隨使到中華[③]，獨與余逢開笑口。以指畫地琉璃東，衣冠雖異文字同[④]。試酌新年椒柏酒，頗覺唾咳生清風。胸蟠萬卷羅星宿，落筆霏霏如屑玉[⑤]。可憐握手意無窮，落日催過西山角。二月春城花亂飛，天津冰泮黃華肥。如此風光欲歸去，薊門柳色空依依。幾何子，歸何速。人生最苦天一方，那堪見面情初熟。幾何子，歸何遲。家有小阮[⑥]正相憶，唱和還應勝此時。《叢書集成初編・童山詩集》。下同）

　　[①] 幾何主人，朝鮮人柳琴也。柳琴字彈素，別號幾何主人，見李調元〈韓客巾衍集序〉。又朝鮮傳本《清脾錄・李雨村》條載李調元與柳琴作別時，贈詩曰：「有客飛乘過海車，玄談天外乍逢初。自言不學張津老，絳帕蒙頭讀道書。」自注云：「幾何主人，公自號也，喜天文勾股之學，故云。」「幾何」即西方數學中的幾何學，明末利瑪竇傳入中國，轉傳入朝鮮，柳琴學習和喜愛，故以此自號。朝鮮傳本《清脾錄・對仗精鍊》條：「柳彈素詩：『壁看崔北指頭畫，案有泰西面角圖。』彈素嘗業瑪寶幾何之術，故詩云然也。」「面角圖」即李注的「勾股之學」。

　　柳得恭《泠齋集》卷六有〈叔父幾何先生墓誌銘〉，載柳琴彈素一

名和字，是他入北京時改稱。他原名璉，字連玉，事實上朝鮮人還一直用他原來的名和字稱呼他的；譬如柳琴死後，正祖曾對筵臣曰：「柳璉似是有才者也」（〈墓誌銘〉），就是例子。「璉」是他的官方或正式名字，始終使用，但柳琴彈素的稱謂，卻也在朋友間流行和日常使用，譬如李德懋有〈柳彈素琴饋李雨村所贈落花生〉詩（〈雅亭遺稿三〉）和朴齊家〈四悼詩〉之一〈柳彈素〉（《貞蕤閣集》二集）就是。柳琴卒於朝鮮正祖十二年戊申，當清高宗乾隆五十三年（1788），年四十八，終生未嘗出仕，〈墓誌銘〉所謂「以布衣終」。〈墓誌銘〉又云：「喜周髀之術，構一室，扁之曰『幾何』，潛思其中，推測渾蓋，究極而後已。是故人謂之幾何先生。幾何者，舉數質問之詞云。」說法和李調元、李德懋的不同。個人認為：柳琴既有「案有泰西面角圓」之句，則他接觸過利瑪竇幾何之術無疑。柳得恭說別人舉「幾何」二字質問，柳琴便拿來作室名，另成一說。

② 樂浪為朝鮮代稱，史稱漢武帝在朝鮮置樂浪郡，柳琴時已無此名。《韓客巾衍集》卷二錄柳得恭詩，前附作者小傳：「柳得恭，漢城府人，貫黃海道文化縣。」《朝鮮名人典》【13】正作文化人。柳琴是柳得恭叔父，籍貫當同。黃海道約在以京都為中心的京畿道之北。

柳琴在朝鮮是否少知友，不得而知。朝鮮傳本《清脾錄·李雨村》條云：「彈素，奇士也。」柳琴之奇，或者可以從以下幾方面見出。第一，他喜歡數學，包括西方數學，上面提到了。第二，他懂機械實學。〈墓誌銘〉載正祖「議創水車，董事者從公問龍尾之制」。第三，他善鼓琴，《貞蕤閣集》一集附載柳連玉〈窄菴夜訪〉四首，第二首云：「客持離騷經，訪我雪夜半。知君不平心，一彈廣陵散。」又二集〈四悼詩·柳彈素琴〉：「忽憶少年時，夜飲彈素屋。倚膝調秨琴，慷慨不終曲。」均可證明。第四，他個性獨特，有狂氣。〈墓誌銘〉：「治文藝，

【13】尹甲籍編著，明文堂，漢城，1990。

視第一等非杜詩韓文右軍書法，不屑為也。」同條又云：「欲一交天下文章博洽之士。」是則他喜歡結識非常奇偉的人為朋友。非常奇偉的人不易碰到，自屬常情。李德懋《青莊館全書》卷十二《雅亭遺稿三》有〈題彈素幾何室〉詩二首，第二首開始兩句：「東國寧歡鬱鬱，中原滿說津津。」此詩寫於柳琴自中國回朝鮮之後。細味「寧歡」二字，如果有「那歡」或「那可歡」之意，則柳琴實在是有所鬱鬱的。回來後如此，出發前也不見得絕對沒有。

　　③朝鮮傳本《清脾錄・李雨村》條：「丁酉春，柳琴彈素隨謝恩使入燕。」中國傳本同條：「丁酉上元，幾何子柳琴隨本國副使徐浩修至中國。」〈韓客巾衍集序〉說柳琴「為朝鮮來中國賀聖天子元朝副使禮曹判書徐浩修幕官」。《雨村詩話》卷十六補充云：「浩修字養直，號鶴山，大邱人，官禮曹判官兼同知經筵成均館事、前宏文館副提、集賢殿學士、議政府舍人、湖南布政使、承政院都承旨、吏曹參判。」

　　柳琴「隨使赴中華」，朝鮮資料說是「丁酉春」，即乾隆四十二年（1777）春天；那是他身處中國的日子，具體時間沒寫明。中土資料說是「丁酉上元」，即是年的正月十五日，時間好像具體了；然而這天只是他登門拜訪李調元的日子，〈韓客巾衍集序〉中寫得明白。就常情說，朝鮮使者來中國賀元旦，必定在節前抵步，即在乾隆四十一年丙申冬天抵步才是。古代交通不便，由朝鮮國都出發到北京，走上一個月或以上並不出奇。譬如李德懋在《入燕記》詳記赴北京行程：三月十七日起行，五月十五日入北京，差不多兩個月。回程時六月十六日離北京。《青莊館全書》卷十九《雅亭遺稿十一》中有幾封寄李調元的信，第一封開始便說：「去年冬，友人彈素齎《韓客巾衍集》入京也。」朝鮮傳本《清脾錄》〈泠齋〉條載柳得恭送柳琴入北京詩，有「滄雲微雨迫冬初」之句，估計朝鮮使者至遲乾隆四十一年冬十一月間便出發。

　　柳琴到北京，不具備朝鮮官員身份。他是以私人身份隨團而來的，詩中說「隨使赴中華」，「隨」字下得講究而準確。〈韓客巾衍集序〉中

「幕官」云云，只是客氣寫法。私人隨使節團到中國，當時是可以的。譬如乾隆三十年乙酉（1765），朝鮮人洪大容隨其出使中國的叔父書狀官洪檍、金在行隨其宗人副使金善行，同入北京就是。洪、金兩人在北京結識了三名從杭州到北京赴考的舉子潘庭筠、嚴誠和陸飛，幾人多次會面筆談。洪大容回國後，整理筆談紙片，成《乾淨衕筆談》一書，收入其《湛軒書》外集卷二。會面之初，潘庭筠問洪大容「官居何職」，洪大容回答：「白身無職。欲一見中國，隨季父貢使之行而來。」

洪大容等到中國的目的，《乾淨衕筆談》一開始說了：「欲得一佳秀才會心人，與之劇談。」柳琴到中國，心意其實差不多。洪大容所著《乾淨衕筆談》當時在朋友圈子內迴響很大。柳琴隨使赴華，是不是受此書的直接影響；我手頭資料不足，不敢斷言；但此書間接起推助作用，想來會有可能。柳琴出發前，選錄了當時四名朝鮮青年詩人作品若干，編成《巾衍集》，後來拿出請李調元評騭。四家第一人為李德懋，柳琴選詩中，有他的〈洪湛軒大容園亭〉。此詩極寫洪大容回國後懷念杭州三士的心情，所謂「所思遙難即，謾把浙杭書」，所謂「天涯結知己，存沒多悲噓」。柳琴在詩後還寫了幾行說明文字，先介紹洪大容、潘庭筠、嚴誠、陸飛四人，末以洪大容「託為天涯知己，歸東國以後，思之不能忘云」結束，然則洪大容赴華交友事，給他留下深刻印象，自無疑問。

④「獨與余逢」三句記李、柳兩人初會事。「琉璃東」為琉璃廠之東的意思；初會地點。「以指畫地」謂倉卒間無紙筆，兩人言語又不通，便畫地成字表意。「衣冠異」指朝鮮人服飾異於清制。朝鮮雖為藩屬，其實心繫明室，不用清人衣冠。清廷政策懷柔，不強制改變。《乾淨衕筆談》中諸人討論清廷「顧恤」朝鮮事時，嚴誠說：「國初東方入貢，衣冠猶沿明制，而不為可否。」實則直至乾隆時，朝鮮人仍穿著自己的服飾；〈韓客巾衍集序〉記柳琴登門拜訪李調元時，「頭戴笠子，衣道衣，不似中國人」，可證。「文字同」謂中、朝同用漢字。朝鮮知

識分子，從小便讀中國書。朝鮮傳本《清脾錄·李雨村》條說柳琴「嘗於端門外，見羹堂（李調元字）儀容甚閒雅，直持其襟請交，遂畫博書其姓名及字。羹堂一見投契，稱其名字之甚奇」，可與詩句對照。茲再作兩點補充說明：（一）端門在內城，在午門天安門之間。陳宗蕃《燕都叢考》【14】第一編第三章〈宮闕〉：「午門前接之端門，是為紫金城正門。」琉璃廠則在端門稍偏西南。綜合中朝資料，兩人初會地點約在今日琉璃廠天安門間前門西大街附近。按李調元在乾隆三十八年癸巳（1773）移居宣武門東，有〈移居宣武門東〉七律兩首。《童山自記》：「癸巳，移居順城門內大街。」清朱一新《京師坊巷志稿》【15】卷上〈宣武門大街〉條：「宣武門俗沿元稱，曰順承門。」李調元書「承」為「城」。宣武門東側即琉璃廠，李調元去很方便。柳琴等外國人，自然也常去琉璃廠看書畫古玩。然則李、柳兩人在琉璃廠附近相會，十分合理。（二）二人相逢，出於偶然機會，不是事前作出安排，細味「獨與余逢」和「直持其襟請交」二語可知。

可是從李調元的其他文字看，李、柳兩人會面的地點，又跟詩中所記不一樣：

（一）丁酉上元，幾何子柳琴彈素隨本國副使徐浩修至中國，於琉璃廠書肆得吏部兼編修綿州李雨村先生調元所著《粵東皇華集》。副使徐公擊節歎賞，隨令造室求各異書，並錫土物；兼以書曰……。雨村先生時以謫官家居，未見也，但以初刻《看雲樓集》及未刻《童山全集》給之，副使大喜。又啟云：「僕……新建一亭，名曰見一亭……乞題詩攜歸，以侈園林之觀。」雨村為題二首云……。副使得詩益喜，然不可得見。彈素本通勾股兼書畫，遂命就其寓，圖寫雨村真容。（中國傳本《清脾錄·李雨村》條）

（二）乾隆丁酉上元，余在京，忽有朝鮮人柳琴到門，云：「我朝

【14】 北京古籍出版社，北京，2001 。

【15】 北京古籍出版社，北京，2001 。

鮮副使徐浩一（「一」宜作「修」）使也……因在琉璃廠書肆見尊刻《粵東皇華集》，無心山谷放翁而自合於山谷放翁，竊意著作必不止此。不知此外尚有幾種？乞求數部。勉懇不已，因令人與之，使去」。（《雨村詩話》卷十六）

根據上引兩則文字，第一，李調元和柳琴在「琉璃東」或「端門外」不曾見面。兩人所以交接，因為徐浩修和柳琴在琉璃廠書肆讀到李調元的《粵東皇華集》，徐浩修很是欣賞，大概經過居址打聽，遂命柳琴在正月十五日造訪李調元求書。第二，李調元正月十五那天沒有接見柳琴，看第一則中「雨村先生時以謫官家居，未見也」和第二則中「因令人與之，使去」的記載可知。第三，徐浩修得到題詩，再派柳琴寫李調元真容那一回，兩人無疑是見面了。因為柳琴要畫真容，非得面見李調元不可。（事實上李調元真容是否柳琴所畫，仍可討論。不過柳琴確實攜帶了李調元畫像回去朝鮮。這起碼說明兩人有過授受的動作，見過面的。）

中國傳本《清脾錄》和《雨村詩話》的文字，不但跟李調元詩句和朝鮮傳本《清脾錄》文字有矛盾，就是跟李調元的〈韓客巾衍集序〉文字內容也大不相同，〈序〉曰：

今年（指丁酉）春正，偶以心疾，閉門攝靜，謝絕來客，不窺戶外者十有五日。……偶有剝啄聲，啟之，則一秀士，丰神朗潤，眉如長松，眼爛爛若巖下電。頭戴笠子，衣道衣，不似中國人。問之，則目瞪然不解一語。因以筆代言，始知為朝鮮來中國賀聖天子元朝副使禮曹判書徐浩修所差幕官、來求詩集、姓柳名琴、字彈素、而別號幾何主人者也。為言向於書肆見余《皇華集》，竊慕著述當不止此，故以求。……因探懷出其《巾衍集》……乞余批定。……因以向之所著《看雲樓集》付之，以不辜其求；而並為評騭四家之詩（按即《巾衍集》中所載者），以重其請，亦春正來破煩療悶之一佳話也。……乾隆四十二年歲在丁酉元夕後一日……西蜀李調元雨村書。

鄺健行　清人李調元有關朝鮮人著述二題　335

本段文字表明：第一，李調元在正月十五日接見了柳琴，因為連對方的容貌服飾都寫了出來了，不見面如何能夠？第二，前此兩人似乎未見過面，因為開門見客之際，李調元不認識柳琴，要經過詢問，才曉得對方來歷。第三，柳琴來訪，是由於他本人在書肆中讀了李調元《皇華集》的關係。上述三點，第一點和中國傳本《清脾錄》及《雨村詩話》的記載不同。第二點跟李調元詩句和朝鮮傳本《清脾錄》的記載不同。第三點跟中國傳本《清脾錄》及《雨村詩話》的著重點不同。本段以柳琴為主，是柳琴在書肆中見到李調元著作，登門求書。兩書則以徐浩修為主，是徐浩修讀到《皇華集》後，寫信讓柳琴帶去拜訪李調元求書。

認真說起來，李調元正月十五那天即使接見了柳琴，是否只是第一回家裏接見，還說不準。《函海》（1968 年臺灣宏業書局影印光緒樂道齋版）第四十函收《粵東皇華集》，書前附〈朝鮮國副使啟〉，副使在〈啟〉後署名為徐浩修。〈啟〉開始說：

> 浩修啟：從人再造門屏，聲光自爾不遠。始而誦其詩，已而聽其議論，是無異乎瞻德容而接清誨也。況又投之瓊琚之章，施之獎許之語。……丁酉上元。

此信徐浩修於正月十五日寫成，即命柳琴當日帶去求書。要注意的是：柳琴在此之前，已「再造門屏」，帶回李調元若干單篇詩文給徐浩修看了。可見正月十五日這天，不是柳琴第一回登門謁訪的日子。

再從〈和玉溪題余東海人求近著書圖〉一詩看。此詩癸丑年間（乾隆五十八年，1793）作，李調元六十歲。他追記十五六年前事：

> 丁酉憶在京，被禍心似辣。引罪自避嫌，僑居宣武側。是時遭國喪，蹣跚行無力。屏戶終日坐，面不求人識。何方使者來，敲門聲正亞。手持書一紙，開緘目驚拭。求我皇華詩，留伊蔬飯食。言自朝鮮來，名仰金玉式。特奉副使命，登堂見顏色。

所描述的正是正月十五日徐浩修寫信遣柳琴登門拜訪事。李調元是接見了柳琴的；不只接見，還請他吃飯。

李調元文字為甚麼如此紛亂不一致？原因一時找不出，要等待對更多資料的爬梳和分析。目前我想提出三點個人意見，但這三點意見不是說明問題的原因，只能算是供日後進一步探討時的參考意見。

第一點意見：「以指畫地」或「畫塼書其姓名及字」是一種特殊而具體的動作，不容易憑空想出而缺乏事實基礎的。中朝兩方的資料既然同時紀錄，則杜撰的可能性應該很小。不訪認為：柳琴在李調元面前，確有過這樣的動作。這樣的動作自然不發生於室內，室內儘可以「以筆代言」，像〈韓客巾衍集序〉所記述那樣。既然如此，則以指畫地之舉發生在戶外，也就是「琉璃東」或「端門外」了。從詩句的語氣看，李、柳兩人琉璃東之會，不會是在柳琴登門造訪之後，而是在此之前。不過這樣的假設，即時便引發教人迷惘困惑的問題，很難講得通暢。〈幾何主人歌〉云：「二月春城花亂飛，天津冰泮黃華肥，如此風光欲歸去，薊門柳色空依依。」則是寫於丁酉年二月後、柳琴回國不久之時，跟〈韓客巾衍集序〉寫作時間相距不遠。可是序言明說李調元春正閉門謝客十五日，然後柳琴來訪；而開門以後的反應，則是對訪者大感陌生，不似從前會過面。序和詩都是寫給寄給柳琴看的，不能講假話，可是彼此大大的矛盾，實覺費解。

第二個意見：幾首「柳幾何」詩和〈韓客巾衍集序〉屬李、柳兩人結交後一二年間的作品，而《雨村詩話》十六卷本和收錄中國傳本《清脾錄》的《續函海》，則在李調元晚年編寫而成。《雨村詩話》十六卷本編成及付梓於乾隆六十年（1795），時李氏六十二歲。《續函海》編成於嘉慶六年（1801），時李氏六十八歲。詩和序為前期著作，詩話和叢書為後期著作；中間相距約二十年。讀者可能意識到：李調元前期的詩和序，顯出對柳琴的推重和友誼，均以柳琴為描寫對象；後期的詩話和《清脾錄》，則一以朝鮮使臣徐浩修為主，把柳琴放在極不重要的位置。譬如中國傳本《清脾錄》記載徐浩修讀了李調元《粵東皇華集》後，大是欽佩，「隨令（柳琴）造室，求各異書。」見得柳琴來訪，跟柳琴

鄺健行　清人李調元有關朝鮮人著述二題　337

本人毫無關係。柳琴登門了，也未見面。然後徐浩修又命柳琴到李調元家中寫真，則有點視柳琴為畫工了。至於《詩話》，也記下不見柳琴面，柳琴乞求著作，「勉懇不已，因令人與之，使去。」引文中後六字，跟對僕役的指揮態度無異。這跟〈幾何主人歌〉中「胸蟠萬卷羅星宿，落筆霏霏如屑玉」、「可憐握手意無窮」的描述，相去何止萬里？

第三個意見：《續函海》中收錄的《清脾錄》，已經中國人作多重修改，不見得是李德懋帶去北京時的本子。我曾有〈《續函海》中《清脾錄》與朝鮮傳本差異原因論測〉一文，討論其事。多重修改，包括了李調元的修改。這裏試引述拙文其中一點，以為證明。

朝鮮傳本《清脾錄》結尾處錄李調元「可以傳誦」的佳句共七言十六聯。十六卷本《雨村詩話》卷十一記其弟在「京市」見《清脾錄》，「買歸示余」後，接下去寫道：

> 皆彼國人詩話，亦間有採中國人者。……又載余詩云：「綿州李雨村〈白鷺洲書院〉云：『一林蕉雨侵窗綠，四面書燈映水紅。』〈梅關〉云：『松杪人行雲氣外，梅花僧定月光前。』〈三水縣〉云：『夕陽人在千峰外，夜雨猿啼萬樹西。』〈潛山〉云：『皖山似展倪迂畫，潛水慚無許渾詩。』皆足傳誦」云云。按此皆係余《粵東皇華集》，不知從何覓得，竟傳東海？想亦在京中書肆購得耳；其實皆非得意作也。

朝鮮傳本所引佳句中，〈白鷺洲〉、〈梅關〉、〈三水縣〉、〈潛山〉詩四聯皆在結尾處見錄，先後次序和十六卷本詩話相同，並且用「皆可以傳誦也」一句收結。這便能證明李調元最初獲得的《清脾錄》（不管通過甚麼途徑獲得），〈李雨村〉條文字應該是朝鮮傳本的樣子，或者是比較接近朝鮮傳本樣子。所謂「比較接近」，因為朝鮮傳本〈梅關〉聯作「人撥亂雲驢背上，僧敲古月鳥棲邊」，和《詩話》本文字不同。《詩話》所錄，當是李調元改筆。

中國傳本《清脾錄‧李雨村》條云：

雨村集中佳句不可勝舉，姑擇其尤者：五言如「樹色濃團屋，潮聲夜到門」、「江鳴知雨近，村晚覺燈多」；七言如「帆迴山腹風無力，櫓剪江心月有聲」、「海水碧浮鰲背外，粵山青到馬蹄前」、「夕陽人在千峰外，夜雨猿啼萬樹西」、「一林蕉雨侵窗綠，四面書燈映水紅」，皆必傳無疑也。

對比中朝兩種本子，只有「夕陽」、「一林」兩聯同錄，其他李調元另行抽換了。所以抽換，《詩話》似有提示，因為朝鮮傳本的基本上都不是「得意作」，他要換上幾句自己認為最好的句子。然而這就透露了李調元有過改動稿本的作為。

⑤ 此言「落筆霏霏」，上言「以指畫地」，好像矛盾而實無矛盾。本詩寫的是整個結交過程，由初識到離別。「以指畫地」，寫初見。此後柳琴便登李調元之門拜訪，所有資料都這麼記載的。〈落花生歌為柳幾何及其姪惠風作〉云：「今春柳子來過訪，屠蘇正熟相歡迎。」朝鮮傳本《清脾錄》謂「彈素屢造其室」。既然造室，則自然如〈韓客巾衍集序〉所說的那樣「以筆代言」了。所以「落筆霏霏」寫的是結識過程中的中段。到了「二月春城」、「天津冰泮」，則是離別送歸之候。此詩當是柳琴歸國後不久寫成。

「霏霏」，雨雪密貌。結合詩中「胸蟠萬卷羅星宿」句看，則「落筆霏霏如屑玉」表示柳琴下筆既快，且博學有內容，至為可取。柳琴選朝鮮四家詩為《巾衍集》，帶來中國，李調元作序，稱讚柳琴「好奇之士也，酷嗜琴書，尤精於天文勾股之學。其於詩應鄙而不為，而觀其所選訂如此，其學文之宏深，有非可管窺而蠡測者矣」。可見柳琴的學術和文學修養，為李調元所稱賞。至於下筆迅敏，絕非出奇。古代朝鮮士人從幼習漢籍，他們的漢文造詣，和中國士人沒有兩樣；可以振筆疾書的。試舉一例：洪大容《乾淨衕筆談》結束處有〈乾淨錄後語〉，記洪大容、金在行和杭州三士相會時，「會必竟日而罷。其談也，各操紙筆疾書，彼此殆無停手。一日之間，不啻萬言。」疾書無停手，不光指中

國人寫漢字，也指朝鮮人寫漢字。

　　⑥小阮原指晉代阮咸。阮咸為阮籍姪兒，二人同遊竹林，世因稱阮咸為小阮，詩文中往往以「小阮」成為姪兒的代稱。本詩的小阮，指柳琴姪兒柳得恭。柳得恭，字惠風，善詩。朝鮮傳本《清脾錄》〈泠齋〉（泠齋，柳得恭號）條：

> 其叔父幾何室彈素，丙申隨副使入燕，泠齋以詩贈別曰：「佳菊衰蘭映使車，澹雲微雨迫冬初。欲將片語傳中土，池北何人更著書。」此用王漁洋著《池北偶談》載清陰詩事也。「看書淚下染千秋，臨水騷人無限愁。碻士編詩嫌草草，豸青全集若為求。」此用豸青山人李鐵君詩語也。「淺碧深紅二月時，軟塵如粉夢如絲。杭州舉子潘香祖，可憐佳句似南施。」此用潘秋庮題桃柳小幅詩語也。南施，施愚山閏章也。「有箇詩人郭執桓，澹園聯唱遍東韓。至今三載無消息，汾水悠悠入夢寒。」此用洪湛軒《得繪聲園詩集》事也。彈素入燕，逢綿州李吏部調元，示之。吏部大加稱賞曰：「此真文鳳」。因貼之座壁。（中國傳本《清脾錄》亦有〈泠齋〉條，但刪削太甚，不完整）。

朝鮮傳本《清脾錄‧李雨村條》載李調元讀柳得恭四詩後，「大加稱賞」，與柳琴分別時，回贈四首：

> 有客飛乘過海車，玄談天外乍逢初。自言不學張津老，絳帕蒙頭讀道書。（自注：幾何主人，公自號也，喜天文勾股之學，故云。）
>
> 平生皮裏有陽秋，時抱虞卿著述愁。誰把詩名傳海外，看雲樓集客來求。
>
> 長衫廣袖九衢喧，避怪多蒙暫駐軒。他日寄書傳小阮，有詩付雁與吾看。
>
> 天寒風勁撲窗紗，佳客論心細煮茶。日暮歸懷留不得，惟將明月託天涯。

這四首詩，除第二首外，其餘三首都未載入《童山詩集》。第二首載《詩集》卷十九，題目作〈漫言〉，首句作「漫言皮裏有陽秋」。

李調元四詩，第一第二兩首，韻腳用字和次序相同。不過李、柳詩作運意各異。柳詩寫的是他所知道的四名當世作者，李詩則從私人交誼著眼。李詩第一首寫柳琴，第二首寫自己，第三首寫和柳琴初次城中相遇，兼提柳得恭，第四首似寫與柳琴相見情事及柳琴回國事。

朝鮮傳本《清脾錄》說李調元四詩為見柳得恭詩後作，應該可信；不過仍有問題可以指出：據《泠齋集》，柳得恭贈別柳琴詩不是四首而是六首，題目作〈恭呈家叔父游燕六首〉。朝鮮傳本《清脾錄》所引者為一、三、四、五幾首。其第二第六兩首是：

> 蓮幕翩翩萬里賓，青絲游騎玉河春。長衫廣袖休相怪，稱是楊花渡口人。

> 燕邸燈青人語喧，江南江北幾輶軒。眾中問有成都客（行按：成都客用揚雄典，雄撰《輶軒使者語》，錄各處方言。成都客不是預指李調元），始贈朝鮮洌水言。

此六詩李調元均有和作，附《泠齋集》中〈雨村和余六首絕句見寄復次其韻〉一詩之後。第二首（蓮幕翩翩）和作云：

> 春筵今日得嘉賓，爛醉壺中竹葉春。攜得竹林詩句好，梅夫人比李夫人。（原小字夾行注：「梅夫人句，泠菴題輪迴梅作也，故以相況。」行按：柳得恭〈輪回梅絕句〉第二首：「蠟花妍淨媚餘春，英石輕盈恐未真。漢武林逋癡絕想，梅夫人作李夫人。」《韓客巾衍集》收錄。李調元眉批曰：「妙思入微」，見出欣賞之意。）

第四首（淺碧深紅）和作云：

> 松京首唱是何時，吹笛橋邊雨似絲。寒食人歸簍笠小，捧嗁是否問東施（原小字夾行注：「泠菴〈松京雜詩〉為卷中絕唱。」）

第五首（有箇詩人）和作云：

> 元宵前後數盤桓，更出新詩字字韓。不是苦將梨棗布，欲醫島瘦

與郊寒。

對比資料，李調元和了柳得恭五首半，即第一首（佳菊衰蘭）、第二首（蓮幕翩翩）、第三首（看書淚下）、第四首（淺碧深紅）、第五首（有箇詩人）。至於第六首，李調元只和了『喧』『軒』二韻，末句原韻為「言」字，李調元改作「看」字。這五首半和作，朝鮮傳本《清脾錄》選載了三首。

至於朝鮮傳本《清脾錄》李調元贈別詩第四首（天寒風勁），應跟柳得恭詩無關，李調元似乎沒有作跟緊原韻的打算，看他不用「言」字而改用「看」字壓韻可知。然則他用別的韻腳去寫，也是可以理解的。

李調元屢提「小阮」，他是喜歡柳得恭的詩作的。《巾衍集》中選朝鮮四家詩，李調元對每人各有總評：

李德懋：造句堅老，立格渾成，隨意排鋪而無俗豔，在四家中尚推老手。

柳得恭：才氣縱橫，富於書卷。如入五都之市，珍奇海錯，無物不有。加以天姿勝人，鍛鍊成奇，故足令觀者眩目。此真東國之文鳳也。

朴齊家：工於七律。夢得、香山，其鼻祖也。而嶔奇歷落之氣，則似過之，無不及焉。

李書九：諸體皆工而尤嫺五古。原本陶、謝而時泛觴於儲、孟之間，詩品最為高矣。「落日不逢人，長歌白石澗」，此人此品，安得朝暮遇之？

細心比對，李調元對李德懋評價稍低，所謂「尚推老手」、「尚」字見出微意。對朴齊家的批評也嫌泛泛。只有對柳得恭、李書九的批評最具體。但論李書九，只稱其詩品高；而對柳得恭，則從才氣、學養、天資、題材各方面立說，而總括以「東國文鳳」四字。又《泠齋集》卷首載李調元另一條評語：「泠齋諸體，莫不筆酣句健，凌轢古今，味腴襲芳，滌濯淬崒」。看起來在李調元心目中，柳得恭詩更高一籌。

還得補充一點，李調元和柳琴臨別時，除寫了載於朝鮮傳本《清脾錄‧李雨村》條四詩外，應該還有另一首別詩專贈柳琴的：「甕中柏酒厭漕濃，有客來從箕子封。纔喜相逢恨相別，鴨頭春浪幾千鍾。」此詩不見載《童山詩集》，李德懋孫子李圭景《詩家點燈》卷四〈雲龍山人憶醒園贈彈素〉條卻載入（《詩家點燈》一書，收入《修正增補韓國詩話叢編》，趙鍾業，太學社，漢城，1996）。

另外，上引《童山詩集》中〈幾何主人歌〉是改後定稿，初作與之不同。《泠齋集》卷二有〈次雨村幾何歌韻〉詩，詩後附李調元原作：

> 幾何主人身姓柳，自言一生少朋友。竭來隨使到中華，獨於余交笑開口。天隔三韓大海東，衣冠雖異文字同。共醉新年椒柏酒，高談落筆生清風。胸藏萬卷羅星宿，咳唾霏霏如屑玉。可憐語盡意無窮，落日已掛西山角。二月春城花亂飛，天津冰泮黃花肥。如此風光欲歸去，薊門煙柳空依依。幾何子，歸何速。人生最苦天一方，那堪見面情初熟。幾何子，歸何遲。家有小阮正相憶，唱和還應勝此時。

落花生歌為柳幾何及其姪惠風作

我聞黃梅四祖偈，無人下種華無生。獨此花生即為種，花落結實如坻京。其生滋蔓若藤菜，細葉牽露朝含英。金絲飛墮輕無語，沙中甲拆春雷鳴。以花為媒非為母，媒即其母實其嬰。此種粵蜀賤非貴，北人包裹遺公卿。今春柳子來過訪，屠蘇正熟相歡迎①。坐間花菓細辨證，一一多識吾所兄。就中獨此詫未睹，特與覷縷詮物情②。懷歸戲載果下馬，要試友鞏猜相睜③。昨者長鬚④投翠織，開織騷句兼屈平。本草圖經補未備，異邦小阮重留名⑤。目中有菓人何在，相思但願身翩輕。可憐困鈍真老矣，何時再與鷗相盟？

①詩云今春過訪、屠蘇正熟，則作於乾隆四十二年丁酉無疑，至於作於是年的甚麼具體時間，詩無明指；估計可能在五六月間，尤以六月的可能性為大。本詩先描述落花生，接着寫柳琴來訪，見到落花生，詫前未見。李調元向他介紹這種植物，還包了些送給他。過了一些時日，朝鮮方面有使僕來，呈上朝鮮友人有關落花生的文字。最後李調元以想念感慨作結。我注意到詩結尾兩句，覺得或者可以從這裏找到若干寫作日期的線索。

乾隆四十二年，李調元才四十四歲。即以古人的標準計，也不算老。然而他說「困鈍真老」了，會不會跟心態有關？本年前半年，李調元仕途受到挫折。正月二十日，他在「京察」時被上級填入「浮躁」兩字評語，解官，於是變賣家產，買書十五車，準備歸田。至五月二十九日，卻奉旨復官候補吏部員外郎。八月十六日，奉旨提督廣東學正；十一月二十二日到任（據詹著《李調元學譜・紀年譜》）。他在解官復官期間，即正月二十日至五月二十九日期間，仕宦失意，前程中斷，心情的抑鬱和意興之闌珊，可想而知。心思歸田，而又抑鬱闌珊，心間不免頓生「老」意，並且流露於詩句之中。根據這樣的考慮，則本詩當寫於解官復官期間，甚至還可以下延到奉旨提督廣東學正、有機會離京之前。因為前此李調元因議稿事，開罪上官永保及大學士舒赫德、阿桂。復官之後，「阿公每於議事輒愗，余進退兩難，如坐針氈。」（詹著引《童山自記》）以後官位是否坐得穩，還未可知，心底仍然是不好過的。另一方面，柳琴二月間離北京，要三月中旬左右才能到家；寄信給李調元，該是四月間事。《青莊館全書》卷十九《雅亭遺稿》一錄李德懋寄給李調元第二封信，提到第一封時說：「初夏修書。」李調元接閱信函，非得待到五月間或以後不可。

②「觀縷詮物情」，指有條理地說明落花生是甚麼性質的植物。詩起首十二句即「觀縷詮物情」韻語。李德懋《青莊館全書》卷五十八《盎葉記》五有〈落花生〉條，載李調元筆談之言：

綿竹李雨村調元謂柳彈素曰：「此菓南方廣東四川皆有之，係草本。四月開花，花謝落於沙池之上，因成菓，與本身不相連屬，即於沙土中取出。明年下種，又成根苗，花落地上，結實如前。北方地冷不產，蓋以子為種，宿根不復生。」

可與詩語互參。

③上引〈落花生〉條，載李調元解釋完畢後，柳琴說：「吾友李懋官多識草木，欲使見之。」雨村曰：「一包帶回東土，以試懋官。」可作「要試友輩相猜瞠」注腳。

柳琴回國後，真的向李德懋轉贈落花生，《青莊館全書》卷十一《雅亭遺稿》三有〈柳彈素琴饋李雨村所贈落花生〉詩：「樹有嵇含狀外名，辭枝結子落花生。從君手裏傳吾口，別樣香津心肺清。」嵇含，晉人，著《南方草木狀》，未載落花生，故有首句。李德懋收禮物時，對落花生的「物情」其實未了然。他在〈落花生〉條說了：稍後入北京請教李調元從弟驥元，才「詳聞其種法」。

④長鬚，替主人送信傳言的男僕代稱。韓愈〈寄盧仝〉：「昨夜長鬚來下狀」、「先生又遣長鬚來。」

⑤由「昨者長鬚」至此四句，說朝鮮客人方面差使僕送信來，其中有柳得恭詠落花生詩，體近屈騷，義補本草圖經。按《泠齋集》有詠落花生詩，題目作〈落花生歌寄李雨村吏部〉，詩云：

有果有果落花生，從何得之得燕京。燕中擾擾人似海，雨村先生秀而英。先生蜀士工詩筆，攀蘇提揚大厥鳴。如今暫為紅塵客，歸夢夜夜迷青城。正陽門外繩匠巷，寓居著書同虞卿。門有楊花渡口客，剝剝啄啄朝起迎。把臂一笑絕畦畛，薄海內外皆弟兄。猩紅紙面霏談屑，蝦青硯池湛交情。饋此南方之異菓，嵇含閟默陸璣瞠。其形彷彿挾劍莒，味類瓜子辨甘平。本草一百廿七果，搜圖驗經茫無名。先生微笑取筆注，細瑣猶復加證明。四月花開颯然墜，沙上點點風吹輕。入土結果吁可怪，不在根又不在莖。

我今作詩因風去，飄落君前鏗有聲。有如此果別處結，池北書裏
為刊行。本身兀兀縱未覺，千秋足為東土榮。

稍後李德懋孫子李景圭《詩家點燈》卷二有〈落花生詩歌〉條，中載此
詩下半段，由「餂此南方之異果」起至末。柳詩和李詩完全相應。柳詩
說「四月花間」、「沙上點點」，全用李調元筆談。柳詩有「本草」「圖
經」二語，李詩說「本草圖經補未備」。柳詩說「因風飄」、「飄落君
前」，李詩說「相思但願身翩輕」。翩，小飛也，極扣柳氏的「飄」字。

　　這裏還可以就柳得恭詩補說一些問題，首先，《泠齋集》在〈落花
生歌〉後有李調元〈附次韻〉一詩：

我聞黃梅四祖偈，無人下種花無生。獨於此果有異產，花落顆顆
如坻京。其生滋蔓若藤菜，細葉率露含朝英。金絲飛墜輕無蔕，
沙中孕甲春雷鳴。以花為媒非為母（小字夾行注：屈翁山〈落花
生贊〉：「爰有奇實，自沙中來。以花為媒，不以花為胎。」出
《廣東新語》），似挾劍莒真詩城。此種越蜀賤非貴，北人包裹遺
公卿。今春柳子來過訪，屠蘇正熟歡相迎。坐間瓜果細辨證，一
一多識吾所兄。就中獨此詫未覩，特與覼縷詮物情。懷歸戲載果
下馬，要試友鼙猜相睜。昨者長鬚投翠緘，開緘騷句兼屈平。本
草圖經補未備，異邦小阮重留名。是時六月火雲爍，正愁獨酌愁
朱明。目中有果人何在，相思但願身翩輕。可憐困鈍真老矣，嗟
嗟白髮盈千莖。南畝歸耕定何日，雙柑斗酒黃鸝聲。興來撫琴一
長嘯，高歌聊學邯鄲行。寄語相期在不朽，鄙哉桃李爭春榮。

李詩應該是在讀了柳詩之後，寫成寄去朝鮮的初稿，今載《童山詩集》
者已是改刪之作。從初稿看，用韻次序，一同柳詩，所以《泠齋集》用
「附次韻」三字，應該不錯。《童山詩集》題中無「次韻」字，又改刪不
少句子，倒是減抹掉本詩寫作的部分資料。其次，詩中明言作於炎熱的
六月，這時李調元雖說已奉旨復官候補，心意闌珊狀態，還未能平復過
來，所以還寫了幾句歸隱田園之樂的話。至於《童山詩集》中本詩「昨者

長鬚投翠織」句中的「織」字，則可據朝鮮傳本改回「緎」字，其義始通。

寄柳幾何

秋從昨夜來[1]，舉頭見飛雁。如何春水波，人去長不見[2]。去年籬
下菊，今復掇其英。如何白衣人，不復門前迎[3]。思君令人老，思
君令人瘦。人老尚可支，人瘦不可救。故鄉在西蜀，時於夢中
望。及夢翻在東，常若來君旁。風搖梧桐影，雨動芭蕉葉。謂是
君忽來，不見君步屧。只此白硾紙[4]，曾為君所遺。還以書贈君，
寄我長想思。

① 此句表明初秋，而且該是七月的前期；味「昨夜來」三字可知。
這裏提到寫詩的時間。

②「如何春水波」二句，寫柳琴離北京時間。上面〈幾何主人歌〉：
「二月春城花亂飛，天津冰泮黃華肥。」所謂「春水波」也。「如此風光
欲歸去，薊門柳色空依依。」所謂「人去」也。

③「如何白衣人」兩句中，「白衣人」指柳琴。兩句意謂如何不見
白衣人，使我再迎於門前；而不是白衣人出來再迎我於門前。李調元不
曾到柳琴住處回拜過。如果說李調元出門迎客，則此門應是他在宣武門
東寓所的門。這就表示此詩寫於乾隆四十二年初秋，因為是年九月，李
調元已離京赴廣東，再也不能在京師迎接柳琴了。

④ 中國傳本《清脾錄·李雨村》條載柳琴造訪時，「並錫土物。」
白硾紙當是土物之一，故有下句「曾為君所遺」。但白硾紙是怎樣的朝
鮮紙品，未詳，待考。洪大容《乾淨衕筆談》中有幾句論朝鮮紙的對
答，或可供參考：

蘭公（潘庭筠）曰：「東國之紙，則吾鄉（杭州）紙舖中有賣者，
特價不甚廉耳。」又曰：「東國之紙以何物為之？」余（洪大容）
曰：「皆是楮皮，品甚粗，特堅韌遠勝華紙矣。」

蘇軾詩對陳寅恪先生詩作與晚年
心境之影響

劉衛林*

提要

本文集中闡述陳寅恪先生詩與蘇軾詩之具體關係。除論述自詩集內所見，先生詩於語彙及用事上對東坡詩多所沿襲，甚至於意象選取、內容題材及作法等各方面，一皆刻意仿效東坡詩，證明先生詩雖出入唐宋能自成一家，然而所得力者仍為宋詩，且與有宋一代大家東坡詩原有極密切關係外，並藉此得以進一步闡明先生移居嶺表後之晚年思想與心境，如何受東坡其人其詩之深刻影響。冀能於時下流行將先生詩句以時事逐一比附求解，以求窺見先生晚年不為人知心跡之索隱手法以外，提供具體及真實瞭解先生詩之另一途徑。

一、緒　言

陳寅恪先生（1890-1969）學養淵深，博洽多聞，不獨為史學之一代宗匠，更堪稱當代之大詩人。先生弟子蔣天樞於《陳寅恪先生編年事輯》一書內，即有「先生不特為大史學家，舊體詩亦卓然大家」之說。[1] 自詩集內作品所見，先生詩無論在語彙、用事及意象，至於作

---

*香港城市大學語文學部講師。

[1] 蔣天樞：《陳寅恪先生編年事輯（增訂本）》（上海：上海古籍出版社，1997年），卷下，頁189。

品之內容題材與作法等各方面，在在均深受蘇軾其人其詩之影響。自先生移居嶺表以後，取法東坡之作尤其多見於其筆下。本文嘗試自作品題材內容，語彙用事與選取意象，以至詩歌作法等各方面，集中析述先生詩所受東坡詩之具體影響，除見出先生詩與東坡詩極具關係之外，更藉以說明先生晚年心境之深與東坡契合。

二、陳寅恪先生詩與宋詩之關係

蔣天樞於《陳寅恪先生編年事輯》一書內嘗論先生詩與宋詩之關係：

> 先生詩出入唐宋，寄託遙深。尤其於宋詩致力甚久。家學固如是也。嘗教人讀宋詩以藥庸俗之弊，其旨可見。[2]

蔣氏明確點出先生之詩不特出入於唐宋，且長久用力於宋詩。先生之所以宗宋詩，原因不但在於家學之傳承，又因宋詩本身有足以去庸俗之效，以故先生長期致力於此，往日亦以此教人。

汪榮祖於《陳寅恪評傳》一書內對先生詩亦極度推崇，既本乎蔣氏以上說法闡明先生詩之源出，又進一步具體點出先生詩之特色與成就：

> 寅恪詩立意遣辭，遠邁異常，固然是家學淵源，父陳三立詩宗黃山谷，自有家承。寅恪亦嘗致力於宋詩，謂讀宋詩可以藥庸俗之弊。然其詩固不自限於宋，其辭藻略似李商隱，其意境略似錢牧齋。又因其博覽群籍，能鑄經熔史，化合古典與今典，借古以諷今，杜甫有云：「讀書破萬卷，下筆如有神」者，寅恪可當之無愧。[3]

---

[2] 同上，頁同。

[3] 汪榮祖：《陳寅恪評傳》（南昌：百花洲文藝出版社，1992年），第16章，〈與天壤而且久〉，頁218。

汪氏論先生詩，除點出其博覽群籍，故能熔鑄經史，並化用古今典故與借古以諷今之外，又本乎蔣天樞之說，點出先生嘗致力於宋詩，而其詩又能不自限於宋。對於先生詩之不限於宋，汪氏又有先生詩辭藻似李義山，而意境則似錢牧齋之說。雖然汪氏點出先生詩與前代詩人關係，然而未進一步舉出作品具體說明此節。

此外勞榦於〈憶陳寅恪先生〉一文當中，對於先生詩作之淵源及特色則有如下闡述：

> 寅恪先生的尊人是陳伯嚴先生（三立），清末民初首屈一指的詩人，新江西詩派的領袖。他的詩高華傀偉，平心而論，恐已超過宋代的黃、陳。寅恪先生受此趨庭之教，當然有非凡的造詣。他自稱「論詩我亦彈詞體」，恐怕只是一種謙辭。其實他的詩出入唐宋而自成一格，實非彈詞體所能限。他的被傳誦的弔王靜庵先生詩是白香山體，而《再生緣》題詩卻是李義山體。【4】

勞氏亦以為先生詩不獨有非凡造詣，且能出入唐宋而自成一格。勞氏於說明先生詩時之所以能較蔣氏與汪氏更為深入，就在於能舉出具體作品為例，分別自〈王觀堂先生輓詞〉及〈癸巳秋夜聽讀清乾隆時錢唐才女陳端生所著再生緣卷十七第六十五回中「惟是此書知者久浙江一省遍相傳髫年戲筆殊堪笑反勝那淪落文章不值錢」之語及陳文述西泠閨詠卷十五繪影閣詠家□□詩「從古才人易淪謫悔教夫婿覓封侯」之句感賦二律〉兩篇作品中，明確點出先生詩中有本乎香山體與義山體者，證明先生詩深受白樂天與李義山等人影響。

以往論先生詩者，自蔣天樞以來，包括汪榮祖與勞榦等學者，都分別指出先生雖致力宋詩，而又不自限於宋；或點出先生詩能出入唐宋，而復能自成一格，然而諸學者所舉除意境略似錢牧齋外，作品中能坐實

【4】勞榦：〈憶陳寅恪先生〉，載傳記文學雜誌社編：《談陳寅恪》（臺北：傳記文學出版社，1978 年），頁 39。

出於前人詩影響者，唯有唐代之白樂天與李義山二人耳。若依以上諸學者之見，則是自作品中考論所得，先生詩其實深受中晚唐人之影響。

先生嘗謂：「欲作詩，則非多讀不可，憑空雜湊，殊非所宜。」[5] 此一博覽前脩佳作然後下筆之主張，可以清楚體現於先生筆下。事實上自詩集中可考見，先生詩涉獵極其廣泛。舉凡陶淵明、杜少陵、白樂天、李義山、蘇東坡、黃山谷、陳後山、陳簡齋、陸放翁、錢牧齋、柳如是、趙甌北等歷代詩壇名家，諸人詩中之文詞典故，甚或筆法意境等，一皆見諸先生筆下。以此而論，先生詩確能出入唐宋，既非自限於宋詩一體，亦非僅受中晚唐詩之影響。

雖然前人闡明先生詩之淵源所自，如汪榮祖、勞榦等學者，舉出先生詩體，其實本乎白樂天、李義山等中晚唐人之作，不過若進一步加以考察，先生詩之所得力甚至深受其影響者，事實上為其早年所致力之宋詩，其中又以蘇東坡對先生詩之影響至為深刻。此節自先生詩作內所選用之語彙、典故、意象，甚至內容題材與作法等各方面，在在均可明確見出。

三、陳寅恪先生詩之用東坡語彙及典故

先生詩多有取法東坡者，詩集內所見多有襲用東坡詩語彙及典故作品。茲就所見選取其中較顯者說明如下：

舊巢痕

先生於詩作中屢用東坡詩之語彙及典故。其中較顯著者如「舊巢痕」一詞，不但明顯襲用東坡詩，且於先生詩集內一見再見。如先生一

---

[5] 見吳學昭《吳宓與陳寅恪》（北京：清華大學出版社，1992年）內引述陳寅恪先生論作詩之法。第一章〈在哈佛〉，頁7。

劉衛林　蘇軾詩對陳寅恪先生詩作與晚年心境之影響　351

九五二年春所作〈壬辰春日作〉一詩，即有「北歸難覓舊巢痕」之句【6】；
又如一九五四年春所作〈甲午元旦題曾農髯丈所畫齊眉綏福紅梅圖〉
詩，又有「他生同認舊巢痕」之句【7】——此句又見於一九六六年春所
作〈又題紅梅圖一律圖為寅恪與曉瑩結褵時曾農髯丈熙所繪贈迄今將四
十載矣〉詩之內。【8】此外於一九五七年所作〈答王嘯蘇君三絕句〉詩
其二中亦有「東坡夢裏舊巢痕」之句【9】。以上諸篇中所用「舊巢痕」一
詞，源出於東坡〈六年正月二十日復出東門仍用前韻〉詩。東坡此篇原
文為：

> 亂山環合水侵門，身在淮南盡處村。五畝漸成終老計，九重新掃
> 舊巢痕。豈惟見慣沙鷗熟，已覺來多釣石溫。長與東風約今日，
> 暗香先返玉梅魂。【10】

篇中「舊巢痕」之意，陸游於〈施司諫註東坡詩序〉內釋之甚詳：

> 昔祖宗以三館養士，儲將相材。及官制行，罷三館。而東坡蓋嘗
> 直史館，然自謫為散官，削去史館之職久矣，至是史館亦廢，故
> 云：「新掃舊巢痕」。【11】

先生於詩中用東坡「舊巢痕」一詞，不僅襲其語彙，且又用東坡於詩中
所寄深意。此節於〈答王嘯蘇君三絕句〉其二內「東坡夢裏舊巢痕」一
句中尤足見出。蔣天樞於《陳寅恪先生編年事輯》卷下一九五七年條下
記本篇及王嘯蘇其人：

> 此詩傳錄自吳宓一九五七年七月廿九日日記中。王竸，字嘯蘇，

【6】陳美延、陳流求編：《陳寅恪詩集》（北京：清華大學出版社，1993年），頁75。

【7】同上，頁84。

【8】同上，頁142。

【9】同上，頁104。

【10】蘇軾著，王文誥輯註，孔凡禮點校：《蘇軾詩集》（北京：中華書局，1982年），
　　　第4冊，卷22，頁1154-1155。

【11】見陸游〈施司諫註東坡詩序〉，《渭南文集》（《四部叢刊初編》本），卷15。

以字行。湖南長沙人。清華研究院第一屆畢業同學。時任教湖南大學。【12】

蔣氏於《陳寅恪先生編年事輯》一書中，輯錄先生事蹟既竟，於篇終提到〈答王嘯蘇君三絕句〉詩其二內「東坡夢裏舊巢痕」一句之本意為：

> 丁酉《答王嘯蘇君》詩所謂「東坡夢裏舊巢痕，惆悵名存實未存」者，悼清華僅存其名也。【13】

即清楚可見先生詩中所謂「東坡夢裏舊巢痕」者，其實借東坡詩中所抒發廢往日史館感慨，悼當日清華國學研究院之名存實亡。

三宿

先生詩集內所用「三宿」一詞，亦先生詩用東坡詩語彙及典故之較顯著者。於〈春盡病起宴廣州京劇團並聽新谷鶯演望江亭所演與張君秋微不同也〉詩七律三首其三之「桑下無情三宿了」【14】一句下，先生自注云：「見《後漢書·襄楷傳》及東坡〈別黃州〉詩」【15】。先生所稱用東坡詩「三宿」典故之〈別黃州〉詩原文為：

> 病瘡老馬不任鞿，猶向君王得敝幃。桑下豈無三宿戀，樽前聊與一身歸。長腰尚載撐腸米，闊領先裁蓋癭衣。投老江湖終不失，來時莫遣故人非。【16】

「桑下豈無三宿戀」一句，王文誥注東坡詩，即引先生此篇自注之《後漢書·襄楷傳》，以其中「浮屠不三宿桑下，不欲久生恩愛，精之至也」一段，釋東坡詩內用「三宿」典故本意。【17】先生此詩原自吳宓日記中

【12】蔣天樞：《陳寅恪先生編年事輯（增訂本）》，卷下，頁165。

【13】同上，卷下，頁187。

【14】見《陳寅恪詩集》，頁108。

【15】同上，頁同。

【16】見《蘇軾詩集》，第4冊，卷22，頁1201-1202。

【17】見《蘇軾詩集》卷23〈別黃州〉一詩內王文誥注。同上注，頁1202。

錄出，吳氏於詩後附記云：

> 桑下三宿，佛徒所戒，此固人人知之，而宓讀《襄楷傳》乃知楷
> 之言天象實指人事；蓋當時濫刑多殺，士氣鬱湮，故致天變，襄
> 楷等非方士，乃直諫之忠臣耳。要須久久細讀方可盡得寅恪詩中
> 之意。【18】

誠如吳氏對先生詩之解說，原先東坡詩中「三宿」一詞，本借《後漢
書·襄楷傳》典故諷喻當日人事。由此亦足見先生之用東坡詩典故，不獨
字面上襲用，且及於其背後所關涉之史實，甚至東坡詩中所存之深意。

刺舌

先生於一九六三年立春日所賦〈癸卯正月十一日立春是夕公園有燈
會感賦〉一詩有句云：「涉世久經刀刺舌，聞歌渾忘雪盈顛。」【19】其
中「刀刺舌」典故，即顯效東坡〈劉貢父見余歌詞數首以詩見戲聊次其
韻〉一詩內之用事。東坡此篇原文為：

> 十載飄然未可期，那堪重作看花詩。門前惡語誰傳去？醉後狂歌
> 自不知。刺舌君今猶未戒，炙眉吾亦更何辭。相從痛飲無餘事，
> 正是春容最好時。【20】

王文誥注東坡詩內「刺舌」之典，引《隋書·賀若弼傳》內：「父敦，
臨刑呼弼謂曰：『吾以舌死，汝不可不思。』因引錐刺弼舌，誠以謹
口。」【21】說明東坡以古人錐刺子舌一事，譏其時不能容直言。其先吳

【18】 見吳學昭《吳宓與陳寅恪》所錄吳宓於先生〈春盡病起宴廣州京劇團並聽新谷
鶯演望江亭所演與張君秋微不同也〉詩後附記。第四章〈昆明時期及光復以
後〉，頁137。

【19】 見《陳寅恪詩集》，頁120。

【20】 見《蘇軾詩集》，第2冊，卷13，頁649。

【21】 見《蘇軾詩集》卷13〈劉貢父見余歌詞數首以詩見戲聊次其韻〉一詩內王文誥
注。同上注，頁同。

宓訪先生於廣州（1961年8月），於日記中載二人共話時，先生自言其時「不談政治，不評時事政策，不臧否人物。」【22】先生此詩中「涉世久經刀刺舌」一句，顯是借東坡本篇所用賀若弼父引錐刺子，戒謹不可直言時事典故，抒發其時不容妄議時事之感慨。

四、陳寅恪先生詩之用東坡詩意象

就詩集內所見，先生詩之意象往往深受東坡詩之影響而有。先生詩於意象運用方面之取法東坡，其中較顯著者當為詩集內屢見之海棠及梅花等意象。

海棠

先生詩集內多有詠海棠之作，而其意象實又本乎東坡之海棠詩而有。先生於一九三五及三六年間，曾兩度遊觀北平燕京大學北鄰之蔚秀園，並先後寫成〈吳氏園海棠二首〉。先生此兩篇原文如下：

> 此生遺恨塞乾坤，照眼西園更斷魂。蜀道移根銷絳頰，吳妝流眄伴黃昏。尋春祇博來遲悔，望海難溫往夢痕。欲折繁枝倍惆悵，天涯心賞幾人存。
>
> 無風無雨送殘春，一角園林獨愴神。讀史早知今日事，看花猶是去年人。夢回錦里愁如海，酒醒黃州雪作塵。聞道通明同換劫，綠章誰省淚霑巾。【23】

其後先生將此兩篇錄送吳宓。吳宓於先生手稿後加上附注云：

> 宓注：蔚秀園，在京西海甸附近，燕京大學之北鄰。本為某王府別墅，近為吳鼎昌（字達詮，號前溪，浙江吳興人，鹽業銀行總

【22】 見吳學昭《吳宓與陳寅恪》內所錄吳氏1961年8月30日與先生談話日記。第五章〈最後的會面〉，頁143。

【23】 見《陳寅恪詩集》，頁20-21。

經理，後任侍從文長，貴州省主席。）買得。原名萃錦園，以海棠名。吳氏改名曰「蔚秀園」，宴客賦詩，往游觀者甚眾。寅恪此二詩，用海棠典故（如蘇東坡詩），而實感傷國事世局。【24】

吳宓附注除交代先生詩中所詠吳氏園及其海棠由來外，更點出先生篇中所用海棠典故一若東坡，皆借詠海棠而感傷國事世局。除以上二篇之外，先生詩集內尚不乏效東坡借詠海棠而寄寓感喟之作，如一九四八年所賦〈清華園寓廬手植海棠〉詩，即專詠海棠以抒感慨：

> 北歸默默向誰陳，一角園林獨愴神。尋夢難忘前度事，種花留與後來人。江城地瘴憐孤豔，海國妝新效淺顰。賸取題詩記今日，繁枝雖好近殘春。【25】

此篇專詠清華園寓廬手植海棠，而刻意效東坡詠海棠之作。於篇中第五句「江城地瘴憐孤豔」之後，先生即自注：「東坡〈定惠院海棠詩〉云：『江城地瘴蕃草木，惟有名花苦幽獨。』」【26】點明詩中所詠海棠原用東坡海棠詩之故事。此外先生於一九四五年春憶舊居手植海棠，賦有〈乙酉春病目不能出戶室中案頭有瓶供海棠折枝忽憶舊居燕郊清華園寓廬手植海棠感賦〉詩，所詠亦不離東坡海棠詩之意象。先生此詩原文為：

> 今年病榻已無春，獨對繁枝一愴神。世上欲枯流淚眼，天涯寧有惜花人。雨過錦里愁泥重，酒醒黃州訝雪新。萬里舊京何處所，青陽如海隔兵塵。【27】

篇中所詠「酒醒黃州訝雪新」一句，即全用先生所稱「東坡〈定惠院海棠詩〉」詩意。東坡此篇全名為〈寓居定惠院之東雜花滿山有海棠一株土人不知貴也〉，全篇原文為：

> 江城地瘴蕃草木，只有名花苦幽獨。嫣然一笑竹籬間，桃李漫山

【24】 見吳學昭《吳宓與陳寅恪》所載吳宓評語，頁81-82。

【25】 見《陳寅恪詩集》，頁54。

【26】 同上，頁同。

【27】 見《陳寅恪詩集》，頁36。

總麤俗。也知造物有深意，故遣佳人在空谷。自然富貴出天姿，不待金盤薦華屋。朱唇得酒暈生臉，翠袖卷紗紅映肉。林深霧暗曉光遲，日暖風輕春睡足。雨中有淚亦悽愴，月下無人更清淑。先生食飽無一事，散步逍遙自捫腹。不問人家與僧舍，拄杖敲門看脩竹。忽逢絕豔照衰朽，嘆息無言揩病目。陋邦何處得此花，無乃好事移西蜀。寸根千里不易致，銜子飛來定鴻鵠。天涯流落俱可念，為飲一樽歌此曲。明朝酒醒還獨來，雪落紛紛那忍觸。【28】

一經比照之下，即可見先生詠海棠諸篇，其意象皆取法於東坡此一詠海棠之作。先生所賦〈吳氏園海棠二首〉其一中之「蜀道移根銷絳頰」一句，本於東坡此篇「無乃好事移西蜀」與「寸根千里不易致」；而篇中「天涯心賞幾人存」與〈乙酉春病目不能出戶室中案頭有瓶供海棠折枝忽憶舊居燕郊清華園寓廬手植海棠感賦〉詩之「天涯寧有惜花人」，亦明顯本乎東坡原作「天涯流落俱可念」之感慨而有。又〈吳氏園海棠二首〉其二中之「酒醒黃州雪作塵」，與〈乙酉春病目不能出戶室中案頭有瓶供海棠折枝忽憶舊居燕郊清華園寓廬手植海棠感賦〉詩之「酒醒黃州訝雪新」兩句，俱詠黃州酒醒見雪，其與海棠之所以相關，亦全因本乎東坡上述詠海棠詩之「明朝酒醒還獨來，雪落紛紛那忍觸」詩意而已。

梅花

先生詩集中頗多詠梅之作，以往說先生詩者，少有注意先生詩中之梅花意象。即使偶有論及者，往往亦未必能中先生本意。陸鍵東於《陳寅恪的最後二十年》一書內，對先生〈丙申六十七歲初度曉瑩置酒為壽賦此酬謝〉一詩中「幸得梅花同一笑，炎方已是八年留」【29】兩句尤其著意，指其中「幸得梅花同一笑」之句：

【28】 見《蘇軾詩集》，第 4 冊，卷 20，頁 1036-1037。

【29】 見《陳寅恪詩集》，頁 99。

典出佛教「拈花微笑」，為陳寅恪詩作中屢用之「古典」，喻幸
有賢妻與己心心相印。【30】

陸氏能點出梅花典故於先生詩中屢用，又能明先生以此「喻幸有賢妻與
己心心相印」一事，固然可謂讀先生詩能獨具隻眼，然而指「幸得梅花
同一笑」出佛教「拈花微笑」則未妥。先生詩中提到相對梅花見之一笑
者，尚有〈乙未陽曆元旦作時方箋釋錢柳因緣詩未成也〉詩，其中有句
云：「炎方六見梅花笑，惆悵仙源最後身」【31】。此一先生屢見其笑之
梅花，又見於〈甲午元旦題曾農髯丈所畫齊眉綏福紅梅圖〉一詩之內，
其中有句云：「花枝含笑畫猶存，偕老渾忘歲月奔」【32】，詩題下又注
「圖為瑩、寅結婚時，洞房壁間所懸畫幅也。」故知此對人笑之紅梅，實
為圖畫中所見之梅花。由此亦知梅花之於先生，有其特殊之意義——梅
花既為先生夫妻結褵之見證，亦為多年來陪伴夫妻偕老具特別意義之象
徵與紀念。然而先生於南遷後梅花之屢見於賦詠之中，實與東坡詩有密
切之關係。先生晚年所賦〈又題紅梅圖一律圖為寅恪與曉瑩結褵時曾農
髯丈熙所繪贈迄今將四十載矣〉詩云：

卅年香茞夢猶存，偕老渾忘歲月奔。雙燭高燒花欲笑，小窗低語
酒餘溫。紅妝縱換孤山面，翠袖終留倩女魂。珍惜玟璪桑海影，
他生重認舊巢痕。【33】

此篇抒發四十年來日夕相對紅梅圖之感受。詩中提到此一對先生欲笑之
紅梅，足以見證自結褵以來四十載之夫妻情義，亦即詩中之所謂以此
「重認舊巢痕」。此一「重認舊巢痕」之梅花意象，本來自東坡詩中。東
坡貶黃州時所作〈六年正月二十日復出東門仍用前韻〉詩即云：

【30】陸鍵東：《陳寅恪的最後二十年》（北京：三聯書店，1995年），第18章，頁
443。

【31】見《陳寅恪詩集》，頁91。

【32】同上，頁84。

【33】同上，頁141-142。

亂山環合水侵門，身在淮南盡處村。五畝漸成終老計，九重新埽
舊巢痕。豈惟慣見沙鷗熟，已覺來多釣石溫。長與東風約今日，
暗香先返玉梅魂。[34]

正如上文所述，先生詩中屢有重認或重覓舊巢痕之感慨，此一感慨固
然本乎東坡詩中以「舊巢痕」追憶生平舊事之喻而來，然而詩中藉梅花
意象，勾起對重認「舊巢痕」之一番感喟，則顯然直接受東坡貶黃州時
追想故園之詩所影響而有，於此亦可見先生詩中意象多受東坡詩之深刻
影響。

五、陳寅恪先生詩之仿效東坡作法

先生詩中不乏於詩題內標明用東坡詩韻者，集內所見即有：〈丁亥
元夕用東坡韻〉、〈戊子元夕放燄火呼鄰舍兒童聚觀用東坡韻作詩紀〉、
〈庚寅元夕用東坡韻〉、〈辛卯廣州元夕用東坡韻〉、〈廣州癸巳元夕用
東坡韻〉、〈壬寅元夕作用東坡二月三日點燈會客韻〉、〈癸卯元夕作
用東坡韻〉及〈己丑清明日作用東坡韻〉等八篇之多。又有不稱用東坡
韻，而稱次東坡韻者，集內所見有：〈壬寅元夕後七日二客過談因有所
感遂再次東坡前韻〉、〈甲辰元夕作次東坡韻〉、〈乙巳元夕次東坡韻〉、
〈丙午元夕立春作仍次東坡韻〉、〈乙巳清明日作次東坡韻〉、〈丙午清
明次東坡韻〉等一共六篇。除此之外，又有倒次東坡韻者，如〈乙巳元
夕倒次東坡韻〉一篇即是。

此十五篇與東坡詩有關作品，先生或稱「用東坡韻」，或稱「次東
坡韻」，或稱「倒次東坡韻」。足以證明先生其實深好東坡詩，故此始
會於落筆時依東坡詩韻一再反復吟詠。若取上述依東坡詩韻寫成之各篇
作品進一步考察的話，可具體見出先生詩在作法上深受東坡詩之影響。

---

[34] 見《蘇軾詩集》，第4冊，卷22，頁1154-1155。

上述依東坡韻寫成之各篇作品，在內容題材方面可劃分為詠清明詩及詠元夕詩兩類。茲將先生詠清明與元夕等各詩，依成篇先後為序開列如下：

清明

己丑清明日作用東坡韻　一九四九年四月

樓臺七寶倏成灰，天塹長江安在哉。嶺海移家春欲暮，清明上冢夢初回。餘生流轉終何止，將死煩憂更沓來。紙爐不飛鴉鍛羽，眼枯無淚灑花開。【35】

乙巳清明日作次東坡韻　一九六五年四月

聽罷胡僧話劫灰，尚談節日蠢人哉。鶯飛草長今何處，寒食清明又幾回。早悟有身原大患，不知留命為誰來。德公坡老吾寧及【36】，贏得殘花灑淚開。【37】

丙午清明次東坡韻　一九六六年四

史書既欲盡燒灰，何用今朝上塚哉。南國高樓魂已斷，西陵古渡夢初回。賢妻孺仲憊憊病，弱女淵明款款來。翻憶鳳城一百六，東風無處不花開。【38】

以上三篇清明日所賦詩，或稱「用東坡韻」，或稱「次東坡韻」，實皆

【35】見《陳寅恪詩集》，頁57。

【36】「德公」二字，《陳寅恪詩集》原作「德功」。因此處本用東漢時龐德公攜妻子登鹿門山採藥不返事，故知「功」字當為「公」字之訛。又因本篇次東坡〈海南人不作寒食而以上巳上冢余攜一瓢酒尋諸生皆出矣獨老符秀才在因與飲至醉符蓋儋人之安貧守靜者也〉詩韻，東坡原作正以「鹿門山下德公回」一事詠寒食，亦足證此處應為「德公」，詩集內作「德功」者實誤。

【37】見《陳寅恪詩集》，頁137。

【38】見《陳寅恪詩集》，頁143。

次東坡之〈海南人不作寒食而以上巳上冢余携一瓢酒尋諸生皆出矣獨老
符秀才在因與飲至醉符蓋儋人之安貧守靜者也〉詩韻。東坡此篇原文為：

> 老鴉銜肉紙飛灰，萬里家山安在哉。蒼耳林中太白過，鹿門山下
> 德公回。管寧投老終歸去，王式當年本不來。記取城南上巳日，
> 木綿花落刺桐開。【39】

比對之下可見先生各篇，用韻先後一依東坡原詩，可證三篇皆屬次韻東
坡詩之作。至如先生此三篇詩內用語，如「安在哉」之沿襲東坡原詩，
與東坡詩中所刻劃之紙爐飛鴉等景象，亦一一見諸先生筆下，皆可證先
生詩於作法上之刻意仿效東坡。此節於先生依東坡韻詠元夕諸篇中尤其
顯著見出。先生依東坡韻寫成之詠元夕詩有如下各篇：

元夕

丁亥元夕用東坡韻　　一九四七年二月

萬里烽煙慘澹天，照人明月為誰妍。觀兵已抉城門目，求藥空回
海國船。階上魚龍迷戲舞，詞中梅柳泣華年。舊京節物承平夢，
未忍匆匆過上元。【40】

戊子元夕放燄火呼鄰舍兒童聚觀用東坡韻作詩紀
之　　一九四八年二月

火樹銀花映碧天，可憐只博片時妍。群兒正賭長安社，舉國如乘
下瀨船。坡老詩篇懷舊俗，杜陵鼙鼓厭衰年。新春不在人間世，
夢覓殘梅作上元。【41】

庚寅元夕用東坡韻　　一九五零年三月

過嶺南來便隔天，一冬無雪有花妍。山河已入宜春檻，身世真同

【39】見《蘇軾詩集》，第 7 冊，卷 42，頁 2308-2309。

【40】見《陳寅恪詩集》，頁 51。

【41】同上，頁 54。

劉衛林　蘇軾詩對陳寅恪先生詩作與晚年心境之影響　361

失水船。明月滿床思舊節，驚雷破柱報新年。魚龍寂寞江城暗，
知否姮娥換紀元。【42】

辛卯廣州元夕用東坡韻　一九五一年二月

嶺表春回欲雨天，新蒲細柳又爭妍。漸矛炊劍朝朝飯，泛宅浮家
處處船。幾換魚龍餘此夕，渾忘節物是何年。風鬟霧鬢銷魂語，
騰與流人紀上元。【43】

廣州癸巳元夕用東坡韻　一九五三年二月

海月昏黃霧隔天，人間何處照春妍。繞身眷屬三間屋，驚夢風波
萬里船。久厭魚龍喧永夜，待看桃杏破新年。先生過嶺詩為曆，
此是南來四上元。【44】

壬寅元夕作用東坡二月三日點燈會客韻
一九六二年二月

暝入非非色相天，難分黑白辨媸妍。人情未許忘燈節，世事唯餘
照酒船。戲海魚龍千萬里，知春梅柳六三年。江河點綴承平意，
對淡巴菰作上元。【45】

壬寅元夕後七日二客過談因有所感遂再次東坡前韻
一九六二年二月

不用楊枝伴樂天，幸餘梅影晚猶妍。文章豈入冀開錄，身世翻同
范蠡船。南國有情花處處，東風無恙月年年。名山金匱非吾事，
留得詩篇自紀元。【46】

【42】同上，頁63。

【43】同上，頁66。

【44】同上，頁79。

【45】同上，頁115。

【46】同上，頁116。案此篇末句「元」字，《陳寅恪詩集》原作「年」。因本篇乃次

癸卯元夕作用東坡韻　　一九六三年二月

燈節寒風欲雨天，凌波憔悴尚餘妍。山河來去移春檻，身世存亡下瀨船。自信此生無幾日，未知今夕是何年。羅浮夢破東坡老，那有梅花作上元。【47】

甲辰元夕作次東坡韻　　一九六四年二月

凍雨寒風乍息天，瓶花病室媚幽妍。猶存先祖玄貂臘，不倒今宵綠螳船。鳳翼韶光春冉冉，羊城燈節夜年年。仙雲久墮羅浮阻，作惡情懷過上元。【48】

乙巳元夕次東坡韻　　一九六五年二月

斷續東風冷暖天，花枝憔悴減春妍。月明烏鵲難棲樹，潮起魚龍欲撼船。直覺此身臨末日，已忘今昔是何年。姮娥不共人間老，碧海青天自紀元。【49】

乙巳元夕倒次東坡韻　　一九六五年二月

屈指今宵又上元，倒排蘇韻記流年。撥開雲霧輝金鏡，散遣幽憂照酒船。插柳閭門除舊俗，賞花園會鬥新妍。魚龍燈火喧騰夜，一榻蕭然別有天。【50】

丙午元夕立春作仍次東坡韻　　一九六六年二月

倦暖嬌寒欲雨天，折枝憔悴尚餘妍。犀渠鶴膝人間世，春水桃花

韻東坡之作，東坡詩末句此字原作「元」；又因第六句已用「年」字押韻，更不應於此處重出作韻腳。合此二端，故得推定「年」字屬傳抄之訛，當以「元」字為是。

【47】同上，頁120。

【48】同上，頁123。

【49】同上，頁136。

【50】同上，頁同。

劉衛林　蘇軾詩對陳寅恪先生詩作與晚年心境之影響　　363

夢裏船。曼衍魚龍喧海國，迷離燈火憶童年。英靈蘇白應同笑，

格律頻偷似老元。【51】

具體分析以上各篇，可知先生此等作品受東坡詩以下影響：

　　第一，所次韻之東坡原作為〈二月三日點燈會客〉詩【52】，先生於

〈壬寅元夕作用東坡二月三日點燈會客韻〉詩中即點出用東坡此篇韻。茲

錄東坡〈二月三日點燈會客〉詩於下：

江上東風浪接天，苦寒無賴破春妍。試開雲夢羔兒酒，快瀉錢塘

藥玉船。蠶市光陰非故國，馬行燈火記當年。冷煙濕雪梅花在，

留得新春作上元。【53】

先生所賦各篇，不獨形式上依東坡詩韻下筆，篇中用語及情韻一皆仿效

東坡，可見東坡於先生詩影響之深。

　　第二，先生以上依東坡韻所詠各篇，所謂「用東坡韻」者，其實亦

全屬次東坡韻之作。東坡同一篇作品，先生竟反覆次韻十餘遍，不獨反

映先生於東坡詩有極深刻之感受體會，亦見出先生詩於作法上亦深受東

坡影響，因取同一篇章反覆次韻，正是東坡詩之本色。東坡詩集內次韻

之作多不勝數，與朋儕間往反唱和次韻自是宋時風氣，【54】然而以同一

題材反覆次韻和作，則為東坡詩特色。此可舉東坡《紅梅三首》詩為

例：

怕愁貪睡獨開遲，自恐冰容不入時。故作小桃紅杏色，尚餘孤瘦

【51】同上，頁142。

【52】案本篇題目內之「二」字，諸本或作「二」或作「三」，王文誥注東坡詩，以

　　為「據詩乃正月作，此集本之誤也。」改「二」字為「正」字。見《蘇軾詩集》，

　　第4冊，卷22，頁1153內王文誥本篇題下注。唯注家對此有不同解釋，寅恪先

　　生所見本篇詩題亦作「二」字（詳下文），故未依王氏注改「二」字為「正」字。

【53】見《蘇軾詩集》，第4冊，卷22，頁1153-1154。

【54】嚴羽《滄浪詩話‧詩評》論詩之次韻即云：「和韻最害人詩，古人酬唱不次韻，

　　此風始盛于元白皮陸，本朝諸賢，乃以此而鬥工，遂至往復有八九和者。」

雪霜姿。寒心未肯隨春態，酒暈無端上玉肌。詩老不知梅格在，
更看綠葉與青枝。

雪裏開花卻是遲，何如獨占上春時。也知造物含深意，故與施朱
發妙姿。細雨裛殘千顆淚，輕寒瘦損一分肌。不應便雜妖桃杏，
數點微酸已著枝。

幽人自恨探春遲，不見檀心未吐時。丹鼎奪胎那是實，玉人頹頓
更多姿。抱叢暗蕊初含子，落盞穠香已透肌。乞與徐熙畫新樣，
竹間璀璨出斜枝。【55】

可見東坡詩以同一題材反復次韻和作。先生之詠元夕，亦依同一篇韻腳
先後多番次韻，即同於東坡詩以上作法。

第三，先生所次韻各篇，篇中用語多仿效甚至沿襲東坡原作。除以
上所舉先生詠清明諸篇，多有襲用東坡原詩用語外，於詠元夕諸篇中亦
多見此情況。東坡〈二月三日點燈會客〉詩中之「東風」、「春妍」、
「燈火」、「梅花」、「新春」、「上元」、「寒」、「夢」等用語，於
先生次韻各篇中，即可一見再見（如「上元」一詞凡七見，「夢」字五
見，「寒」字三見，「東風」、「春妍」、「燈火」等詞皆二見。）此
外先生次韻各篇用語中又有稍變東坡語者，如變東坡「留得新春作上
元」一句，為「留得詩篇自紀元」；變東坡「記當年」之語為「記流年」
等，皆足見先生詩之於東坡，不唯於格律用韻等形式上加以仿效，且於
用語、內容題材及情韻方面，對東坡詩亦多有直接取法。

第四，自以上舉證可見，先生歷年來次韻東坡各篇持續期間頗長。
若次韻東坡之元夕詩，下筆時間相隔幾二十年，然而自四七年至五三
年，及六二至六六年兩段期間，幾乎年年賦詠同一內容題材【56】，而又

【55】 見《蘇軾詩集》，第4冊，卷21，頁1106-1108。

【56】 自四七年起，先生幾近年年有元夕次韻東坡點燈詩之作，然而其中有數年未見
賦此者，恐因詩稿散佚，故未存集中耳。一九五二年夫人唐簀有注明「用東坡

劉衛林　蘇軾詩對陳寅恪先生詩作與晚年心境之影響　　365

專門針對某一特殊日子所勾起個人感喟一事下筆。此種刻意就同一內容題材，甚至選定一特別日子下筆，而又年年重複次韻之作，事實上即完全仿效自東坡詩而有。東坡於元豐四年（1081）正月賦〈正月二十日往岐亭郡人潘古郭三人送余於女王城東禪莊院〉：

> 十日春寒不出門，不知江柳已搖村。稍聞決決流冰谷，盡放青青沒燒痕。數畝荒園留我住，半瓶濁酒待君溫。去年今日關山路，細雨梅花正斷魂。【57】

元豐五年（1082）正月又賦〈正月二十日與潘郭二生出郊尋春忽記去年是日同至女王城作詩乃和前韻〉：

> 東風未肯入東門，走馬還尋去歲村。人似秋鴻來有信，事如春夢了無痕。江城白酒三杯釅，野老蒼顏一笑溫。已約年年為此會，故人不用賦招魂。【58】

至元豐六年（1083）正月，東坡再賦〈六年正月二十日復出東門仍用前韻〉：

> 亂山環合水侵門，身在淮南盡處村。五畝漸成終老計，九重新埽舊巢痕。豈惟慣見沙鷗熟，已覺來多釣石溫。長與東風約今日，暗香先返玉梅魂。【59】

可見東坡以上各篇皆選定正月二十日，並就出東門尋春一事下筆，又每年均專就此日此事而次韻成篇。先生之幾於年年次東坡詩韻專詠元夕，以形式而論，無疑於作法上一依東坡詩而有，然而同樣就一日一事下筆，若論先後成篇經歷時間之長，次韻數量之多，則先生可謂過於東坡

韻」之〈壬辰元夕病中作〉一詩，亦次東坡〈二月三日點燈會客〉詩韻，而先生詩集中本年反未見有元夕次韻東坡之作，由是而推或因先生詩散佚者眾，故未能全睹此一期間元夕次韻和東坡各篇。

【57】見《蘇軾詩集》，第4冊，卷21，頁1077-1078。

【58】同上，頁1105。

【59】同上，卷22，頁1154-1155。

者多矣。於以上各篇之中均可見，先生之次韻東坡詩，不唯仿效其形式作法，其語彙典故與意象感喟等，皆一效東坡，因知先生詩與東坡詩實有極為密切之關係。

六、東坡詩與陳寅恪先生詩中所見晚年心境

先生於詩中又屢以東坡自況，於詩集中所見較顯著者，如上文所引〈戊子元夕放燄火呼鄰舍兒童聚觀用東坡韻作詩紀之〉詩之「坡老詩篇懷舊俗」，即以賦詩懷舊俗之坡老自況。此節於先生遷居嶺表以後，東坡詩中之思想及情懷，尤其深刻反映於先生晚歲所賦詩篇當中。先生於遷居嶺南後所賦詩，其中即多以貶謫嶺表之東坡自況。如六二年所作〈壬寅清明病中作〉詩云：

> 身隱之推焉用文，木棉花落自紛紛。鹿門山遠龐公病，望斷東坡嶺外雲。【60】

詩中即有「望斷東坡嶺外雲」感慨。又翌年所作〈癸卯元夕作用東坡韻〉詩云：

> 燈節寒風欲雨天，凌波憔悴尚餘妍。山河來去移春檻，身世存亡下瀨船。自信此生無幾日，未知今夕是何年。羅浮夢破東坡老，那有梅花作上元。【61】

此篇既用東坡韻，篇中亦有「羅浮夢破東坡老，那有梅花作上元」之嘆，與〈壬寅清明病中作〉一詩，均同樣自比於貶謫嶺表之東坡。

除此之外，先生晚歲反思平生著述事業，亦深以東坡自況。如一九五六年所賦〈乙未迎春後一日作〉詩云：

> 乍暖還寒幾換衣，今年節候與春違。黃鶯驚夢啼空苦，白雁隨陽倦未歸。披史獨悲朱墨亂，看花誰送紫紅飛。東坡文字為身累，

【60】同上，頁117。

【61】同上，頁120。

莫更尋詩累去非。【62】

詩中即有「東坡文字為身累」感慨。於本篇第七句下先生自注:「東坡詩云:『平生文字為吾累』」,可見先生自比為平生以文字賈禍之東坡。於此先生既早知一身如東坡之以文字賈禍,然而先生對於平生功業,尤其晚年著述事業,其實亦一心取法於東坡。先生於一九六一年所賦〈辛丑七月雨僧老友自重慶來廣州承詢近況賦此答之〉即云:

五羊重見九迴腸,雖住羅浮別有鄉。留命任教加白眼,著書唯賸頌紅妝。鍾君點鬼行將及,湯子拋人轉更忙。為口東坡還自笑,老來事業未荒唐。【63】

先生於本篇第四句後自注:「近八年來草〈論再生緣〉及〈錢柳因緣釋證〉等文,凡數十萬言。」先生晚歲花極大心力草就數十萬言之〈論再生緣〉及〈錢柳因緣釋證〉,論者每以為兩篇皆先生晚歲心事之寄託,不過對先生而言,不惜以殘年病身而成就此一「老來事業」,亦與謫居嶺表回睇老來事業之東坡相關。先生篇中「為口東坡還自笑,老來事業未荒唐」兩句,即故意反用東坡〈初到黃州〉詩「自笑平生為口忙,老來事業轉荒唐」【64】之意,可見先生於晚年著述一事上以東坡自況。

又先生〈一九六二年三月二十九夕廣州京劇團新谷鶯諸君來中山大學清唱追感六年前舊事仍賦七絕三首以紀之〉詩其三云:

文字聲名不厭低,東坡詩句笑兼啼。千秋有命存殘稿,六載無端詠舊題。【65】

亦可見先生以藉文字而得佔名聲之東坡自況,至於「千秋有命存殘稿」感慨,恐亦因「老來事業」同於東坡,自信文章亦足傳乎後世故有感而發。

【62】同上,頁97-98。

【63】見《陳寅恪詩集》,頁113。

【64】見《蘇軾詩集》,第4冊,卷20,頁1031。

【65】見《陳寅恪詩集》,頁116。

故知先生之於東坡詩，不獨仿效其語彙意象或內容題材，以至用韻筆法等形式方面；更於思想觀念上，甚至個人感受方面亦與東坡深有契合。

七、總　結

當下論先生詩者，每自所謂政治觀點或文化觀點剖析先生詩[66]，實則對於先生詩之理解，究竟是否亦當如先生之治史，用以詩證史之法解說先生詩；抑或應就詩論詩，從詩歌本身以文學角度去考見詩人本意——對於每位要深入瞭解先生詩，或有志研治先生詩之學者而言，應當如何入手去理解先生詩，事實上是必須認真考慮的重大問題。

本文自先生詩中所見，舉述其中與東坡詩有關之語彙典故，並分析先生詩中與東坡詩相關涉之意象、用韻及作法，由此說明先生詩實深受東坡詩之影響，除證明先生詩雖出入唐宋能自成一家，然而所得力者仍為宋詩，且得力於有宋一代大家東坡之外；更於時下流行以索隱手法，將先生詩句以時事逐一實之，冀能窺見先生晚年不為人知之心跡以外，提供另一瞭解先生詩之途徑。本文闡明先生不獨筆下所賦多取法東坡，至於個人思想感受與晚年情懷，亦多與東坡契合，且深受東坡所影響。明白先生詩與東坡其人其詩之深厚關係後，相信在理解或研治先生詩時，在利用先生詩說明所謂政治遺民抑文化遺民爭議之外；或於集中考求錢柳出處與先生夫妻去留異見問題，與錢柳詩對先生詩之影響等問題以外，可以更自文學角度與詩法傳承方面，對先生於詩中所表現之詩人感受與情懷，以至先生之晚年思想與心境，得以有更全面更具體認識，甚至對此一以謫居嶺表東坡自況詩人，得以有更深刻更真實之瞭解。

---

[66]余英時與汪榮祖二先生，即辨當以政治觀點抑文化觀點論先生詩。詳余英時《陳寅恪晚年詩文釋證》（台北：東大圖書股份有限公司，1998年），頁199。

新詩人舊體詩的文學價值與研究價值

朱少璋*

提要

現代新詩人的舊體詩是現代文學研究中的一大盲點，對這批舊體詩，有必要重新認識當中的文學價值與地位，從而了解在現代文學範疇中研究這批舊體詩的價值。本文即針對上述兩個與「地位」、「價值」有關重點作分析；以期尋繹當中久被遺忘或長期受忽視的價值部分。

一. 新詩人舊體詩的文學價值與地位

（一）透過選本進行考察

評論者對現代新詩人舊體詩作的看法，[1]或褒或貶，可以透過「選

---

*香港浸會大學語文中心高級講師。

[1] 論文中將論及的「現代新詩人」係須符合下述三項條件：（1）生於1949年以前及（2）在1917-1949年間具體、積極從事新詩創作的作家而（3）同時創作舊體詩的詩人；除符合上述各項條件外，尚參考《中國現代詩歌史》及《中國新詩大辭典》二書而定；讀者詳參朱少璋：〈現代新詩人舊體詩創作「承繼」與「創新」〉附注 [1]，載《新亞學報》[香港] 第 24 卷（2006 年 1 月）。符合本文先設之前提條件，即為本論文之考察對象者，即有 35 家之多：陳獨秀（1880-1942）、劉大白（1880-1932）、魯迅（周樹人，1881-1936）、沈尹默（1883-1971）、周作人（1885-1967）、李大釗（1888-1927）、胡適（1891-1962）、劉半農（劉復，1891-1934）、郭沫若（郭開貞，1892-1978）、陳衡哲（1893-1976）、徐志摩（徐章垿，1896-1931）、蕭三（蕭子璋，1896-1983）、

錄」和「直接評論」兩個途徑作表達；在一些重要的「選錄」活動中，很大程度上是表達了編選者對某個作品的價值判斷，而「直接評論」，就更具體而有系統地論證詩作的優劣，本章嘗試綜合二者，把入選情況結合直接評論的情況，作一綜合闡釋，以求更全面、更深入了解評選者和評論者對新詩人舊體詩的評價；以下先作分述、後作綜合整理，以見評論之梗概。

1. 選錄情況：

新詩人舊體詩作，為現代詩歌之重要部分，編者選編現代詩詞，新

康白情（1896-1945）、王統照（1897-1957）、成仿吾（1897-1984）、宗白華（宗之櫆，1897-1986）、田漢（1898-1968）、朱自清（朱自華，1898-1948）、聞一多（聞家驊，1899-1946）、俞平伯（俞銘衡，1900-1990）、冰心（謝婉瑩，1900-1999）、應修人（1900-1933）、蔣光慈（蔣光赤，1901-1931）、汪靜之（1902- ）、胡風（張光人，1902-1985）、饒孟侃（1902-1967）、馮雪峰（1903-1976）、朱湘（1904-1933）、馮至（馮承植，1905-1993）、樓適夷（1905-2001）、臧克家（1905-2004）、施蟄存（1905- 2003）、徐訏（1908-1980）、何其芳（何永芳，1912-1977）、金克木（1912-2000）。又舊體詩的同義詞尚有以下各種：（1）「舊詩」，如吳奔星：《魯迅舊詩新探》（江蘇：人民出版社，1981）；（2）又有以「詩詞」偏義指詩，如毛谷風：《二十世紀名家詩詞鈔》（上海：華東師範大學出版社，1993），書前錢仲聯序指出：「詩之一稱，有白話新體與古典舊體之殊。詩詞合稱，胥指舊式。」（頁1）；（3）又有「傳統詩」，如許霆、魯德俊：〈十四行體與中國傳統詩體〉，《中國韻文學刊》2期（1994）；（4）又有「格律詩」，如朱雲達：〈格律詩果真會衰亡嗎？〉，《江南詩詞》4期（1987）；（5）又有「古體詩」，如劉東：〈古體詩生命力管見〉，《昆明師院學報》1期（1981）；（6）又有「古典詩」，如公木：〈簡論中國古典詩歌傳統問題〉，《詩刊》第5期（1957）：「所謂中國古典詩歌，就是指五四以前的舊詩。舊詩，對新詩而言。」

詩人作品多有入選，足見這批詩作在詩壇上之地位與價值，以下就十四種詩歌選本作一統計，以見新詩人舊體詩作之選錄情況，並作分析。十四種選本條列如下，並附代號，以便表列：

選本資料：

[1] 《現代名家詩詞選注》劉運祺、蔡炘生編選（南寧：廣西人民出版社，1987）

[2] 《新文學舊體詩選注》于友發、吳三元編注（濟南：山東教育出版社，1987）【2】

[3] 《中華現代詩詞千首》張作斌、向明編（北京：新華出版社，1988）

[4] 《當代中國詩詞精選》葉元章、徐通翰編（杭州：古籍出版社，1990）【3】

[5] 《中國百家舊體詩詞選》楊金亭編（貴陽：貴州人民出版社，1991）【4】

[6] 《二十世紀名家詩詞鈔》毛谷風編（上海：華東師範大學出版社，1993）

[7] 《中華詩綜》張璋主編（北京：中國和平出版社，1994）

[8] 《上海近百年詩詞選》上海詩詞學會詩選編委會編（上海：百家出版社，1996）

[9] 《百年詩詞精萃》賀新輝、姚維斗編選（太原：山西古籍出版社，1996）

【2】「新文學」乃指時期而言，非專為新文學家而設的選本。

【3】此書於 1986 年有初編版本，名為《中國當代詩詞選》。正如編者在《當代中國詩詞精選》。言中說：「與《初編》相比，《精選》的覆蓋面擴大了」（頁 4），為免重覆編選背景，出現偏頗，本節統計只取《精選》版本，不與《初編》版本同列。

【4】編選乃「當代」百家。

[10] 《中國百年詩歌選》謝冕編選（濟南：山東文藝出版社，1997）

[11] 《中國抗日戰爭詩詞曲選》重慶市文史研究館編（重慶：重慶出版社，1997）

[12] 《中國抗戰詩詞精選》楊金亭選（北京：燕山出版社，1997）

[13] 《20世紀漢語詩選》姜耕玉選編（上海：上海教育出版社，1999）

[14] 《近百年詩鈔》毛大風、王斯琴編（長沙：岳麓書社，1999）

按：方括號碼為該選本之代號，在表中橫列項只列代號，有關選本名稱及出版料資，不另注出。

表一. 各選本所選錄新詩人舊體詩之總和，[5]按詩量總數排序，先多後少：

選本代號 詩人名稱	[1]	[2]	[3]	[4]	[5]	[6]	[7]	[8]	[9]	[10]	[11]	[12]	[13]	[14]	總數
郭沫若	19	13	16		6	6	1	3	2		5	9		2	82
田漢	28	10	12		5	5		4		3	3	3	3	3	78
魯迅			9			6	6	9	3				11	1	45
朱自清	17	4				6		2	1					2	32
何其芳	18		1		3		1								24
王統照	5	9	2		3		1	1	1		1	1		1	25
劉大白	7	8	2			5		1						1	24
沈尹默	6	2	3			3	1	2	1	1			1	2	22
臧克家			4	1	10				2					1	18
施蟄存						5		12						1	18
俞平伯		2	4			3				2				1	14
聞一多	4	3			5		1							2	15
李大釗		10	1											1	12
劉半農	5	4											2	1	12
應修人		5	4												9

[5] 選本中有編選詩及詞者，本表只選計詩量，新詩人之詞、曲作品，不算在其中。

	[1]	[2]	[3]	[4]	[5]	[6]	[7]	[8]	[9]	[10]	[11]	[12]	[13]	[14]	總數
胡適	5						2						1		8
樓適夷		2	4												6
蔣光慈		6													6
周作人				1			4								5
胡風				3		1	1						4		6
馮雪峰	3		1										1		5
康白情		2								1					3
蕭三		2					1								3
宗白華		2		1											3
陳獨秀							2								2
陳衡哲		2													2
冰心												1			1
饒孟侃							1								1
徐志摩															0
成仿吾															0
汪靜之															0
朱湘															0
馮至															0
徐訏															0
金克木															0

表二. 新詩人舊體詩選錄分布情況，多選本選錄者排先，少者排後：

選本代號 --------- 詩人名稱	[1]	[2]	[3]	[4]	[5]	[6]	[7]	[8]	[9]	[10]	[11]	[12]	[13]	[14]	總數
田漢	*	*	*		*	*	*	*		*	*	*	*	*	12
郭沫若	*	*	*		*	*	*	*	*		*	*		*	11
王統照	*	*	*		*		*	*	*		*	*		*	10
沈尹默	*	*	*			*	*	*	*	*			*	*	10

魯迅			*			*	*	*	*				*	*	7
何其芳	*		*		*		*		*						5
劉大白	*	*	*			*		*					*		6
朱自清	*	*				*			*	*			*		6
俞平伯		*	*		*	*				*			*		6
臧克家			*	*	*				*				*		5
聞一多	*	*				*		*					*		5
胡風				*			*	*					*		4
劉半農	*	*										*	*		4
周作人				*				*							2
胡適	*							*					*		3
馮雪峰	*		*										*		3
施蟄存						*		*					*		3
李大釗		*	*										*		3
康白情		*								*					2
蕭三		*					*								2
宗白華		*		*											2
應修人		*	*												2
樓適夷		*	*												2
陳獨秀								*							1
冰心											*				1
饒孟侃								*							1
陳衡哲		*													1
蔣光慈		*													1
徐志摩															0
成仿吾															0
汪靜之															0
朱湘															0
馮至															0
徐訏															0
金克木															0

朱少璋　新詩人舊體詩的文學價值與研究價值　　375

　　按上二表所列，在十四選本中，有28家入選，7家不入選，按數所得，可歸納出以下各項：

　　選詩量最多者是郭沫若、田漢、魯迅、朱自清四家；選本分布最密者為郭沫若、田漢、王統照、沈尹默四家，綜合而言：郭沫若與田漢頗為編選者所熟知和喜愛。值得補充說明的是，新詩人中，魯迅的舊體詩表現最為特出，無論在承繼上、開創上、詩藝上、風格上，都是新詩人作舊體詩之佼佼者，但以統計所得，魯迅在選詩量上排列第三，在選本分布上只排第五，情況比較特殊，其中如《新文學舊體詩選注》以新文學時期標榜為編選背景，但書中魯迅的舊體詩竟一首不選，究其原因，大有可能如《現代名家詩詞選注》（此選本亦無編選魯迅的舊體詩）中所云：

> 明顯的，我國文化革命的偉大旗手魯迅的詩詞，「追蹤漢魏，托體風騷」，「偶有所作，每臻絕唱」，這已早成定論。但因他的詩，前輩的箋注者大有人在，因而沒有再收入這個集子。【6】

從這編選的特殊情況和殊理由看來，證諸〈近百年詩壇點將錄〉，新詩人中只有魯迅入選，位列「地靈星神醫安道全」，點將錄評為「風華流美」、「自存面目」；【7】可見魯迅的舊體詩地位，實在是鶴立於眾新詩人之間，地位超然。

　　未入選者有徐志摩、成仿吾、汪靜之、朱湘、馮至、徐訏及金克木。究其原因，徐：志摩）、成、蔣、朱、馮、徐（訏）各人的作品不多，未能引起評選者的注意，且創量少，評選亦難。而汪、金作品不少，但可能由於出版較晚（《六美緣》在1996年出版，《挂劍空壟》在1999年出版；而選本則最晚出版者乃在1999。臣請漢者亦未注意；當然，其中亦牽涉到某些作品的素質，事實上也較為遜

【6】《現代名家詩詞選注》前言，頁2。

【7】錢仲聯：《夢苕庵論集》（北京：中華書局，1993）頁382，

色，【8】未能入選，理所當然。

各選本均以「時間」為編選大前提，詩歌素質為小前提，其中有以「新文學」時期為據，「百年」為據，有以「二十世紀」為據，有以「現代」為據，有以「抗戰時期」為據，而新文學家部分舊體詩作都能入選（部分選本），可證新詩人的舊體詩作在編選者心目中仍有地位，其素質可與同期的舊詩人相比，並列入選。

一般詩詞選本並沒有因新詩人的「新文學」背景而忽略其舊體詩成就，而是以詩論詩，非以其文學身分而論詩；態度客觀可取。

2. 選錄態度和標準

有必要說明各選本的編選態度和標準，以了解入選作品之價值所在、入選原因。編選者所據之標準，貫穿整個選本，可視為間接地對入選作品作出「合乎標準」的正面評價。以下綜合各選本對新詩人舊體詩的評價與編選之要求，列為兩項作說明，以見編選者對新詩人舊體詩之重視。

（1）從編選者評論看新詩人舊體詩的價值

總體而言，編選者均一致肯定新詩人的舊體詩的文學價值、文學史上的價值，態度正面而肯定，如《現代名家詩詞選注》的前言中就提到「五四以來，我國不政治家、軍事家、文學藝術家和其他名流、學者，創作了大量詩詞」的事實，而編選的態則度則是：

> 這些詩詞形式雖舊，但並非詩必盛唐，詞稱兩宋，隨著時代前進的步伐，加以不斷接受外國文學和民歌的影響，音律有所突破，格調有所創新。它完全以嶄新的姿態，躋身於中華民族文化之林。【9】

【8】有關個別詩人作品的素質分析，詳參朱少璋：〈風格之確立與藝術之表現——現代新詩人舊體詩十二家選評〉，載《新亞學報》[香港] 第2卷（2007年1月）。

【9】《現代名家詩詞選注·前言》，頁1。

為新文學時期的舊體詩找到了立足點;《新文學舊體詩選注》認為「新詩與舊體詩,是詩歌百花園中的姊妹花」、「對於現代文學史上的舊體詩則應當盡快加以整理,使之重見天日。」【10】《中國百家舊體詩詞選》前言中,也針對新詩人創作舊體詩的情況而說:

> 半個多世紀以來,舊體詩的創作一天也沒有停止過。即使像魯迅這樣的新文化運動的旗手,也因「積習難改」,寫過不少膾炙人口的舊體詩;著名愛國詩人聞一多也曾「勒馬回韁作舊詩」。【11】

完全認同這批新詩人的舊體詩作的價值,並且總結其編選結果云:

> 收入這個選本中的一百一十多家,除少數幾家是從事古典文學、詩歌研究的專家外,大多數是新文藝或文化工作者。【12】

道出新文學家創作舊體詩的普遍情況。《二十世紀名詩詞鈔》,傅子餘(1914-?)在序中也談到「新」、「舊」的問題:

> 迄於今世,仍是新舊兩途之爭衡與對峙。須知新者乃根於舊著之土壤中,而舊者在新風氣新事物之浸淫下,亦必有潛而向新之意。【13】

其說彌縫新舊,消弭對立,故此選本中不乏新文學家之舊體詩。而《中華詩綜》的序言中,也肯定新文學時期的舊體詩作的價值,認為新文學時期「傳統的詩詞仍不斷有人寫作,並出現不少佳作,在思想內容方面有不少新的面貌」,並認為「新既有廣闊的發展前途,傳統詩詞也未失去其生命力」。【14】所言亦極中肯。至如《上海近百年詩詞選》的前言中談到五四以來舊體詩被冷落的情況,提出:「在新文化運動的先驅

【10】《新文學舊體詩選注‧代跋》,頁260。

【11】《中國百家舊體詩詞選‧前言》,頁1。

【12】《中國百家舊體詩詞選‧前言》,頁7。

【13】《二十世紀名家詩詞選‧序言》,頁6。

【14】《中華詩綜‧序言》,頁7。

中，已有人感悟到這一重要問題，提出要『勒馬回韁作舊詩』」。【15】引用聞一多的名句，論證新舊體並列的事實。《百年詩詞精粹》的前言中，也詳細地談到新詩人作舊體詩的情況：

> 許多在五四之後寫自由體的詩人，在幾經探索之後，又回頭研究、學習傳統的文化遺產。聞一多曾賦詩明志：「六載觀摩傍九夷，吟成欷舌總猜疑。唐賢讀破三千紙，勒馬回韁作舊詩」……我國老一代詩人，如馮至、何其芳、臧克家等，都在寫新體詩的同時，創作出不少舊體詩佳作。【16】

亦正面肯定了新詩人的舊體詩作。至於《中國百年詩歌選》，則明確地分析了「詩」在「現代」中的「兩難」局面，即「理智上擁護新詩而感情上又傾向舊詩的兩難處境」，【17】而作為文學家也一樣，序文云：「中國文人面對新舊兩個世紀的交替時，往往扮演了這種尷尬的『兩面人』角色」，【18】因此「不排斥古典詩歌的影響和啟示」；【19】所言亦有理有據。《中國抗日戰爭詩詞曲選》也提到：

> 在舊體詩人中，不僅有老行家，也有兼新作的「兩棲」詩人，甚至還有「勒馬回韁作舊詩」的原著名新詩人。【20】

並引郭沫若「又當投筆請纓時」一律，評為「傳誦一時」。《20 世紀漢語詩選》的序言中也提出以下問題：

> 新詩，即是執意區別於舊詩的特定概念，但，新詩的特徵是甚麼？新詩與舊詩有哪些聯繫？甚麼是新詩傳統？卻是困擾著我們

【15】《上海近百年詩詞選・前言》，頁 5-6。

【16】《百年詩詞精粹・前言》，頁 3。

【17】《中國百年詩歌選・序言》，頁 1。

【18】《中國百年詩歌選・序言》，頁 3。

【19】《中國百年詩歌選・序言》，頁 4。

【20】《中國抗日戰爭詩詞曲選・前言》，頁 2。

的問題。【21】

就道出了新體與舊體的密不可分的關係。綜合各編選者之意見，新詩人的舊體詩作品不單有價值，更應在現文學史上佔一重要地位。

（2）從編選要求看新詩人舊體詩的價值

各選本對入選詩作的要求，也頗嚴格，新新詩人舊體詩作能符合要求而入選，即證明其作品素質不低；如《現代名家詩詞選注》就著意對入選詩歌的「創新」有所要求，而在風格方面也很注意，前言云：

> 這些詩詞的作者所處境遇不同，所受影響迴異，因而各有特色。
> 或悲懷激烈，或婉約纖細；或神奇雄偉，或沉鬱悲涼；或嬉笑怒罵，或含而不露；它們都能陶冶性情，提供給人美的享受。【22】

可見入選作品，須為風格獨特，甚具特色者。《中華現代詩詞千首》前言中談到編選標準為「思想性與藝術性並重」，以求達到「既可以感覺到時代的脈搏，又可以領略到人與人之間的深厚的感情；既能夠在思想上受到陶冶，又能在藝術上得到享受」。【23】要求可謂非常高。《當代中國詩詞精選》則強調不以「題材之大小」作為入選標準，而要求詩作「構思精巧、手法新穎、語言凝煉、感情真摯、充份顯示個性的作品」，【24】較著重作品的表達方法與個性。《中國百家舊體詩詞選》而其編選標準則為有詩味、有新意、大體合律。【25】《上海近百年詩詞選》編選標準則首選「與時俱進」者，而「面要求寬，質量要求嚴」。【26】《中國抗戰詩詞精選》，據序中所云，是在近萬首的作品中精選出五百多

【21】《20世紀漢語詩選·序言》，頁1。

【22】《現代名家詩詞選注·前言》，頁1。

【23】《中華現代詩詞千首·前言》，頁2。

【24】《當代中國詩詞精選·前言》，頁4。

【25】《中國百家舊體詩詞選·前言》，頁3。

【26】《上海近百年詩詞選》凡例第三條、第十條，頁1、2。

首的，【27】即在近萬首作品中精挑 5% 而已，其入選難度之高、編選要求之高，可以想見。

必須要說明的是其中三個特別選本：《中華詩綜》並非如其他選本以現代為既定時期；其編選特色，是編選時限上起先秦，下至現代，在三千多年的芸芸詩歌作品中，編選了 279 家、544 首作品，而部分新詩人能入選，其作品素質當極高，亦可見新詩人的舊體詩作，大可與古人同列。

《新文學舊體詩選注》之編選時期不稱「現代」，而刻意稱「新文學」，【28】其編選目的，很明顯是要凸顯舊體詩在新文學時期的持續活動。書後的一篇代跋——〈新文學舊體詩漫評〉，【29】就儼然是一篇重伸現代舊體詩價值與地位的宣言。

《中國百年詩歌選》最大特點，是以「詩」為主，同一詩人的新體、舊體作品可以同列，誠如編選者說：

　　……采取了與以往不同的新舊詩混編的體例。其用意也在於強調二者不可割離的歷史聯繫。

如其中編選康白情的詩作三首，其一為舊體〈寄家內〉，其二、三則為新體〈江南〉和〈婦人〉；【30】這種編選安排，完全把詩人的「新詩人」標籤撕去，客觀地評選詩人之「詩」，可謂開編選現代詩歌新風氣之先河。選本中就詩論詩，不以體式之新舊為壁壘鴻溝，實深具卓見。《20世紀漢語詩選》的編選情況大致跟《中國百年詩歌選》一樣，為了表現新舊二體的脈絡連繫，編選者也強調以詩選詩，不以「體」選詩，從書名以「漢語詩」為題，即表明：編選者有意淡化二十世紀以來，誤以新詩為詩史之全部的主流但非全面之看法，而以一更大的範疇——漢語作

【27】《中國抗戰詩詞精選・序言》，頁 2。

【28】筆者觀察選本中所選的文學家，歸納所得，其編選時期是「現代」。

【29】《新文學舊體詩選注・代跋》，頁 258-279。

【30】《中國現代詩歌選》頁 235-238。

編選前提，只是「語言」味道太強，詩之文學本質在避重就輕下，亦一併有所淡化。

（二）透過論著進行考察

1. 現代文學論著

建國以來，五四新文學運動亦邁向第三個十年，一些現代文學史陸續編成、出版，成其中具代表性的有：1955 年出版的《中國現代文學史略》、1979 年出版的《中國現代文學史》、1984 年出版的《中國現代文學簡史》、1987 年出版的《中國現代文學三十年》；其中除文革時期未有出版外，幾乎每十年就有新著文學史出版，但各書在談到現代詩歌部分時，均只談新詩，對舊體詩隻字不提。[31] 1991 年在台灣出版，王志健編著的《現代中國詩史》，也沒有提及五四以來的舊體詩。

這牽涉到「現代」一詞，是指時限呢？還是指文學的內容呢？按所見的「現代」文學史或詩歌史，均以五四以來的「三個十年」為論述焦點，明顯是以時限為「現代」一詞的定義；而所述的文學內容，則為新文學，明顯是從形式或內容去定義「現代」一詞。除非把「現代」一詞狹義地定義為「新文學」，否則，在「現代」這時限內具「現代」特色的文學作品，都應在論述之列。

這情況在「現代詩歌」的定義上尤為不清，「現代詩歌」是說在「現代」這時限內所寫成的詩歌？還是狹義地把「現代詩歌」等同於「新詩」呢？《中國新詩大辭典》「現代詩」辭條下云：

用現代漢語寫成的詩，亦即我們通常所謂的新詩。[32]

---

[31] 有關現代文學史的詳細研究及分析，詳參許懷中：《中國現代文學史研究史論》（廈門：廈門大學出版社，1997）。

[32] 黃邦君、鄒建軍編著：《中國新詩大辭典》（長春：時代文藝出版社，1988）頁52 右欄。

那麼，中國現代詩歌史就新等同於中國新詩史了，但事實上，近年有文學史的撰著者，都已突破了這狹隘的看法，朱光燦的 《中國現代詩歌詩》和孔范今的 《二十世紀中國文學史》就是最值得注意的文學史著作。

朱光燦的《中國現代詩歌史》（濟南：山東大學版社，1997），在該書的緒論中，朱氏就正面肯定了現代詩歌中的舊體詩地位和價值他，他在緒論中說：

> 在藝術形式方面，現代詩歌的特徵是以自由體詩為主的多種詩體並存。在五四時期，「新運動從詩體解放下手」，湧現了自由體詩、散文詩、無韻詩、民歌體、長詩、和類似絕句、小令的小詩，以及現代舊體詩詞等多種形式……在中國現代歌發生、發展到走向成熟的全過程中，像柳亞子、于右任……像魯迅、郭沫若、茅盾、郁達夫、老舍等，都寫了大量的現代舊體詩詞，成為中國現代詩歌史上的珍品，大放異彩。史實證明，現代舊體詩詞是中國現代詩歌史上競相發展的一種古老的而又具有活力的民族形式……【33】

在書中，朱氏評置了部分新詩人的舊體詩在現代詩歌史上的地位：【34】

新詩人	評語
李大釗	李大釗歌中有意境飛動的白話詩，也有意境深邃的舊體詩章（頁66） 他的舊體詩，不論是五言詩，還是七言律詩與絕句，基本是依循傳統的韻律，較為嚴謹，講究詩的平仄與押韻。（頁69）

【33】朱光燦：《中國現代詩歌史》（濟南：山東大學出版社，1997）緒論，頁5-6。

【34】次序按原書的先後排列。

魯　迅	後期詩歌中的五七言律絕，多為珍品。然而，對於近體詩的嚴格程式，詩人在運用中並不墨守成規，並不將它作得雅正堂皇，而只是在其程式上做到基本符合它的傳統要求，采用它本來的主要的藝術特徵來表現新的生活內容，（頁84）……舊體則近蹤漢魏，托體風騷，風格清新剛健沉鬱，是我國現代詩苑的奇葩。（頁90）
沈尹默	沈尹默從事舊體詩詞創作始於少年時代，歷時數十年，功力很深……他在五四前後所寫的五、七言詩在韻律上雖然很考究，但在詩的語言上卻注重選用口語，語言質樸、鮮活，淺白而富有表現力。（頁136）
郭沫若	這些舊體詩詞的思想力量和藝術魅力，與《戰聲集》和《蜩螗集》互為表裏，基調相同。有人曾說：「當郭沫若回歸祖國重返詩壇時，他詩歌的主要就已經不再是白話詩，而是舊體詩了。」此說清楚地說明了詩人在舊體詩詞的創作方面所取得的果極為豐碩。（頁192）
胡　風	這些現代舊體詩表明了胡風在運用民族傳統藝術形式（主要是五、七言詩，原注）上，頗有藝術才華；擅長於寫實，且獨具匠心。（頁916）

朱氏評置了五位新詩人的舊體詩在現代詩歌史上的價值，肯定了新詩人的舊體詩作乃現代詩歌史的有機、重要的組成部分。

孔范今主編的《二十世紀中國文學史》（濟南：山東文藝出版社，1997），涵蓋的範圍較大，上起1898的維新文學運動，下至20世紀90年代，又論及中、港、台三地的文學發展，內容極為繁浩，該書在「中編」（1917-1976）特設專章，題為「仍佔一席之地的舊體詩詞」，其中分為舊式文人和新式文人的舊體詩。在「新式文人的舊體詩作」一節中，就提出了現代舊體詩的現象：

作為一種另具韻味的情感表達方式，新派文人也常寫作舊體詩詞，且不乏聖手。

書中進一步肯定這批舊體詩的特性和價值：

> 新式文人的舊體詩作今非昔比，在新文學運動中經歷了一種境界的轉型，甚至是以詩詞之形來表達新詩精神上的神韻……新式文人的舊體詩作乃是一種相當複雜的文學現象，時代精神和藝術傳統的交錯，在這裏表現得異常鮮明。[35]

在書中評置了部分新詩人的舊體詩在文學史上的價值：[36]

新詩人	評語
魯　迅	在魯迅的舊體詩作裏，激動深刻的緒情緒及其內涵，愛憎分明的戰鬥精神，比傳統詩詞擁有更複雜、更廣闊的社會內容，所以常以政論的形式出現……突出矛盾和對立成分，便成就了冷雋深沉的藝術境界。（頁1112）
郭沫若	其舊體詩作與新詩互為表裏，若合符契，那浪漫主義的崇高感，介乎趣味判斷和理性判斷之間，往往以激情勝，以氣勢見長……（頁1113）
劉大白	卻並非追求天人合一，而只是寫個人經歷的感受。這正是著眼於真實的藝境，不但情真，而且味濃……（頁1114）
田　漢	他詩才敏捷，常能隨口吟哦揮筆而成華翰……吟誦時又不難適應格律的規範，是以概括、抽象、廣泛多義的抒情格調，來升華生活中複雜、具的矛衝突。豪放的抒情境界，恰在於情思自由而不受拘束。（頁1114-1115）

[35]《二十世紀中國文學史》下冊，頁1111、1112；由喬福生、謝洪杰主編的《二十世紀中國文學》（杭州：杭州大學出版社，1992），內容就對舊體詩詞隻字不提，在內容上，孔編是較全面的。

[36] 次序按原書的先後排列。

沈尹默	「袈裟滿漬紅櫻淚，愛國何如愛美人」中，便充滿人生的無奈。（頁1115）
李大釗	「英雄淘盡大江流，歌舞依然上畫樓」裏，也充滿激憤與悲涼。（頁1115）
俞平伯	「杜姐明妝惜晚春，春香不繫舊羅裙，空教學步邯鄲女，絕倒觀場俊眼人」。然而在喜劇背後也還有悲劇。（頁1116-1117）
宗白華	「繁纓月華生，萬象浴清影」，顯然是代表了全然不同的另一種藝境……在這裏(，)時代心意與審美情趣的變化，表現得分外明顯。（頁1118）

這裏或繁或簡地評置了八位新詩人的舊體詩，這些作品的色、價值和地位，都得到了客觀的接受和正面的肯定。

2. 傳統文學論著

新詩人的舊體詩活動及詩作，在傳統詩壇上也有一定的地位，較曬目的是魯迅，在〈近百年詩壇點將錄〉中，眾多新詩人中就只有魯迅入選，位列「地靈星神醫安道全」，點將錄評為「風華流美」、「自存面目」（【37】另一位是沈尹默，他本駐籍南社，為舊詩人，他在〈南社吟壇點將錄〉中位列「地英星天目將彭玘」。【38】魯、沈二人在云云傳統舊詩人當中，能傳統詩壇上佔一席位，詩藝顯然不低。

至於其他新詩人在傳統詩壇上的地位，則在王小舒、王一民等合著的《中國現當代傳統詩詞研究》這部專著中得到恰當的評置，這部在1997年由濟南山東大學出版社出版的專著，在分述部分中，先論述南社在傳統詩壇上的活動和地位，接著另闢一節，題為「勒馬回韁的新文化

【37】 錢仲聯：《夢苕庵論集》頁382。
【38】 錢仲聯：〈南社吟壇點將錄〉，《南社研究》第六期，頁6。

運動健將」，是與南社並列的另一個舊體詩創作「陣營」，【39】著者以新文學家（其中包含新詩人）的舊體詩乃上承傳統舊體詩脈的看法，十分明顯。新詩人的特殊雙重身分，在這部論著中被肯定下來，完全沒有因為「新詩人」這身分而否定他們的舊體詩在傳統詩壇上應有的地位。

在《中國現當代傳統詩詞研究》中評論的新詩人及有關評語內容摘要如下：

新詩人	評語
魯　迅	詩中充滿時代的吶喊，無半點舊體詩詞的腐朽氣息，又完全合乎傳統詩的格律要求……他們是思想性和藝術性的結合。（頁25）
郭沫若	其中許多詩作意味雋永，寓意深長。（頁28）
朱自清	……實際上這些詩遠非游戲之作……他親閱歷亂世，自有獨到的感受，這在詩中可以窺見一斑。（頁32）
沈尹默	早期詩作詞多抒情言志之作，後期多說理。而前期作品中亦有「攬鏡對形影，還問子為誰？當身本無物，焉知有是非」之作，表現了一種玄學的思想。（頁39）
劉半農	他的傳統詩詞作品不僅富有韻味和情趣，尤其著力於詩化現代語言，反映現實生活，感情深，內含大。（頁41）
王統照	1957年作〈題畫〉詩贈臧克家為人傳誦。（頁47）
田　漢	它（〈蝶雙飛〉，筆者）脫胎於傳統詩詞曲，有濃厚的底蘊，語言精美，餘音繞樑，是古典詩歌創新的一種形式。（頁49）
聞一多	聞一多是研究古典文學的專家，所作傳統詩詞自是不同凡響。（頁50）
胡　風	胡風的詩詞在才力、意境和創新方面都遠遜於聶紺弩。（頁53）
馮雪峰	引錄〈探日〉（頁53），有錄無評——筆者。
臧克家	1957年作〈老黃牛〉尤為人傳頌。（頁54）

【39】此處採用「陣營」一詞，並無「主動、有意識組合」之意，與南社之組合性質大不相同。

朱少璋　新詩人舊體詩的文學價值與研究價值　　387

上列十一位新詩人，《中國現當代傳統詩詞研究》中總評為：

> 它們的共同之處是不泥古，不守舊，在繼承傳統的同時吸收民謠
> 與西方詩歌之長，大膽突破固有格律，為中華詩國努力創建新時
> 代的藝術之花，盡管它們有的太像新詩，有的詞藻形式仍陳舊
> 感，但作為新文化運動健將，他們畢竟在詩歌陣地上也作出了一
> 定的貢獻，只是過去在這方面注意得太少。【40】

在現當代的傳統詩壇上，新詩人的舊體詩顯然是一個重要的組成部分，
這部分與南社詩人、同時期的政治家、學者等，共同組成現當代的傳統
詩壇面貌。

證諸另一部具代表性的現當代傳統詩的專著——毛大風（1915- ）編
著的《百年詩壇紀事》；是書在1997年由杭州錢塘詩社出版，書中輯錄
了自1896至1996一百年間，統傳詩壇上具意義而重要的事情，【41】其中
不乏關於新詩人的舊體詩活動，茲列舉如下，以見新詩人舊體詩活動在
百年傳統詩壇上的地位：【42】

【40】《中國現當代傳統詩詞研究》頁54。

【41】毛氏此稿原刊於《錢塘詩刊》第7期（1994），輯錄成書時有所修改，如增加了
「國內外大事拾要」和「詩家凋謝錄」兩欄，而主體部分「詩壇紀事」一欄的內
容也有所修訂，特別是原稿（《錢塘詩刊》版）中關於新詩的資料，在書稿中全
部刪去，毛氏的原意為：「俾使這本《詩壇紀事》，成為我中華民族傳統詩詞的
百年史冊。」（《百年詩壇紀事》頁307），書中保留的部分新詩人的舊體詩活動
紀錄，當為近百年傳統詩壇上甚具意義者。

【42】下表所列以原書年份次序順次列舉，讀者自行翻檢，不另注頁碼；又紀事摘要
一欄，原文甚多穿插，筆者稍作撮寫壓縮，以求簡明扼要。

年份	紀事摘要	新詩人
1920	《嘗試集》出版，詩集中有舊體詩詞	胡　適
	「抗慕義齋」諸子登山臨水，時有題詠	李大釗 陳獨秀
	金魯胡同酬唱聚會，輯成《金魯酬唱集》	沈尹默
1924	朱自清在寧波發表「萬千風雨迫人來」七律一首	朱自清
1925	聞一多在致梁實秋信中，有「勒馬回韁作舊詩」之語	聞一多
1931	魯迅作「慣於長夜過春時」一律	魯　迅
1933	魯迅作「闊人已騎黃鶴去」一律	魯　迅
1936	魯迅在致楊霽雲的信中，討論「一切好詩，到唐已被做完」	魯　迅
1937	郭沫若朗誦〈歸國吟〉「又當投筆請纓時」一律，沈尹默有和詩	郭沫若 沈尹默
1941	《太平洋鼓吹集》輯成，其中有郭沫若的詩	郭沫若
1943	柳亞子五七壽辰，到會詩人有田漢、俞平伯	田　漢 俞平伯
	《大千》雜誌刊舊體詩詞，有郭沫若、田漢的作品	郭沫若 田　漢
1944	朱德和郭沫若〈登爾雅台懷人〉詩	郭沫若
	俞平伯題詩贈唐弢三首七律，荒城酬唱，為當時詩壇佳話。	俞平伯
1965	田漢遊蘇州，觀司徒廟古柏有感作七絕一首	田　漢
1977	俞平伯〈重圓花燭歌〉寫成，詩界傳為佳話	俞平伯
1980	俞平伯參加「漪瀾盛會」，黃君坦有詩詠俞氏	俞平伯

此外，書中對新詩人的舊體詩集出版，也有紀錄，如1977年出版的《魯迅詩歌選》、《沫若詩選》；1979年出版的《李大釗詩淺釋》、《郭沫若少年詩稿》；1980年出版的《友聲集》（乃臧克家與其餘兩人的詩歌合集）；1981年出版的《魯迅詩歌賞析》；1982年出版的《沈尹默詩詞集》、《田漢詩集》、《郭沫若舊體詩詞繫年注釋》、《王統照詩文集》；1984年出版的《白屋遺詩》；[43]1988年出版的《臧克家舊體詩稿》；1989年出版的《俞平伯舊體詩抄》；1992年出版的《俞平伯詩全編》、《胡風詩全編》。可見部分新詩人的舊體詩活動，在傳統詩壇上，實在是佔一席位，不容否定。

（三）透過與並世傳統詩人作品比較進行考察

郁達夫善寫舊體詩，他談論到蘇曼殊時，就曾說「就我們寫也不見比他壞。沫若的詩就實在比他好」，[44]這是以新詩人的舊體詩跟傳統詩人的詩作比較；為了更進一步了解新詩人的舊體詩在詩壇上的地位，本章直接由作品入手，比較新詩人的詩作與並世傳統詩人的作品，在對比中見其高下優劣，從而對新詩人的舊體詩作在詩壇上的地位與價值，將有更清晰、更客觀的評價。

取樣比較的前提，是各樣本必須要時代相近、題材相類，方可進行比較；本節比較研究採用了毛大風、王斯琴編注：《近百年詩鈔》（長沙：岳麓書社，1999），在書中取樣，主要原因是此書符合以下各七項要求：

【43】書中列出1983年出版的《劉大白詩集》，查該書並沒有舊體作品，諒係誤列。

【44】陳翔鶴：〈郁達夫回憶瑣記〉，載《文藝春秋副刊》第一卷（1-3期），原文筆者未見，引文係轉引自孫文光、王世蕓編：《龔自珍研究資料集》（合肥：黃山書社，1984）頁256。

[1] 選錄詩人層面很廣，不以地域、派別為限；

[2] 全書只選詩，不選詞、曲，選錄焦點較集中；

[3] 此書雖「以詩證史」，但誠如書中〈凡例〉中說：「在藝術上，則要求其佳勝」，又〈編後記〉云：「這一千二百多首詩，若從藝術角度觀之，則《近百年詩鈔》乃是一部藝術性極高的選集。近一百年的名家佳作，盡收其中。」

[4] 選本以「一人一詩」為編輯原則，只個別作例外處理，詩人在作品數量上無太大差距；

[5] 選本選錄時限自 1886 年至 1996 年。對應本論文的研究對象，最早出生的詩人陳獨秀及劉大白，均在 1880 年出生；1996 年後尚在世的有臧克家、施蟄存、汪靜之和金克木。選本在時限上與本論文極為切洽；

[6] 選本特色為以近百年重要史事為題材分類，全書分為二十卷、二十題，題材相類的詩作編於同一卷，眉目清晰，據此，本章可以題材相類的作品進行比較；

[7] 選本參考了十四種有關近現代詩的重要選本而成，編選水平頗高，誠如〈編後記〉說：「這是繼錢仲聯先生所編《近代詩鈔》之後，又一部極佳的近現代詩選集」。

《近百年詩鈔》以題材分類，共分二十卷、二十題，其中有八卷涉及新詩人的作品，即：五四前後、烽煙歲月、時事感賦、交游贈答、江山攬勝、感懷諷喻、舞台春秋、詠事品物。下文就此八項題材，分為八小節進行比較。同卷中盡量選取著名統傳詩人的詩作樣本，以比對新詩人的作品。

「五四前後」：

此卷選錄了李大釗的〈太平洋舟中詠感〉、沈尹默的〈答季剛〉、胡適的〈朋友篇〉、王統照的〈春雨懷人〉、劉大白的〈駕犁〉、聞一

多的〈勒馬回韁〉和〈釋疑〉、劉半農的〈嗚呼三月一十八〉、朱自清的〈懷南中諸舊游〉和俞平伯的〈沒有題目的詩〉，【45】其中李、俞、和二劉的作品，以寫時局及民生艱苦為主，而沈、胡、王、朱則寫懷念友人為主，聞氏則寫詩歌創作的歷程。

同卷中著名統傳詩人有陳柱（1890-1944）、黃季剛（1885-1976）、錢鍾書（1910-1998）及吳虞（1872-1949）。陳柱的〈與黃樸存馬君武胡樸安酌酒〉和黃季剛的〈辛未歲暮書感〉是寫時局民生的，【46】陳氏詩云：

> 又值江南亂，蕭蕭秋氣寒。不知蝸角大，何似酒杯寬。忍聽萬家哭，難飽一醉歡。公乎我語汝，今日且盤桓。

詩人處處說「酒」談「醉」，道出亂世時一界文化中無法排遣的苦悶與積鬱，詩心略帶消極的調子。黃氏詩云：

> 殺節凋年慘慘過。唯將涕淚對關河。滄溟鰲抃移山疾，武庫魚飛棄甲多。一國盡狂應及我，群兒相貴且由他。賢愚此日同蒿里，只怨無人作輓歌。

詩人在亂世中感悟到人生賢愚無別，同歸蒿里；詩中渲染了一派淒清的景年荒時艱的景象。比對李大釗的〈太平洋舟中詠感〉，可以看出很不同的表達：

> 浩渺水東流，客心空嘆息。神州悲板蕩，喪亂安所極。八表正同昏，一夫終竊國。黯黯五彩旗，自茲少顏色。逆賊稽征討，機勢今已熟。義聲起雲南，鼓鼙動河北。絕域逢知交，慷慨道胸臆。中宵出江戶，明月臨幽黑。鵬鳥將圖南，扶搖始張翼。一翔直沖天，彼何畏荊棘。相期吾少年，匡時宜努力。男兒尚雄飛，機失不可得。

【45】《近百年詩鈔》頁 61、63、64、69、70、72、74。

【46】《近百年詩鈔》頁 69、73。

這首詩不用近體而用五言古體，押仄韻，很能帶出一種沉雄氣概，詩的主題明確，而且層次分明：首四句是悲國哀民之嘆；接著四句是由悲情轉入感觸；接下四句寫義聲四起，詩情轉為高昂；接下八句是詩人慷慨陳詞，直言匡扶國家之志向；最末四句與同胞同志相勉，呼應主題。全詩雄偉而壯麗，調子積極，表達有力，節奏明快，對比陳柱及黃季剛的作品，李詩確更具體有力，詩的內容也較豐富，而格調雄奇，為其特色。

俞平伯的〈沒有題目的詩〉，也寫得非常出色，他心平氣和，如白頭宮女閒坐說玄宗，平和中帶出對家國之關懷，詩云：

> 多難興邦日，高腔亡國時。庸醫臨險症，劣手對殘棋。建業空流水，遼陽有鶴歸。外交非直接，抵抗是長期。半壁鶯花喜，千門骨肉悲。畫符王道士，制挺孟先師。自許南陽葛，人懷秦會之。民生三主義，國難一名詞。直到分瓜侯，終須煮豆萁。河關輕似葉，江表沸如麋。有恥添新節，無當我故厄。腹心真痼疾，手足堪瘡痍。文化車裝去，空都驟馬嘶。沉溟無復語，重讀兔爰詩。

作品中除了最末四句是散句外，其餘都是兩兩相對的對偶句（寬對），而詩中用語淺白，對比鮮明，「自許南陽葛，人懷秦會之」就使讀者在會心微笑之餘，有深刻的反省；詩末以《詩經》〈王風〉〈兔爰〉作結，點出感時傷亂的主題。這詩還把亂世的情況寫十分具體：「河關輕似葉，江表沸如麋」、「文化車裝去，空都驟馬嘶」；有比喻，有白描，場面相當突出。劉大白的〈駕犁〉，則以四言的民歌體寫成，全詩四節，焦點集中在農民苦耕而田主自肥的現象，詩人選取了典型的事例，說明當時貧富不均的社會現象，詩中發議論，在詩的第四節云：

> 稻熟租清，賣牛買米。吃飽田主，餓殺自己。

不但用語淺白，而且用例亦淺白，把貧農的苦況寫得具體鮮明，其中「賣牛買米」一句尤為諷刺，充份表現出貧農朝不保夕、饔飧不繼的慘

況。幾位新詩人的作品都顯得才情兼備，與傳統詩人的兩首作品對比，似有過之而無不及。

錢鍾書的〈得鳳瑢太書〉和吳虞的〈寄陳獨秀獄中〉都是以友人為題材的作品，【47】錢詩云：

> 慣遲作答忽書來。懷抱奇愁鬱莫開。赴死不甘心尚熱，偷生無所念還灰。升沉未定休尤命，憂樂遍經足養才。埋骨難求乾淨土，且容蟄伏待風雷。

錢氏對友人信中的「奇愁」作回答，既是求生不願，求死不甘的話，不如暫時蟄伏，等待時機。對比沈尹默的〈答季剛〉，詩人對友人發抒了對人生的看法，詩為七絕，也寫得頗為有味道：

> 愁中臥病曾非惡，亂裏離鄉尚有家。若使此生安穩過，不辭談笑送年華。

辭情溫雅，風調頗佳；王統照的〈春雨懷人〉七律，雖較落懷人的習套，但也寫得規行步矩，深得舊體詩的精神：

> 愁向東風莫一卮。瀟瀟庭院雨如絲。樓頭柳色分橫黛，花外鵑聲惜別辭。燕子呢喃春事盡，梨花零落暮愁時。晚來窗外清音寂，獨倚屏風畫折枝。

詩中運用的意象均極古典，第二句「雨如絲」、第四句「畫折枝」為點題之筆，結構完整，意境清冷。

吳虞的〈寄陳獨秀獄中〉則對繫獄的友人寄予厚望，要他他獄中著書：

> 早年讀易記儒生。意氣翻驚四海橫。黨錮固應關國計，罪言猶足見神明。盡知大膽如王雅，何必高文似馬卿。萬古江流真不廢，新書還望獄中成。

詩中包含了鼓勵與支持，而朱自清的〈懷南中諸舊游〉，也有一首提及

【47】《近百年詩鈔》頁75。

友人葉紹鈞的著作事業，朱詩云：

> 狷介不隨俗，交親自有真。浮沉杯酒冷，融泄一家春。說部聲名久，精思日月新。付余勤揀擇，只恨屢因循。

詩的首頷兩聯寫詩人與友人相知相得的友情，腹聯寫葉氏的小說造詣極高，末聯筆鋒一轉，寫答應友人編輯選集之事尚未完成，一方面表現出文人風雅之交正是文字上的交往，另一方面則寫出人事牽纏的無奈；詩人對好友的囑託念茲在茲，正是二人友情深厚的明證。若從情感表達而言，朱自清的詩較吳虞所寫的為真摯，也更感人。

「烽煙歲月」：

此卷只收錄了新詩人郭沫若〈歸國雜吟〉第二首，[48] 寫作者投筆從戎的高昂志氣，詩中洋溢著以身報國的氣概，讀後令人感發起興，詩云：

> 又當投筆請纓時。別婦拋雛斷藕絲。去國十年餘淚血，登舟三宿見旌旗。欣將殘骨埋諸夏，哭吐精誠賦此詩。四萬萬人齊蹈厲，同心同德一戎衣。

此詩內容豐富，首聯寫詩人離開在日本的家屬回國，負上國民的責任；頷聯寫回國心情，依戀與決絕兼而有之；腹聯寫者甘於為國身殉，表現出書生的骨氣與氣概；末聯勉勵同胞戮力同心，為國家民族出力。此詩開合有度，轉折自如，而擇韻清諧，節奏明快有力，允為上乘之作。

以此對比同卷中的著名傳統詩人楊無恙（1894-1952）的〈趙登禹殉國詩〉，[49] 楊詩云：

> 前年喜峰口，勇往冒彈雨。此身早許國，誓死衛國土。卒然應劇變，血屢執枹鼓。臨危語老兵，為我到母所。忠孝兩難存，勸母勿悲苦。堂堂復堂堂，史書耀千古。何必歸真元，為屬殲醜虜。

---

[48]《近百年詩鈔》頁91。

[49]《近百年詩鈔》頁89。

楊詩寫蘆溝橋戰火下，二十九軍師長力戰殉國，楊氏作此詩，借悼國魂而厲國民。

楊詩「此身早許國，誓死衛國土」對比郭詩近意之句「欣將殘骨埋諸夏」，郭氏的「欣」字無疑是有力而傳神地表現出為國捐軀的光榮感。又楊詩「臨危語老兵，為我到母所。忠孝兩難存，勸母勿悲苦。」四句，對比郭詩「又當投筆請纓時，別婦拋雛斷藕絲」，二人同是寫到與親人生離死別，而楊詩以對話方式交代，郭詩則用「斷藕絲」作喻，寫出那種欲斷還連的親情。楊詩「堂堂復堂堂，史書耀千古。何必歸真元，為厲殲醜虜」，歌頌殉國志士之餘，還設想志士靈魂不滅，化成厲鬼上陣殺敵，寫得十分壯烈，而且動人心魄；郭詩寫「四萬萬人齊蹈厲，同心同德一戎衣」，則是由個人出發，向全國延展開去，開展了一個宏大的救國藍圖，激勵志氣，洋溢著一片救國熱情。

再以郭詩對比同卷中楊玉清（1906-？）的同題之作，楊玉清的〈歸國吟〉在運意上與郭詩很接近，詩云：

> 十年三度幸京華。秋色江聲萬人家。書劍無成慚國瘁，斧柯不假繫匏瓜。倉皇爭渡京衛急，襁負逋逃蜀道遮。願竭丹誠驅寇虜，寧辭離亂走天涯。【50】

無論在用語或表達上，郭詩都較為精練有力，感染力也較強。

「時事感賦」：

此卷收錄新詩人魯迅的〈無題〉（慣於長夜）及田漢的〈獄中雜詠〉，【51】魯迅的〈慣於長夜〉一律，已成名作，詩中的憂患情緒，結合一點點的滄桑味道，寫得十分動人：

> 慣於長夜過春時。挈母將雛鬢有絲。夢裏依稀慈母淚，城頭變幻大王旗。忍看朋輩成新鬼，怒向刀叢覓小詩。吟罷低眉無寫處，

【50】《近百年詩鈔》頁92。

【51】《近百年詩鈔》頁122、128。

月光如水照緇衣。

末聯尤為神來之筆，月光如水，照在深黑的長袍上，營造了一幅對比鮮明的圖象，是感賦作品中的傑作。以此對比同卷的傳統詩人夏承燾（1900-1980）的〈客思〉，[52]夏詩云：

細雨檐花照眼明。短檠孤對坐更深。攖人憂患矜啼笑，閱世風霜逼老成。天壤此身猶遠客，江湖多難未休兵。故園風物那堪憶，但說梅枝已繫情。

二詩都是詩人在夜深時有感而作，夏詩的「短檠孤對坐更深」寫詩人獨坐之情；而魯迅「慣於長夜過春時」的「慣」字，則更能深刻的表達出詩人靜夜獨坐是長期的。夏詩中「攖人憂患矜啼笑」、「江湖多難未休兵」，是時事的寫照；而魯迅則更為具體，寫出「城頭變幻大王旗」、「忍看朋輩成新鬼」的具體情況。夏氏「閱世風霜逼老成」，而魯迅「挈母將雛鬢有絲」，表現了一派滄桑老態，在這方面的表達，魯迅的詩更勝夏詩。二詩在運意結構上也有相類之處，夏詩以「檐花」起句，而又以「梅枝」作結，首尾呼應；魯迅以「長夜」起句，而以「月光如水」作結，也能自全首尾，而魯迅以「月光」代言「夜」，不致重復意象，較之夏詩中「檐花」與「梅枝」之意象複用，確勝一籌。

田漢的〈獄中雜詠〉，寫詩人繫獄時的感受，寫得十分豁達，而且對國事表現出無限關懷，詩云：

平生一掬憂時淚，此日從容作楚囚。何用螺紋留十指，早將鴻爪付千秋。嬌兒且喜通書字，巨盜何妨共枕頭。極目風雲天際惡，手扶鐵檻不勝愁。

詩首句中「憂時」與次句的「從容」為全詩主要基調。詩人對進監牢先要按指紋存檔之舉，看成是在人生中、歷史上留下的光榮印記，對同牢的巨盜，詩人以「何妨」一詞自解，「共枕頭」一語既幽默，又豁達

【52】《近百年詩鈔》頁120。

——這都是扣緊「從容」的基調。致於末聯以天際惡風雲作喻，詩人手扶監牢的鐵檻發愁，則又回到「憂時」的主題上去；全詩起承轉合皆備，而情感沖淡溫和，在繫獄作品中尤為難得。以此對比同卷的傳統詩人郭影秋（1909-1983）的〈獄中有寄〉：

> 非關後果與前因。得失由來究在人。廿七新秋驚老大，十年浪跡走風塵。強顏不灑窮途淚，抵死難忘一飯恩。坐對鐵窗惆悵久，西風吹雨又黃昏。【53】

郭詩頷、腹二聯對偶未工，首二句尤為零散，未夠濃縮，末聯「坐對鐵窗」對比田詩的「手扶鐵檻」，田詩所營造的場面更為淒美；潘詩以景結情，角度是由牢房內向外開展，而田詩則先寫牢房外的「天際」，再把視線場景收進牢房，以結句呼應全詩主題，尤為有力。

「交游贈答」：

此卷收錄新詩人朱自清〈近示聖陶〉五言長詩及臧克家〈賀巴金八十大壽〉。【54】其中朱詩尤為力作，朱氏由「少小嬰憂患」始，寫半生的流離生活：「索米米如珠，敝衣餘幾縷。老父淪陷中，殘燭風前舞」；他向好友葉紹鈞訴說自己對時局人生的看法：「死生等螻蟻，草木同朽腐。螻蟻自貪生，亦知愛吾土」，詩的最後八句，就明確點出好友相濡以沫的親切關係，友情洋溢：

> 鮒魚臥涸轍，尚以濡相煦。勿怪多告言，喋喋忘其苦。不如意八九，可語人三五。惟子幸憐我，骨鯁快一吐。

寫得情感真摯，很能表達出詩人對友情的重視，以及對葉氏的信任。對比同卷傳統詩人張謇（1853-1926）的〈贈陳伯嚴吏部〉：

> 西江健者陳公子，流筆論材未或先。人海無端千劫過，京塵相惜十年前。崎嶇吳楚頻移舍，唐突燕雲正挖弦。長嘆新亭都寂寞，

【53】《近百年詩鈔》頁131。

【54】《近百年詩鈔》頁197、207。

強開淚眼對山川。【55】

詩中腹、末二聯寫亂世感懷，也是對好友傾訴的作品，「崎嶇吳楚頻移舍」寫詩人流離之況，「長嘆新亭都寂寞」寫國家多難，主題也十分明確，但對比朱自清所運用的白描手法，透過客觀敘述帶引讀者感受具體情況，張詩就顯得有點抽象了；如朱詩云：「兒女七八輩，東西不相睹」是寫流離苦況，又「終歲聞呻吟，心裂腦為鹽。贛鄂頻捷報，今年驅醜虜」寫國家之亂事，均十分分具體明確。至於張詩末聯以新亭淚眼看山川之喻，似寄寓一種無可奈何之感；朱自清詩中「區區抱經人，於世百無補」也有力地表現出讀書人生逢亂世，無能為力、襟抱難抒的憤懣之情。

至於臧克家〈賀巴金八十大壽〉一詩，筆力就較弱了：

四十年前憶舊游。奮將大筆寫春秋。身經坎坷心猶壯，浩蕩文壇立陣頭。

詩中詩味不足，詩句過於散文化，沒有提煉，而且吹捧過甚，形成詩中陳詞滿紙，酬酢味道過濃，沒有真實的感情，這固然是一般「賀詩」的局限與通病，臧氏也自難免俗，但詩中對對方的文學事業似不甚了了，只含糊其詞，用空泛的言詞交代，缺乏個性。對比同卷的傳統詩人周振甫（1911- ）的〈呈夏丏尊先生〉：

江南祭酒今誰屬，域外名賢苦見尋。東莞高風留梵宇，香山雅望重雞林。譯經事業推能手，疾世襟懷見素心。留取堅貞傲歲晚，松姿未許雪霜侵。【56】

詩人在腹聯中交代夏丏尊在抗戰時在上海一間大寺院翻譯《南傳大藏經》中的《本生經》，與臧詩相同的是寫給當世文壇名人，詩中少不免要讚揚對方的文學功業，但周振甫就寫較為具體，遣詞造句也較雅潔。

【55】《近百年詩鈔》頁197。

【56】《近百年詩鈔》頁197。

「江山攬勝」：

此卷選錄只有新詩人施蟄存的〈詠文游台〉五言長詩，【57】詩由相關的典事寫起：「莘老罷吳興，墨鈔留殘硯。太虛賦黃樓，雄詞散雷電」，寫孫莘老（孫覺，1028-1090）建墨妙亭，蘇軾（1063-1101）作詩刻石的雅事；又記秦觀（1049-1100）作〈黃樓賦〉的事，為文游台渲染一派文雅古典的氣息。

詩人運用想象，追述當時的盛況：「四賢偶來集，絲竹東山宴。一時觴詠盛，千古士民羨」，今讀者如親睹當日文士薈萃、熙熙攘攘的熱鬧場面；詩人在此筆鋒一轉，寫文游台在文革時遭破壞而今得以重修的事實，引出「落落九百年，人往物亦變」，再寫到重建的文游台景色，詩人云：「樓觀光陸離，軒窗開四面。十年塵土窟，一夕清涼院」；全詩撫今追昔，有典事、有聯想，人世事變幻無常之理，尤有深刻的反映。

以此對比同卷傳統詩人吳丈蜀（1919-　）的〈登岳陽樓〉，【58】也是詠古懷古之作：

> 萬頃煙波一望收。初來勝地喜登樓。北通巫峽千帆遠，南極瀟湘百障幽。憂樂為懷歌范相，湖山在目念滕侯。神州已慶妖氛盡，青草灘前看戲鷗。

詩中第一、三、四、五、六句，均重複〈岳陽樓記〉的文意，新意未足，末聯寫文革「妖氛」已過，轉折不太自然，與上聯不太銜接，詩人閒看戲鷗，與前數聯似有脫節，主題未見一貫。

「感懷諷喻」：

此卷選錄新詩人胡風的〈懷春室雜詩〉和馮雪峰的〈採日〉。【59】胡

【57】《近百年詩鈔》頁228。
【58】《近百年詩鈔》頁217。
【59】《近百年詩鈔》頁270、271。

風的雜詩，以表達繫獄心情為主，其中諷喻尤深，如卷中所選四首：

> 竟在囚房度歲時。奇冤如夢命如絲。空中窸窣聽歸鳥，眼裏朦朧望聖旗。昨友今仇何取證，傾家負黨忍吟詩。廿年點滴成灰爐，俯首無言見黑衣。

> 一從涉海采珠時。慣信姻緣繫赤絲。斫地曾揮七尺劍，開天初頌五星旗。難堪進出三回首，剩得悲歡幾卷詩。廿載心香成廢氣，春光蕩漾上囚衣。

> 苦待飛傳赦令時。撫今懷古一根絲。為辭囚室吟驪曲，莫向文場討紙旗。避貴相如寧賣酒，讓才李白不題詩。明朝還我歸真路，一頂芒冠一布衣。

胡風在1954年向中央寫了著名的《三十萬言書》而被打為反革命集團之首，1956判刑入獄，胡氏在獄中以魯迅〈慣於長夜〉詩韻寫了這批雜詩，詩中的「昨友今仇何取證」、「廿載心香成廢氣」和「避貴相如寧賣酒，讓才李白不題詩」諷喻詩人遭友人出賣、為國枉付力氣、因文字而招禍的種種事實，寫得有力，諷喻時隱時明，而主題非常特出。卷中還選錄了雜詩中詩人寫給妻子的作品：

> 苦憶初傾素願時。兩情如一淚如絲。漫天風雨奔前路，不夜辛勞守大旗。慣拌糟糠充餓腹，故將悲憤鑄新詩。煩紅褪盡皆因我，早拾薪柴暮補衣。

把妻子賢良一面，寫得十分生動，末聯尤能寫出詩人歉疚之心情，隱喻一人繫獄，二人受苦的情況；也同時表現出夫婦患難同心，不離不棄。

馮雪峰的〈探日〉，則運用夸父追日的神話為主線，寫出詩人對「犧牲為國事」的肯定與認同，詩云：

> 夸父欲探日出處，即行與日競奔波。直朝暘谷飛長腿，不惜身軀擲火渦。飲盡渭黃不止渴，再趨北澤死其阿。英雄建業多如此，血汗曾流海不枯。

詩人借家傳戶曉的神話感懷志，效果不俗。對比同卷傳統詩人陳叔通

（1876-1966）的〈言志〉：

> 七十三年不計年。我猶未冠志騰騫。溯從解放更新日，始見輝煌
> 革命天。大好前程能到眼，未來事業共加肩。樂觀便是延齡訣，
> 翻笑秦皇妄學仙。【60】

陳詩也是寫建國事業，而以「樂觀」對待，詩中積極地期待「大好前程
能到眼，未來事業共加肩」，而眼前是「溯從解放更新日，始見輝煌革
命天」，一片昇平景象，詩意近頌揚國政多於表達深刻情感。

「舞台春秋」：

此卷選錄了新詩人郭沫若的〈題〈梅蘭芳〉傳記片〉和田漢的〈觀
馬、紅演〈關漢卿〉〉，【61】郭詩云：

> 漫誇疏影愛橫斜。鐵骨凌寒笑腐鴉。瀝血喚回春滿地，天南海北
> 吐芳華。
> 仙姿香韻領群芳。燕剪鶯黃共繞樑。敢信神州春永在，拼將碧血
> 化宮商。

二詩歌頌京劇名演員梅蘭芳，「鐵骨凌寒笑腐鴉」寫的就是梅蘭芳的氣
節，「瀝血喚回春滿地」、「拼將碧血化宮商」中的「喚」和「宮商」，
是配合梅蘭芳的舞台藝術而言，指出既忠於藝術又能忠於民族。而詩中
巧處，在於「漫誇疏影愛橫斜」則用宋朝詩人林逋（967-1028）暗香浮動
之句意，暗射「梅」字；「春」字凡兩見，以春借喻「蘭」之滋長；「芳」
字在詩中亦兩見，以嵌成「梅蘭芳」三字，尤見匠心。

田漢〈觀馬、紅演〈關漢卿〉〉，〈關漢卿〉一劇是田氏的作品，由
紅伶馬師曾（馬伯魯，1900-1964）及紅線女（鄺健廉，1927- ）演出，
田氏觀後有感，詩云：

> 生死同心彩蝶雙。纏綿慷慨雜蒼涼。拼將眼底千行淚，化作人間

【60】《近百年詩鈔》頁269。

【61】《近百年詩鈔》頁394、395。

六月霜。情種未妨兼俠種，柔腸真不愧剛腸。他年若寫梨園史，

欲使關田共一章。

田氏在劇中寫元朝劇作家關漢卿（1226，[一說1210]-1300）與女伶的悲歡離合事，其中兼雜國仇家恨，可謂公義私情共冶一爐，詩中「纏綿慷慨雜蒼涼」、「情種未妨兼俠種，柔腸真不愧剛腸」各句，就寫出田氏此劇的式；而詩人對此劇甚為喜愛，末聯表明要與關漢卿平分劇壇地位，自負之情，躍於紙上；這同時表現出詩人對關漢卿欣賞之極，並且引為隔世知己。

同卷中的傳統詩人張謇的〈題梅歐閣〉和陳衍（1858-1938）的〈贈周信芳〉二詩，【62】張詩云：

歐劍雄尤俊，梅花自有神。合離兩賢姓，才美一時人。珠玉無南

北，笙鏞有主賓。當年張子野，觴詠亦情親。

這是寫張氏在南通辦梅歐閣，實現「南歐北梅」的藝術組合，詩中首句的「歐」是指歐陽予倩，而第二句的「梅」字是指梅蘭芳，詩中要顧及兩位藝術界名人，因此筆墨分合，兼寫二人，首二句如前所述，又「兩賢姓」、「才美」、「珠玉」、「南北」、「笙鏞」、「主賓」等均極為對稱，分寫二人；但又分中有合，如「一時人」、「無南北」，則又處處以二人合作為前提。陳衍詩則以題贈京劇名演員周信芳（1895-1975）為主題，詩云：

信芳錫嘉名，取義本楚騷。可知疾惡意，非種必爬搔。觀演包龍

圖，笑比清黃河。唾面斥奸攜，居然活閻羅。屢醉我美酒，請我

為浩歌。倘使京兆尹，愧彼徒唯阿。

詩以周氏的名字典故入題，暗示周氏在戲中所飾人物多為忠義疾惡之士，然後寫詩人讚賞周氏的演技，第九、十兩句寫二人的交誼；全詩由舞台寫到現實，層次分明。

【62】《近百年詩鈔》頁393。

對比新詩人及傳統詩人的四首作品，水平非常接近，各具特色，實在難分軒輊。

「詠事品物」：

此卷收錄了新詩人沈尹默的〈小草〉，[63]詩中是借詠物以抒己見，詩人在詩中突顯了尋常小草的尋常「本性」，詩云：

> 小草守本性，而不循世情。庭野無二致，古今同一榮。每被秋霜殺，還共陽春生。踐踏隨所遭，俯仰豈不平。尋常乃如此，松柏有高名。

詩人認為萬物守本性而生，順性而存在，以平凡的小草為焦點，寫小草秋枯春榮，均順應客觀環境而存在，實在是尋常不過，而詩的結句突寫松柏，乃是指出世人歌頌耐寒長青之松柏，其實松柏亦守本性而已，其存在價值實與尋常小草無異。

以此對比同卷傳統詩人許承堯（1874-1964）的〈觀物詩〉，[64]其中〈詠蛾〉一首，是詩人借詠物以喻理的作品，詩云：

> 此蟲不可測，奇勇亦大愚。投身入火窟，有進無退趨。趨死固非易，汝視同嬉娛。貪夫妄模擬，一擲輕捐軀。

詩人借飛蛾撲火入題，寫付死是不容易的，但世人視一死容易，輕言捐軀，詩人認為這是「視同嬉娛」，而且是「貪夫妄模擬」的行為，極不足取。許詩對比沈詩，則許詩近說理，沈詩近議論；而許詩說理步驟井然——前四句寫蛾，末四句說理。而沈詩則幾乎無一句說理議論；刻從暗示與啟發而言，則沈詩為勝，沈詩以理論入詩，而詩人不以辯論或辯斥的手法去寫，而是以尋常物理為論據，全詩推演得十分自然，結句又不用結論方式表達詩人的立場，只是寫出松柏得享高名的世俗看法，筆意點到即止，讓讀者自行玩索，啟發尤深。

---

[63] 《近百年詩鈔》頁 420。

[64] 《近百年詩鈔》頁 414。

二. 新詩人舊體詩在現代詩歌研究上的價值

在上一章已評析了新詩人的舊體詩的水平，作品中的藝術價值，已十分具體，以下將從現代詩歌研究的角度，論述新詩人舊體詩的具體價值。

（一）新詩人及其詩歌研究上的價值

透過研究新文學背景下新詩人的舊體詩創作活動及有關詩作，從而更全面地了解新詩人的總體文學成就。

不少論者在論及現代新詩人時，對舊體詩活動視而不見，如劉東在〈古體詩生命力管見〉中就曾指出中國有「燦爛的星空——郭沫若、聞一多、徐志摩、艾青、李季、賀敬之、鄭（疑為郭，筆者）小川、聞捷」，並認為有了這批詩人，就不該「還是在那裏對新詩可觀的成績視而不見，一味只顧發『思古之幽情』」，[65]這誠然是論者完全無視新詩人舊體詩創作活動的片面看法；在劉氏列舉的新詩人中，就有不少是兼作新舊二體的詩人。[66]

中國大陸甚具權威性的詩歌刊物《詩刊》，在1998年以寄表方式進行一項名為「中國詩歌現狀調查」的統計，以一千六百多份問卷統計，其中有「你最有有印象的現當代詩人」一欄的獨立統計，列出首五十名票數最高的現當代詩人，其中與本研究相同的新詩人有臧克家、郭沫若、徐志摩、何其芳、魯迅和聞一多六人。[67]這些排名，有否考慮到詩人的舊體作品呢？還是只談新詩成就呢？如這概念模糊不清的話，排名的意義也就大打折扣了。

---

[65] 劉東：〈古體詩生命力管見〉，《昆明師院學報》第1期（1981）。

[66] 如時萌：《聞一多朱自清論》（上海：文藝出版社，1982）中〈聞一多詩歌藝術散論〉一章，就對聞氏的舊體詩作隻字不提。

[67] 參看〈百年詩人評選，舒婷列榜首〉，《明報》（1998年11月18日）。

重視新詩人的舊體詩作，認為是評價新詩人的重要部分；這看法漸為一些評論者所重視：

今人李怡在〈魯迅舊體詩新論〉中，認為「魯迅的舊體詩」本身就是一種有趣的稱謂，又指出這特殊文學現象的普遍性：

> ……實際上又開始超越了魯迅本人，上升到中國新文學活動中這一引人注目的「舊體詩現象」。現代中國作家大量創作舊體詩的遠非魯迅一人，眾所周知，許多早年慷慨激昂地獻身於新詩創作的人最終都不約而同地走上了舊體詩的道路，新文學的開創者、建設者們多少都拋棄了「首開風氣」的成果轉而向「骸骨」認同……[68]

李氏提到的新文學運動中的舊體詩現象，正是過往現代文學評論者所忽略的一個重要環節，李氏以魯迅為例，推而廣之，說明這既特殊又普偏的現象，是值得重視的文學現象。事實上，沒有對魯迅的舊體詩作過考察，是不能全面地評價魯迅的文學成就的。這情況正如朱文華在〈魯迅舊詩和毛澤東詩詞比較〉中認為，舊體作品「無疑是他們全部著作中的一個重要組成部分」。[69]

向天在〈朱自清先生的舊體詩〉中說朱氏以「另一種表達手法作著詩，那就是舊體詩。」[70]這誠然是在研究朱氏詩歌表達手法上有很高的參考價值。陳孝全在《朱自清的藝術世界》中，也認為：

> 朱自清舊體詩作是他詩歌世界的重要成部分，只有把它和前期的

---

[68]〈魯迅舊體詩新論〉，載《中國現代文學研究叢刊》第2期（北京：作家出版社，1997），引文見頁82。

[69]〈魯迅舊詩和毛澤東詩詞比較〉，載《紀念魯迅誕辰一日周年論文集》（上海：復旦大學出版社，1981），引文見頁205。

[70]〈朱自清先生的舊體詩〉，載葉靈鳳等著：《新綠集》（香港：新綠出版社，1961），引文見頁2。

詩創作聯繫起來考察，方能全面的評估他的詩藝美學價值。【71】除非我們把這些現代詩人的文學成就局限於「新詩」上，否則，對其舊體詩的研究和考察，是極其有必要的，而他們的舊體詩作，也就顯得更有研究價值了。如陳潞在〈寫舊詩與開倒車〉中，認為魯迅和周作人的舊詩，大都可讀，大都有詩情，有韻味，這些東西在他們的新詩裏卻不容易找到。【72】陳潞的見解，若沒有舊體詩的對比，是不可能作出這樣判斷的。

陳子善在〈徐志摩逸詩與狄更生〉中，就提出徐氏的舊體詩作在研究上的價值：

〈贈狄更生〉雖然不是白話詩，但對考察徐志摩詩歌創作是如何起步的仍大有裨益。【73】

他對這首勾沉得來的徐志摩舊體詩，明顯是十分重視的。

事實上，對於一些高產量（舊體詩）的新詩人而言──如陳獨秀、劉大白、郭沫若、康白情、王統照、朱自清、田漢等，其舊體詩是創作中活動的重要組成部分，只有結合這組成部分，有關研究才會完整、全面而客觀。而其中更有舊體詩創作數量遠高於新詩創量的，如陳獨秀、沈尹默、劉大白、康白情等，若只談他們的新詩，就只能看到他們在現代詩歌上一小部分的成就和貢獻而已。

某些新詩人，如周作人、劉半農，在舊體詩作中的詼諧打油風格，截然與其新詩風格不同，研究他們的舊體詩作，有助於全面地了解他們的詩歌風格的面貌。

此外，據本文的研究整理所得，新詩人的舊體詩作中，保留了大量

【71】陳孝全著：《朱自清的藝術世界》（福州：福建教育出版社，1995）頁93。

【72】〈寫舊詩與開倒車〉，《韻海拾貝》（香港：科華圖書出版，2000），引文在頁80。

【73】《明報月刊》6月號（2000年），頁76-77。

的唱和、題贈、交往、題詠和自述的作品，這些都是研究個別新詩人的重要材料，例如俞平伯舊體詩作《重圓花燭歌》出版後，由周穎南分寄各學術單位，中文大學周卓懷在回信中就認為這首長詩及附冊的和詩「皆足以了解平伯先生之一助」。[74] 這明顯是提出這類作品是兼有「史料」上的價值。又如徐訏的〈贈 TS〉五古一首，就能充份而有力地記述了徐氏的一段中日異國情緣。汪靜之的《六美緣》，在詩歌藝術上誰乏善足陳，但這六百餘首的舊體作品，可以視作研究汪氏早年感情生活的一手材料。賀聖謨在《論湖畔詩社》中，就認為應修人在湖畔詩人中有其特殊性，即指應修人曾創作過舊體詩而言；賀氏談論到湖畔詩社另一位詩人馮雪峰時，又認為馮氏僅存的三首舊體詩「不讀不足以理解這位真正大寫的人」，[75] 可見新詩人舊體詩作的價值和重要性了。至如臧克家在幹校的生活，蕭三、田漢和胡風在獄中的思想片段，都具體而豐富地蘊藏在舊體詩作中，在研究上很有參考價值。

只有面對、承認、了解、研究新詩人的舊體詩，才能全面而客觀地評定詩人的文學成就。

（二）現代詩歌發展研究上的價值

現代詩歌史上的新詩和舊體詩，並非以新取代舊的形式出現，不是一有一絕無的情況，而是一個「因革」過程，其間有因承傳統的，也有革新創獲的，上源下流，絕非一刀切的；但不少論者因為忽略了新詩人的舊體詩活動，乃有偏頗的見解產生，如吳奔星認為：

---

[74] 轉引自周穎南：〈俞平伯的《古槐書屋詞》與《重圓花燭歌》〉，《新文學史料》第 4 期（1990）。

[75] 賀聖謨著：《論湖畔詩社》（杭州：杭州大學出版社，1998）頁104、259，作者賀聖謨在分論湖畔詩人時，談到汪靜之時，雖有引用過《六美緣》的資料，但沒有片言集字評論這部舊詩集，只集中討論汪氏的《蕙的風》和《寂寞的國》，似欠周詳。

魯迅、郭沫若、沈尹默、劉半農、周作人等其所以相繼發表白話詩，都是為了表明用白話也能夠言情，足以取代封建文人所踞守的用文言寫舊體詩的陣地。【76】

這說法明顯是不符事實，站不住腳的。歸根究柢是沒有面對和研究新詩人的舊體詩，才有誤以「並存」為「取代」的看法，現代詩歌史是新舊二體並存的，這事實既客觀又明顯，透過對新詩人舊體詩活動的考察，可以豐富現代詩歌的內容，如實地顯現現代詩歌史的全貌。不完全的現代詩歌史觀，乃始於王瑤（1914-1989）在1956年出版的《中國詩歌發展講話》，該書從《詩經》講到五四，五四以後，只講新詩，不講傳統舊體詩，以新舊體為一生一滅，《百年詩壇紀事》評為「半截子詩歌史，有識者為之側目」。【77】爾後的數十年，這褊狹的現代文學史觀風行莫偪，不少現代詩歌史、現代文學史、二十世紀文學史、二十世紀詩歌史，隨了地位、聲望特殊的魯迅、郭沫若之外，【78】均隻字不提其他新詩人的舊體詩創作。

這個現代歌發展史上的盲點，導至不少偏見產生，某些論者更單從形式的新舊去判斷詩的好壞，把新舊二體格義地、簡單化地，硬套在好壞、進步退步的框框內；如陳曉華在〈三說新詩與舊詩〉中，談到郭沫若的創作活動時，就很主觀地用「畸型現象」去形容郭氏新舊兼作的創作活動，還說「幾個人退下去，成百成千的新者接上來，難道新詩的發展會因幾個人的倒退而倒退嗎？」【79】把創作舊體詩看成是「倒退」，這純然是對郭沫若舊體詩沒有深入認識而作出的片面論斷。

羅孚在〈當代舊體詩和文學史〉中，認為現當的舊體詩是「化故為

【76】吳奔星：〈劉半農在中國新詩史上的歷史地位〉，《新文學史料》第3期（1984）。

【77】《百年詩壇紀事》頁161。

【78】二人的地位和聲望之特殊，在文學性以外，更有政治性。

【79】陳曉華：〈三說新詩與舊詩〉，《昆明師院學報》第8期（1981），頁11-15。

新」的現象，他就提出文學史沒有把這現象寫進去的問題，提出「難道它們不算文學，不能入史？」的疑問，他同時關注到，文學史如何看待對一些影響不太大，但在文學上還有一定成就的現當代作家的舊體詩詞。羅氏提出了「現代文學史緣何無視舊體詩」的大問題，【80】實在是道出了現代詩歌發展史上一大漏洞。楊本海也認為：

> 文學史是的事實證明，一種文體的發生和消亡是受一定的社會歷史條件所約的，既不能下命令去禁止，又不能根據一部分人的喜愛與否去作出取捨的決定。【81】

道出了尊重客觀事實的文學研究態度；認識新詩人的舊體詩，當有助於現代詩歌概念的重新建構，《新文學舊體詩選注》的跋中，就曾出提這樣的見解：

> 舊體詩與白話詩盡管在表現形式上迥然有別，然而作為感情的升華，在諸如意境的創造，形象的創造，抑揚頓挫的節奏感，大體押韻的音樂感等方面，必須都受著共同的藝術規律的約，可以互為借鑑，因此，舊詩與白話詩不是仇敵而是近親。【82】

此論消弭了新舊二體的對立壘，提出「近親借鑑」的積極看法；並強調「現代舊體詩是一個客觀存在」，【83】更談到新舊體並行不悖的看法：

> 一部詩歌發展史，就是詩體不斷不增多的歷史，某一時期，詩體既分主次，又並行不悖的現象，始終存在。【84】

新詩人的舊體詩品，在很大程度上提供了鮮明而有力的證據；孫紹振在〈新詩的民族傳統和外國影響問題〉中，指出舊體詩在現代詩歌史上的存在權利：

【80】羅孚：〈當代舊體詩和文學史〉，《明報月刊》9 月號（1998）。

【81】楊本海：〈略談詩歌的百花齊放與發展道路〉，《昆明師院學報》第4期（1980）。

【82】《新文學舊體詩選注》頁 272。

【83】《新文學舊體詩選注》頁 263。

【84】《新文學舊體詩選注》頁 274。

作為一種藝術形式，不論是古典詩歌還是民歌，仍然有存在的權利，而且在有才華的詩人手中，它還會大放異彩。【85】

又如陳岑在〈瓶無新舊酒必芳醇〉中，列舉了新文學先驅、革命志士、革命家、海外僑胞和特殊詩潮（七六天安門詩潮）為例，指出了：

現代文學史和社會生活的事實都在說明舊體詩詞的創造力仍然十分旺盛。【86】

結合孫、岑二人的看法，證諸新詩人中如魯迅、劉半農、周作人、朱自清等舊體詩高手，正是為現代詩歌史上「有才華」、「放異彩」又「創造力旺盛」的詩人，他們的作品，是現代詩歌史的重要組成部分；現代詩歌的發展，特別是五四時期，詩歌創作確實是新舊相兼並存的，不能否定，也不容忽略，陳伯海在〈自傳統至現代〉中，指出中國文學由傳統向現代演化的進程中，就是有「古與今」、「中與西」和「雅與俗」的矛盾，陳氏並指出：

其中佔主導地位的，自然是復古與新變的對立，它們分別指向傳統與現代兩極，經常表現為激烈的鬥爭、衝突，而亦時有交互滲透至轉化。【87】

這新舊交互滲透和轉化的複雜情況，正是現代詩歌史重新建構上的重點。沈家莊在〈中國詩體嬗遞規律論略〉中，很詳細地論述詩體嬗遞中有累積的事實：

在中國詩體嬗遞進程中，盡管新詩體出現之後，這種詩體的寫作往往為一個時代詩歌創作主流，但它並未「取代」既有的詩體，

【85】孫紹振：〈新詩的民族傳統和外國影響問題〉，《新文學論叢》第7期（1981），頁26-40。

【86】陳岑：〈瓶無新舊酒必芳醇〉，《福建文學》第2期（1986），頁68-69。

【87】張伯海：〈自傳統至現代〉，《社會科學戰線》（文藝學研究）第5期（1996），頁156-162。

各種傳統詩體仍被人們熟稔地用著，並經常被寫出名篇佳什。而
且正是在舊有詩的簇擁中，新詩體才日益顯現出光彩；在對舊有
詩體的詩法、詩藝的研摩借鑑中，新詩體才得以獲健美的發
展……中國詩歌的發展，既是詩體的嬗遞，又是各種詩體的積
累。【88】

新詩人的舊體詩作品，正是在詩體嬗遞中的珍貴積累，其於詩歌發史研
究上價值之高，可以想見。

有關現代詩歌史撰著概念的重新建構，姚雪垠在〈無止境齋書簡抄〉
中，【89】率先提出了中國現代文學史（姚氏偏重討論的是詩歌史）的另
一種編寫方法；他提出「大文學史」編寫概念。大文學史特色是「論述
的作品、作家、流派要廣闊得多」，具體的編寫情況是「包括五四新文
學運動以來的舊體詩、詞」。姚氏還特意提出：

新文學家也有許多人擅寫舊體詩、詞，不管從內容看，從藝術技
巧看，都達到較高造詣。因為這些作家有新思想、新感情，往往
是真正有感而發，偶一為之，故能反映作家深遠的感觸和時代精
神。

他舉郁達夫例，說明郁氏在小說成就外，舊體詩也寫得很好，結論是郁
氏的舊體詩作「當然應作為郁氏文學遺產的一個成部分」，現代文學史
應該在論述郁氏的小說外，也提一提他的詩；並由此推論「其他五四以
來的重作家，在現代文學史上均照此例。」但姚氏提出這類大文史不是
對一般讀者寫的，他在書簡抄的跋中再次強調大文學史「不是作為大學
教材和供應一般青年讀者閱讀」；而他主張供廣大讀者閱讀的則仍保留

【88】沈家莊：〈中國詩體嬗遞律論略〉，《文學評論叢刊》第 31 期（北京：文化藝
術出版社，1989），引文在頁 39。

【89】姚雪垠：〈無止境齋書簡抄〉，《社會科學戰線》（文藝學研究）第 2 期（1980），
頁 236-247。

些「通行的編寫方法，即只論述五四新文學運動以來的白話體文學作品」。姚氏的建議無疑是基於自相矛盾的「雙重標準」，做法並不徹底，也沒有提出為何「廣大讀者」不能讀「大文學史」的具體理由；但他的「大文學史」的撰著概念，特別注意到現代詩歌中的舊體詩，尊重文學史的事實，是十分可取的。可以想見，新詩人的舊體詩在「大文學史」的概念下，將會盡顯其文學、史料的價值，與新詩成就互相輝映。

王瑤在1986年撰文考察有關現文學與古典文學的歷史關係，其中有專章談及現代詩與傳統古典詩的關係，王氏在文中就列舉了魯迅、郭沫若、朱自清、田漢等人的舊體詩成就，並評為「功力深厚，寫得很好」、「具有高的古典詩歌修養」，並認為新文學家的新詩創作與古典詩歌有著密不可分的歷史關係。【90】但王氏以歷史而言文學聯繫，似有取巧之嫌，他談到的歷史聯繫，是具「文學」性的，進一步說，這是「文學史」上、「詩歌發展史」上的聯繫，絕非單純的歷史關係；新文學家的舊體詩創作活動及有關詩作，正是現代詩歌跟近代詩歌接軌的具體痕跡。

結語

總體而言，新詩人的舊體詩作均在水平以上，從前人的選錄情況上看、從與傳統詩人的作品比較上看；新人的舊體詩作確具文學價值。新詩人的舊體詩作無論在風格上、詩藝上、創意上、題材上，大都表現得多姿多采，創作又能擺脫出主入奴之門戶淺見，沒有詩派之限、唐宋之爭，乃自成面目。部分詩人（如劉半農和周作人）更不避淺俗，成功地發揮通俗的詩歌特點，或發揚打油詩之詼諧特點，把傳統上鮮為人所重

【90】王瑤：〈論中國現代文學與古典文學的歷史聯繫〉，《中國文學縱橫論》（台北：大安出版社，1993）頁67-103，引錄在頁83-84。

視的體式，改良活用，寫出個人的風格和品味來。新詩人如陳獨秀、劉大白、魯迅、沈尹默、周作人、李大釗、劉半農、郭沫若、康白情、王統照、宗白華、朱自清、田漢、聞一多、俞平伯、胡風、樓適夷、施蟄存及金克木的詩作，更是能自成面目，水平極高，在現代詩歌史上，展現著多樣的丰姿。

不能否認，個別新詩人如朱湘、汪靜之、蕭三及冰心等舊體詩作藝術水平較低，個別作品更顯得平庸蕪雜，詩藝膚淺，本文也作了分析和批評，但這些作品也並非全無價值，在一定程度上，這些作品代表了、反映了當時詩人的生活和思想的點點滴滴，刻從「史料」的角度去看，這批作品肯定是有保存、整理和研究價值的。

綜合兩部論及新詩人舊體詩作史著（《中國現代歌史》及《二十世紀中國文學史》）的看法，對個別新詩人的舊體詩作評價頗高，在現代詩歌史上，新詩人的舊體詩確能穩佔一席位，誠然，相對於現代文學的主流──新詩，新詩人的新舊體詩作的文學地位顯有高低之別，[91]但舊體詩作始終是不容一筆抹煞的文學現象，也是不容否定其在現代文學史、現代詩歌史上的地位。本論文透過綜合《中國現當代傳統詩詞研究》及《百年詩壇紀事》兩部專著的看法，其中對新詩人舊體詩活動的評述，可以得出一個總體印象：部分新詩人的舊體詩活動，其意義與價值，均為現當代（近百年）傳統壇所承認和重視。「新詩人」的文學身分在傳統詩壇中回復到「詩人」的原型上去，論者都著眼於詩人的作品及有關活動的意義，這樣就能更客觀地為一些兼作新舊二體的詩人，在傳統詩壇上找到合理的地位。

吳小如在《俞平伯詩全編》的序言中，以俞平伯為例，提出新詩人創作舊體詩的問題：

【91】這是一般文學史、詩歌史的看法，至於事實是否如此，實有進一步研究之必要；新詩和舊體詩的比較，會是一個重要而有意義的課題。

我以為，先生（俞平伯，筆者）晚年之所以離開新詩營壘，並非
悔其少作，而是用其所長。在這樣一條由寫新詩轉而改寫舊體詩
的路途上並非只有先生一人。朱佩弦先生、葉聖陶先生以及今猶
健在的施蟄存先生也都走了這條道路。甚至連崛起於五十代的
「後起之秀」如邵燕祥，有時也寫出七言律詩和絕句以取代其賴以
成名的新體詩了。這裏面應該是有規律可尋的……【92】

這「可尋的規律」，經細緻考察和分析，結論是現代新詩人的舊體詩，
是數量多、內容多樣化、素質不低，而舊體詩活動也見持續。無論是客
觀條件上或主觀條件上，舊體詩在現代詩壇上都有存在的理由和能力，
更有一定的地位，新詩是現代壇的主流而非全部，現代舊體詩正是其中
重要的組成部分之一，只有承認現代舊體詩的存在，並加以整理和研
究，才能較全面地看到現代詩壇的面貌；把新體和舊體的關係弄清楚，
才能顯出中國詩歌因革過程中既有承繼又有革新的特點。今人劉納在
《嬗變——辛亥革命時期至五四時期的中國文學》一書中，分析中國古
典文學發展道路結束的原因，談到詩歌問題時，劉氏提出了這樣的分
析：

五四新文學從語言變革入手，旨在破壞與語言相聯繫的文化價值
係統與感情系統，造成了傳統文學格局的解體。持守古典傳統的
文人詩人們幾乎毫無招架之力地一律被驅趕到文學舞台的邊緣，
他們中間恰恰有不少人在這前後死去，如王閻運（1916）、龐樹
柏（1916）、王先謙（1917）、鄭文焯（1818）……【93】

劉氏並認為：仍在世的詩人只是在與佔據了主流位置的新文學相隔絕、

【92】樂齊、孫玉蓉編：《俞平伯詩全編》（杭州：浙江文藝出版社，1992）序言，頁
8-9。

【93】劉納：《嬗變——辛亥革命時期至五四時期的中國文學》（北京：中國社會科學
出版社，1998）頁245。

相對立，日益縮小的文學圈子和讀者群裏；【94】若據本文的考察，新詩人的舊體詩創好正好填補了這詩歌史上的空白，加上新詩人兼作舊體詩，正好反映出新舊二體並非如劉氏所言是隔絕和對立的，相反是相互配合的關係；葉櫓在〈歷史的痕跡〉中說：

　　五四以降，中國新詩在其發展衍變的過程中，始終為所謂的「傳統」與「現代」這兩個「情結」所困擾。【95】

「傳統」與「現代」是抽刀斷之、不能得斷的歷史關係，機械地切割成新與舊，無疑是跟現實不符的；在理想中能稱得上名副其實的「現代詩歌史」，其內容應不分詩體之新舊，只要是在「現代」這期限內的一切詩歌創作活動，均應在論述之列；易言之，一部完整而客觀的現代詩歌史，應該是全面、有系統地論列發生在現代的詩歌創作活動，能有理性地、有理據地展示一幅完整的「現代詩歌史」圖畫。【96】

　　李慶年在《馬來亞華人舊體詩演進史（1881-1941）》的結論中提到自1925年馬舊文學的散文、小說、曲藝都已退出文壇，讓位給新文學，只有舊體詩一枝獨秀，李氏對這現象的解釋是：

　　這種現象，說明了舊體詩有著特殊的生命力，而抒發思想感情是使生命力持續的主要因素。此外，詩的精煉性，使濃縮的語言發

【94】同上注。

【95】〈歷史的痕跡〉，鞏本棟編：《程千帆沈祖棻學記》（貴陽：貴州人民出版社，1997）頁342。

【96】朱光燦的《中國現代詩歌史》就是較「全面」的「史」，此書縷述了1917至1949年間中國詩歌的創作活動，並作出若干評價，全書料資翔實，臚列清晰，而書中最引人注意者，是編著者對現代詩歌的特徵的獨特看法，朱氏認為舊體詩詞也是現代詩歌的眾多形式之一，朱氏在〈緒論〉中就肯定地說：「像柳亞子、于佑任、黃炎培、馮玉祥、陶行知等，像李大釗、毛澤東、朱德、董必武、陳毅等，像魯迅、郭沫若、茅盾、郁達夫、老舍等，都寫了大量的現代舊體詩詞，成為中國現代詩歌史上的珍品，大放異彩。」（頁5-6）。

揮了其他舊文學體裁無法產生的功能，使它獲得人們長時期的喜愛。另一方面，自1919年馬華新文學誕生之後，提倡新文學的人一般不但沒有排斥舊體詩，而且經常提供版位讓它發表，這樣的關係除了說明新、舊文學之間存在著功能性的聯繫，還解釋了「舊瓶裝新酒」的意義，形成了時至今日新（新加坡，筆者）、馬文壇上還延續著的傳統現象。[97]

這個結論，對研究新文學背景下的舊體詩動而言，甚具普遍意義，此不獨可以說明新加坡、馬來西亞的現當代詩壇情況，也可以借以說明五四以來中國詩壇新舊體並存的情況；不管地域，只要有華人作家，舊體詩的優點始終為詩人和讀者所肯定和接受的。

---

[97] 李慶年[新加坡]：《馬來亞華人舊體詩演進史（1881-1941）》（上海：古籍出版社，1998）頁535。

王筠《說文解字句讀》的字形研究

馬顯慈*

提要

王筠（1784-1854），清山東安邱人，字貫山，號籙友，是一位《說文》專家[1]。他的《說文釋例》、《說文解字句讀》（又稱《說文句讀》，以下簡稱《句讀》）及《文字蒙求》，皆別具特色，自成一家之言[2]。與清代的《說文》學者段玉裁（1735-1815）、桂馥（1736-1805）、朱駿聲（1788-1858）三人並稱於世，有「《說文》四大家」之美譽。王氏闡述《說文》條例，說得最精深、最有系統的，應是《說文釋例》一書。《文字蒙求》是一部以指事、象形、會意、形聲分類的初級識字讀本。至於

---

*香港公開大學教育及語文學院助理教授。

[1] 王筠生平，詳見以下資料：

　　I. 趙爾巽〔1847-1927〕等撰《清史稿》〔北京：中華書局，1997年8月〕第
　　　　43冊，卷482，頁13279－13280；

　　II. 清史編纂委員會編《清史》〔臺北：國防研究院，1961年7月1曰〕第7冊，
　　　　頁5208-5209；

　　III. 清國史館原編《清史列傳‧儒林傳下》〔《清代傳記叢刊‧綜錄類2》，周
　　　　駿富輯，臺北：明文書局，1985年5月10曰〕卷69，頁46-47；

　　IV. 徐世昌〔1855-1939〕《清儒學案》〔臺北：燕京文化事業股份有限公司，
　　　　1976年6月〕卷145，頁1〔總頁2543〕；

　　V. 王筠著《說文釋例‧序》，見丁福保〔1874-1952〕編《說文解字詁林》前
　　　　編上。〔臺北：鼎文書局，1983年4月〕第一冊，頁1343。〕

[2] 王筠曾說其對文字之研究別具獨特見解，詳見其《說文釋例》〔北京：中華書
　　局，1987年12月〕卷1，《自序》頁1。

《句讀》是王筠晚年的心血著作，書中除了薈萃段、桂兩家意見與心得，對於許慎的解說，亦有不少精深的闡發和分析【3】。清人張穆（1805-1849）及于鬯（1854-1910）在王氏的書序中都曾大力推許他研究《說文》的成就【4】。綜合而言，《句讀》是按字據形去考究許慎的解說，兼且訂改、論證歷代及當世各家研究《說文》的成果。全書說解文字，見解獨特，旁徵博引，貫通古今，立論不但紮實有力，深入淺出，而且能顧及《說文》研究的入門基礎，以讓讀者容易閱讀及便於理解為大前提。這本書可以說是王氏晚年研究《說文》的精粹，同時也是《說文》學入門的重要讀本。近代學者梁啟超（1873-1907）與王力（1900-1986）兩人，都曾對王筠的《說文》著作與研究推崇備致【5】。可見王氏的《說文》研究是十分有價值，值得後世重視。本文的討論重點就是針對《句讀》一書的字形研究，作一個系統式的分析評述，藉此讓讀者深入認識這位《說文》大家的學術風範，及提高對王筠《說文》研究的注意。

一、引言

乾嘉學者王念孫（1744-1832）曾經明白的指出：「聖人制字，有義而後有音，有音而後有形。學者之考字，因形以得其音，因音以得其義」【6】。事實上，研究文字，形、音、義三方面都是密切相關。眾所周

【3】筆者對《說文句讀》之成書、版本、體例、句讀方式等研究，已早發表，於此不再重述。詳見拙作〈王筠《說文解字句讀》的寫作背景及其句讀方式〉，刊於《新亞論叢》（香港：香港新亞研究所，2005年6月），總第七期，頁319-333。

【4】見《說文解字詁林》〔臺北：鼎文書局，1983年4月〕第1冊，頁229、頁239 a。

【5】梁啟超《中國近三百年學術史》〔臺灣：中華書局，1962年1月〕頁210-211；王力《中國語言學史》（香港：中國圖書刊行社，1984年），頁133。

【6】見段玉裁《廣雅疏證·序》，王念孫《廣雅疏證》（北京：中華書局，1983年5月），頁1a。

知，《說文解字》是中國第一部字典，書中文字「據形聯系」，以540部首編排，也可以說是一部「因形求義」的專著。至於說解文字的體例，一般都是先解釋字義，然後再辨析字形結構，最後譬況文字的讀音。王氏《句讀》在研究字形方面，特別用心，每每在許慎說解以外，多作補充、訂正及闡發討論。以下依據書中所說，總其要緒，加以歸納說明，先論說其有關成就，然後評述其缺失。

二、《句讀》對字形研究的成就

1. 闡明《說文》條例

王筠在《句讀》裏對許慎的說解，有不少獨到的理論闡發。現條舉其中與字形有關例子說明如次[7]：

（i）說明指事字例

《說文》對指事字及象形字的分析，都一律以「象形」，「象某某之形」等術語立說，這對初學者來說，最易產生概念上的混淆。王筠有見及此，於是在《句讀》裏特別說明《說文》的有關條例，清楚地解開讀者的困惑。以下是王筠對指事字的說明例子：

（1）爪

《說文》爪下云：「丮也。覆手曰爪。象形。」[8]王筠《句讀》於「象形」下說：「實指事字」[9]。

以上是王氏指出篆字為指事的例子，由於字形結構比較簡單，容易讓人理解，所以書中沒有再加以詳細說明。

---

[7] 篇幅所限，如非特別需要，本文各項引述一般只略舉兩例。

[8] 見《說文解字詁林》，第3冊，頁955b。

[9] 同上。

（2）予

《說文》予下云：「推予也。象相予之形。」【10】王筠《句讀》依《釋詁・疏》引補作「象兩手相予之形」，並說：「實指事字」【11】。

以上例子，王氏先交代《說文》所析，然後再進一步說明該字之構成應屬指事條例。

（ii）說明通體象形字例

王筠在他的《說文蒙求》和《說文釋例》兩書，已將象形分為純象形及變體象形兩類【12】。在《句讀》書中，他又建立了「通體象形」一說。按全書所見，有鹿、廌、莧、鼎、后、壺、主諸例【13】，以下列舉其中兩例，加以說明：

（1）鹿

《說文》鹿下云：「獸也。象頭角四足之形。鳥鹿足相似。從匕。」【14】王筠《句讀》於許語下說：「桂氏曰：『鳥當作龜。龜下云：「足與鹿同，從匕。」《韻會》引作從比。』案：通體象形，不得又從比會意，龜下云足與鹿同，不云從比，足以見例。」【15】

（2）廌

《說文》廌下云：「解廌。獸也。似山牛一角。古者決訟，令觸不

【10】同上，第4冊，頁525b。

【11】同上，頁553a。

【12】見《文字蒙求》（臺北：藝文印書館，1974年4月）卷1。《說文釋例》（北京：中華書局，1987年12月）卷2。

【13】案：鼎、后、壺、主四字，王筠《句讀》亦謂「通體象形」，分別見《說文解字詁林》，第6冊，頁332b；第7冊，頁1073a；第8冊，頁982b；第4冊，頁1442b。

【14】同上，第8冊，頁527 a。

【15】同上，頁527 b-528 a。

直。象形。從豸省。」[16]王筠《句讀》於許語下說：「既云象形，則通體象形矣。安得云下半從豸省。況字之上半似鹿，張揖又謂其獸似鹿，何不云鹿省乎？」[17]

按甲骨文之鹿、麤二字，字形作 [18]；金文亦有鹿字，作 [19]，都是獨體象形字。綜合王筠《句讀》所說，上述兩例同是本着字形的整體情況立論，他針對《說文》說解的矛盾，據形剖析，辨解迷惑。此外，《句讀》裏又有「全體象形」之說[20]，王氏所說理據與通體象形基本是相同，可以互相發明。

（iii）說明「象形」語例

許慎（58-148？）說解文字，用語比較精簡，書中所用象形術語，有時拘限於篆形筆勢結構立論，頗令讀者困惑，難以清楚理解。王筠於是加以補充，特別在許語「象形」、「象某某之形」句下，附上說明，加以辨解。例如：

（1）巢

《說文》巢下云：「鳥在木上曰巢。在穴曰窠。從木。象形。」[21]王筠《句讀》於「象形」下解釋說：「巛者鳥形，臼者巢形也」[22]。

---

[16] 同上，頁518a。

[17] 同上，頁518b-519a。

[18] 參徐中舒《甲骨文字典》（成都：四川辭書出版社，1988年11月），頁1079、頁1079所引。

[19] 參陳初生編纂《金文常用字典》（西安：陝西人民出版社，1987年4月），頁897所引。

[20] 案：《句讀》（北京：中華書局出版，1988年7月）謂全體象形字有鳥、缶、矢、朮諸例，分別見於頁128b、頁186b、頁269a。

[21] 見《說文解字詁林》，第5冊，頁1045b。

[22] 同上，頁1066a。

以上例子，王氏從解釋小篆的字形結構入手，去說明許慎所謂「象形」的意思。

（2）齒

《說文》齒下云：「口齗骨也。象口齒之形。」【23】王筠《句讀》作詳細註解：「口張則齒見。一者、上下齒中間之虛縫。ぜ則齒形。」【24】

從以上例子，可以看到王筠詳細剖析許慎所謂「象某某之形」的用意。

上述指事字【25】例子，許慎在書中均以「象某某之形」立說，王筠特意將字中之指事意符揭示出來，讓讀者明白這些都是指事字，不可以與象形字混淆。

（iv）說明會意字例

許慎《說文解字·敘》說：「會意者，比類合誼，吕見指撝。武、信是也。」【26】王氏《句讀》裏也間中在許慎說解語句下注明「會意」，有時又作補充說明，目的是要將該篆字的會意特點加以辨析。例如：

（1）屵

【23】同上，第3冊，頁242a。

【24】同上，頁242b。

【25】任學良《說文解字引論》論指事造字法說：「指事的『事』表示事物，包括事和物。舊說以為只包括事，是不全面的，如『本』『末』都是『物』。指事字一般可分為兩部分：一是形象，二是所指。形象部分是一個象形字，所指部分不是字，僅僅表示意之所指；前者實而後者虛（當然這裏的虛實是相對而言）。刃字的刀就表示形象，『、』表示意之所指。所指部分的位置對於造成某字關係極大，如所指在木下為本，在木上為末。……指事字是在象形字之上加事物，不只一個形象。」（福州：福建人民出版社，1985年9月），頁32-33。

【26】見《說文解字詁林》第11冊，頁924b。

馬顯慈　王筠《說文解字句讀》的字形研究　　423

《說文》岋下云：「入山之深也。從山從入。闕。」【27】王氏《句讀》說：

　　……會意字未有如此粗淺者，且造此字將何用哉？在入部而先言從山，紊其主從，而又云闕，是無音也。疑非許君所收。【28】

以上是王氏先說明本篆為會意，然後按原書所述內容，質疑此字並非《說文》所收的字例。

（2）臭

《說文》臭下云：「犬視皃。從犬目。」【29】王氏《句讀》說：

　　小徐目下有聲字，而曰會意。毛本亦元有聲字而刪去之。孫、鮑二本無。嚴氏曰：「徼從育聲，可以比例。」桂氏曰：「倏從攸聲，讀若叔，是其例。」案：會意自是，亦不必委曲歸形聲也。【30】

以上例子，王氏先評論各家之說，再注明該篆字為會意字。

　　總結上述四項：（i）說明指事字例，（ii）說明通體象形字例，（iii）說明「象形」語例，（iv）說明會意字例，都是王筠在《句讀》中說明《說文》字形條例的慣常方法，說解具體，淺白易懂，對於《說文》學習的普及化，不無裨益。

2. 訂正許慎說解

　　王筠在《句讀》裏對於許慎的說解與字形分析，都作過不少訂正工作。以下據全書所見，舉有關例子分述於下：

i 訂正指事條例

　　（1）寸

【27】同上，第5冊，頁167a。
【28】同上，頁167b。
【29】同上，第8冊，頁594a。
【30】同上，頁594b。

《說文》寸下云：「十分也。人手卻一寸。動脈，謂之寸口。從又從一。」【31】王筠《句讀》解釋說：「又者手也，一以指寸口之所。」【32】

案：「從又從一」是《說文》說解會意字的通例【33】。段玉裁也主張以會意條例來理解寸篆的構形【34】。徐鍇（920-974）則認為：「一者記手腕下一寸，此指事字也」【35】。王筠在這裏的說解非常有力，可謂一語中的，雖然沒有明白寫上「指事」兩字，但實質上已說明該字的指事意符特徵。他的《文字蒙求》也將寸篆歸入指事，他說：「掔下一寸為寸口，故以一指之」【36】，可以與之互相印證。《說文》書中類似這種指事字例的，還有甘、末、朱、本等篆字【37】。《文字蒙求》於「甘」下說：「不定為何物，故以一指之。」【38】於「末、朱、本」三個篆字下說：「皆有形而形不可象，故以一記其處，謂在上在下在中而已」【39】。然而，《句讀》書中這幾個篆字就沒有再加以說解分析，因為這些是比較通曉易明字例。

【31】 同上，第 3 冊，頁 11253b。

【32】 同上，頁 1154b。

【33】 張度（1830-1895）《說文解字索隱·會意解》說：「會意者，比類合誼，以見指撝，武、信是也。以此類推：凡合兩文成誼者，均謂之會意；其文順敘者，則訓為從某某；其文對峙者，則訓為從某從某；皆會意之正例也。」見《說文解字詁林》第 1 冊，頁 576a。

【34】 見《說文解字詁林》第 3 冊，頁 1153b。

【35】 同上。

【36】 見《文字蒙求》，頁 52。

【37】 甘下云：「從口含一。一道也。」末下云：「從木。一在其上。」朱下云：「從木。一在其中。」本下云：「從木。一在其下。」見《說文解字詁林》第 4 冊，頁 1208b。及第 5 冊，頁 589a、584b、581a。

【38】 見《文字蒙求》，頁 46。

【39】 同上，頁 52。

馬顯慈　王筠《說文解字句讀》的字形研究　　425

（2）面

《說文》面下云：「顏前也。從百。象人面形。」【40】王筠《句讀》
於末句注釋說：

> 句指𦣻而言，屬詞不得不然，百統全頭而言，從𦥑包百外，所以
> 區別其前半以為面也。【41】

案：徐鉉（917-992）、徐鍇、段玉裁等文字學家都沒有對本篆加以說
解，也沒有交代所屬條例。王筠則據篆形析論許慎所謂「象人面形」的
用意，他說明了𦥑形的特徵，訂正面字的篆體是指事字。其實，王氏
《說文釋例》對面字的結構也曾加以論析，他說：

> 百既象形，而眉目鼻口皆具矣。再區之為面，是大難事，於是從百
> 而加𦥑作𡕱。夫百兼前後，是其全也。面僅前半，是其偏也。今
> 乃於百之外復有所加，豈有面大於首者乎？曰面之形已盡於百，於
> 是以𦥑界畫其前後之交。【42】

相比之下，以上說解更見仔細，可與《句讀》的說法互相參證。

ii 訂正象形條例

（1）壺

《說文》壺下云：「昆吾。圜器也。象形。從大。象其蓋也。」【43】
案：壺乃實物，許慎的說解謂從大，頗令人費解，二徐、桂、段諸家均
未有論及本篆之形體結構。據《古籀補》、《金文編》所錄壺字，多是
全體象形，大 似是壺上之蓋：𡔷 仲伯壺、𡔻 鄭楙叔賓父壺、𡔻 史僕壺、
𡔻 虞司寇壺、𡔻 芮公壺、𡔻 右走馬嘉壺、𡔻 盛季壺，以上諸體都是最好證

【40】見《說文解子詁林》第 7 冊，頁 978b。

【41】同上，頁 979a。

【42】同上。

【43】見《說文解字詁林》第 8 冊，頁 982a。

明【44】。王筠在《句讀》書中加以訂正說：

> 云象形，則通體象形矣，又言從大，特為部分系聯言也。不然
> 者，象人形之大，大小之大，皆不可以為蓋。【45】

王氏根據篆字構形訂正「大」形是壺蓋，確是合理可取。許慎本句說解
的「從」字似是衍文，假如把它刪去，會更合乎全體象形條例的說法。
清人饒炯在他的《說文解字部首訂》說：

> 象形。炯案篆本全體象形，然上蓋似大，許君恐人誤以為大篆，
> 因於象形之後，復申之曰大象其蓋也。後人加從，則許意遂晦，
> 而六書之例亦通矣。【46】

饒氏的分析正好為王筠的說法提出佐證。

（2）目

《說文》目下云：「目、人眼。象形」【47】二徐、嚴可均（1762-1843）
等人都沒有分析本篆的字形結構。段玉裁則有以下的分析：

> 象形、總言之、嫌人不解二。故釋之曰：「重其童子也。」……
> 按人目由白而盧、童而子，層層包裹，故重畫以象之。【48】

段氏這種說法比較轉折，亦頗為牽強，難以讓人信服。王筠別具慧眼，
在《句讀》裏解釋說：

> 特區別之曰人眼，即當作 ⊂⊃ 矣，人眼橫，獸眼縱，魚鳥眼圓，
> 形不一也。篆特象人眼之形而庶物沿襲用之。……《博古圖》作
> ◎者，有匡，有黑睛，有童子。作 ⎕者已省童子矣。睘、眾等字
> 從 ⊂⊃，中二筆斜向。秦碑從 目者亦斜向，略存古法也。 目則平

【44】同上，頁983。

【45】同上，頁982b。

【46】同上，頁983b。饒炯生卒年不詳，是以內文不出夾註號交待。他皆類此，不贅。

【47】同上，第4冊，頁10a。

【48】同上，頁10b。

之，為楷所眩也，恐許君原本不如此。【49】

案：甲骨文有目字，作 ⌾ 一期甲二一五、⌾ 一期佚五二四、◿ 一期乙三〇六九、◺ 一期後下三四五、◿ 一期前四、三二、六、◺ 一期拾一〇、三、◿ 一期鐵一六、一、⌾ 三期甲一二三九、⌾ 四期戩一三【50】。 金文也有目字，作 ⌾ 𠂤目父癸爵、◿ 目𝍖且壬爵、◖ 目爵【51】。日本文字學家高田忠周（1881-1946）解釋說：

> 按《說文》：「目，人眼，象形，重童子也。◉，古文目。」此解非是，字元作 ◿，象形，而首即 ◉ 字之省變也。目固屬于首系，◿ 省作 ◿，又豎以為 目，變以為 目。目亦晚出古文，而《說文》古文作 ◉，必係轉寫之誤矣。【52】

近代學者高鴻縉（1893-1963）則說：

> 《說文》：「目，人眼也。象形，從二，重童子也。◎ 古文目。莫六切。」按字原象人目形，不見重童子。【53】

兩位專家學者的說法，都與王氏所論相近，可能曾經參考過他的著作。事實上，王筠在《說文釋例》裏也曾引金文為證，他說：

> 蓋許君時，目字篆文固如此，其從之者又如此，許君不之改，是也。然因其中央兩畫而謂之重童子，則誤矣。鐘鼎文有 ◿ ◿ 兩體，◿ 正象目形，其作 ◿ 者，蓋因黑睛與童子之色不甚遠，遂省之也。……漸而作篆者講整齊，以 ◖ 為偏旁，則難於配合，始變作 目，而並本字改之矣。【54】

【49】 同上，頁11a。

【50】 見《甲骨文字典》，頁361。

【51】 見容庚編著《金文編》（北京：中華書局，1985年7月）頁233。

【52】 見周法高主編《金文詁林》（香港：香港中文大學出版，1975年）第5冊，頁2103。

【53】 同上。

【54】 見《說文解字詁林》第4冊，頁11。

王筠的說法既是證據充實，又合乎道理，其論說文字之精深功力，由此可見一斑。

iii 訂正會意條例

《說文》剖析會意文字的用語，以「從某從某」，「從某某」為正例【55】。王筠在《句讀》裏說解《說文》，每當踫到有可疑或語例不明白的地方，就會提出自己的看法，逐一加以訂正。例如：

（1）則

《說文》則下云：「等畫物也。从刀从貝。貝，古之物貨也。」【56】徐鍇《說文解字繫傳》說：

> 則，節也。取用有節。刀所以裁製也。會意。【57】

徐氏之說，比較轉折，也沒有依據字形加以辨析。段氏《說文解字注》則說：

> 說從貝之意，物貨有貴賤之差，故從刀，介畫之。【58】

段氏是依據會意條例說解，所謂貝、刀合誼，自然成理。至於許慎所謂從某從某之說，王筠就另有闡發，他在《句讀》這樣說：

> 先刀於貝者，等物者為主，為物所等者為從也。等物不用刀，而從刀者，刀之所畫者微，分釐豪忽，不可紊也。見部已云古者貨貝矣。此必諄復者，漢時行錢，不復知貝可等畫也。【59】

王氏指出會意有主從的不同，很有道理，此是王氏研究《說文》別具心得之處。

（2）利

【55】 參張度之說，見《說文解字詁林》第 1 冊，頁 576a。

【56】 見《說文解字詁林》，第 4 冊，頁 838a。

【57】 同上，頁 839a。

【58】 同上。

【59】 同上，頁 839b。

《說文》利下云：「銛也。从刀。和然後利，从和省。」[60]王筠《句讀》注釋說：

> 此字會意而意不可會，故分兩體說之。此先解從刀，乃字之正義。[61]

又在「從和省」句下說：

> 此又解從禾，以與利字相黏合。然此所云利，乃下文引《易》之利，豈是銛，蓋古義失傳，故不免支詘耳。[62]

考之金文、甲骨文，本篆都是從禾：𥝢利簋、𥝢師遽方彝、𥝢利簋二、𥝢利鼎、𥝢貯弔多父盤（以上為金文）[63]、𥝢一期前四・三九・八、𥝢一期林一・一八・一四、𥝢一期人一〇九四、𥝢一期寧二・七六、𥝢二期甲一六四七、𥝢二期後下五・一五、𥝢三期粹一一六二、𥝢三期一五八八、𥝢三期鐵一〇・二、𥝢三期通七三三（以上為甲骨文）[64]。利的本義應該是指禾稻收穫，由於收割必要用刀，用刀割禾然後就有利（得到好處），所以本篆從刀從利。王筠認為從刀是利的「正義」，是理據充份的見解。

　　綜合上述各例，屬於指事的，有寸、面諸字；屬於象形的，有壺、目諸字；屬於會意的，有則、利諸字。按王筠《句讀》所論，有辨析字形結構的，有訂正許君語例的，都是細入精要，甚具創見的研究成果，既可以補訂前人之不足，又可以紓解後學的困惑，在字形研究方面，委實貢獻良多。

3. 徵引金文，說解有力

　　清人研究《說文》而能夠引用金文論證的，王筠可以說是其中一位

---

[60] 同上，頁831b。

[61] 同上，頁832a。

[62] 同上。

[63] 見《金文編》，頁284。

[64] 見《甲骨文字典》，頁471。

新亞學報第二十六卷

重要學者。王氏在《句讀》全書中所引用的鐘鼎銘文十分豐富，計有：
宗周鐘、周公🔲鐘、博古圖、齋侯鑄鐘；鄭伯盤、寰盤、散氏盤、積古
齋・伯侯父盤；仲俌父鼎、無專鼎、周智鼎、奎父鼎、積古齋・孟申
鼎、王子吳鼎、積古齋・師旦鼎、積古齋・頌鼎、乙公鼎；周召伯虎
敦、仲駒父敦、陳侯敦、周敔敦；積古齋・吳彝、平安館・🔲彝；立
簋、伯季簋；歔尊、無戲尊；筠清館・齊侯匜、叔娟匜；筠清館・伯
鼻父盉、齊侯甗、積古齋・晉銅尺、筠清館・周父癸角、積古齋・王子
申盨蓋銘、積古齋・秦斤銘等數十種【65】，就其對金文資料的重視，於
同儕中比較少見【66】。以下舉些例子說明：

【65】 案：以上所引資料，見王筠《句讀》（上海：上海古籍出版社，1983年9
月）：「宗周鐘」頁315，「周公　鐘」頁1853、「博古圖・齊侯鑄鐘」頁1627、
「鄭伯盤」頁757、「寰盤」頁757、「散氏盤」頁799、「積古齋・伯候父盤」
頁757、「仲俌父鼎」頁799、「無專鼎」頁799、「周智鼎」頁901、「奎父
鼎」頁2128、「積古齋・孟申鼎」頁2133、「王子吳鼎」頁2133、「積古齋・
師旦鼎」頁2163、「積古鼎・頌鼎」頁656、「乙公鼎」頁1853、「周召伯父
敦」頁589、「仲駒父敦」頁1853、「陳矣敦」頁1110、「周敔敦」頁897、
「積古齋・吳彝」頁1110、「伯季簋」頁1853、「戲尊」頁1853、「無　攬尊」
頁976、「筠清館・齊侯匜」頁1834、「叔娟匜」頁1834、「筠清館・伯鼻父
盉」頁623、「齊侯甗」頁1048、「積古齋・晉銅尺」頁2057、「筠清館・周
父癸角」頁1430、「積古齋・王子申殘蓋銘」頁902、「積古齋・秦斤銘」頁
1815。

【66】 案：i 段玉裁、桂馥、嚴可均和朱駿聲諸家，研治《說文》均較少徵引金文。其
間即使有所論及，亦不如王氏之深入。
ii 黃德寬・陳秉新《漢語文字學史》謂王筠《說文釋例》成就有三，其（2）
為：「利用金文等古文字資料研究漢字字形結構、訂正《說文》說解之
誤。……王筠在字形分析上之所以能夠超逾前賢，主要得力於古文字資料的運
用。」（見《漢語文字學史》，安徽：安徽教育出版社，1990年11月，頁147。）

馬顯慈　王筠《說文解字句讀》的字形研究　　　431

（1）保

《說文》保下云：「……〔保篆〕。古文保不省。」【67】王筠《句讀》在此句下論說：

> 案此字似許君之誤。《春秋左氏經》：「齊人來歸衞俘。」《杜注》《公羊》《穀梁》《經》《傳》皆言「衞寶」，此《傳》亦寶。惟此《經》言俘，疑《經》誤。案〔古文〕為古文孚，則〔保〕定為古文俘。古寶俘同聲，故《左氏》偶然借俘為寶。許君尊《左氏》為古文。鐘鼎文寶字亦作保，故采《左氏》〔保〕字，不系之寶下而系保下，以形相似也。否則〔保篆〕係傳寫之誤。太保彝作〔字〕，從保從任，《左傳》見上文。齊侯甗作〔字〕，則從任子會意，亦可證。【68】

《說文》所謂「古文保不省」，各家說解都是比較片面而不詳備。王筠則引金文為據，詳細解釋保字之古文構形構意，他的分析是紮實具體，道理充足。

（2）冊

《說文》冊（篆作 〔冊篆〕）下云：「象其札一長一短，中有二編之形。」【69】關於冊字的形體結構，二徐、嚴、桂諸家都沒有說解。段氏

---

iii　金錫準《王筠的文字學研究》第二章釋例篇第三節論《說文釋例》之態度及成就說：「……清代樸學大盛，金石名家輩出，嚴可均著《說文翼》，莊述祖著《說文古籀疏證》，更是有系統地以金石文字來考訂《說文》了。但是，奇怪的是，《說文》四大家中只有王筠能大量地運用金石文字的研究成果來考訂《說文》，所以他能在段玉裁之後研究《說文》而仍然能有成就。」（臺灣：國立臺灣師範大學國文系博士論文，1988 年），頁106 －107。

【67】見《說文解字詁林》，第 7 冊，頁11b。

【68】同上，頁12b。

【69】同上，第 3 冊，頁384b －385a。

則以小篆形體立說，謂「象其札一長一短」是指五直有長短，「中有二編」則是字中的二橫【70】。王氏《句讀》就另有見解，他說：

> 一長一短，是兩札也，有長有短，是參差也。……鄭注《尚書》，三十字一簡之文，是每札所容者三十字，《周易》字少則札少，《毛詩》字多則札多。……金刻冊字，約有 ⊞、⊞、⊞、⊞、⊞、⊞ 諸札，其長短或齊或不齊，亦似用筆之變，非果有參差也。【71】

據近代金文專家容庚（1894-1983）《金文編》所錄，金文冊字有 ⊞、⊞、⊞、⊞、⊞、⊞、⊞、⊞ 諸形【72】，其直或長或短，或齊或不齊。徐中舒（1898-1991）《甲骨文字典》所引甲骨文，冊字作 ⊞ 一期甲二三七、⊞ 一期京一八〇、⊞ 一期前七·一二·四、⊞ 一期存一·三七五、⊞ 一期合一五七、⊞ 三期甲一四八三、⊞ 四期二二六三諸形【73】，筆劃亦是參差不齊。徐氏解釋說：

> 據此（《說文》冊篆說解）則冊象編簡之形，然漢墓出土簡冊之形制，皆由大小長短相同之札編結而成，並非一長一短。甲骨文冊字之豎畫有一長一短作 ⊞ 形者，亦有長短相同作 ⊞ 形者，其豎劃之長短參差當由刻寫變化所致。【74】

通過徐氏的分析，可以進一步印證王筠的說法，的確是闡釋合理，紮實可信。

綜合上述例子，可以發現王筠通過金文材料比勘許篆的研究，其所獲得的成果都是證據堅實和合理可信。其實，徵引金文去研究《說

【70】見《說文解字注》，《說文解字詁林》第3冊，頁385b。

【71】見《說文解字詁林》第3冊，頁386b。

【72】見《金文編》，頁126─127。

【73】見《甲骨文字典》，頁200。

【74】同上。

文》，是王筠畢生研究小學的一大特色，在乾嘉時代而言，已是一位很有成就的金文研究專家【75】。吳大澂（1835-1902）《說文古籀補》《字說》，孫詒讓（1848-1908）《字原》等引用金文研究古文字的鉅著，都是繼王筠《句讀》之後才出版問世，由此可見王筠對後世的影響。

4. 辨明篆・隸變化

在清代眾多文字學家的《說文》專著之中，如段玉裁《說文解字注》、桂馥《說文解字義證》、朱駿聲《說文通訓定聲》、嚴可均・姚文田（1758-1827）《說文校義》等著作，都是以疏解許慎的說解、辨析文字與六書的關係，以及訓詁字義詞義為主，而對於《說文》的篆體、秦漢隸體的結構變化，就較少討論。王筠研究《說文》的範疇則比較廣闊，對篆、隸字體構形，書寫的一點一畫，都加以注意。他在《說文釋例》已開設專題章節加以討論【76】，至於《句讀》一書，就更豐富的討論到篆、隸之間的訛變，說解不但深入淺出，而且識見獨特精闢。以下分作篆、隸兩類，各舉有關字例，看看王氏在這方面的研究：

i 篆變

（1）開

【75】黃德寬・陳秉新《漢語文字學史》〔安徽：安徽教育出版社，1990年11月〕評王筠對字形之研究說：「（王筠）利冊金文等古文字資料研究漢字字形結構，訂正《說文》說解之誤。這方面有不少驚人的精僻見解。……王筠在字形分析上之所以能夠超逾前賢，主要得力於古文字資料的運用。儘管王筠對字形的分析并不是完全正確，然而他開創以古文字證《說文》的研究方法，其意義遠遠超過他對字形的具體分析。」頁147－148。

【76】案：王筠《說文釋例》卷5及卷13，均有論及《說文》篆、籀、隸體之變，及俗、或之體。詳見《說文釋例》〔北京：中華書局，1997年12月〕頁118－124，頁302－327。

《說文》開下云：「張也。從門從幵。」【77】王筠《句讀》說：

　　小徐作幵聲，非也。小篆仿古文 門 之形而變之，遂與幵字相

　　似。【78】

案：《說文》開字的古文作 開【79】，有兩手作開門勢，應是會意字【80】。
王氏就依據古文字形，說明篆變之例。

（2）鼓

《說文》鼓下云：「……從 壴 支。象其手擊之也。」【81】王筠《句
讀》說：

　　支當作攴。弓部弨從攴。攴象垂飾，與鼓同意。佩觿曰：「鼓字從
　　支。」其謬誤有如此者。然從攴則當云象垂飾，不當云象手擊。
　　案：籀文鼖，各本及《玉篇》並同。惟汪刻小徐本作鼖，是書刊
　　汲古篆文而刻之，此字校改，必所據本固然，從又者手也。從木
　　者桴也，乃足象手擊之，小篆省本為屮耳。【82】

王氏的分析是對的。徐中舒《甲骨文字典》說：

　　從 壴 壴 從 攴 攴，或作 攴 支，同。象手持鼓錘擊鼓之形。壴 壴象
　　鼓形，為名詞，鼓 象擊鼓之形，為動詞。【83】

【77】 見《說文解字詁林》第9冊，頁1024b。

【78】 同上，頁1025b。

【79】 同上，頁1024b。見大徐本所引。

【80】 段氏《說文解字注》於「開古文」下云：「一者，象門閉；從門者，象手開門。」
　　朱駿聲《說文通訓定聲》云：「按：從門從門一。一者、關也。小篆與古文不
　　異，筆畫整齊之耳。非從幵也。」是開之古文為會意字矣。又王筠《說文繫傳
　　校錄》云：「此會意兼指事也。」以上諸說，見《說文解字詁林》第9冊，頁
　　1025。

【81】 見《說文解字詁林》，第4冊，頁1291b。

【82】 同上，頁1293a。

【83】 見《甲骨文字典》，頁517。

考之金文，鼓字作 鼓𨐈𣪊、 克鼎、 瘋鐘、 師嫠簋、 師嫠簋【84】，字的右旁俱為手持桴之形，而不是《說文》所謂「從攴」，這很明顯是篆變的訛誤。王筠依據字義去論證字形，確是分析得具體可信。

ii 隸變

（1）奊

《說文》奊下云：「……讀若畏偄之偄。」【85】王筠《句讀》說：

> 亦借為奊。《考工記·輈人》：「馬不契需。」先鄭云：「需，讀若畏需之需。」蓋隸書奊、需皆變為需，故奊訛為需。【86】

以上是因聲借而訛變之例。

（2）懲

《說文》懲下云：「…… 或從寒省。」【87】王筠《句讀》說：

> 此與上文從寒省聲之寒，隸變同體，故彼字多借塞，此字直不見經典，為其無別也。【88】

案：王氏以從寒省之 及與從塞省聲之 ，說明有隸變而同體的情況。

文字的變化，如許慎在《說文解字敘》中所論，自宣王史籀開始，七國就有異體文字，到秦時興起小篆，程邈開創隸字，時代越久，訛變也就越多【89】。綜合上述例子而言，王筠的論說方法委實是有力可取，

【84】見《金文常用字典》頁519 — 520。

【85】同上，第8冊，頁1046b。是說依《說文繫傳》。

【86】同上，頁1047a。

【87】同上，頁1271b。

【88】同上，頁1272a。

【89】許慎《說文解字·敘》云：「及宣王太史籀著大篆十五篇，與古文或異。……其後諸侯力政，不統於王，惡體樂之害己，而皆去其典籍。分為七國，田異畮，車塗異軌，律令異灋，衣冠異制，言語異聲，文字異形。秦始皇帝初兼天下，丞相李斯乃奏同之，罷其不與秦文合者。……是時秦燒滅經書，滌除舊典，

有據字形論析，也有以書法筆勢立說，說解都是信而有徵。對於研究字形演變這個課題來說，王筠在乾嘉之世應該是一位重要的啟導者【90】。

5. 創「觀文」之說

許慎《說文解字‧敘》說：「仰則觀象於天，俯則觀法於地，近取諸身，遠取諸物。」【91】可見古人創制文字，是根據物象的形貌來描繪。以象形來呈示所要表達的訊息，應是最常見常用的方法。然而，在觀察描繪的過程中，人所看見的物象，由於身處的位置與視察角度不同，而有不同的寫法，例如有仰望的，有側看的，有俯視的。諸如此類，造字者會因不同觀望角度而勾劃出不同的物象形態。所以研究字形，有必要認真的注意觀看物象的角度，特別是要從造字者的觀察物象角度來理解。王筠開創了「觀文」之說，他早在《說文釋例》裏已建立「平看」、「豎起看」、「放倒看」等條例【92】，而且引例證論，逐一闡明，說法頗有新意。他的《句讀》繼續將這種理論加以發揮，例如：

（1）冓

大發隸卒，興役戍，官獄職務緐，初有隸書，以趣約易。……三日篆書，即小篆。秦始皇帝使下杜人程邈所作也。」於此段氏《說文解字注》云：「……下杜人程邈為衙獄吏，得罪幽繫雲陽。增減大篆體，去其緐複。始皇善之，出為御史。名書曰隸書。」見《說文解字詁林》第11冊，頁900a—937a。
另參章太炎（1869—1936）《國學略說》（香港：香港寰球文化服務社出版，1963年2月），頁17—18。

【90】案：自王氏而後，研究文字訛變者，近世有蔣善國《漢字形體學》、張振林《試論銅器銘文形式上的時代標記》、裘錫圭《文字學概要》、梁東漢《漢字的結構及其流變》諸作。以上參黃德寬‧陳秉新《漢語文字學史》「關於漢字字形發展演變的研究」，頁332—333。

【91】見《說文解字詁林》第11冊，頁899a。

【92】見王筠《說文釋例》卷14「觀文」篇，頁344b—345b。

《說文》冓下云：「……象對交之形。」【93】王筠《句讀》說：

> 對，謂 廿廾 兩相對也。交謂丨以連其 廿廾 也。《五經文字》：
> 「冓象上下相對形。」不但遺丨未說，且屋之構架，在上不在下，
> 張參不知此字當平看。用此彌知許說之精。【94】

以上是王氏所謂「平看」之例。

（2）匚

《說文》匚下云：「受物之器。象形。」【95】王筠《句讀》於「象形」
下解釋說：「當側觀之」【96】。

（3）曲

《說文》曲下云：「象器曲受物之形也。」【97】王筠《句讀》解釋
說：

> 《廣韻》《集韻》引，皆作曲。夢英篆同，是也。匚之籀文匚，仰
> 之則曲也。【98】

以上匚、曲二例，王氏以淺白易明文字，說明他的「觀文」原理。

綜觀《句讀》全書，王氏根據 「觀文」的理論去說解字形的，有
冓、匚、曲三例。然而，在他早期刊行的《釋例》，所論說的就比較豐
富，論平看的，有日、月、井、田、止、足、牛、羊、瓜、米、冓諸
例；論豎起看的，有云、雨、山、石、人、子、大、夫諸例；論放倒看
的，有水、益、冊、目、龜、舟、車諸例【99】。當中以目、禾、壺、夭
諸篆文的說解最為仔細，尤其是對實物形態的分析，更充份的驗證了他

【93】見《說文解字詁林》，第4冊，頁519a。

【94】同上，頁519b。

【95】同上，頁417b。是說依《說文繫傳》。

【96】同上，頁418a。

【97】同上，頁417b。是說依《說文繫傳》。

【98】同上，頁418a。

【99】同【92】。

所創的「觀文」理論。近代文字學家馬敘倫（1884-1970）的《說文解字六書疏證》、書法家康殷（1926-1999）的《古文字形發微》，在說解字形時，也多引用立體圖畫，參合篆文形體立論【100】，這也可能是導源於王氏的「觀文」理論。

6. 闡明「重文」、「俗、或、省」諸體

許慎《說文解字·敘》說：「今敘篆文，合以古籀。」【101】說明《說文》收字雖然是以篆文為主，也同時參用古文、籀文。清儒桂坫（1865-1958）《古籀篆文流變考》說：

> 蓋自古變為籀，籀變為篆，而字畫有增減，文體遂有異同。大抵古文尚簡，籀文尚繁，小篆則參古籀而酌其中。【102】

古文、籀文、小篆三種字體，它們之間的筆畫是有減有增，形體有異有同，有些比較繁複，有些比較簡單，各類字形參互錯綜，因而產生了不少重文。許瀚（1797-1866）《說文答問》也曾指出：

> 又其《序》云：「今敘篆文，合以古籀。」而亦有以篆文為重文者，如 ⊥ 之重文上，⊤ 之重文下，皆篆文者是。蓋重文為古籀者，即正文為篆文。重文為篆文者，即正文為古籀。鄭康成注《禮》，參用古文籀文，循是例也。古籀以外，又有奇字，古文之別體也。又有或俗，篆文之別體也。許書古文宗孔氏，篆文宗《蒼頡篇》。一字而數古文，皆孔氏，奇字則異孔氏者也。一字而

【100】案：以立體圖畫立論，馬氏之例甚夥，如：舍、會、鉆、高、冂、京、良、亶諸篆說解均是，詳見《說文解字六書疏證》第三冊，卷10，頁46、47、59、66、67、73、78、79。康氏之例亦夥，如：夏、馥、戭、暵、夒、夔諸字說解均是，詳見《古文字形發微》（北京：北京教育出版社，1990年3月），頁2、3、4、5、6、13、15、24。

【101】見《說文解字詁林》第11冊，頁903b。

【102】同上，第1冊，頁1111a。

數或體，皆《蒼頡》。俗體，別異《蒼頡》者也。異孔氏，異《蒼
頡》，而必取之者，為其合於六書也。此重文之例也。【103】

王筠在《說文釋例‧卷七》，曾將所輯錄的異部重文列作專文研究【104】。
他在《句讀》裏疏解許篆，也間中論及重文的問題，現舉書中所論例
子，說明如下：

（1）圮‧醅

《說文》醅下云：「酒色也。」【105】王筠在《句讀》裏分析說：

　　《玉篇》後收字中有醅字，云酒色也。案：醅者，土部圮之重文
　　也。【106】

案：《說文》土部有圮篆，或體作醅，圮下說：

　　毀也。從土。己聲。《虞書》曰：「方命圮族。」醅，圮或從手
　　配省，非聲。【107】

王筠《句讀》加以解釋說：

　　謂配省及非皆聲也。《廣韻》：「醅，覆也。或作崥。」广部：
　　「崥、崩也。」【108】

近代學者張舜徽（1911-1992）《說文解字約注》說：

　　錢坫曰：「『圮、毀也。』《爾雅》文。《吳越春秋》引，作『負
　　命毀族。』」舜徽按：圮與毀，實一語也。在喉為毀，在脣則為
　　圮矣。本書广部：「崥、崩也；崥、崩聲」，並與圮義同。圮，或
　　體作醅，從配省聲，猶崥從配聲耳。【109】

【103】同上，見971 。

【104】見王筠《說文釋例》卷7，頁154a－171b。

【105】見《說文解字詁林》第11冊，頁822b。

【106】同上，頁823b。

【107】同上，第10冊，頁1200a。是說依《說文繫傳》。

【108】同上。

【109】張舜徽《說文解字約注》（河南：中州書畫社，1983年3月）下冊，卷26、頁32b。

於此可見，王氏的說法是正確的，㧬、醻是重文，其一為正體，另一是或體。

（2）捀‧奉

《說文》捀下云：「奉也。」【110】王筠《句讀》說：

此蓋以重文為說解也。奉亦從手丰聲，與捀字大同，又奉者承也，其俗字作捧。而《集韻》云：「捧、兩手承也，與捀同。」然則捀與奉同矣。【111】

《說文》奉下云：「承也。從手從収。」【112】王筠《句讀》說：

《詩‧鹿鳴》：「承筐是將。」《箋》：「承猶奉也。」兩言從而不以從収居先，則字當在手部。【113】

朱駿聲《說文通訓定聲》說：

奉也。从手夅聲。字亦作捧，按當為奉之或體。今系于此。【114】

馬敘倫《說文解字六書疏證》也認為捀乃奉之異文，並引《急就篇》佐論【115】。張舜徽《說文解字約注》又說：

捀與奉實一字。古無輕脣音，古人讀奉，正如今之言捧也。後人失其讀，乃復增手傍作捧。俗體之興，多緣於此。【116】

案：奉，篆作𡚻，有以手舉物之意，因此《說文》釋作：「承也。」【117】捀，從手，夅聲，是個形聲字，《說文》釋作「奉」【118】。兩字音、義

【110】見《說文解字詁林》第9冊，頁1259b。

【111】同上。

【112】同上，第3冊，頁790a。

【113】同上。

【114】同上，第9冊，頁1260a。

【115】見馬敘倫《說文解字六書疏證》第6冊，卷23，頁78。

【116】見《說文解字約注》下冊，卷23，頁46b—47a。

【117】見《說文解字詁林》第3冊，頁790a。

【118】同上，第9冊，頁1259b。

俱同，可見張氏所釋是對。當今粵語也有「捧高」、「捧起」、「捧場」的語詞，不讀輕唇音，也是古音遺風。王筠說捧是奉之重文，辨解得相當清楚合理。

重文之說，王氏在《說文釋例》裏曾提出十分精闢的見解，而近世也有專家探討論述[119]。上述所引三例，是《句讀》書中獨有，相信應是王氏晚年的新發現。此外，書裏的重文分析，還有暠、暠；鶪、鵙；跂、企；漢、灘諸字，亦可以一起參考研究[120]。

研究《說文》學者都會知道，許慎在書中收錄了不少異體字。清人朱珔（1769-1850）在《說文重文考·敘》說：

> 其云或从某者，篆文正體外之別體也。其云古文某，古文亦不一體也。其云奇字某者，《敘》所稱即古文而異者也。……若夫俗从某者，則舉鄉壁虛造不可知之書，刊而正之。[121]

由於象形是以「隨體詰屈」來表示字義，而文字的筆畫多寡，以及物象的繁簡形體，本來並無一定的規限，關鍵在於如何準確傳達訊息。因此在先秦時期，由於當時文字還未統一，異體字形廣泛流行，所謂或體、俗體之類，實在屢見不鮮。清人鄧廷楨（1775-1846）《雙研齋筆說》說：

> 《說文》諸部，皆首列小篆，凡部末所記文若干，皆小篆也。綴古文、籀文、或體於後，凡部末所記重若干，皆兼古、籀、或體而計之也。[122]

---

[119] 見單周堯師（1947-）《〈說文釋例〉異部重文編研究》（香港：香港大學中文系出版，1988年10月）及《讀王筠〈說文釋例·同部重文篇〉札記》，刊於《古文字研研》（北京：中華書局出版，1989年6月）第17輯，頁362－404。

[120] 案：暠、暠；鶪、鵙；跂、企；漢、灘四組，分別見於《說文句讀》（上海：上海古籍出版社，1983年9月）頁20、84、248、1503。

[121] 見《說文解字詁林》第1冊，頁330b－331a。

[122] 同上，頁1093a。

清人張行孚《說文或體不可廢》又說：

> 鄭君《周禮・外府職》注云：「古字亦多或。」而王筠則謂「《說
> 文》之有或體也，亦謂一字殊形而已，非分正俗於其間也。」自
> 大徐本所謂或作某者，小徐間謂之俗作某，段氏於是概視或體俗
> 字，或微言以示意，或昌言以相排，蓋未將或體詳考之也。【123】

由此可見，或體、俗體是值得重視和研究的課題。王筠《說文釋例・卷
五》已有專文討論【124】，至於《句讀》一書對或體、俗體的分析有以下
例子：

（1）袴・絝

《說文》襗下云：「絝也。」【125】王筠《句讀》說：

> 《玉篇》：「袴也。」袴即絝之俗體。他書未有以襗為絝者。【126】

又於絝篆下說：

> ⋯⋯《漢書・外戚傳》：「雖宮人使令皆為窮絝，多其帶。」《顏
> 注》：「絝、古袴字，窮絝即今之褌襠袴也。」【127】

《說文》沒有袴篆，顧野王的《玉篇》及顏師古的《漢書・注》則有，由
此可以推斷此字應在六朝時出現。

（2）仵・忤・牾

《說文》午下云：「牾也。」【128】王筠《句讀》說：

> 《廣雅》：「午、仵也。」《淮南・天文訓》：「午者、忤也。」
> 仵、忤皆牾之俗體。【129】

【123】同上，頁1112b。

【124】見王筠《說文釋例》卷5「或體・俗體」篇，頁121a—124b。

【125】見《說文解字詁林》第7冊，頁477b。

【126】同上，頁478a。

【127】同上，第10冊，頁661a。

【128】同上，第11冊，頁772a。

【129】同上，頁773a。

又《說文》啎下云：「逆也。」【130】王氏《句讀》分析說：

>……《呂覽‧明理篇》：「夫亂世之民，長短頡啎，百疾。」《高注》：「啎、猶大啎逆也。……既無節度，大逆為變詐之疾也。」俗作牾。【131】

案：《說文》沒有仵、忤兩篆，大抵是漢代之後出現的隸楷文字。

以上兩例所論說的都是《說文》沒有收的俗體字。然而，《句讀》全書談及上述俗體字卻不少【132】。至於《說文》所收錄的漢代俗體字，王筠在《說文釋例》裏曾加以討論的一共有十六組：譀‧誌、肩‧肩、觴‧觥、盥‧膿、函‧肣、鼏‧鎰、攱‧攱、躳‧躬、襃‧袖、旡‧簪、歠‧嚽、归‧抑、瀰‧灘、冰‧凝、蟲‧蚊、凷‧塊【133】。王氏的《句讀》成書後於《說文釋例》，他在《句讀》裏另有闡發，例如：

（1）莒‧芎

《說文》 莒下云：「莒蒻。香艸也。從艸宮聲。𦮊司馬相如說：莒或從弓。」【134】王筠《句讀》於本句下注解說：

>宮、弓古音不同。躬下云：「俗或從弓。」知芎亦俗字，不當列之篆文。《藝文志》曰：「《凡將》則頗有出矣」，謂《凡將》將

【130】 同上，頁775b。

【131】 同上，頁776b。

【132】《句讀》所論之俗體字，尚有：錭‧輵（頁34）、苣‧炬（頁120）、嗁‧啼（頁173）、酢‧昨（頁232）、舓、䑛（頁257）、翊、翼（頁312）、肇、肇（頁368）、勑‧敕（頁368）、寍‧寗（頁383）睧‧瞬（頁405）、鳥‧隹（頁446）、雛、隼（頁446）、攱‧攱（頁451）、臒‧臞（頁520）、胞‧臚（頁521）、襃‧抱（頁575）、笑‧笑（頁586）、譀‧誌（頁605）……不可勝數。詳見《說文句讀》（上海：上海古籍出版社，1983年9月）。

【133】 見王筠《說文釋例》卷5，頁122a－123b。

【134】 見《說文解字詁林》第2冊，頁516b。

出於《蒼頡》正字之外也。【135】

（2）隼、雗

《說文》雗下云：「祝鳩也。從鳥。隹聲。」「隼 雗或從隹一。一曰鶉字。」【136】王筠《句讀》詳細討論說：

……《爾雅·釋文》郭注曰：「鷦音焦，本又作焦，本或作鷦。」案：鷦即雗，與鷦皆鶉之譌也，詳見《說文韻譜校》。又案《釋鳥》：「鷹隼醜。」《釋文》：「隼、本或作鷦。」案：隹即鳥也，無勞更加，似陸氏所据《說文》，已譌雗為雗。然《釋鳥》首句曰：「隹其鳩鴠。」《釋文》曰：「隹、如字，旁或加鳥，非也。」 是陸氏以隹為正，以雗為俗，據字論之，未嘗檢《說文》，其釋《詩》「四牡翩翩」者，雗曰：「本又作隹。」不復斥雗為俗，以當時《毛詩》固然也。陸氏與元應同時，元應引《說文》：「鷦、祝鳩也。」則當知陸氏所見《說文》，亦當與之同。以雗為隹之俗，猶以雗為隼之俗，皆是也。《說文》收雗者，蓋小篆之誤。【137】

王筠從以上例子說明《說文》同部俗體的特點，可與《說文釋例》之說互相補充。

至於或體方面，王氏《句讀》也用了不少工夫研究討論，例如：

（1）獘·斃

《說文》獘下云：「頓。仆也。從犬，敝聲。《春秋傳》曰：『與犬，犬獘。』」斃 獘或從死。」【138】王筠《句讀》說：

案：從死偏枯，故以為或體。經典斃字，有死有不死，如《鞌之戰》：「射其右，斃於車中。」又曰：「韓厥俛定其右。」若其

【135】同上。

【136】同上，第4冊，頁382b。

【137】同上，頁385。

【138】同上，第8冊，頁638a。

已死，何定之云。《哀·二年·傳》：「鄭人擊簡子，中肩，斃于車中。」下文固曉然不死也。【139】

以上是王氏引經說明《說文》或體之例。

（2）廡·庌

《說文》庌下云：「廡也。從广，牙聲。」【140】王筠《句讀》說：

五下切。案：牙古音吾，恐庌、廡本是一字兩體。許君引《周禮》依先鄭改訝為庌，是庌本不見於經。廡字雖見《洪範》，而林部引作無，則《晉語》曰：「不能蕃廡。」亦當是本作無，因為有無字所專，乃借廡以為別。然必有本義而后有假借，可知廡字為周秦所有，故兼有籀文，庌直是廡之或體，自牙字變為五加切，始成兩字。然則家麻韻，自後漢已萌芽也。【141】

案：本篆下另有廡篆【142】。如王氏所說，這是周秦時之重文或體字。

誠然，王筠《說文釋例·卷五》已有專文討論或體【143】，現在所列舉的《句讀》或體字例，並不見於《說文釋例》，可見這些都是王氏晚年的研究心得【144】。《句讀》書中尚有：鳶·䳭；襧·襠·襡；捊·掊；偓·仙；頓·聲幾對或體字【145】，由於王氏所論的，都是引錄段玉

【139】同上，頁639a。

【140】同上，頁95b。

【141】同上。

【142】同上，頁96a。

【143】見《說文釋例》卷5，頁121a—122a。

【144】《說文釋例》卷5之或體字有：藥·集；雗·隼；㐭·廩；盍·盇；笠·互；𦮼·荂；㮚·㯮；秫·朮；曐·星；晨·晨；穅·康；舁·弁；簹·攲；淵·𣴠；㾪·脈；処·處；疇·𤲺；㠯·㐬；髮·媘；容·溶；絎·絆；蠱·蛊；飆·飊；𡋡·𡉄24組。見頁121b—122a。

【145】案文中所引字例，見《說文句讀》（上海：上海古籍出版社，1983年9月），頁463、1122、1720、463、1094、2091。

裁、桂馥、王念孫諸家之說，並沒有個人創見，所以本文不加以引述。

　　許慎《說文》所錄的文字，除籀文、小篆、古文、或體字以外，另有省體文字，例子如晶部：星·曐或省；曑·曑或省；晨、農或省【146】。然而，文字之所以有繁有省，是一種字體發展的自然現象【147】。王氏《句讀》對於省文就特別注意，而且具有獨特的見解，如《說文》昏下「古文昏」，王氏解釋說：

　　　戴東原曰：「古文昏不省，譌為從甘。」案：如此說，則篆當作昏，說亦當云古文不省。然甘部昏從甘匹。古文匹從口匹，則文不成義。蓋古文多隨筆之變，彼省此增，不必執泥。【148】

又如《說文》詩下「古文𡳵」，王氏在許語「古文詩省」下說：

　　　當云從𡳵聲，安能豫知小篆而省之乎？【149】

上述簡單的一兩句說話，就體現出王筠對文字形體變化的精闢看法。事實上，王氏在《句讀》談及文字省變的例子很多【150】，現舉一些具代表

【146】見《說文解字詁林》第6冊，頁195a、198b。

【147】蔣善國（1898－1986）說：「簡體字和繁體字從有漢字以來就有了。勞動人民在不同區域和不同時代分別造字，各不相謀，一個字出現了許多繁簡不同的異體，這是很自然的事。」《漢字學》（上海：上海教育出版社，1987年8月），頁227。

唐蘭（1901－1979）亦認為文字的演變有兩個方向，其一是輕微地漸進地在那裏變異，而文字的演變是不外刪簡和增繁的兩種趨勢。詳見《古文字學導論》（香港：太平書局出版，1978年5月），頁43b－44a。

【148】見《說文解字詁林》第2冊，頁1281a。

【149】同上，第3冊，頁485a。

【150】《句讀》所論省體，尚有：㸱·然（頁161）、厥·趫（頁188）、縼·邅（頁200）、沈·穴（頁208）、是·諟（頁271）、諰·忌（頁273）、諍·爭（頁281）、扁·諞（頁291）、詮·證（頁300）、讕·闌（頁302）、述·鷸（頁458）、黎·秚（頁541）、簏·鹿（頁572）、恂·窄（頁600）、

性的例子論說：

（1）䨻・晶

《說文》雷下云：「……从雨。晶象回轉形。」[151] 王筠《句讀》在本句下分析說：

> 嚴氏曰：「《韻會》引作晶聲，無『象回轉形』四字。」筠案：䨻從晶聲，亦裘從求聲之比。晶者，䨻之省也。象回轉形，當在䨻下。【152】

又在許語「閒古文靁。䨻亦古文靁。」下說：

> 嚴氏曰：「當作❀❀、靁下云：『靁。間有回。回、靁聲也。』知古無回矣。《汗簡》引作❀❀，《韻會》引古作䨻。筠案：❀❀如世所畫靁鼓形，四面旋繞，故曰象回轉形也。《地官・鼓人》鄭注：「靁鼓、八面鼓也。」案：靁動八方，故以八面象之。作字則不相宜，故四之，以四正概四隅也。作䨻者，變邪為正也。作晶者，省之也。諸部從晶者，皆當從䨻省。【153】

以上是王氏說明古文與篆文省體關係的例子。

（2）燔・膰・燔

《說文》燔下云：「宗廟火孰肉。」【154】 王筠《句讀》說：

> 經典作燔者，省肉也。作膰者，省火也。與火部燔字異義。《左・襄・二十二年・傳》：「與執燔焉。」《釋文》云：「（燔）

盛・成（頁620）、片・辮（頁690）、棅・秉（頁765）、秒・秒（頁801）、悊・枝（頁835）、仄・戾（頁879）、衒・率（頁889）、賣・寅（頁906）……不可勝數。詳見《說文句讀》（上海：上海古籍出版社，1983年9月）。

【151】見《說文解字詁林》第9冊，頁742a。

【152】同上，頁744a。

【153】同上。

【154】同上，第8冊，頁903a。

又作膰，……祭肉也」，異義。古《春秋左氏》說：「脤、社祭之肉，盛之以蜄，宗廟之肉，名曰膰。」今《春秋‧公羊》、《穀梁》說：「生居俎上曰脤，孰居俎上曰膰。」【155】

以上是王氏引經典所見之省字論說許篆例子，他對俗體流變之重視，於此可見一斑。

綜上所論，有重文、俗體、或體、省體四項，當中有關例證皆散見於《句讀》書中。誠然，王氏所論並不及在《說文釋例》的那麼深入而有系統。這完全因為《句讀》這部書的精神主要在於疏解篆文和許語，以薈萃諸家之論為要，而不是一部發凡起例的專著。不過，本節所舉例子也足以反映出王氏對文字研究的深思精研，書中經常提出創見，亦可以補訂《說文釋例》之不足。近人董希謙、張啟煥編著《許慎與〈說文解字〉研究》，其中有一節關於「奇字、或體、俗體」的討論，也引用了王氏的說法和字例，並且稱許他對或體、俗體的研究成果【156】。單周堯師《說文釋例〉有關籀文、或體、俗體諸篇之研究》一書，對王氏的說法也有深入的探討與評論【157】。王筠對學術界的影響，由此可知。

7. 創「分別文」‧「累增字」之說

「分別文」、「累增字」之說，早已見於王氏《說文釋例》，他說：

字有不須偏旁而義已足者，則其偏旁為後人遞加也。其加偏旁而義遂異者，是為分別文。【158】

陳海洋（1954- ）主編的《中國語言學大辭典》則有這樣的定義和分析：

（分別文）指增加偏旁後表示古字引申義或假借義的後起字。如

【155】同上，頁904a。

【156】見董希謙、張啟煥《許慎與〈說文解字〉研究》（河南：河南大學出版社，1988年6月），頁65－59。

【157】單周堯師《說文釋例〉有關籀文或體‧俗體諸篇之研究》（香港：香港語文學會出版，1986年12月），《香港中國語文學會專刊》第一本。

【158】見《說文釋例》第8卷，頁173b。

馬顯慈　王筠《說文解字句讀》的字形研究　　　449

「境」為「竟」的分別文，「獅」為「師」的分別文。【159】

王筠在《說文釋例》曾這樣論說：

> 其種有二，一則正義為借義所奪，因加偏旁以別之者也。（冉字
> 之類——王氏原注）一則本字義多，既加偏旁，則祇分其一義也
> （仏字不足兼公侯義——王氏原注）【160】

至於「累增字」之說，王氏則認為：

> 其加偏旁而義仍不異者，是謂累增字。【161】

《中國語言學大辭典》所下的定義是：

> （累增字）指增加偏旁後表示古字本義的後起字。如「腰」本作
> 「要」，「腰」為「要」的累增字。【162】

然而，王氏在《說文釋例》有些說法是值得注意的：

> 一則古義深曲，加偏旁以表之者也。（哥字之類——王氏原注）
> 一則既加偏旁，即置古文不用者也。（今用復而不用复——王氏
> 原注）一則既加偏旁而世仍不用，所行用者反是古文也。（今用
> 因而不用捆——王氏原注）【163】

綜合而論，據王氏所析，累增字一共有三類。如前所述，《句讀》成書
後於《說文釋例》，全書對分別文、累增字的研究，有作進一步的補
充【164】，現在據書中所見，舉一些論得精要的例子於下說明：

【159】陳海洋主編《中國語言學大辭典》（江西：江西教育出版社，1991 年 2 月），
頁 33。

【160】見《說文釋例》第 8 卷，頁 173b。

【161】同上。

【162】見《中國語言學大辭典》，頁 33。

【163】見《說文釋例》第 8 卷，頁 173b。

【164】案：《句讀》所見之分別文有：繇·蘇（頁110）、蓐·褥（頁132）、漸·漸
（頁190）、詥、合（頁277）、詷·同（頁279）、柔·腬（頁512）、增·
曾（頁654）、仏·公（頁1054）、位、立（頁1064）、仰·卬（頁1069）、

i. 分別文

（1）申・電

《說文》電下云：「陰陽激耀也。從雨。申聲。」[165] 王筠《句讀》於本篆下加以說解：

> 虹之籀文從申，云：「申，電也。」知申是古電字，電則後起之分別文。[166]

王氏的分析是對的。金文申字有 丙申角、矢方彝、即簋、弋叔鼎、楚子簠、毛叚簋幾種寫法[167]。陳初生（1946-）《金文常用字典》說：

> 申字甲骨文作 、 、 ，于省吾謂「本象電光回曲閃爍之形，即『電』之初文。『申』字和『雨』字為形符，則變為形聲字。」古人見電光閃爍於天，認為神所顯示，故金文又以『申』為『神』，神為申的孳乳字。臨沂出土的竹簡，其中唐勒《殘賦》的『神貴』，《淮南子・覽冥訓》作『電奔』，《說文》虹字籀文作 ，云『从申。申、電也。』……[168]

近世學者田倩君（1919-　）說：

偭、面（頁1076）、伸・申（頁1079）、例・列（頁1089）、禮・遺（頁1136）、㬎・顯（頁1201）、羕・永（頁1629）……不可勝數。所見之累增字有：莿・束（頁82）、晨・申（頁347）、導・道（頁365）、臍・齊（頁504）、于・吁（頁602）、陶・匋（頁658）、楳・某（頁699）、陷・臽（頁958）、襧・帶（頁1044）、再・偁（頁1070）、哥・歌（頁1172）、㥄・陵（頁1252）、碫・段（頁1280）、磬・叴（頁1283）……亦不勝枚舉。詳見《說文句讀》（上海：上海古籍出版社，1983年9月）。

[165] 見《說文解字詁林》第9冊，頁753a。

[166] 同上，頁754a。

[167] 見《金文詁林》第15冊，頁8345；《金文常用字典》，頁1173。

[168] 陳初生《金文常用字典》，頁1173。

甲骨文中之申字，如 〻 甲・二二九三、〻 乙・八六五八、〻 乙、九七一、〻 乙・六二一四、與周金文中之申字，如 〻 楚公鐘、〻 不𣎴敦、〻 大克鼎其形曲屈，極象雲中之電光。王筠謂「古電字袛作申，借用既久，仍加雨別之。」《繫傳校錄》准此知古電字即申字。申字借為他用，因以加雨之意符，是為電字。【169】

李孝定（1918-1997）《甲骨文字集釋》也認為申是電的本字，李氏說：

> ……許書虹下出古文蚰，解云：「申，電也。」實即此字初誼。契文雷作 〻 若 〻，金文雷作 〻 〻，其中所從並即以此字象電耀屈折激射之形，葉（案：此指葉玉森氏，見李書4386頁）說是也。小篆電字，從雨從申，乃偏旁累增字，蓋雨申（案：李氏自注：電字古文）每相將，且申又假為支名之日久，遂為借義所專，不得不另造從雨之電，以為本字耳。許君以「神也」訓申，乃其引申誼。蓋古人心目中自然界一切現象均有神主之，且申神音近，故許君援以為說耳。清儒治《說文》者，不知申為電之本字，故於許君「神也」之解所說乃無一當。……【170】

誠如李氏所論，申是電的本字確是昭然明白，不過他說清儒所說無一適當，似乎看漏了王筠。其實，王氏早已發其端緒，現在再證之以甲骨文、金文等字形結構，更足以說明王筠在《說文》研究上的高瞻遠矚。

（2）丩・𦵯・糾

《說文》丩下云：「相糾繚也。」【171】王筠《句讀》在本句下解釋說：

> 以糾說丩，以見糾為丩之分別文也。《魏風・葛屨・傳》：「糾糾，猶繚繚也。」【172】

【169】見《金文詁林》第15冊，頁8351 — 8352。

【170】李考定《甲骨文字集釋》第14冊，頁4388 — 4389。

【171】見《說文解字詁林》第3冊，頁439b。

【172】同上，頁440a。

又於本篆的說解「一曰：瓜瓠結丩起」下說：

> 丩，當作茻，以茻說丩，又以見茻亦丩之分別文也。茻下云：「艸
> 之相丩者。」以丩說茻，與此說丩，正使交互以相鉤連也。【173】

考之《說文》，丩、茻、糾三篆都是同部【174】。茻下云：「艸之相丩
者。從艸丩，丩亦聲。」【175】王筠《句讀》註解說：

> 上文言瓜瓠矣，蔦與女蘿亦然。唐《本艸・秦芁・注》：「或作
> 糾。」案：當作此茻。【176】

《說文》糾下云：「三合繩也。」【177】王筠《句讀》說：

> 依《解嘲・李注》引乙轉。《字林》：「糾、兩合繩。纆、三合
> 繩。」《漢書音義》：「二股謂之糾，三股謂之纆。」《易・坎
> 卦・釋文》：「劉云：三股曰徽，兩股曰纆。」案：此類往往各
> 書不一，不可以律《說文》。系部：「紉、繩繩也。」「徽、三糾
> 繩也。」蓋用麻而絞急之，謂之紉；以紉而三合之，謂之糾；以
> 糾而三合之，謂之徽，故曰三糾，謂糾者三也，與本文相對。【178】

馬敘倫《說文解字六書疏證》有這樣的分析：

> 茻為丩之後起字。瓜藤亦艸也。當為丩重文。【179】

文字訓詁專家黃侃（1886-1935）在他的《黃侃手批〈說文解字〉》對這三
個篆字加上眉批：

【173】同上。

【174】案：茻、艸、糾三篆同屬丩部。

【175】見《說文解字詁林》第3冊，頁441b。

【176】同上，頁442。

【177】同上，頁442b—443a。案：各本均作「繩三合也。」清儒沈濤《說文古本考》
謂古本作「三合繩也。」王筠《句讀》亦然。

【178】同上，頁443a。

【179】馬敘倫《說文解字六書疏證》第2冊，卷5，頁18。

卉 由屮來。糾由屮來。侃云：同屮。【180】

由此可以佐論王筠的見解是合理的。

ii. 累增字

（1）厈・岸；厓・崖

《說文》厓下云：「山邊也。從厂，圭聲。」【181】王筠《句讀》說：

案：崖、岸二字，設隸諸山部，而說之曰：「從山，厓聲」；「從山，厈聲」。於事甚易，許君不然者，蓋以如是則崖岸即厓厈之絫增字矣。許君說厈曰水厓，而崖承之，是崖岸皆主乎水也。說厓曰山邊，而厂下曰厓巖，是厓厈皆主乎山也，故入屵部。而說此四字，並云干聲圭聲，所以區別之也。【182】

馬敘倫《說文解字六書疏證》也主張這種說法，他引述了各家之言並加以論說：

沈濤曰：「《一切經音義》十六引：『岸、高邊也。』」馮振心曰：「屵厂一字，崖厓亦一字。崖厓亦即屵厂之轉注字也。」倫按：馮說是也。厓訓山邊。山邊為厓厈之通義。此訓《一切經音義》引作「岸高邊。」慧琳《一切經音義》八十一引《倉頡》：「崖，山高邊也。」蓋本作「岸也。山高邊也。」崖厓一字，則當有一字出《字林》。倫疑《倉頡》本作厓，傳寫者以通用字易之。厂干圭皆舌根音，故相轉注。【183】

以上足以論證王氏的觀點是可取的。

（2）畺・畕・疆

【180】黃侃《黃侃手批〈說文解字〉》（上海：上海古籍出版社，1987年7月）頁55。

【181】見《說文解字詁林》第8冊，頁147a。

【182】同上，頁147b。

【183】見《說文解字六書疏證》第5冊，卷18，頁18。

《說文》疆下云:「界也。從畕,三、其界畫也。畺,疆或從彊土。」[184] 王筠《句讀》在畕篆的說解「比田也」下說:

> 疑畕是古文,畺、疆皆其系增字。顏注《急就篇》:「疆、比田之界也。」[185]

又在「疆、畺或從彊土」一句下說:

> 《眾經音義》引《廣雅》:「畺、場界也。」今本作疆場。積古齋史賓鈃、史伯碩公鼎,皆省疆為畺。[186]

案:畕、甲骨文作 𝌆 一期庫四九‧二、畺、甲骨文作 𝌇 一期後下二‧一七[187]。徐中舒《甲骨文字典》解釋說:

> 從畕從 弓,為疆之原字。古代黃河下游廣大平原之間皆為方形田囿,故畕正象其形。從弓者,其疆域之大小即以田獵所用之弓度之。《說文》:「畺、界也。從畕,三其界畫也。疆,畺或從彊。」按三乃羨畫而非界畫,田囿四圍已自有界,不須更作界畫也。《說文》以彊為弓有力,而以畺、疆為疆界之疆。[188]

案:金文畕作 𝌆 淲伯友鼎。[189] 當代學者周法高（1915-1994）認為畕與畺是同一個字[190]。畺、金文作 𝌇 毛伯簋、𝌇 盂鼎、𝌇 不娸簋、𝌇 散盤、𝌇、頌簋、𝌇 史頌鼎[191]。金文學者丁山有這樣的分析:

> 畕之屬有畺字。許云:「界也。從畕,三、其界畫也。」畺一作疆,

---

[184] 見《說文解字詁林》第10冊,頁1321a。

[185] 同上,頁1322a。

[186] 同上。

[187] 見《甲骨文字典》,頁1474。

[188] 同上,頁1475。

[189] 見《金文詁林》第14冊,頁7511。

[190] 同上。

[191] 同上,頁7513。

從土，彊聲。山按：《詩·楚茨》：「萬壽無疆。」（筆者案：丁氏原文疆作彊，今依《十三經注疏》訂改。）漢白石神君碑引疆作畺。《書·召誥》：「無疆惟休。」古文書疆亦作畺。證以《周禮·載師》：「以大都之田任畺地。」《肆師》：「與祝侯禳于畺。」……疆並作畺。隸續載正始石經殘字亦以畺為疆，頗疑畺字出壁中古文。彊為商周間通用之字，疆為周末新字，蓋其時彊已借為強弱字，乃別土作疆，以為疆界字，其實畺彊疆一名，惟疆為疆界疆場之正字耳。【192】

陳初生《金文常用字典》也指出疆字初文作畕【193】。張舜徽《說文解字約注》在畕、畺二篆下辨析說：

二田相比，則見疆界之意。……許以界訓畺亦雙聲也。以造字言，畕為最初古文，其後增體為畺，復增為疆。今則疆行而畕畺並廢矣。【194】

以上所論足以印證王說是合理可信。

王筠所說的累增字與分別文，兩者都是在文字的初期形體中增加義符；前者屬異體字，後者則不是【195】。累增字的初文與增體字，應該是古今區別字的關係，兩字的字義沒有任何變改，楊樹達將這些稱為象形加旁字【196】。分別文則有同化或假借的關係，國內文字學家唐蘭說這是繁化字，又稱踵益字【197】。

【192】同上，頁 7519 — 7520。

【193】見《金文常用字典》，頁 1105。

【194】見《說文解字約注》下冊，卷 26，頁 47。

【195】見單周堯師《〈說文釋例·累增字篇〉研究》，載於《東方文化》（香港：香港大學亞洲研究中心出版，1984 年）第 22 卷，第 2 期，頁 1。

【196】楊樹達《中國文字學概要·文字形義學》（上海：上海古籍出版社，1988 年 9 月），頁 85 — 86。

【197】唐蘭《中國文字學》（香港：太平書局，1978 年 2 月），頁 132 — 134。

本節所舉各例，都是王筠《釋例》卷八《分別文‧累增字》篇中所沒有說及[198]，這大抵是王氏晚年的研究心得。《句讀》論及分別文字的例子還有：位‧立；偕‧皆；俱‧具；否‧不；緟‧重等。[199]至於累增字則有：楳‧某；陷‧臽；淵‧冊；殘‧戔；撝‧摂；辯‧辡等，[200]篇幅所限，不再詳細討論。

關於文字有累增的形體，段玉裁、朱駿聲、孔廣居（1751-1886）、邵瑛等清代學者也曾略有提及[201]，只是沒有像王筠那樣開創術語，清

---

[198] 案：《說文釋例》卷8《分別文‧累增字》所論之分別文有：曾‧增、介‧界、然‧嘫、冊‧笧、共‧供、龔‧恭、共‧沒、殳‧敫、典‧伯、百‧殯‧臭、製‧制、豈‧愷、族‧鏃、奧‧澳、親‧窺、合‧佮、面‧偭、伸‧傗、象‧像、頃‧傾‧頫、須‧鬚、交‧佼、奚‧嫨、叟‧傁、侽‧頖‧顰‧取‧娶、昏‧婚、氏‧衹、毀‧嬰、勺‧杓、米‧絑、新‧薪、与‧與、斗‧料、亞‧惡、辰‧農。所論之累增字有：蘢‧竉‧伀‧公、怡‧台、逢‧夆、叢‧叢、遷‧甑‧枝‧支、逮‧隶、臤‧取‧杸‧殳、擊‧瞉‧戟、專‧篝‧舉‧坍‧乎、援‧爰、亂‧爵、蜎‧昌、傅‧畀、諸‧杳、誷‧哥、桓‧豆、藍‧宏‧盧、盧‧脛‧尤、復‧复‧𦱤‧𦱔‧捆‧因、償‧賣、秣‧來、佞‧安、㦻‧家、隙‧㝎‧萉‧叭、襣‧襤‧俒‧完、係‧系、得‧尋、敬‧苟、象‧豕‧鼊‧鼈‧媞‧恚‧懍‧夢‧滋‧茲‧粢‧永‧派‧辰‧極‧亟‧㥂‧陵‧貯‧宁。詳見《說文釋例》（北京：中華書局出版，1987年12月），頁174a—181b。

[199] 案：所引5組分別文，均見於《說文句讀》（上海：上海古籍出版社，1983年9月），位‧立（頁1064），偕‧皆、俱‧具（頁1066），否‧不（頁1676），緟‧重（頁1866）。

[200] 所列6組增字，均見於《說文句讀》，楳‧某（頁699），陷、臽（頁958），淵、冊（頁1561），殘、戔（頁1823），撝‧摂（頁1725），辯‧辡（頁2129）。

[201] 單周堯師說：「考段玉裁《說文解字注》之『某與某音義同』、『某與某音義皆同』，及朱駿聲《說文通訓定聲》之『某實某之或體』、『某當為某之或體』、

楚分析說明，這正是王氏在文字學上的一項重要貢獻【202】。

三、《句讀》對字形研究的失誤

1. 立例過繁，說解混淆不清

王筠分析六書，所訂條例比較繁瑣細碎，說解間中有混淆不清之處。以下據書中所論，列舉若干論說失誤例子，加以訂正：

（1）朵

《說文》朵下云：「樹木垂朵朵也。從木。象形。此與采同意。」【203】王筠《句讀》在「從木。象形」下說：

云象形，則不從短羽之几可知矣。實半會意，半指事字。【204】

王氏所謂「半會意，半指事字」實在不可理解，許慎說：「樹木垂朵朵也。」意思就是指生於木上之物，可以是花、可以是果、可以是葉，所謂樹木上垂下之物象。《說文》有卥篆，許慎解釋說：「艸木實垂卥卥然。象形。」【205】句式與朵之說解相同。又有槡篆，許慎說：「木也。從木。其實下垂，故從卥。」【206】張舜徽《說文解字約注》這樣說解朵篆：

木之言朵朵，猶山之言隋隋也。推之禾為穮，耳耑為聽，皆雙聲

『某即某之或體』，或王筠《說文釋例》之異部重文，或即王氏之累增字也。又孔廣居《說文疑疑》之『某即某之篆文』，邵瑛《說文解字群經正字》之『某、某古今字』，皆相當於王氏之累增字。」見《〈說文釋例·累增字篇〉研究》，頁51。

【202】同上，見第三節之結論，頁51。

【203】見《說文解字詁林》第5冊，頁613a。

【204】同上，頁613b。

【205】同上，第6冊，頁301a。

【206】同上，頁304b。

同義，語原一也。【207】

誠然，段玉裁《說文解字注》也曾如此分析：

　　凡枝葉華實之垂者，皆曰朵朵，今人但謂一華為一朵。【208】

據許慎所說，朵本來是形容詞，是描述物件下垂的形態，後來再轉作量詞。《說文》有果篆，許慎說：

　　木實也。从木。象果形在木之上。【209】

從音韻上分析，《說文》果篆、古火切【210】；朵篆、丁果切，同屬上古歌部【211】。果字是經傳常見字；朵則比較少見【212】，這是後出文字。甲骨文、金文都沒有朵字，果字甲骨文作 🌾【213】，與朵篆字形結構相近，果上之「田」，與朵上之「几」，都不是字，因此不可以用會意條例來解釋。事實上，許慎已明白地指出朵是象形，王筠卻以「半會意半指事字」立說，這種說法十分牽強，既迂迴曲折，又重疊矛盾。

　　（2）交

　　《說文》交下云：「交脛也。从大。象交形。」【214】王筠《句讀》在

【207】見《說文解字約注》中冊，卷11，頁35b。

【208】見《說文解字詁林》第5冊，頁613b。

【209】同上，頁591a。

【210】同上，頁591a、頁613a。

【211】參陳復華‧何九盈《古韻通曉》（北京：中國社會科學出版社，1987年10月），頁182、186。

【212】案：據阮元（1764－1849）《經籍纂詁》（上海：上海古籍出版社，1989年10月）所錄，「朵」，「果」於經籍中多用其引申義，詳見《經籍纂詁》上聲二十哿，頁555、557。

【213】王延林《常用古文字字典》（上海：上海書畫出版，1987年4月）所引甲文作 🌾 前四、四一、五、🌾 前七、二六、四、🌾 後下二二、十五、🌾 丁 二六、五、🌾 林一、二三、十六。見頁342。

【214】見《說文解字詁林》第8冊，頁968a。

馬顯慈　王筠《說文解字句讀》的字形研究　　　　459

「象交形」一句下說:

　　夭變大字之首,交允變大字之足,皆以會意為指事。【215】

王氏所謂「以會意為指事」,確實令人費解。他的《文字蒙求》也曾將
交與禾、夭、夭、允,一並歸入卷二的指事類【216】,王氏說:

　　……不入增文會意者,此意盡於形,彼意餘於形也,惟夊字與此
　　近,然彳本會意字,從而增之,故亦為會意。【217】

他又在《說文釋例》卷一中說:

　　夭、夭、交、允皆從大而少增之以指事。大字本係指事,則此四
　　字者,或增之,或變之,非會意而何?曰:否。仍用大意而增之
　　變之,乃為會意。【218】

王氏對於夭、夭、交、允這些字,說得十分含混,既說是指事,又說
是會意,實在令人困惑難曉。其實,許慎的會意條例明白指出它的成立
條件是「比類合誼,以見指撝」【219】,並舉武、信兩字為例【220】,清楚
說明會意字必然並類而成義。然而,交、夭、夭、允都是獨體成文的,
又怎可以說成會意呢?近世學者研究六書,對指事的分析,一般都主張
分為以下三類:(i)純符號性指事字、(ii)在象形字上加指事性符號
指事字、(iii)用增筆、損筆、變體等辦法構成指事字【221】。按交字的

【215】同上,頁51。

【216】見《文字蒙求》,頁50。

【217】同上,頁51。

【218】《說文釋例》卷1,頁25a。

【219】見《說文解字詁林》第11冊,頁900a。

【220】同上。案:武,以止戈會意;信,以人言會意,詳見【26】。

【221】《說文》指事條例之分析,詳參:

　　Ⅰ董希謙‧張啟煥《許慎與〈說文解字〉研究》,頁92;

　　Ⅱ高明《中國古文字學通論》(北京:文物出版社,1987年4月),頁51—52;

篆文作 <IMG>，這其實是 「大」之變體。大是人正面企立皃， <IMG> 象人屈曲雙脛交疊皃，是變體指事字。臺灣學者杜學知《六書今議》曾分象形為具體象形及抽象象形兩類【222】。關於抽象象形之說，杜氏引廖登廷（1852-1932）《六書說》佐論，廖氏說：

> 有以字象物，字遂專屬其物者，如山水犬馬之類，段氏所謂實字者；有以字象物，而字不專屬其物者，如八天交文之類，段氏所謂虛字者；無論虛實，皆象形也。【223】

杜氏再作總結說：

> 抽象之象形，其義獨在所象物形之外，人多不曉，誤認為六書之指事或會意，則失之遠矣。廖氏以為「無論虛實，皆象形也。」是故不論具象之象形，抑或抽象之象形，皆應屬之象形矣。【224】

誠如杜氏所論，交篆為大之變體象形，屬抽象之象形而不是指事，這就是許慎的象形義界「畫成其物，隨體詰屈」【225】。王氏「以會意為指事」的說法，確實不能苟同。

2. 拘牽許說，分析未盡正確

王筠疏解《說文》，主要依據許語立論，間中另作校訂補充。據《句讀》全書體例，凡於許語有刪訂增補，就以 ⬭ ⬯ 等符號或縮小字體加以標識【226】。王氏分析字形條例，有時拘牽於許說，有

　III 林尹（1909 — 1983）《文字學概說》（臺北：正中書局，1985 年 6 月，頁 87 — 88；

　IV 蔣善國《漢字學》（上海：上海教育出版社，1987 年 8 月），頁116。

【222】杜學知《六書今議》（臺北：正中書局，1977 人 6 月），頁37 — 45。

【223】同上，頁 43。

【224】同上。

【225】見《說文解字詁林》第 11 冊，頁 900a。

【226】見《說文句讀》卷 1 前之「凡例」。另柳詒徵〈《說文句讀》稿本校記〉（《中

馬顯慈 王筠《說文解字句讀》的字形研究　　461

時又過於自信，有些訂補的說法，也未必全是正確。例如：

（1）身

王筠《句讀》依據《說文》身下云：「躬也。象人之身。從人，〓省聲。凡身之屬皆從身。」【227】王氏在「〓省聲」句下注釋說：

依《韻會》改。《白虎通》曰：「申者，身也。」【228】

又在「象人之身」一句下說：

躬者，脊也。而經典又以躬與身皆為全體之名，故于說字形中附見之。折此說謂為象形字，下說謂形聲字，非騎牆也，此乃象形之別種，以形聲為象形者也。【229】

案：身本來就是獨體象形，甲骨文作 〓—期五八六、〓—期八五〇四、〓—期乙六六九一、〓—期乙七七九七【230】；金文則作 〓叔向簋、〓尌簋、〓郤公華鐘、〓弍簋【231】。李孝定《甲骨文字集釋》說：

契文从人而隆其腹，象人有身（即懷孕）之形，當是身之象形初字。【232】

徐中舒《甲骨文字典》則這樣解釋：

從人而隆其腹，以示有孕之形。本義當為妊娠。或作腹內有子形，則其義尤顯。孕婦之腹特大，故身亦可指腹。腹為人體主要部分，引申之人之全體亦可稱身。《說文》：「身、躬也。象人之身。」《易·艮》「艮其身。」虞注：「身、腹也。或謂妊娠

國期刊彙編2.國學圖書館年刊》，成文出版社，1928年11月）有具體闡述，詳見頁330。

【227】見《說文解字詁林》第7冊，頁410b。

【228】同上。

【229】同上。

【230】見《甲骨文字典》，頁931。

【231】見《金文常用字典》，頁800。

【232】見《甲骨文字集釋》第8冊，頁2719。

也。」均是。【233】

許慎依據篆形立說，不足以將身字的本義清楚交待出來。王筠並沒有注意到問題的關鍵，相反，拘牽於許慎的說法，認為身字「以形聲為象形」，這根本與本字的初形不合，實在難以令人信服。

（2）牢

王筠《句讀》依據《說文》牢下云：「閑，養牛馬圈也。從牛，從冬省，取其四周帀也。」【234】王氏在最末一句下說：

> 二句一義，而各有所指，從冬省者，冬時牛乃入牢也，此取字義。⌒帀牛外，以見牢之完密，牛在其中，不畏冷也，此以字形取義。【235】

這種說法是基於許慎的解釋而加以附會申說，完全是主觀推論。考之古文字，牢字甲骨文作 ⌒ 一期甲二六九八、⌒ 一期乙九〇九一、⌒ 一期甲五六九【236】，金文則作 ⌒ 貉子卣、⌒ 爵【237】，按牢字中的 ⌒ 形是牛馬圈之類的象形符號，與冬並不關涉。孫詒讓（1848—1908）《名原》曾質疑許慎的說法，他說：

> 古文冬字依文則牢從⌒，即古文冬，不必云省。依說解云四周帀，則自是象形，與古文冬字形義復不相涉，兩義舛牾不合。金文井人鐘云永冬，頌鼎、頌敦皆云需冬，並借冬為終也，其字皆作⌒作⌒，則古文冬字下畫，亦不相連屬。小篆乃變為一橫畫，連屬之。此猶廿字金文作⌒、⌒，篆文亦變作廿，皆失其本形也。竊疑當以許君後一義為正。金文貉子卣牢字作⌒，無下橫

【233】見《甲骨文字典》，頁931。

【234】見《說文解字詁林》第2冊，頁1065b。

【235】同上。

【236】見《甲骨文字典》，頁82。

【237】見《金文常用字典》，頁94。

畫，即其證也。【238】

高田忠周則說：

> 按《說文》：「𡘙、閑養牛馬圈也，从牛、冬省，取其周帀也。」此說解有誤。馬當作羊，牢為養牲之圈，故字从牛或从羊，又𡨄即𠂤之小變，此唯象畜牲之圈，非冬省也。【239】

徐中舒《甲骨文字典》也根據放牧之事，論述甲骨文牢字𠂤的形義，他說：

> ……古代放牧牛馬羊群於山野中，平時並不驅趕回家，僅在需用時於住地旁樹立木樁，繞以繩牽，驅趕牛馬羊於繩欄內收養。解放前四川阿壩地區木金縣一帶豢養之牛羊，仍以樹立木樁繞繩索作𠂤形為牢，與甲骨文字形完全相同。【240】

綜觀上述諸家的說法，足以證明許慎所謂「冬省」是謬誤不當。王筠看不清楚問題所在，只依據許說而加以發揮，論說空泛，完全沒有充足理據。

3. 過信金文，辨析形義有誤

王筠據金石契刻資料研究《說文》，成績是卓犖非凡的，這在前文已有論及。不過，引用金文立論也不一定是說得正確無訛。事實上，王氏所論仍有不少可以商榷及須要加以訂正的地方。現在據《句讀》所見，舉兩例說明於下：

（1）走

《句讀》依據《說文》走下云：「趨也。從夭止。夭止者屈也。凡走之屬皆從走。」【241】王氏在「從夭止」下說：「夭、當作犬，止者、

【238】孫詒讓《名原》（山東：齊魯書社，1986年5月），頁22b—23a。

【239】見《金文詁林》第2冊，頁528。

【240】見《甲骨文字典》，頁82。

【241】見《說文解字詁林》第2冊，頁1328b。

足也。」又於 夭止者屈也 下，徵引金文、分析說：

> ……案：走部繼夭部，則字當從犬，犬善走也。周子白盤有趩字，董武鍾𧺫字，其走從犬，嶧山廟碑起字，尹宙碑趙字，皆從犬。然則夭止者屈也，乃篆既譌之，後人加之也。【242】

王說有三處不當：第一、說走部繼夭部，夭字從犬，所以走亦從犬，說得十分牽強；第二、以金文之 大 為犬；第三、說走從犬，因為犬善走云云，完全是附會之言，沒有理據。其實，犬字小篆作 𤝔，與 大 形根本就不脗合。走字金文有 𧺆 盂鼎、𧺆 令鼎、𧺆 休盤、𧺆 中山王𰯼鼎、𧺷 召卣、𧺷 井侯簋、𧺷 薛仲赤簠、𧺹 大鼎、𧺹 走鐘幾種寫法【243】，陳初生《金文常用字典》說：

> 金文走从夭从止，與小篆同。上體夭作 大，象人走動兩手上下擺動之形，下體或改止為彳，或益彳為走，从止、从彳與走同意。【244】

康殷《古文字學新論》也說：

> 𧺷 金、走 · 大 本象奔跑的人形，又加示動的意符彳止，以表示跑動之意。【245】

案：甲骨文的夭字作 𣥚 一期前四·二九·四、𣥚 三期二八一〇，【246】徐中舒說：

> 𣥚 象人行時兩臂擺動之形，或省頭形而作 𣥚，同。金文走字作 𧺆 盂鼎、𧺷 周公簋，奔字作 𧺷 盂鼎、𣥚 克鼎，並從 大，與甲骨文 𣥚 同。《說文》篆文作 夭、已失兩臂擺動之形。【247】

【242】同上。

【243】見《金文詁林》第2冊，頁765。

【244】見《金文常用字典》，頁133。

【245】康殷《古文字學新論》（北京：榮寶齋出版，1983年5月），頁95。

【246】見《甲骨文字典》，頁1164。

【247】同上，頁1165。

由此可證篆文 🔣 所從之 🔣 不是犬，可見王筠的說法並不合理。

（2）卜

《說文》卜下云：「灼剝龜也，象灸龜之形。一曰、象龜兆之從橫也。凡卜之屬皆从卜。🔣古文卜。」【248】王筠《句讀》在許語最後一句下這樣說：

> 金刻攴作🔣，從此文也。小徐於諸部古文從攴者仍作🔣，不誤也。大徐作🔣，乃誤。【249】

案：王氏所引金刻，未知出自哪類銘文。現在所見金文，攴多作🔣，間中也有作別體：🔣 斐鼎、🔣 芮伯壺（啟）、🔣 中甗鼎（啟）、🔣 毛公鼎（救）、🔣 效父簋（效）、🔣 王係鐘（政）、🔣 者沪鐘（敦）、🔣、🔣 師訇簋（更）、🔣 酓侯之係鼎（陳）、🔣 齡簹編鐘（救）、🔣 欒書缶（敷）、🔣 頌壺（攸）、🔣 虞司寇壺（寇）、🔣 王孫誥鐘（攻）、🔣 敔戈（敔）、🔣 改盨（改）、🔣 牧共簋（牧）、🔣 散盤（教）【250】等金文之「攴」旁，字形上部的「卜」，本來就沒有固定的筆勢。然而，「攴」則象人手持杖、棒、桴等物之形。卜字按許慎分析為「灼剝龜也，象龜兆之從橫也」，與舉物攴打之義不同，也不相關。王筠謂《說文》「🔣、古文卜」是金文攴作🔣之所從，這樣判斷就不對。

四、結語

綜合而論，雖然王筠的《句讀》只是一部便於初學的入門讀物，但書中對字形的分析，以大部分篆書字形來說，畢竟是條理清晰明白，論析切合適當，特別是關於各類字體筆形的訛變發展，俗體、或體、省

【248】見《說文解字詁林》第 3 冊，頁 1293a。

【249】同上，頁 1294a。

【250】見《金文用字典》，頁 360 — 393。

體、分別文、累增字的辨析，以及「觀文」理論的開創，確是異軍突起，別樹一幟，對於讀者啟迪良多，實在功不可沒，難能可貴。然而，王氏對六書條例中的指事、會意概念，一如他編撰的《說文釋例》及《文字蒙求》[251] 所述，仍舊糾纏不清，其分類繁瑣，說解矛盾混淆，最令人困惑難解，亦甚有誤導初學者之虞，這無疑是一項比較嚴重的缺失。為此，從事文字研究者必須加倍注意，以為前車之鑑。

---

[251] 案：《句讀》成書於1853年（當時王氏約70歲），《說文釋例》及《文字蒙求》分別成書於1837及1836年，約早於《句讀》15年。有關資料詳參：陳高春編《中國語文學家辭典》（河南：河南人民出版社，1986年3月），頁671、839。另見拙文〈王筠《說文解字句讀》的寫作背景及其句讀方式〉，頁320。詳見註[3]。

稿　約

（一）本刊宗旨專重研究中國學術，以登載有關中國歷史、文學、哲學、教育、社會、民族、藝術、宗教、禮俗等各項研究性之論文為限。

（二）本刊年出一卷。

（三）本刊由新亞研究所主持編纂，歡迎海內外學者賜稿。

（四）來稿每篇以三萬字為限，請附中文提要（二百字內）；英文篇題；通訊地址、電話、傳真及電郵地址。

（五）來稿均由本所送呈專家學者審閱，以決定刊登與否。

（六）本所有文稿刪改權，如不同意，請預先聲明。

（七）文責自負；文稿若涉及版權問題，由作者負責。

（八）來稿請勿一稿兩投。本所不接受已刊登之文稿。

（九）來稿如以電腦處理，請以word系統輸入，並隨稿附寄電腦磁片。

（十）請作者自留底稿。來稿刊用與否，恕不退還。若經採用，將盡快通知作者；如半年後仍未接獲採用通知，作者可自行處理。

（十一）本刊所載各稿，其版權及翻譯權均歸本研究所；作者未經本所同意，不得在別處發表或另行出版。

（十二）來稿刊出後，作者每人可獲贈本刊二本及抽印本三十冊，不設稿酬。

（十三）來稿請寄：

香港　九龍　農圃道6號，新亞研究所

《新亞學報》編委會收

Editorial Board, New Asia Journal

New Asia Institute of Advanced Chinese Studies

6 Farm Road, Kowloon

Hong Kong

景印香港新亞研究所《新亞學報》（第一至三十卷）

版權所有
————
不准翻印

新亞學報 第二十六卷

出　　版：新亞研究所

　　　　　九龍農圃道六號

　　　　　No. 6, Farm Road, Kowloon, Hong Kong

　　　　　電話：(852) 2715 5929

編　　輯：《新亞學報》編輯委員會

發　　行：新亞研究所圖書館

　　　　　九龍農圃道六號

　　　　　No. 6, Farm Road, Kowloon, Hong Kong

　　　　　電話：(852) 2711 9211

定　　價：港幣一百六十元

　　　　　美金二十元

　ISSN: 0073-375X

出版日期：二○○八年一月初版

景印香港新亞研究所《新亞學報》（第一至三十卷）

新亞學報

目　錄

第二十六卷　　　　　　　　　　　二〇〇八年一月

一　明清學者補《元史藝文志》考 .... 何廣棪

二　蜀漢將軍的班位及其散職化傾向
　　——兼論監軍、護軍、典軍及軍師、領軍 .... 洪武雄

三　《楚辭》研究的「內學」和「外學」 .... 李學銘

四　文化激進主義 VS. 文化保守主義：胡適與港臺新儒家 .... 翟志成

五　評黑格爾對康德自由學說的批評 .... 盧雪崑

六　論屈大均對明代主要詩論之繼承與修正 .... 董就雄

七　清人李調元有關朝鮮人著述二題 .... 鄺健行

八　蘇軾詩對陳寅恪先生詩作與晚年心境之影響 .... 劉衛林

九　新詩人舊體詩的文學價值與研究價值 .... 朱少璋

十　王筠《說文解字句讀》的字形研究 .... 馬顯慈

NEW ASIA INSTITUTE OF ADVANCED CHINESE STUDIES

頁 37 — 479

景印香港新亞研究所《新亞學報》（第一至三十卷）